Rechnungslegung und Bilanztheorie

von

Prof. Dr. Joachim S. Tanski
FH Brandenburg

unter Mitarbeit von

Dipl.-Betriebsw. (FH) Michael Gottschlich
Dipl.-Betriebsw. (FH) Mike Obitz

Oldenbourg Verlag München

Bibliografische Information der Deutschen Nationalbibliothek

Die Deutsche Nationalbibliothek verzeichnet diese Publikation in der Deutschen
Nationalbibliografie; detaillierte bibliografische Daten sind im Internet über
http://dnb.d-nb.de abrufbar.

© 2013 Oldenbourg Wissenschaftsverlag GmbH
Rosenheimer Straße 143, D-81671 München
Telefon: (089) 45051-0
www.oldenbourg-verlag.de

Lektorat: Dr. Stefan Giesen
Herstellung: Tina Bonertz
Titelbild: www.thinkstockphotos.de
Einbandgestaltung: hauser lacour
Gesamtherstellung: Grafik + Druck GmbH, München

Dieses Papier ist alterungsbeständig nach DIN/ISO 9706.

ISBN   978-3-486-59007-4
eISBN   978-3-486-72025-9

Vorwort

Über reine Rechtszusammenhänge hinaus ist für ein tieferes Verständnis der externen Rechnungslegung ein Mindestmaß an Kenntnissen für theoretische Grundlagen notwendig, um komplexere Bilanzierungsfragen bearbeiten zu können. Dies betrifft beispielsweise die Bearbeitung einer Klageschrift genauso wie die Ausarbeitung einer Abschlussarbeit an einer Hochschule. Vorgebrachte Argumentationen ohne substantiierte, theoretische Fundierung werden dabei zwangsläufig geradezu blutarm und blass bleiben.

Dieses Buch wendet sich deshalb an Praktiker, die eine Rechnungslegung aufbauen müssen oder eine Gegenargumentation für ihren Jahresabschlussprüfer vorzubereiten haben, an Standardsetzer (Gesetzgeber, internationale Standardsetter usw.), die die Praxis mit neuen oder veränderten Regeln „beglücken" wollen, an Prüfer, Revisoren und Richter, die in komplexen Fragestellungen eine Unterfütterung ihrer Beweisführung benötigen und natürlich an Studenten höherer Semester, die ihre Ausarbeitung in einen geordneten Rahmen betten müssen. Ihnen allen soll dieses Buch eine Hilfestellung bieten und konzeptionelle Grundlagen der Rechnungslegung vermitteln. Damit ein überschaubarer Seitenumfang eingehalten werden kann, wird auf weite Erläuterungen zugunsten knapper Erklärungen, dem Aufzeigen von Zusammenhängen und weiterführenden Hinweisen verzichtet.

Ein Buch entsteht selten ohne helfende Hände. Besonderer Dank gebührt meinen Diplomanden, den Herren Dipl.-Betriebsw. (FH) Michael Gottschlich (Kap. 6) und Dipl.-Betriebsw. (FH) Mike Obitz (Kap. 3.5.5), die ganz besondere Ausarbeitungen zu diesem Buch beisteuerten und damit zu seiner Abrundung beitrugen. Weiterer Dank geht an Herrn Dr. Klaus P. Kurras, der mir Materialien aus einer früheren, gemeinsamen Arbeit überließ. Hinweise, Verbesserungsvorschläge und ggf. auch Kritik nehme ich gerne an.

Berlin, im Februar 2013 Joachim S. Tanski

Inhalt

Abbildungsverzeichnis

1   Einleitung

Fragen der Rechnungslegung werden häufig nur vor dem Hintergrund konkreter Anforderungen von Gesetzen oder Regelwerken betrachtet. Hiervon Abstand nehmend werden zunächst im 2. Kapitel die Grundlagen der Rechnungslegung erläutert, um den Interessenten mit den Aufgaben der Rechnungslegung vertraut zu machen. Dies ist nicht zuletzt auch vor dem Hintergrund der sich verbreitenden IFRS-Rechnungslegung ein wichtiges Anliegen, da insbesondere in diesem Bereich die Aufgaben der Rechnungslegung gerne verschwimmen.

In einem weiteren Kapitel werden dann Rechnungslegungssysteme behandelt. Dabei werden neben der traditionellen kaufmännischen Buchführung (*accrual accounting*) auch weitere, meistens parallele und/oder sich ergänzende Entwicklungen vorgestellt. Dazu zählen auch die häufig nicht-finanziellen Berichte wie Umweltberichte und Sozialbilanzen; ein gesonderter Abschnitt widmet dabei der neuen Entwicklung von Berichten über das Intellektuelle Kapital im Unternehmen.

Die klassische Bilanztheorie wird im folgenden Kapitel behandelt, selbstverständlich mit einem Schwerpunkt auf der statischen Bilanz und der dynamischen Bilanz. Überlegungen zum bilanztheoretischen Ansatz in Handels- und Steuerbilanz sowie des IFRS-Abschlusses beschließen dieses Kapitel. Nachfolgend werden dann die Grundsätze ordnungsmäßiger Buchführung (GoB) ausführlich besprochen, da diese die wesentliche Grundlage der handels- und steuerrechtlichen Bilanzierung darstellen. Zur Abrundung wird auch die Herkunft bzw. Ermittlung der GoB vorgestellt und auf die die GoB ergänzenden Bewertungsgrundsätze eingegangen. Seit dem Bilanzrechtsmodernisierungsgesetz hat sich das Verhältnis von Handelsbilanz zu Steuerbilanz verändert, weshalb in einem gesonderten Kapitel auf dieses Verhältnis umfassend eingegangen wird. Dabei werden auch weitergehende Fragestellungen zu den GoB beantwortet.

In allen Kapiteln wird unter Einhaltung der Vorgabe, eine kompakte Darstellung der Thematik zu bieten, auf die weit verstreute Literatur möglichst mit Originalzitaten und die Rechtsprechung eingegangen. Durchgängig war es aber das Anliegen, ein für Studenten und Praktiker verständliches, dennoch umfassendes Bild theoretischer Grundlagen der Rechnungslegung zu bieten. Wo notwendig und sinnvoll wurden auch reine Praxisbezüge hergestellt.

2 Grundlagen der Rechnungslegung

2.1 Die Abbildung des Unternehmungsprozesses durch das betriebliche Rechnungswesen

Die Unternehmung ist eine Organisation, in der Menschen in Arbeitsteilung und oft unter Einsatz von maschinellen Hilfsmitteln etwas gemeinsam herstellen bzw. leisten. Sie ist ein **produktives sozio-technisches System**[1]. Dieses System ist offen, d. h. die Unternehmung ist durch vielfältige Prozesse mit ihrer Umwelt verbunden.

> *„Der Unternehmungsprozeß als Ganzes umschließt alles Geschehen, das zur Verwirklichung eines gesetzten Unternehmungszieles ausgelöst und vollzogen wird. Dieser umfassende Prozeß stellt einen Komplex von Sachverhalten, Beziehungen und Wirkungen technischer, ökonomischer, soziologischer, psychologischer, rechtlicher und anderer Natur dar, die in mannigfacher Weise ineinander verschlungen sind. Aus diesem vielschichtigen Zusammenhang (Kontext) läßt sich gedanklich der wirtschaftliche Erzeugungs- und Umsatzprozeß (Umlaufprozeß) als spezifischer Teilkomplex herausheben und gesondert betrachten"*[2].

Die Unternehmung nimmt Gegenstände[3] aus ihrer Umwelt auf (Input), unterwirft diese einem Kombinations- und Transformationsprozeß und gibt an die Umwelt Gegenstände ab (Output).

Im Hinblick auf das **Sachziel**[4] der Unternehmung, die Erstellung wirtschaftlicher Leistungen und deren Abgabe an den Markt, wird diese bestrebt sein, aus dem Einsatz freier und knapper Güter nur marktfähige knappe Güter auszubringen. *„Tatsächlich fallen aber in Betrieben (und Haushalten) oft auch freie Güter, z.B. Sauerstoff in den land- und forstwirtschaftlichen Betrieben, und Mißgüter an"*[5]. Das Sachziel wird überlagert von dem **Formalziel** der Kapitalrentabilität. Dieses Formalziel ist kein Ziel der Unternehmung an sich, sondern nur im

---

[1] Vgl. zum Systemansatz in der Betriebswirtschaftslehre Ulrich (Unternehmung).

[2] Kosiol (Bilanz).

[3] Der umfassende Begriff Gegenstände schließt, außer dem Menschen, alle körperlichen (Sachen) und unkörperlichen Gegenstände, wie Dienste, Rechte und Informationen, ein. Vgl. Endres (Menschen) S. 787–792.

[4] Zum Sachziel und Formalziel der Unternehmung vgl. Kosiol (Unternehmung) S. 212 f.

[5] Endres (Menschen) S. 788 f. „Missgüter" sind unerwünschte, zur Deckung des menschlichen Bedarfs ungeeignete Gegenstände.

Zusammenhang mit den an der Unternehmung interessierten Personen(-gruppen) zu erklären. Es ist Ergebnis eines konfliktären machtabhängigen Zielbildungsprozesses[6].

Die auf das Formalziel gerichtete Planung, Steuerung und Kontrolle der Unternehmungsprozesse setzt voraus, das wirtschaftliche Geschehen rechnerisch zu durchdringen. Gegenstand des dafür geschaffenen betrieblichen Rechnungswesens ist der reale Wirtschaftsprozess der Unternehmung. Es ist jedoch nicht möglich und im Hinblick auf das Formalziel auch nicht notwendig, alle realen Tatbestände des Wirtschaftsprozesses zu erfassen bzw. zu dokumentieren. Durch isolierende Abstraktion wird so ein vereinfachtes Abbild (Modell) der Realität gewonnen[7], das als **Erfassungsmodell des Rechnungswesens** bezeichnet wird:

1. Soweit Wirtschaftsprozesse zahlenmäßig nicht abbildbar sind, bleiben sie im Rechnungswesen unberücksichtigt.
2. Weil die verbleibenden quantifizierbaren Wirtschaftsvorgänge nicht in einheitlichen realen, physischen Größen gemessen werden können, wird als Generalnenner das Geld herangezogen. Die Institution des Geldes reduziert die Komplexität des Unternehmungsprozesses[8].

    „Das Geld wird zum Abbildungsmittel aller dazu geeigneten Güter und deren Bewegungen und damit zum Maßstab für die Sachverhalte und Vorgänge des Wirtschaftsprozesses der Unternehmung. Es kann nicht geleugnet werden, daß in einer derart monetarisierten Rechnung vom realen Gehalt der Einsatz- und Ausbringungsgüter nur diejenigen Eigenschaften erfaßt werden, die sich in Geld ausdrücken lassen." [9]

Beispielsweise erfasst das Rechnungswesen nicht den Menschen bzw. die von ihm verbrauchte Arbeitskraft, sondern das für seine Leistung vereinbarte Entgelt; derartige Ansätze können aber z.B. Teil eines **Human Resource Accounting**[10] sein.

3. Anknüpfungspunkt für die Erfassung der Wirtschaftsprozesse sind deren Objekte, die wirtschaftlichen Güter. Güter, die den ökonomischen Bedingungen

    – relative Knappheit und
    – ökonomische Eignung[11]

    nicht genügen, sind auch nicht Gegenstand des betrieblichen Rechnungswesens. Aus der kapitalwirtschaftlichen Zielsetzung der Unternehmung folgt beispielsweise, dass der mit keinem Entgeltlichkeitsvorgang verbundene Einsatz der freien Güter ("social costs;") nicht erfasst wird[12].

Rechnerische Durchdringung des wirtschaftlichen Geschehens heißt darüber hinaus, dass die rein dokumentarisch erfassten Rechnungsgrößen im Hinblick auf bestimmte Zwecksetzun-

---

[6]   Vgl. Bidlingmaier (Zielkonflikte).

[7]   Vgl. Kosiol (Bilanz) S. 53–59. Zur Modellbildung in der Betriebswirtschaftslehre vgl. auch Kosiol (Modellanalyse).

[8]   Vgl. Luhmann (Zweckbegriff) S. 141 f.

[9]   Kosiol (Bilanz) S. 51.

[10] Vgl. Abschn. 3.5.4.

[11] Vgl. Kosiol (Unternehmung) S. 106.

[12] Zur Frage der „social costs" im betrieblichen Rechnungswesen vgl. Heinen/Picot (Kostenauffassungen) sowie Abschn. 3.5.3.

gen verarbeitet werden. Wir sprechen in diesem Zusammenhang vom Rechnungswesen als einem **Ermittlungsmodell**. Aus der Sicht des Jahresabschlusses tritt neben den Zweck der rein rechnerischen Erfolgsermittlung, d. h. der Kapitalzunahme oder -abnahme, der Zweck der umfassenden Rechenschaftslegung nach außen:

1. *„Bekanntlich sind die im Rahmen der Rechenschaftslegung zu erstellenden Zahlen Grundlage für finanzwirtschaftliche Austauschprozesse zwischen Unternehmung und Umwelt"*[13]; so beispielsweise für Zins- und Gewinnzahlungen an Kapitalgeber und Arbeitnehmer sowie für Steuerzahlungen.
2. Die externe Rechenschaftslegung ermöglicht eine Kontrolle der Unternehmungsleitung beispielsweise durch Eigenkapitalgeber und Arbeitnehmervertreter.
3. Die bereitgestellten Informationen dienen als Grundlage für Entscheidungen interessierter Personen oder Institutionen, beispielsweise der Eigen- und Fremdkapitalgeber über ihr Kapitalengagement, der Gewerkschaften über die Tarifpolitik, der Lieferanten etc.

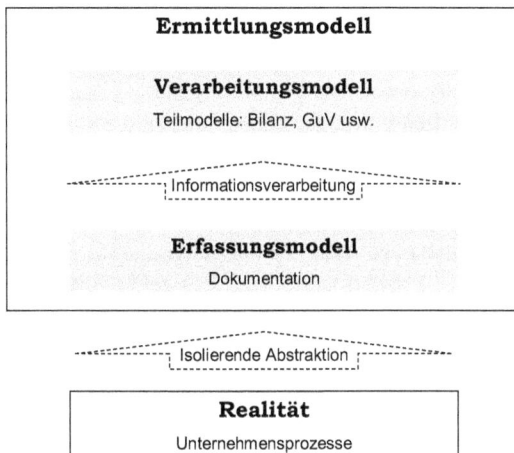

Abbildung 1:   Das Rechnungswesen als Ermittlungsmodell

Die durch das Rechnungswesen ermittelten Größen lassen sich nicht unmittelbar für Entscheidungen nutzen. So haben beispielsweise der Ausweis des Periodenerfolgs und selbst die Bilanz als Ganzes kaum einen Informationswert, wenn den ermittelten Größen nicht in irgendeiner Form Vergleichsgrößen gegenübergestellt werden, den o.g. beispielsweise ein geplanter, erwarteter Periodenerfolg bzw. die Bilanz der Vorperiode oder einer anderen Unternehmung[14].

Auch für die **Unternehmungsleitung** liefert das betriebliche Rechnungswesen die für die Lösung von Entscheidungsproblemen notwendigen Informationen. Sie sind die Grundlage für die Ausfüllung einzelner betrieblicher **Entscheidungsmodelle**, die die optimale Lösung beispielsweise bei der Losgrößenbestimmung, der Produktionsprozess-Steuerung oder der

---

[13]   Börner (Grundprobleme) S. 157.
[14]   Die Aussagemöglichkeiten und -grenzen der Bilanzanalyse vgl. beispielsweise Tanski (Bilanzpolitik) S. 153 ff.

Auswahl des Produktionsprogramms liefern sollen. Um die vielfältigen Entscheidungsaufgaben im Zusammenhang mit der Steuerung des internen Güterdurchlaufs zu erfüllen, reicht die reine Geldrechnung nicht aus. Sie ist durch eine eigenständige realgüterbezogene (interne) Rechnung zu ergänzen. Real- und Nominalgüterstrom durchlaufen innerhalb der Unternehmung eigene spezifische Aktionsphasen.

„Das Rechnungswesen trägt dieser Eigengesetzlichkeit der beiden Güterströme Rechnung. Die extern orientierte pagatorische Rechnung (Finanzbuchhaltung) knüpft formal an die Bewegungen des Nominalgüterstromes an, um mit Hilfe einer Aufwands- und Ertragsrechnung die parallel laufenden Realgüterbewegungen zu erfassen. Dagegen sucht die intern ausgerichtete kalkulatorische Rechnung (Betriebsbuchhaltung) die verzweigten und vielfach verflochtenen inneren Realgüterbewegungen durch eine Kosten- und Leistungsrechnung abzubilden"[15].

Die Abgrenzung der abzubildenden von den nicht abzubildenden Wirtschaftsprozessen und ihre Verarbeitung, d. h. die Gestaltung des Ermittlungsmodells Rechnungswesen, bestimmt sich nicht nur nach den Zielvorstellungen der Unternehmungsleitung, sondern, was insbesondere für den Jahresabschluss gilt, nach Gesetzesnormen und Konventionen. Soweit die Konventionen sich noch nicht unmittelbar in gesetzlichen Regelungen niedergeschlagen haben, füllen sie den in § 238 HGB genannten unbestimmten Rechtsbegriff „Grundsätze ordnungsmäßiger Buchführung" aus. Die Regelungen zum Jahresabschluss sind nicht willkürlich entstanden. Sie sind Ausfluss sachlich begründeter Traditionen der Praxis und theoretischer Diskussionen. Das heißt, es lassen sich auch andere als die zurzeit geltenden Regelungen zum Jahresabschluss denken. Versuche, die konventionelle Abgrenzung des betrieblichen Rechnungswesens um neue Abbildungsgegenstände zu erweitern, werden unter den Schlagworten "Human Resource Accounting", "Social Costs" und „Sozialrechnungslegung" diskutiert.[16]

2.2   Das Rechnungswesen als Informationssystem

Die generelle **Aufgabe des Rechnungswesens** kann darin gesehen werden, den Informationsbedarf für Entscheidungen interner und externer Benutzer zu decken. Unter Information wird in der Betriebswirtschaftslehre seit Wittmann zweckorientiertes Wissen verstanden[17]. Die Information beeinflusst das Verhalten des Informationsempfängers (Benutzers)

-    sofort, d. h. die Information beseitigt eine Ungewissheit und ermöglicht eine Entscheidung und/oder
-    auf Dauer, d. h. der Benutzer lernt.

Unter einem **Informationssystem** versteht man eine Menge von Elementen, die mit dem Ziel zusammengefasst und in Beziehung gesetzt werden, nützliche Informationen für das Entscheidungsverhalten des Benutzers zu liefern. Mit zunehmender Unternehmensgröße und

---

[15]   Kosiol (Unternehmung) S. 118.
[16]   Vgl. Abschn. 3.5.
[17]   Wittmann (Unternehmung) S. 14.

Spezialisierung der Funktionsbereiche benutzen die Entscheidungsträger in den verschiedenen Bereichen der Unternehmungen neben dem traditionellen Rechnungswesen auch einige spezialisierte Informationssysteme (Marketinginformationssysteme, Personalinformationssysteme u. a.). Das Rechnungswesen ist also nur eines in einer Reihe von Informationssubsystemen des umfassenden Informationssystems der Unternehmung.

Eine zielgerichtete **Unternehmungssteuerung** erfordert, dass den internen Benutzern objektive und genaue Informationen über die Realität verfügbar sind, um ein rationales Entscheidungsverhalten zu erreichen. Anders dagegen ist das Interesse der Unternehmungsleitung beim Informationsaustausch mit externen Benutzern. Die vom Rechnungswesen produzierten und mit dem Jahresabschluss bereitgestellten Informationen gehen als Entscheidungsprämissen in das kognitive Entscheidungsmodell des Benutzers ein, determinieren damit dessen Verhalten. Die Unternehmungsleitung hat daher die Möglichkeit, dieses Verhalten durch manipulierte Informationen in dem von ihr gewünschten Sinne zu beeinflussen:

> „*Daraus ergibt sich für die grundsätzliche Beurteilung des unternehmensextern begründeten Informationsbedarfs ein völlig anderes Bild als beim unternehmensintern begründeten Informationsbedarf. Kam es dort auf ein möglichst hohes Maß an Richtigkeit bzw. Genauigkeit der Informationen an, so mag hier − getreu den Zielen der Unternehmung − in den durch das positive Recht gesetzten Grenzen gerade das Gegenteil zutreffen: Es geht gerade nicht um objektiv richtige (eher um objektiv falsche) Informationen. An die Stelle der Forderung, in Informationen müsse die sogenannte tatsächliche Lage abgebildet werden, tritt die flexiblere Bindung an Rechtsnormen: Die einschlägigen Zahlen müssen nur in Übereinstimmung mit dem geltenden Recht bestimmt sein*“ [18].

Der mit dem Informationssystem verbundene Informations- und Entscheidungsprozess ist in der folgenden Abbildung als Regelkreis dargestellt. Betrachten wir die innere **Struktur des Informationssystems**[19]:

Der *Filter* beinhaltet die Abgrenzung der Wirtschaftsprozesse, die als Geschäftsvorfall buchungswürdig sind.

Als *Datenbank* dienen im manuellen und maschinellen Sinne die „Bücher der Unternehmung“.

Über den *Informationsträger* werden die vom Benutzer nachgefragten oder ihm angebotenen Informationen diesem zugeleitet.

Mit *Modell* bezeichnen wir die Summe aller Regelungen, die nun im Einzelnen klären, was als Geschäftsvorfall einzuordnen und im Journal zu buchen ist, und wie die gespeicherten Daten beispielsweise abrechnungstechnisch auf Konten und im Jahresabschluss zu verarbeiten sind, um relevante Informationen für den Informationsadressaten darzustellen.

---

[18] Börner (Grundprobleme) S. 158.
[19] Nach Egner (Bilanzen) S. 5–9. Der Begriff des Modells wird dort in einem engeren Sinn verwendet.

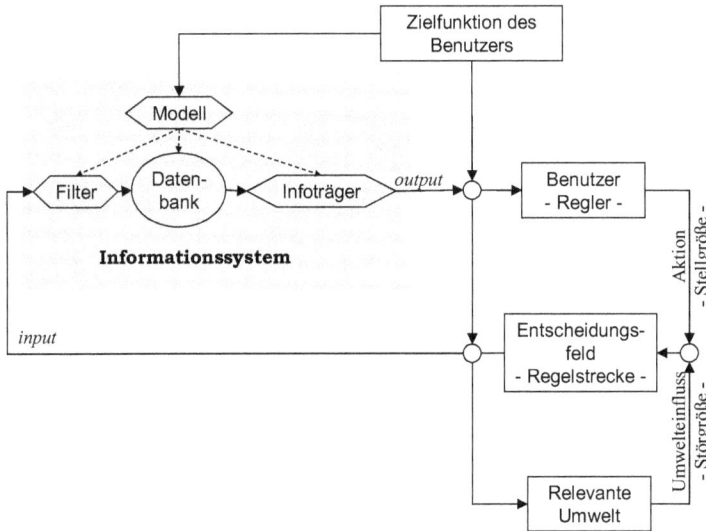

Abbildung 2:   *Kybernetisches Modell des Informations- und Entscheidungsprozesses*

*„Dass Jahresabschlüsse für wirtschaftliche Entscheidungen ihrer Adressaten, insbe-
sondere der Kapitalanleger, von Nutzen sein sollen, ist unbestritten, nicht aber, ob sie
es auch tatsächlich sind.“*[20]

2.3   Begriffliche Abgrenzungen zum Jahresabschluss

2.3.1   Die Bilanz

Das aus bilanx libra (lat. zweischalige Waage) abgeleitete Wort **Bilanz** stammt historisch
gesehen aus dem Italienischen. Es knüpft an die Worte bilancio (Bilanz) und bilancia (Waage) an. Dieser etymologische Rückblick erhellt bereits äußere Merkmale der Bilanz:

1.   Die Bilanz besteht immer aus zwei Seiten.
2.   Diese beiden Seiten sind formell ausgeglichen, also wertgleich.

Die beiden Seiten der Bilanz können entweder kontenmäßig (nebeneinander) oder tabellarisch (nacheinander) aufgezeichnet werden.

Was den **Inhalt der Bilanz** im kaufmännischen Sprachgebrauch angeht, so spricht § 242
Abs. 1 S. 1 HGB von einem *„das Verhältnis seines Vermögens und seiner Schulden darstellenden Abschluß“*. Das Bilanzvermögen umfasst die in der Unternehmung vorrätigen Wirtschaftsgüter. Es wird bei kontenmäßiger Darstellung auf der linken Seite der Bilanz, der
Aktivseite, ausgewiesen. Auf der (rechten) Passivseite der Bilanz werden die für die Beschaffung des Bilanzvermögens aufgebrachten Finanzmittel ausgewiesen, die nach ihrer

---

[20]   Schredelseker (Jahresabschluss) S. 159.

Herkunft in Darlehensansprüche der Gläubiger (Fremdkapital) und Beteiligungsansprüche der Unternehmungseigner (Eigenkapital) gruppiert werden können. Dieses Bilanzkapital repräsentiert „die gesamten Ansprüche, die von außen her an die Unternehmung beziehungsweise an deren Güterkomplex gestellt werden (Verpflichtung oder Schulden der Unternehmung)"[21]. Aktiv- und Passivseite der Bilanz stehen sich nicht isoliert gegenüber; ihren Zusammenhang beschreibt Kühnau wie folgt:

„Bilanzvermögen und Bilanzkapital stellen nicht zwei völlig voneinander getrennte Sachverhalte dar, sondern lassen sich wegen ihrer uno actu erfolgenden Entstehung als zwei Seiten derselben Wertgesamtheit betrachten. Dieser Wertebestand wird auf der Seite des Bilanzvermögens nach Güterarten spezifiziert, während auf der Gegenseite das nach Quellen gegliederte Kapital als Inbegriff der in den Vermögenswerten steckenden abstrakten Vorrätigkeit an sich erscheint, d. h. als generelles Wirtschaftsgut sui generis (Kapital im Sinne Schmalenbachs). Spezielles Wirtschaftsgut (Vermögen) und Vorrätigkeit an sich (Kapital) bedingen sich in ihrer Existenz gegenseitig"[22].

Damit haben wir die Bilanz in ihrer üblichen Erscheinungsform der auf einen Stichtag, beispielsweise 31.12. eines Jahres, bezogenen **Beständebilanz** gekennzeichnet. Wie in folgender Abbildung dargestellt, können in der Bilanz auch Korrekturposten zum Bilanzvermögen und Bilanzkapital auftauchen. Zum Beispiel sind nach § 253 Abs. 1 S. 2 HGB Verbindlichkeiten zu ihrem Erfüllungsbetrag zu passivieren. Ist der Ausgabebetrag, wie häufig bei langfristigen Darlehen, niedriger, darf dieses Disagio auf der Aktivseite ausgewiesen werden (§ 250 Abs. 3 HGB). Bei indirekter Abschreibung wird dem brutto ausgewiesenen Bilanzvermögen auf der Passivseite der Korrekturposten Wertberichtigung gegenübergestellt.

Aktiva	(Bestände-)Bilanz	Passiva
Bewertete Wirtschaftsgüter	Mittelherkunft nach Quellen	
•	• Darlehenskapital	
•	• Beteiligungskapital	
Bilanzvermögen	Bilanzkapital	
Korrekturposten (z.B. Disagio)	Korrekturposten (z.B. Wertberichtigung bei indirekter Abschreibung)	
Summe der Aktiva	Summe der Passiva	

Abbildung 3: Allgemeines Schema der (Bestände-)Bilanz (ohne bzw. nach Verarbeitung eines Erfolgssaldos)

---

[21] Kosiol (Bilanz) S. 97. Hier ist der Begriff Schulden weit gefasst. Oftmals wird mit Schulden nur der Fremdkapitalanteil bezeichnet und dem Eigenkapital gegenüber gestellt. Wenn man jedoch die „Unternehmung an sich" von den Eigentümern trennt, so „schuldet" die Unternehmung ihren Eigentümern das Eigenkapital. Gleichzeitig wird damit auf mögliche Interessengegensätze hingewiesen.

[22] Kühnau (Bilanz) S. 175.

Eine schematische Darstellung der Bilanz und ihrer möglichen Veränderung von einem Stichtag zum anderen finden sich in folgender Abbildung:

Im Fall 1 wird unterstellt, dass sich das Vermögen durch den betrieblichen Umsatzprozess erhöht hat und keine Tilgung oder Aufnahme von Fremdkapital erfolgte. So entspricht diesem Vermögenszuwachs in unserer Wirtschaftsordnung grundsätzlich ein gleich hoher Zuwachs des Eigenkapitals (Gewinn).

Fall 2 zeigt die gegenteilige Situation einer Vermögensminderung, die zur Abnahme des Eigenkapitals (Verlust) führt.

Fall 3 liegt sowohl eine Werterhöhung des Vermögens als auch die Aufnahme von Fremdkapital zugrunde. Als Gewinn wird nur die um die Erhöhung des Fremdkapitals berichtigte Erhöhung des Vermögens ausgewiesen.

Im Fall 4 konnte ein Verlust nicht durch das Eigenkapital gedeckt werden. Daher reicht der Vermögensrest nicht mehr zur Deckung des Fremdkapitals; in diesem Fall liegt Überschuldung vor.

Fall 5 skizziert die Situation bei einer Kapitalgesellschaft. So muss die Aktiengesellschaft das Grundkapital in nomineller Höhe in der Bilanz ausweisen (Nominalkapital). Wird das Eigenkapital durch Gewinn erhöht, erscheint dieser Posten getrennt vom Nominalkapital. Die Teile des Gewinns, die nicht ausgeschüttet werden sollen, sind als Rücklagen offen auszuweisen.

Fall 6 demonstriert den Verlustfall bei der Kapitalgesellschaft. Hier ist das konstante Nominalkapital durch einen Korrekturposten, Verlustvortrag auf der Aktivseite zu berichtigen.

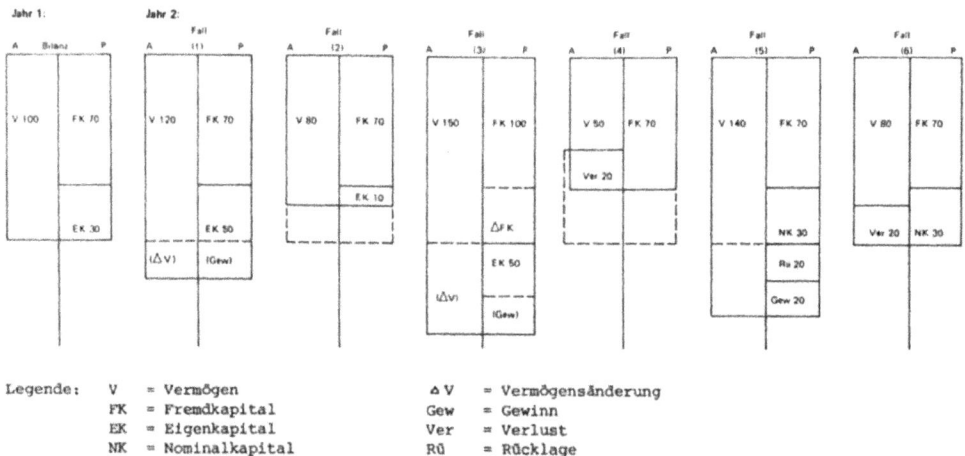

Abbildung 4: Schematisches Beispiel der Vermögens- und Kapitaländerung

2.3.2 Die Gewinn- und Verlustrechnung

Während die Bilanz einen Gewinn oder Verlust als Veränderung des Eigenkapitals ermittelt (= summarische Erfolgsermittlung), zeigt die **Gewinn- und Verlustrechnung** einen detaillierten Ausweis der Komponenten des Erfolgs, nämlich Aufwand und Ertrag (= spezifizierende Erfolgsdifferenzierung). Insofern wäre der in der folgenden Abbildung benutzte Begriff **Aufwands- und Ertragsrechnung** treffender.

Der bei der Aufzeichnung von Aufwand und Ertrag in der Gewinn- und Verlustrechnung rechnerisch verbleibende Saldo (Erfolgssaldo) entspricht dem Periodenerfolg in der Bilanz. Der enge Zusammenhang von Bilanz und Gewinn- und Verlustrechnung lässt sich rechnungstheoretisch auf das System der **doppelten Buchführung** zurückführen.

Aufwands- und Ertragsrechnung

Aufwendungen	Erträge
Ertragsminderungen (Korrekturen zur Vorperiode, z.B. Forderungsausfall)	Aufwandsminderungen (z.B. nachträgliche Mängelrüge eines in der Vorperiode verbrauchten Materials)
(Gewinn)	(oder Verlust)

Abbildung 5:   *Allgemeines Schema der Gewinn- und Verlustrechnung bzw. Aufwands- und Ertragsrechnung*

2.3.3 Bilanz und Gewinn- und Verlustrechnung als Elemente des Jahresabschlusses und der Rechnungslegung der Unternehmung

In § 242 Abs. 3 HGB heißt es zur Rechnungslegung aller Kaufleute:

„Die Bilanz und die Gewinn- und Verlustrechnung bilden den Jahresabschluß".

Dementsprechend bildet die jährlich aufzustellende Bilanz zusammen mit der Gewinn- und Verlustrechnung den **Jahresabschluss** der Unternehmung. Kapitalgesellschaften müssen aufgrund des § 264 Abs. 1 S. 1 HGB den Jahresabschluss um einen Anhang gem. §§ 284 ff. HGB erweitern. Weiterhin haben Kapitalgesellschaften einen Lagebericht („Geschäftsverlauf und Lage der Gesellschaft") gem. § 289 HGB aufzustellen[23]. Außerdem sind ggf. eine Kapitalflussrechnung, ein Eigenkapitalspiegel und eine Segmentberichterstattung als **Nebenrechnung des Jahresabschlusses** zu erstellen[24].

---

[23]   Vgl. ausführlich Tanski (Jahresabschluss) Kap. 10.
[24]   Vgl. ausführlich Tanski (Jahresabschluss) Kap. 8.

Die Rechnungslegung im Konzern ist analog gegliedert: Gem. § 297 Abs. 1 HGB in Konzernbilanz, Konzern-Gewinn- und Verlustrechnung, Konzernanhang, Kapitalflussrechnung und Eigenkapitalspiegel (**Konzernabschluss**) sowie Konzernlagebericht (§ 315 HGB).

2.3.4   Konkretisierung der Begriffe Bilanzierung und Bewertung

Die Entscheidung über den materiellen Inhalt der Bilanz erscheint oft nur als ein Entscheidungsakt, der auch als *„Bilanzierung; im weiteren Sinne"* bezeichnet werden kann. Dennoch lassen sich zwei logische Stufen der Entscheidung aufzeigen[25]:

* Zunächst ist zu klären, ob etwas in die Bilanz einzustellen ist,

  = **Bilanzierung (I) dem Grunde nach** (im Folgenden auch: Bilanzierung).

* Bei positiver Zwischenentscheidung ist zu klären, wie, d. h. in welcher Höhe zu bilanzieren ist,

  = **Bilanzierung (II) der Höhe nach** (im Folgenden auch: Bewertung).

I.   Auf der ersten Stufe ist die Frage nach der **Bilanzierungsfähigkeit** zu beantworten: Also die Frage nach der grundsätzlichen Eignung eines Gutes, in die Bilanz aufgenommen zu werden. Die Antwort dazu setzt sich wieder aus einer Folge von Teilentscheidungen zur abstrakten und konkreten Bilanzierungsfähigkeit zusammen.

a) Abstrakte Bilanzierungsfähigkeit

Diese richtet sich nach bestimmten notwendigen Eigenschaften, die die zu bilanzierenden Güter vorweisen müssen.

Im Hinblick auf die *Handelsbilanz* verlangt § 242 Abs. 1 HGB *„einen das Verhältnis des Vermögens und der Schulden darstellenden Abschluß zu machen"*. Nach § 240 Abs. 1 HGB „sind sämtliche Vermögensgegenstände und Schulden" zu bewerten. Daraus können wir ableiten, dass für die Handelsbilanz die abstrakte Bilanzierungsfähigkeit durch die Merkmale des **Vermögensgegenstandes** und der **Schulden** bestimmt wird.

Sind die Merkmale erfüllt, so sind die entsprechenden Güter als Vermögensgegenstände abstrakt aktivierungsfähig bzw. als Schulden abstrakt passivierungsfähig. Für die *Steuerbilanz* gilt im Wesentlichen das gleiche im Hinblick auf die Merkmale des Begriffes (positives und negatives) **Wirtschaftsgut**.

b) Konkrete Bilanzierungsfähigkeit

Ein Ansatz der abstrakt bilanzierungsfähigen Vermögensgegenstände und Schulden in der Handelsbilanz bzw. der Wirtschaftsgüter in der Steuerbilanz ist jedoch nur

---

[25] Vgl. zum Folgenden für viele u.a. Federmann (Bilanzierung) S. 273 ff., Tanski in Petersen u.a. (Bilanzrecht) § 246, Tz. 6 ff.

möglich, wenn ihm kein gesetzliches oder aus den Grundsätzen ordnungsmäßiger Buchführung abzuleitendes Bilanzierungsverbot gegenübersteht.

Beispiele:
Der grundsätzlich abstrakten Aktivierungsfähigkeit von selbst geschaffenen immateriellen Vermögensgegenständen steht der Vorsichtsgedanke der Grundsätze ordnungsmäßiger Buchführung bzw. dessen Normierung in § 248 Abs. 2 HGB, der ein partielles Aktivierungsverbot aufstellt, gegenüber. Außerdem kann auf das generelle Bilanzierungsverbot von privaten Vermögensgegenständen und Schulden bzw. Wirtschaftsgütern hingewiesen werden.

Ist die Frage nach der konkreten Bilanzierungsfähigkeit positiv entschieden, so kann das entsprechende Gut in die Bilanz dem Grunde nach aufgenommen werden. Hierbei besteht für den Bilanzierenden u.U. ein gewisser Ermessensspielraum, falls keine rechtliche Verpflichtung zur Aufnahme des konkret bilanzierungsfähigen Postens besteht. Die letzte Frage berührt also die nach einer Bilanzierungspflicht oder einem Bilanzierungswahlrecht.

Von diesem Schema nicht abgedeckt wird die Bilanzierung der Korrektur- und Ausgleichsposten[26].

II. Ist auf der ersten Stufe entschieden, dass ein Gut dem Grunde nach bilanziert wird, so ist im nächsten gedanklichen Schritt darüber zu entscheiden, in *welcher Höhe* der Bilanzansatz erfolgen soll.

Im Schrifttum und im Sprachgebrauch wird diese Entscheidungsstufe oft wenig differenziert und pauschal als **Bewertung** bezeichnet. Mit dem Vorgang der Bewertung wird den am Bilanzstichtag vorhandenen Gütermengen ein bestimmter Geldbetrag zugeordnet (hier: Bewertung i.e.S.). Dies setzt jedoch voraus, dass

a) die Gütermenge bekannt ist,
b) bereits eine bestimmte Wertart (Anschaffungswert, Tagesveräußerungswert etc.) gewählt und
c) ein dieser Wertart entsprechender Einzelpreis in seiner Höhe festgelegt wurde.

Wie diese kurzen Ausführungen bereits verdeutlichen, umfasst die Bilanzierung also mehrere Teilentscheidungen, die sich zunächst auf die Frage des Ansatzes dem Grunde nach und dann auf die Frage des Ansatzes der Höhe nach beziehen.

---

[26] So zählen z.B. Rechnungsabgrenzungsposten, ausstehende Einlagen auf das Grundkapital, Wertberichtigungen und Rückstellungen ohne Verbindlichkeitscharakter nicht zu den Vermögensgegenständen oder Schulden bzw. Wirtschaftsgütern.

2.4   Aufgaben des Jahresabschlusses

2.4.1   Traditionelle Aufgabenbeschreibungen

Bei historischer Betrachtung der Diskussion um die Jahresabschlussaufgaben stellt man einen engen Bezug zur statischen und dynamischen Bilanzauffassung fest. Diesen ging es vorwiegend darum, dass vorhandene Instrument Bilanz funktional zu erklären. So erkannte man, dass die Gegenüberstellung von Vermögen und Schulden Aussagen über den Status der Unternehmung erlaubt, die Schuldendeckungskontrolle. Später rückte die Bilanz als Instrument der Erfolgsermittlung, die einen Einblick in die sich im Betrieb abspielenden Bewegungen erlaubt, in den Vordergrund; damit auch gleichzeitig die Gewinn- und Verlustrechnung, die die positiven und negativen Komponenten des Erfolges detailliert ausweist.

Die beiden **traditionellen Aufgaben**

- Schuldendeckungskontrolle (Vermögensermittlung)
- Erfolgsermittlung

sind nicht von der Seite der am Abschluss Interessierten und deren Informationsinteressen bestimmt, sondern aus dem vorhandenen Instrument abgeleitet.

Eine differenzierte Nachfrage nach Informationen kann, sofern überhaupt, erst über gezielte Jahresabschlussanalysen befriedigt werden. An dieser Diskrepanz zwischen Informationsbedarf und Informationsangebot hat sich die neuere Diskussion um die Aufgaben des Jahresabschlusses entzündet. Diese fragt nach der zieloptimalen Jahresabschlussgestaltung. Dabei erweisen sich die unbestimmten Begriffe Erfolgsermittlung und Vermögensermittlung als nicht operational. Vielmehr ist auf die hinter den Jahresabschlussaufgaben stehenden Ziele der an der Unternehmung interessierten Individuen oder Gruppen zurückzugehen. Von diesen ausgehend soll der Jahresabschluss zu einem Instrument werden, das geeignete Informationen für eine **Zielrealisierungskontrolle** liefert.

Anhand zweier Aufgabenkataloge werden in nachfolgender Übersicht die traditionelle und die neuere Auffassung zu den Jahresabschlussaufgaben einander gegenübergestellt. Als traditionell ist die Aufgabenbeschreibung bei Heinen, die sich eng an le Coutre anlehnt, einzuordnen[27]. Egner kritisiert an dieser allgemeinen Aufgabenformulierung, dass aus ihr nicht abzuleiten ist:

- *„in wessen Interesse eigentlich der Bilanz die Aufgaben gestellt werden,*
- *welches im einzelnen die Interessen dieser Person sind,*
- *welche Einzelaufgaben sich aus der Erfüllung dieser Interessen ergeben"*
- inwieweit Interessensgegensätze bestehen und
- welche unterschiedliche Machtpositionen auf die Aufgabenstellung wirken [28].

---

[27]   Heinen (Handelsbilanzen) S. 26 f.; le Coutre (Grundzüge) S. 25.
[28]   Egner (Bilanzen) S. 15.

Traditionelle Aufgabenbeschreibung nach Heinen (le Coutre)	Neuere Aufgabenbeschreibung nach Stützel
Allgemeine Aufgaben (1) Wirtschaftsübersicht (2) Wirtschaftsergebnisfeststellung (3) Wirtschaftsüberwachung (4) Rechenschaftslegung **Einzelaufgaben** (1) Ermittlung des Erfolges und Nachweis der Kapitalerhaltung (2) Feststellung des Vermögens und Darstellung des Vermögensaufbaues (Vermögensstruktur) (3) Kennzeichnung des Kapitalaufbaues (Kapitalstruktur) (4) Darlegung der Investitionen und ihrer Finanzierung (5) Ausweis der Liquiditätslage	**Primäre Zwecke** (1) Bündelung von Buchführungszahlen zur Sicherung von Urkundenbeständen gegen nachträgliche Inhaltsänderung im Interesse der Rechtspflege (2) Schutz von Gläubigern durch Zwang zur Selbstinformation des Unternehmens über seinen Vermögensstand (3) Transformation gläubigergefährdender Sachverhalte in Tatbestände gläubigerschützender Rechtsfolgen (Ausschüttungssperre) (4) Konkretisierung dessen, was unter den Vokabeln Gewinn oder Verlust oder Kapitalanteil im Sinne der Verteilungsschlüssel des geltenden Gesellschaftsvertrags verstanden werden soll (5) Verteilung gewisser Kompetenzen innerhalb von Körperschaften mit mehreren Organen **Weitere Zwecke** (6) Rechnungslegung im Sinne des Rechenschaftsberichts eines Verwalters fremden Vermögens (7) Rückblickender Soll-Ist-Vergleich der Leitenden für sich selbst (8) Jahresabschluss als unternehmensinterne Dispositionsgrundlage (9) Jahresabschluss als Basis für Kreditwürdigkeitsbeurteilung (10) Jahresabschluss als Auseinandersetzungsbilanz und Lieferung von Informationen für gegenwärtige und potenzielle Aktionäre

Abbildung 6:   Aufgabenbeschreibung zum Jahresabschluss

„Mit dem alten Spruch, es gelte den erwirtschafteten Gewinn oder das vorhandene Vermögen festzustellen, ist die Frage nur dann so zureichend beantwortet, daß sich praktische Bilanzierungsregeln eindeutig aus der Zweckbestimmung ableiten lassen, wenn es gerade keine eigentliche bilanztheoretischen Probleme mehr gibt: nämlich in der schönen Welt, in der alle Abschlüsse den Charakter von Totalrechnungen haben, in der alle Bestände der Anfangsbilanz und der Schlußbilanz nur aus Kassenbeständen bestehen, in der schönen Welt, in der sich weder Diplomkaufleute noch Professoren mit Problemen der Rechnungsabschlüsse zu plagen brauchen, in der das Geschäft des Rechnungsabschlusses dem ehrenwerten Stand der Geldzähler überlassen werden kann"[29].

---

[29] Stützel (Bemerkungen) S. 321. Vgl. auch Egner (Bilanzen) S. 16–24.

Stützel gelangt zu der Feststellung, dass „Rechenwerke nach Art traditioneller handelsrechtlicher Jahresabschlüsse" zur Erfüllung von fünf Hauptzwecken benötigt werden und ausreichen (vgl. vorstehende Übersicht). Diese Aufgaben werden im Hinblick auf den Mindestadressatenkreis und Mindestumfang konkretisiert. Die angeführten fünf „weiteren Bilanzzwecke" werden vom handelsrechtlichen Jahresabschluss dagegen nicht oder nicht hinreichend erfüllt.

2.4.2   Die interessenbestimmten Informations- und Zahlungsbemessungsaufgaben des Jahresabschlusses

Den neueren Darstellungen von Jahresabschlussaufgaben liegt ein **Unternehmungsmodell** zugrunde, nach dem die Unternehmung allen mit ihr in Beziehung tretenden Personen (also neben Unternehmungsleitung, Arbeitnehmern und Anteilseignern auch Kunden, Lieferanten, Kreditgeber, Steuerbehörden usw.) zur Realisierung ihrer individuellen Ziele dient; insofern besitzen Unternehmungen einen instrumentalen Charakter[30]. Der Jahresabschluss soll nun darüber informieren, inwieweit die Zielrealisation durch den Wirtschaftsprozess der Unternehmung positiv oder negativ tangiert wurde. Die **interessenbestimmten Jahresabschlussaufgaben** lassen sich nach Egner auf drei Wegen ermitteln:

(1) Empirisch-induktiv, indem ein repräsentativer Bevölkerungsquerschnitt nach gewünschten Jahresabschlussinformationen befragt wird.

(2) Deduktiv, indem durch Nachdenken festgelegt wird, welche Personen für welche Entscheidungen welche Informationen aus dem Jahresabschluss benötigen.

(3) *„Die brauchbarsten Ergebnisse dürfte eine kombinierte Methode erbringen, indem man durch Deduktion einen Aufgabenkatalog bestimmt und diesen dann durch Befragung auf Vollständigkeit und Relevanz testet"*[31].

Bisher wurden empirische oder deduktiv-empirische Untersuchungen m.W. in Deutschland kaum durchgeführt. Deduktive Ableitungen finden sich dagegen in der Literatur schon früh und zahlreich. Egner selbst nennt folgende **Gruppen von Interessenten**:

• „Eigentümer (bzw. Anteilseigner, Aktionäre, Genossen) einschließlich derjenigen Personen, die den Erwerb von Eigentumsrechten planen (potentielle Eigentümer);

• Gläubiger einschließlich derjenigen Personen, die eine Kreditvergabe an das Unternehmen planen (potentielle Gläubiger). Überschneidungen sind mit allen anderen Gruppen möglich, d. h. Eigentümer, Arbeitnehmer usw. können gleichzeitig Gläubiger sein;

• Arbeitnehmer einschließlich ehemaliger pensionsberechtigter Arbeitnehmer und potentieller Arbeitnehmer. Überschneidungen mit Eigentümern, Gläubigern, Unternehmensleitung sind möglich;

• Unternehmensleitung. Überschneidungen mit Eigentümern, Arbeitnehmern und Gläubigern sind möglich;

• Marktpartner (Lieferanten, Abnehmer, Konkurrenten) einschließlich potentieller Partner. Überschneidungen mit Eigentümern und Gläubigern sind möglich;

---

[30] Zur „Instrumentalfunktion" der Unternehmung, vgl. auch Schmidt (Wirtschaftslehre) 48–110. Das auf den organisations-theoretischen Ansatz von Cyert/March (Theory) zurückgehende „Koalitionsmodell" der Unternehmung, das in diesem Zusammenhang regelmäßig angeführt wird, bildet m. E. keine sinnvolle Grundlage des interessentbestimmten Ansatzes.

[31] Egner (Bilanzen) S. 10.

- Finanzverwaltung;
- sonstige Öffentlichkeit; hierbei handelt es sich um eine Sammelposition, zu der Individuen und Körperschaften gehören, wie z.B. Kartellbehörde, Wirtschafts- und Finanzministerien, Gewerkschaften, Arbeitgeberverbände, Wirtschaftszweigverbände, Journalisten, Wertpapieranalysten und last not least wissenschaftliche Institutionen"[32].

Wie nachfolgende Abbildung andeutet, sind zwar alle Koalitionsteilnehmer **Informationsinteressenten**; aus der Sicht der Unternehmungsleitung sind aber nur diejenigen **Informationsadressaten**, deren Informationsinteressen über die gesetzlichen Regelungen im tatsächlichen Jahresabschlussinhalt berücksichtig sind. Über beide Kreise hinaus geht dagegen der Kreis der **Informationsempfänger**, weil, zumindest bei der handelsrechtlichen Publizitätspflicht, letztlich jedermann dazu zählt[33].

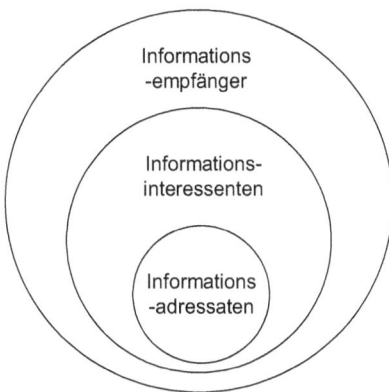

Abbildung 7:   Abstufung der Informationsempfänger bei publiziertem Jahresabschluss

Um mögliche Interessen zu systematisieren, bietet sich nach Egner die Unterscheidung von:

- **Informationsinteressen**
    - finanzielle Informationsinteressen
    - nichtfinanzielle Informationsinteressen und

- **Zahlungsbemessungsinteressen**

an. Nachfolgende Abbildung weist dabei die jeweils interessierten Personen(-gruppen) aus. Dabei können die Interessen sowohl positiv sein als auch negativ, d. h. bestimmte Informationen oder Zahlungen sollen anderen Gruppen nicht zukommen.

---

[32]   Egner (Bilanzen) S. 10. Dabei ist die „Öffentlichkeit" jedoch besser als Informationsempfänger statt –interessent einzuordnen; diese Aufzählung ist sehr ähnlich der für die IFRS gemachten Aufzählung im IFRS-Rahmenkonzept (9).

[33]   Vgl. zu dieser Unterscheidung Moxter (Bilanzlehre) S. 418 f. Moxter ordnet den Informationsadressaten auch die „Öffentlichkeit" zu (ebd. S. 420–423). Dies ist abzulehnen. Die technische Notwendigkeit, Informationen an eine „Öffentlichkeit" abzugeben, charakterisiert diese nur als Informationsempfänger. Informationsinteressent oder –adressat können nur spezifizierte Gruppen aus der amorphen Masse „Öffentlichkeit" sein. Mit Moxters Argumentation könne im Namen der Leerformel „Öffentlichkeit" eine schrankenlose Informationspflicht gefordert bzw. die Durchsetzung spezifischer Gruppeninteressen ideologisch begründet werden.

„Aufgabe von Jahresabschlüssen ist es also,

-   *die finanziellen Informationsinteressen der ‚Beteiligten' zu befriedigen,*
-   *die nichtfinanziellen Informationsinteressen zu befriedigen,*
-   als Grundlage der Zahlungsbemessung zu dienen"[34].

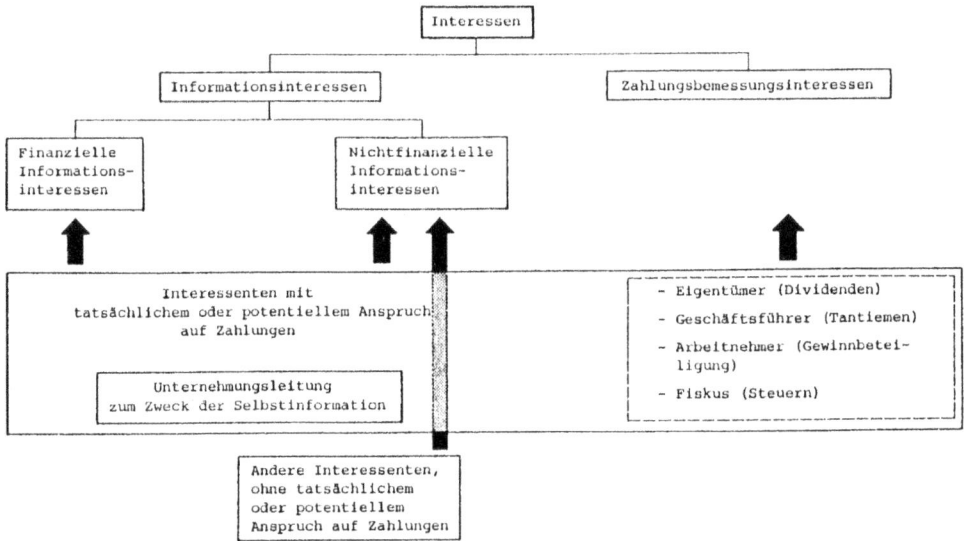

Abbildung 8:   Auf den Jahresabschluss bezogene Interessen von Personengruppen

Diese Aufgaben kann der Jahresabschluss jedoch nicht für alle Interessen aller Koalitionsteilnehmer zugleich und im gleichen Maß erfüllen. Diese faktische Unmöglichkeit resultiert

a)   aus der Vielfalt und Widersprüchlichkeit der Einzelinteressen und
b)   dem damit verbundenen Konfliktpotential zwischen den positiven und negativen Interessen.

Ferner ist der traditionelle Jahresabschluss als Träger ausschließlich finanzieller Daten kein geeignetes Instrument zur Befriedigung der nichtfinanziellen Informationsinteressen. Diese Informationen könnten nur indirekt gewonnen werden, indem man die finanziellen Daten als Indikatoren für nichtfinanzielle Ziele verwendet, so z.B. eine gute Ertragslage als Indikator für ein gutes Betriebsklima.

Einige typische finanzielle Informationsinteressen und Zahlungsbemessungsinteressen der Personengruppen zeigt die nachfolgende Übersicht und skizziert die Konflikte, die zwischen den eigenen positiven Interessen und den entgegenstehenden negativen Interessen der anderen Gruppen auftreten[35].

---

[34]   Egner (Bilanzen) S. 12. Eine ausführliche Darstellung von Informationsaufgabe und Zahlungsbemessungsaufgabe findet sich bei Egner (Bilanzen) S. 24–84.
[35]   Vgl. Egner (Bilanzen) S. 82–84.

Die gesetzlichen Regelungen zum Jahresabschluss streben nach einem Interessenausgleich (z.B. Aktionärsschutz versus Gläubigerschutz). Die vielfältigen und widersprüchlichen Interessen machen es aber unmöglich, von den Individual- oder Gruppeninteressen ausgehend ein in sich geschlossenes Rechnungssystem zu entwickeln. Die Bedeutung der klassischen Aufgaben des Jahresabschlusses ist daher auch heute unbestritten. Die auf dem Gedanken der Erfolgsermittlung aufbauende dynamische Bilanzlehre zeigt, dass sich von dieser Aufgabe her die formalen Regeln der doppelten Buchführung und ihres Abschlusses sowie Grundregeln der Bewertung erklären lassen. Entsprechendes gilt für die Bestandsrechnung.

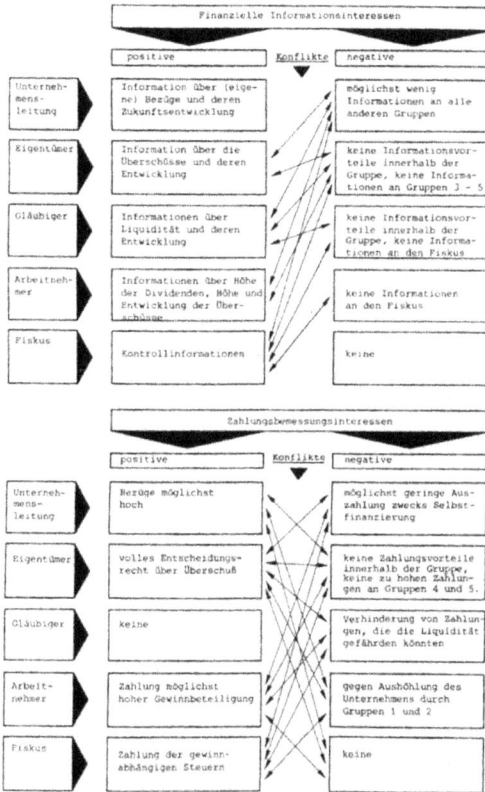

Abbildung 9:   Typische Interessen und Interessenkonflikte hinsichtlich des Jahresabschlusses

2.5   Typisierung der Bilanz und der Gewinn- und Verlustrechnung

2.5.1   Arten der Bilanz und der Gewinn- und Verlustrechnung

Es gibt viele Kriterien für eine artmäßige Gruppierung der **Bilanzen**. Das Ordnungsschema in folgender Übersicht zeigt anhand der wichtigsten zweckbezogenen Kriterien den vielfältigen Charakter von Bilanzen. Ein und dieselbe Bilanz lässt sich jeweils unter allen Kriterien an einer bestimmten Stelle zuordnen.

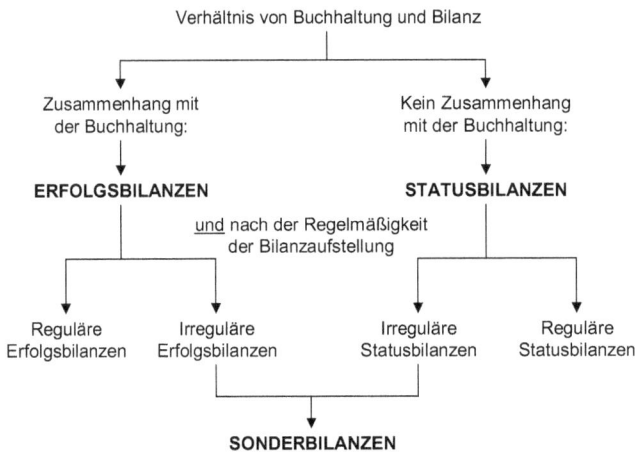

Abbildung 10:   Grundkategorisierung der Bilanzen

Die uns am häufigsten begegnende **Jahresabschlussbilanz** kann als eine im systematischen Zusammenhang mit der Buchhaltung regelmäßig erstellte **reguläre Erfolgsbilanz** charakterisiert werden.

„Dieser Charakter kann den fraglichen Bilanzen auch dann nicht abgesprochen werden, wenn praktisch andere Zwecke in den Vordergrund treten, weil dadurch die Geltung der Erfolgsermittlung als Systemidee einer formalen Erklärung der Doppik und darüber hinaus ihrer Wertansätze nicht berührt wird"[36].

Nach der rechtlichen Normierung lassen sich die beiden Hauptbereiche der „handelsrechtlich geregelten Bilanzen" und der „steuerrechtlich geregelten Bilanzen" unterscheiden. Die reguläre Jahresabschlussbilanz kann entsprechend als Handelsbilanz oder Steuerbilanz eingeordnet werden. Daneben enthalten Handels- und Steuerrecht eine Vielzahl von Vorschriften, die jeweils die Aufstellung von **irregulären Erfolgsbilanzen** oder **Statusbilanzen** fordern.

Die **Gewinn- und Verlustrechnung** bildet jeweils zusammen mit den dem Kontenabschluss der Buchhaltung entstammenden Erfolgsbilanzen ein Abrechnungssystem. Eine Artengliederung der Gewinn- und Verlustrechnung lässt sich ähnlich wie die der Bilanzen in folgender Übersicht vornehmen. Dabei entfällt jedoch der Zweig der Statusbilanzen.

„Statusbilanzen sollen als reine Bestandsrechnungen den Zustand von Bilanzvermögen und Bilanzkapital darstellen. Sie sind nicht vergangenheitsbezogen und enthalten dementsprechend keinen Erfolgsposten. Die Aussage der Statusbilanzen

---

[36] Kühnau (Bilanz) S. 176 f. Dieser dynamischen Bilanzauffassung steht die statische gegenüber, die in der Bilanz primär eine Vermögens- und Kapitaldarstellung sieht. Vgl. zu den Bilanzauffassungen Abschnitte 2.3.1 und 2.3.2.

richtet sich auf den Wertezustand am Bilanzstichtag mit z. T. wesentlicher Bezug-nahme auf die Zukunft ... Die Ermittlung der zu bilanzierenden Wertebestände erfolgt in der Regel durch eine Inventur[37].

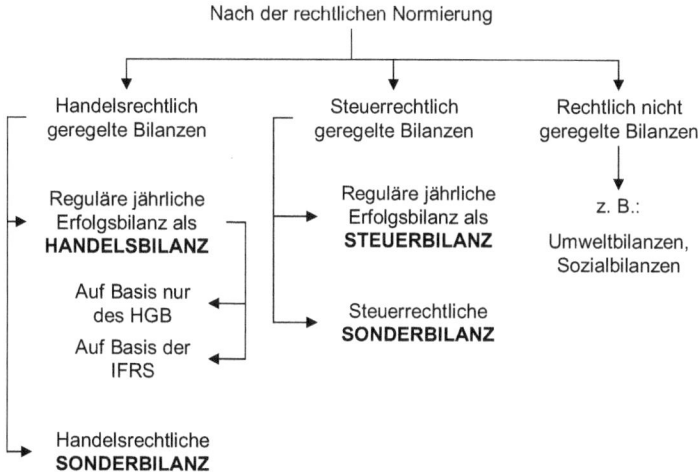

Abbildung 11:   Rechtliche Kategorisierung der Bilanzen

Kriterium	Beispiele
Abrechnungsbezirk	- Einzelbilanz (Unternehmensbilanz - Konsolidierte Bilanz (Konzernbilanz) - Teilbilanzen (z.B. Segmentbilanz)
Informationsinteressenten	- Externe Bilanzen - Interne Bilanzen
Zeitbezug	- Ist-Bilanzen - Plan-Bilanzen
Fristigkeit der Abrechnungsperiode	- Jahresbilanz - Zwischenbilanz (Quartalsbilanz)
Rechtsform des bilanzierenden Unternehmens	- Bilanz des Einzelunternehmers - Bilanz der Personengesellschaft - Bilanz der Kapitalgesellschaft - Bilanz der Genossenschaft
Branche des bilanzierenden Unternehmens	- Industriebilanzen - Handelsbilanzen - Bankbilanzen - Krankenhausbilanzen

Abbildung 12:   Weitere Kategorien der Bilanzen

---

[37]   Kühnau (Bilanz) S. 180 f.

		Einzelabschluss (= Unternehmensbilanz) (§§ 242 HGB; 33 ff. GenG; 5 PublizitätsG)
Handelsbilanzen (= reguläre Erfolgsbilanzen)		
		Konzern- und Teilkonzernbilanz (§§ 290 ff. HGB; 13 PublizitätsG)
Sonderbilanzen des Handelsrechts	Irreguläre Erfolgsbilanzen	Gründungsbilanz (§§ 242 Abs. 1 HGB)
		Umwandlungsbilanz (§§ 4 ff. UmwG)
		Verschmelzungsbilanz (Fusionsbilanz) (§§ 4ff. UmwG)
		Bilanz vor Kapitalerhöhung aus Gesellschaftsmitteln (§§ 207–220 AktG)
		Sanierungsbilanz (vgl. §§ 222 ff. AktG; 58 GmbHG)
	Irreguläre Statusbilanzen	Liquidationsbilanz (§§ 154 HGB; 270 AktG; 71 GmbHG; 89 GenG)
		Überschuldungsbilanz (§§ 92 AktG; 49 GmbHG)
		Insolvenzeröffnungsbilanz (§ 153 Abs. 1 InsO)
		Insolvenzschlussbilanz (§ 66 Abs. 1 InsO)

Abbildung 13:   Bilanzarten nach Handelsrecht

2.5.2   Formen der Jahresabschlussrechnungen

Im Gegensatz zu der nach zweckabhängigen Merkmalen erfolgten Artengliederung führt die Ableitung des Jahresabschlusses aus der Buchhaltung zwangsläufig zu bestimmten formalen Darstellungen.

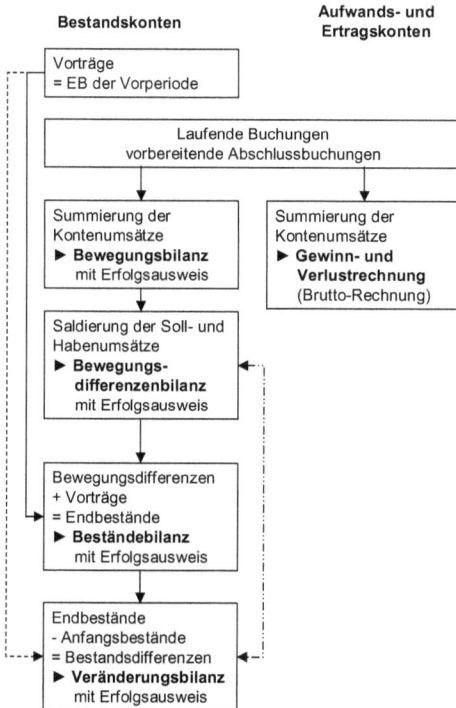

Abbildung 14:   Formen der Jahresabschlussrechnung aufgrund des Buchhaltungszusammenhangs

2.5.2.1   Formen der Bilanz

Je nach der Vorgehensweise des bilanziellen Abschlusses der Bestandskosten lassen sich drei Bilanzformen unterscheiden[38]:

(1) Bewegungsbilanz

Um den Erfolg zu ermitteln, werden die unsaldierten Bruttobewegungen der Bestandskonten, d. h. die jeweiligen Soll- und Habenumsätze, ohne die insgesamt ausgeglichenen Vorträge in die Bilanz übernommen. Diese Urform bzw. Grundgestalt der Bilanz wird daher von Kosiol als **Bewegungsbilanz** bezeichnet. Aus ihr lassen sich alle weiteren Bilanzformen ableiten[39].

---

[38] In enger Anlehnung an Kühnau (Bilanz) S. 183–185.

[39] Vgl. Kosiol (Bilanz) S. 195.

Diese Bewegungsbilanz entspricht nicht der von Bauer[40] geprägten „*Bewegungsbilanz*", die eigentlich eine Veränderungsbilanz (siehe (3)) darstellt. Leider wird diese Differenzierung in der Literatur oft missachtet.

(2) Beständebilanz

Die praktisch dominierende **Beständebilanz** ist das Ergebnis von zwei gedanklichen Schritten,

1. der Saldierung der Bruttobewegungen jedes Kontos in der Bewegungsbilanz und
2. der Einbeziehung der Vorträge.

In der praktischen Aufstellung werden diese beiden Schritte bereits in der Buchhaltung durch Saldierung der einzelnen Bestandskonten vorgenommen und die Beständebilanz direkt aus den Kontensalden abgeleitet.

(3) Veränderungsbilanz

Die dritte Bilanzform ergibt sich nicht unmittelbar durch Kontenabschluss, sondern durch Nebenrechnung. Dabei lassen sich zwei Vorgehensweisen unterscheiden:

a) Durch Saldierung jedes in der Bewegungsbilanz enthaltenen Kontos ergibt sich eine Veränderungsbilanz als **Bewegungsdifferenzenbilanz**.
b) Der Vergleich der Beständebilanz am Ende der Abrechnungsperiode mit der (gleich gegliederten) Beständebilanz am Ende der Vorperiode ergibt eine Veränderungsbilanz als **Bestandsdifferenzenbilanz**.

Notwendigerweise stimmen sowohl inhaltlich als auch im Erfolgsausweis beide Formen der Veränderungsbilanz überein, wobei der Erfolgsausweis selbstverständlich auch mit dem der Bewegungs- und der Beständebilanz übereinstimmt.

Was die äußere Erscheinungsform aller Bilanzen angeht, so können **Kontoform** und **Staffelform** unterschieden werden. Für Kapitalgesellschaften ist durch § 266 Abs. 1 S. 1 HGB die Kontoform vorgeschrieben.

2.5.2.2 Formen der Gewinn- und Verlustrechnung

Die Formen der Aufwands- und Ertragsrechnung können nach den folgenden Kriterien unterschieden werden.

(1) Kontoform oder **Staffelform**

Das äußere Bild der **Kontoform** der Aufwands- und Ertragsrechnung entspricht dem Gewinn- und Verlustkonto der Buchhaltung; es unterscheidet sich nur durch eine gewisse Zusammenfassung der Salden einzelner Konten zu gruppierten Aufwands- und Ertragspositionen.

---

[40] Vgl. Bauer (Bewegungsbilanz).

Die **Staffelform** der Aufwands- und Ertragsrechnung ist als Versuch anzusehen, die Erfolgskomponenten kalkulatorisch aufzubereiten und damit den Erfolg gleichzeitig nach seinen Quellen aufzuspalten.

(2) Umsatzrechnung oder **Produktionsrechnung**

Ebenso wie die kalkulatorische Erfolgsrechnung nach dem **Gesamtkostenverfahren** oder dem **Umsatzkostenverfahren** aufgebaut sein kann, kann bei der Aufwands- und Ertragsrechnung entsprechend nach dem Gesamtaufwandsverfahren (= Produktionsrechnung) und dem Umsatzaufwandsverfahren (= Umsatzrechnung) unterschieden werden.

(3) Bruttoform oder **Nettoform**

Nach dem Umfang der **Saldierung** zwischen Aufwands- und Ertragspositionen unterscheiden wir:

a) Bruttorechnung = keine Saldierungen
b) Nettorechnung = vollständige Saldierung
c) Teilweise Nettorechnung bzw. = Saldierung einiger Aufwands- und Ertrags-
    Teil-Bruttorechnung   positionen

Die Ableitung der Aufwands- und Ertragsrechnung aus dem Gewinn- und Verlustkonto führt zu einer uneingeschränkten Bruttoform, selbst bei gruppierter Zusammenfassung von Aufwands- oder Ertragspositionen. Der Grenzfall der Nettorechnung ist auf den reinen Ausweis des Periodenerfolges in Form eines summarischen Aufwands- oder Ertragsüberschusses beschränkt.

Mischformen liegen vor, wenn einige der Aufwands- und Ertragspositionen gegeneinander saldiert werden. In der Aufwands- und Ertragsrechnung erscheint nur deren Saldo zusammen mit den restlichen unsaldierten Aufwendungen und Erträgen.

Vor dem AktG 1937 war die Aufwands- und Ertragsrechnung gemäß § 261 c HGB eine teilweise Nettorechnung. Die Saldierungsmöglichkeiten gemäß § 261 c HGB wurden durch § 132 AktG 1937 noch weiter ausgedehnt, damit nicht, wie es zur Begründung hieß, „Konkurrenzunternehmen einen Einblick in die inneren Betriebsverhältnisse einer Gesellschaft gewinnen, namentlich nicht Kenntnis von der Höhe des Umsatzes erhalten". Dieses Schema fand sich bis 1986 noch in § 33 f. GenG. Erst die Kleine Aktienrechtsreform vom 23.12.1959 brachte in § 132 n.F. AktG 1937 das Bruttoprinzip uneingeschränkt zur Geltung, wie es in § 157 AktG 1965 grundsätzlich übernommen wurde, wobei nur noch die Staffelform zulässig ist.

Die 4. EG-Richtlinie fordert in Artikel 7 explizit den Bruttoausweis; sie stellt hinsichtlich der weiteren formalen Gestaltung der Gewinn- und Verlustrechnung den Nationalstaaten aber anheim, entweder eine oder mehrere der in den Artikeln 23 (Staffelform nach Gesamtaufwandsverfahren), 24 (Kontoform nach Gesamtaufwandsverfahren), 25 (Staffelform nach Umsatzaufwandsverfahren) und 26 (Kontoform nach Umsatzaufwandsverfahren) vorgesehenen Gliederungen zuzulassen.

Artikel 43 I Nr. 8 der 4. EG-Richtlinie über den Einzelabschluss und Artikel 20 Nr. 7 der 7. EG-Richtlinie über den Konzernabschluss fordern darüber hinaus, dass im Anhang die

Umsatzerlöse nach Erzeugnissen, Tätigkeitsbereichen sowie geographischen Märkten auf-
gespalten werden.

Bei der Umsetzung der 4. EG-Richtlinie hat sich der deutsche Gesetzgeber dafür entschieden, für die Gewinn- und Verlustrechnung bei Kapitalgesellschaften ausschließlich die
Staffelform bei Wahl zwischen dem Gesamtkostenverfahren und dem Umsatzkostenverfahren (§ 275 Abs. 1 S. 1 HGB) zuzulassen. Das Bruttoprinzip ist für alle Kaufleute durch § 246
Abs. 2 HGB festgeschrieben.

3 Systeme der Rechnungslegung

3.1 Begriffe und Systematiken der Rechnungslegung

Rechnungslegung umfasst sämtliche Formen quantitativer Aufstellungen und Berechnungen zur **Dokumentation** über eigene (oder selten fremde) Tätigkeiten oder Zustände (**Informationsfunktion** der Rechnungslegung). Diese Aufstellungen werden meistens in der Form von Gegenüberstellungen positiver und negativer Werte angefertigt, wie beispielsweise

- Einnahmen und Ausgaben,
- Vermögen und Schulden,
- Umweltnutzen und Umweltschäden.

Sofern die der Rechnungslegung entnehmbaren Informationen dazu dienen, fremde Personen über eigene – positive oder negative – Leistungen in Kenntnis zu setzen, damit diese Personen aus den Daten Rückschlüsse (z.B. auf die Performance oder Zielerreichung eines Betriebes) ziehen oder Handlungen (z.B. Kündigung oder Ausbau einer Geschäftsbeziehung) einleiten können, dient diese externe Rechnungslegung[41] der **Rechenschaftslegung (externe Informationsfunktion)**. Richten sich die Informationen dagegen – überwiegend – an unternehmenseigene Personen und Stellen, um auf der Basis dieser Informationen unternehmerische Entscheidungen (z.B. Preisfindung) zu treffen, so handelt es sich um eine **interne Informationsfunktion**. Hierzu zählt vor allem die Kosten- und Leistungsrechnung als interne Rechenschaftslegung/Rechnungslegung[42].

Die für die externe Rechenschaftslegung verwandten gewinnermittelnden Rechnungslegungsformen basieren durchgängig auf pagatorischen[43] Größen. Jedoch basieren sehr viele Daten in der **Kosten- und Leistungsrechnung** ebenfalls auf realisierten Zahlungsströmen, obwohl der wertmäßige Kostenbegriff[44] dieses zunächst nicht beinhaltet; ebenso können auch in anderen Rechnungslegungsarten Finanzgrößen enthalten sein (z.B. in Sozialbilanzen). Trotz des weit reichenden Bezugs auf Zahlungsströme ist der **Erfolg** (Gewinn[45] oder

---

[41] Die externe Rechnungslegung wird häufig synonym mit **Finanzbuchhaltung** gebraucht. Dies ist heute nicht zu beanstanden, jedoch muss beachtet werden, dass die Finanzbuchhaltung historisch der internen Information diente.

[42] Steht die **Rechenschaftsfunktion** im Vordergrund (z.B. eines Kostenstellenverantwortlichen), so handelt es sich um Rechenschaftslegung, steht dagegen die **Informationsfunktion** im Vordergrund, so spricht man eher von Rechnungslegung. Da die beiden Funktionen im Unternehmen regelmäßig nicht trennbar sind, werden die Begriffe weitgehend synonym gebraucht. Für Externe steht die Rechenschaftsfunktion im Vordergrund.

[43] Pagatorisch (von lat. pagare) = an Zahlungen anknüpfend; jedoch steht der von Kosiol geprägte Begriff der **Pagatorik** nur für die Finanzbuchhaltung.

[44] Zum wertmäßigen Kostenbegriff vgl. für viele Freidank (Kostenrechnung) S. 4–30.

[45] Wenig exakt wird der Begriff „Gewinn" regelmäßig mit „Erfolg" gleichgesetzt und beinhaltet somit auch den negativen Fall des Verlustes.

Verlust) in der externen Rechenschaftslegung weder eindeutig definiert noch exakt bestimm-bar. Tatsächlich richtet sich der ausweisende Gewinn nach einer Vielzahl von Definitionen und Parametern.

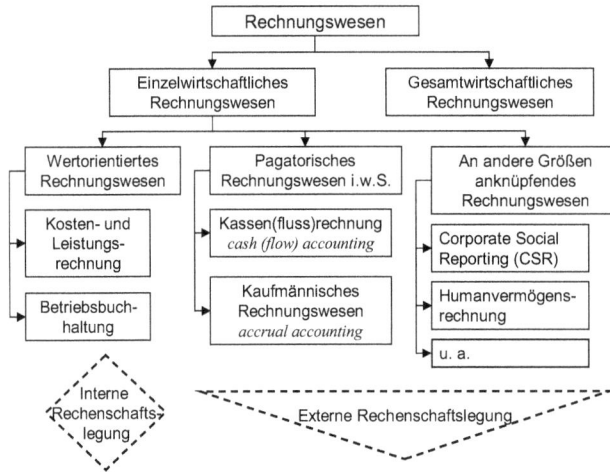

Abbildung 15:   Überblick über die wirtschaftliche Rechnungslegung

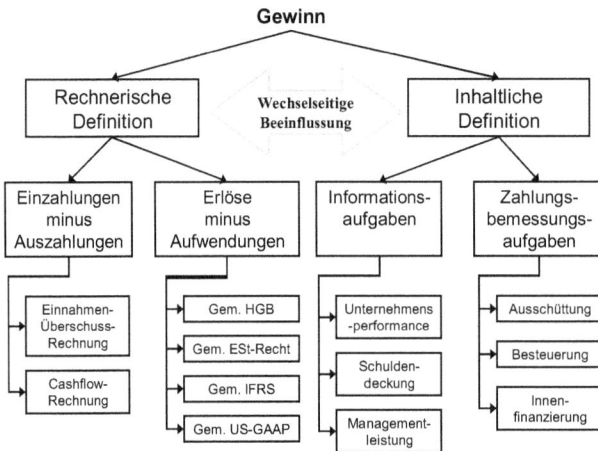

Abbildung 16:   Beispiele gängiger Gewinndefinitionen[46]

Es ist somit festzuhalten, dass keine einheitliche Definition des Begriffs **Gewinn**[47] existiert. Auch zwischen der angloamerikanisch-orientierten Rechnungslegung (insbes. IFRS und US-

---

[46]   Minimal modifiziert entnommen aus Tanski (IFRS) S. 297.

[47]   Allein im Rahmenkonzept der IFRS existieren drei unterschiedliche Gewinndefinitionen (Abs. 69 und Abs. 104).

GAAP) einerseits und der kontinentaleuropäisch geprägten Rechnungslegung (z.B. deutsches HGB) geht man von unterschiedlichen Gewinnbegriffen aus:

net profit (Gewinn i.e.S. der IFRS)

+ other comprehensive income (IFRS)
   (weitere Erfolgsbestandteile)

      Erfolgsbestandteile die direkt
   mit dem Eigenkapital
   verrechnet werden

      Erfolgsbestandteile die als Korrektur der
   Eröffnungsbilanz (und in der
   Eigenkapitalveränderungsrechnung) gezeigt werden

= total comprehensive income (Gewinn nach HGB)

Abbildung 17:   Vergleich des Gewinns in IFRS und HGB

Neben diesen eher formalen Unterschieden, die allerdings in den IFRS eine Durchbrechung des **Kongruenzprinzips**[48] bedeuten, existieren weitere Unterschiede u.a. aufgrund unterschiedlicher Periodenabgrenzung in den IFRS und im HGB.

3.2 Einrichtungen zur Gestaltung und Überwachung der Rechenschaftslegung

3.2.1 Standardsetter

Die externe Rechenschaftslegung dient der Information von Personen außerhalb einer rechenschaftslegenden Einheit (Unternehmen, Institution, usw.). Diese externen Personen bedürfen

- genauer Kenntnis über die für die Rechenschaftslegung angewandten Regeln und Methoden und
- des Schutzes vor Manipulationen der Rechenschaftslegung.

Voraussetzung für die Erreichung beider Ziele ist die Erarbeitung und Festlegung dieser Regeln und Methoden durch Standardsetter, die entweder als

- öffentliche Standardsetter, z.B.
  - Bundestag und Bundesrat,
  - EU-Kommission[49]

---

[48] Das Kongruenzprinzip verlangt die Erfassung sämtlicher erfolgsbildender Cashflows (also alle Cashflows außer Kapitalbewegungen zwischen Unternehmen und Eigentümer) exakt auch als Aufwendungen oder Erträge; damit ist in der Totalperiode die Summe aller Cashflows und aller Gewinne identisch.

[49] http://ec.europa.eu/internal_market/accounting/index_de.htm.

oder als

- private Standardsetter, z.B.
  - **IASB** International Accounting Standards Board für die Entwicklung der IFRS[50],
  - **FASB** Financial Accounting Standards Board für die Entwicklung der US-GAAP[51],
  - **DRSC** Deutsches Rechnungslegungsstandards Committee für die Entwicklung der Deutschen Rechnungslegungsstandards (DRS)[52]

in Erscheinung treten können.

Jedoch haben nur öffentliche Standardsetter die Macht, die Standards als verbindliche Normen oder Gesetze festzulegen.

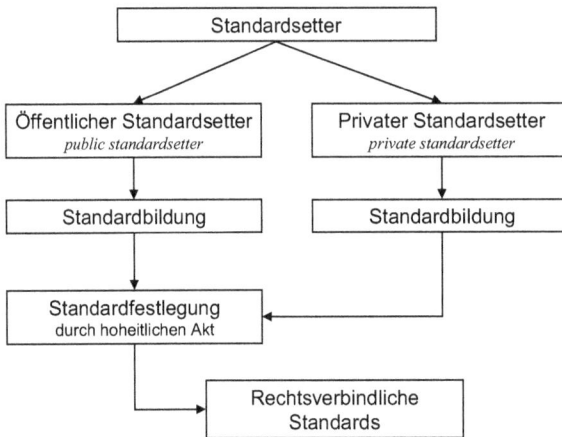

Abbildung 18:   Systematik der Standardsetter

In vielen Bereichen der nicht-finanziellen Rechenschaftslegung (z.B. corporate social reporting, Umweltberichterstattung) existieren weit überwiegend nur private Standardsetter, ohne dass die Standards durch öffentliche Standardsetter für verbindlich erklärt werden. Demzufolge kann es in diesen Bereichen auch kein Enforcement geben.

3.2.2   Einrichtungen des Enforcement

Werden Standards der Rechenschaftslegung durch hoheitlichen Akt für rechtsverbindlich erklärt, so ist die Anwendung dieser Normen und Gesetze für alle zur Rechenschaftslegung Verpflichteten zwingend. Die Überwachung und Durchsetzung der Norm- und Gesetzeseinhaltung (**Enforcement**) kann nur als hoheitliche Aufgabe ausgebildet sein, da private Institutionen

---

[50]   www.ifrs.org.

[51]   www.fasb.org.

[52]   www.drsc.de; die DRS haben nur Bedeutung für die – im HGB mit schwachen Vorgaben belegte – Konzernrechnungslegung. Da börsennotierte Unternehmen ohnehin zur IFRS-Rechnungslegung verpflichtet sind und andere Unternehmen freiwillig – ganz oder partiell – auf die IFRS zurückgreifen, ist die Bedeutung der DRS gering.

über keine Macht- und Druckmittel verfügen (dürfen). Dies schließt jedoch ein Stufenmodell wie in Deutschland nicht aus, wo für börsennotierte Unternehmen die erste Stufe des Enforcement von der Deutschen Prüfstelle für Rechnungslegung (DPR)[53] und erst die zweite Stufe von der Bundesanstalt für Finanzdienstleistungsaufsicht (BaFin)[54] wahrgenommen wird.

Insgesamt gibt es in Deutschland ein dichtes Netz zur Überwachung der Rechnungslegung. Dieses Überwachungssystem wurde beginnend in den späten 90er Jahren des letzten Jahrhunderts ausgebaut, um den zunehmenden Fällen von Bilanzmanipulationen Einhalt zu gebieten. Am Enforcement der Rechnungslegung von börsennotierten Unternehmen sind heute beteiligt:

- Der Jahresabschlussprüfer mit der Qualifikation des Wirtschaftsprüfers.
- Der Aufsichtsrat, der eine eigenständige Prüfung durchzuführen hat.
- Die Interne Revision, die Teil des Internen Überwachungssystems ist.
- Die steuerliche Betriebsprüfung, die aufgrund der Maßgeblichkeit auch immer handelsrechtliche Aspekte mitprüft.
- Die Abschlussprüferaufsichtskommission mit indirekter Überwachung, da sie die Handlungen der Wirtschaftsprüfer im Blick hat.
- Die Deutsche Prüfstelle für Rechnungslegung mit stichprobenweiser Prüfung und Sichtung der Jahresabschlüsse[55].

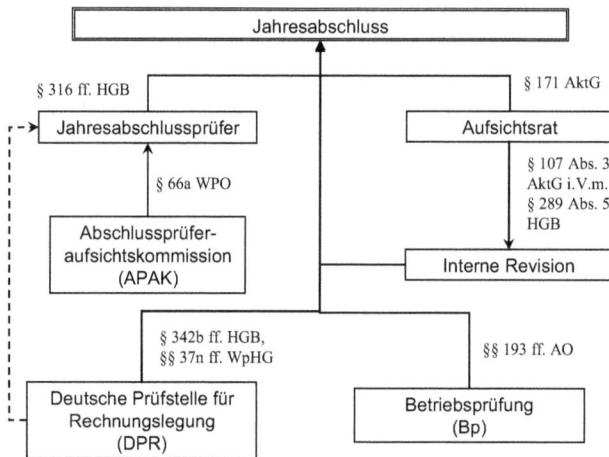

Abbildung 19:   Enforcement in Deutschland

Dieses massiv ausgebaute Enforcement mag einerseits verdeutlichen, dass die Überwachung der Rechnungslegung eine komplexe Aufgabe ist, und sollte andererseits zeigen, dass (zumindest) die bisherigen Wege der Überwachung nicht ausreichend waren.

---

[53]   Näheres unter http://www.frep.info/.

[54]   Näheres unter http://www.bafin.de/ bzw. http://www.bafin.de/cln_179/nn_722570/DE/Unternehmen/Boersen-notierteUnternehmen/Bilanzkontrolle/bilanzkontrolle__node.html?__nnn=true.

[55]   Da sich diese Überwachung immer auf bereits durch den Wirtschaftsprüfer geprüfte Jahresabschlüsse bezieht, findet hier gleichzeitig auch eine Überwachung der Wirtschaftsprüfer statt.

Unter Enforcement i.w.S. sind auch alle Maßnahmen zur Verbesserung und Absicherung des **Internen Kontrollsystems** (*internal control system*) zur Überwachung der Rechnungslegung zu verstehen. Hierfür gibt es sowohl gesetzliche Anforderungen (z.B. §§ 107 Abs. 3, 171 Abs. 3 AktG in Deutschland; sec. 404 Sarbanes-Oxley-Act (SOA) in den USA) als auch von Organisationen aufgestellte Anforderungen (z.B. IdW PS 261 in Deutschland; Auditing Standard No. 5[56] und Internal Control over Financial Reporting[57] in den USA).[58] Soweit diese Maßnahmen dazu dienen, gesetzliche und andere bindende Vorgaben einzuhalten, hat sich auch der Begriff „**Compliance**" eingebürgert.

3.3   Pagatorische Rechnungslegung

3.3.1   Kassenbuchführung

Die **Kassenbuchführung** (*cash accounting*) basiert ausschließlich auf reinen Geldflüssen (Einzahlungen und Auszahlungen = *cashflows*). Anzutreffen ist eine Kassenbuchführung noch als Haushaltsrechnung oder **Kameralistik** und schon wieder als **Kapitalflussrechnung** (*cash flow statement*) i.S. des IAS 7 oder des § 297 Abs. 1 HGB. Der große Vorteil der Kassenbuchführung ist, dass die dort gezeigten Werte auf tatsächlichen Geldbewegungen basieren, also weder Schätzungen noch Bewertungen enthalten; deshalb wollen Analysten auf eine Cashflowrechnung nicht mehr verzichten.

Der Kassenbuchführung sehr ähnlich ist die **Einnahme-Überschuss-Rechnung**[59] gem. § 4 Abs. 3 EStG. Bei dieser Rechnung handelt es sich prinzipiell um eine Gewinnermittlung auf der Basis von Cashflows mit den zentralen Besonderheiten, dass

- nur der operative Cashflow zur Gewinnermittlung herangezogen wird (so werden u.a. erfolgsneutrale Kreditaufnahmen und -tilgungen nicht in diese Rechnung einbezogen) und dass
- Erfolgsbeiträge aus Investitionen (insbes. Wertminderungen auf Anlagegüter) nicht mit ihrem Cashoutflow sondern periodisch mit den Absetzungen für Abnutzung (AfA) angesetzt werden.

Auch die Kassenbuchführung ist eine **Gewinnermittlungsrechnung**. Nur werden die Gewinne hier gezeigt, wenn sie sich durch Geldbewegungen manifestiert haben, nicht wenn sie wirtschaftlich entstanden sind. Durch Überleitungsrechnungen kann der Gewinn der Kassenrechnung mit dem Gewinn der kaufmännischen Buchführung verglichen bzw. abgeglichen werden. Klammert man weitere Einflüsse aus, so entsprechen sich die Summen der Gewinne in der Kassenbuchführung und in der kaufmännischen Buchführung in der Totalperiode. Analysten versuchen diese Tatsache zu nutzen, um über Erfolgsunterschiede zwischen Cashflowrechnung und kaufmännischer Buchführung auf das Ausmaß von Bilanzpolitik zu schließen.

---

[56]   www.pcaobus.org.

[57]   www.coso.org.

[58]   Vgl. ergänzend Wolf (Corporate Compliance).

[59]   Zu Besonderheiten und Kritik zur Einnahmen-Überschuss-Rechnung vgl. für viele: Eisgruber (Arten).

3.3.2 Kaufmännische Buchführung

Die **kaufmännische Buchführung** (*accrual accounting*) zeigt Aufwendungen und Erträge wenn diese wirtschaftlich entstanden sind. Da trotzdem systembedingt ein Bezug zu Geldflüssen besteht, muss dieser nach dem **Grundsatz der Periodenabgrenzung**[60] (*accrual principle*) durch die Bildung von **Abgrenzungsposten** (*accruals*) hergestellt werden; diese Abgrenzungsposten sind sämtliche Posten der Bilanz mit Ausnahme des Eigenkapitals (Nettovermögen als Restgröße von Bruttovermögen minus Schulden) und der Zahlungsmittel.

Beispiel:

Ein Unternehmen erwirbt gegen sofortige Zahlung zu Beginn des Jahres 01 eine Maschine für 60.000 € und schreibt diese über 3 Jahre ab.

	Aufwand in Kassen-buchführung	Aufwand in kaufmännischer Buchführung	Posten „Maschine" als Abgrenzungsposten in kaufmännischer Buchführung
Jahr 01	60.000	20.000	40.000
Jahr 02	–	20.000	20.000
Jahr 03	–	20.000	0

Da jede Abgrenzung (accrual) auf **Schätzungen** beruht (z.B. über die erwartete Nutzungsdauer bei einer Maschine), steigt deshalb mit zunehmendem Accrual-Index[61] auch die Gefahr von Schätzfehlern, Irrtümern und subjektiven Vermutungen (unbewussten Verzerrungen) sowie bilanzpolitischen Eingriffen (bewusste Verzerrungen). Ob die negativen Wirkungen zunehmender Verzerrungen von den zunehmenden Einsichten in das berichtende Unternehmen und der zunehmenden Aussagekraft zumindest aufgewogen werden, ist bis heute unklar und Gegenstand heftiger Diskussionen. Die Praxis hat daraus u. a. die beiden folgenden Konsequenzen gezogen. Einerseits werden Analysen des Jahresabschlusses und damit des Unternehmens verstärkt unter Einschluss der (nicht gefährdeten) Cashflow-Rechnung durchgeführt, um das Ausmaß willentlicher Abgrenzungsverschiebungen zu erkennen. Andererseits verpflichten Kreditgeber (bisher vornehmlich in den USA) ihre Kreditgeber zur Einhaltung spezifischer Regelungen, die teilweise an die – konservativeren – HGB-Regelungen erinnern.

3.3.3 Technik der Rechnungslegung

Von den inhaltlich-materiellen Arten der Rechnungslegung (kaufmännische Buchführung oder Kassenrechnung) sind die Arten der Rechnungslegungstechniken zu unterscheiden. Mit der kaufmännischen Buchführung eng verbunden sind die **einfache Buchführung** (Gewinnermittlung nur in der Bilanz) und die **doppelte Buchführung** (doppelte Gewinnermittlung

---

[60] Vgl. hierzu Kap. 5.7.3.

[61] Der Accrual Index nimmt zu, je weiter sich eine Rechnungslegung von der reinen Kassenrechnung entfernt; vgl. für viele Hollister/Shoaf/Tully (Effect); Pinkus/Rajgopal/Venkatachalam (Accrual).

in Bilanz und Gewinn- und Verlustrechnung). Beide Buchführungsformen ordnen Aufwendungen und Erträge den Perioden nach kaufmännischen Prinzipien und damit unabhängig vom Zeitpunkt der Zahlungsflüsse zu. Da § 242 Abs. 2 HGB auch die Erstellung einer Gewinn- und Verlustrechnung verlangt, ist die einfache Buchführung nicht zulässig, da diese keine Erfolgskonten kennt.

Für die Kassenrechnung reicht dagegen – insbesondere bei kleineren Unternehmen – ein **Skontro**, bei dem durch Skontration[62] (Erfassung und Fortschreibung von Zahlungsvorgängen) die Zahlungsbewegungen festgehalten werden. Dabei kann eine Unterteilung nach Aufwands- und Ertragsarten sinnvoll oder erforderlich[63] sein, wodurch sich ein einzelnes Skontro tabellarisch erweitert (**Tabellarik**). Ein großer Vorteil der Kassenrechnung ist deshalb, dass diese auch von Buchhaltungslaien – ggf. nach Einweisung – erstellt werden kann.

	Kaufmännische Buchführung (accrual accounting)	**Kassenrechnung** (cash accounting)
Doppelte Buchführung	Gesetzlich (implizit) vorgeschrieben	Möglich, aber wenig üblich
Einfache Buchführung	Unzulässig (war vor 1986 zulässig)	Nur möglich bei reiner Kassenbestandsrechnung (nicht z.B. bei Einnahmen-Überschuss-Rechnung)
Skontro-Rechnung	Unzulässig (praktisch nicht handhabbar)	Typische Anwendung

Abbildung 20:   Formen der Buchführungstechnik

Die Begriffe Buchführung und Buchhaltung werden häufig (und zulässiger Weise) synonym gebraucht. Will man jedoch zwischen diesen Begriffen unterscheiden, so ist heute die **Buchführung**

- die gesamte Systematik der Rechnungslegung,
- der Legalbegriff für die Rechnungslegung (z.B. § 238 HGB, § 283b StGB),
- das praktische Produkt der Rechnungslegung[64] (die Gesamtheit von Konten, Saldenlisten und Abschlussrechnungen, so auch § 158 AO),
- das (akademische) Lehrfach,

---

[62] Für die Einnahmen-Überschussrechnung (§ 4 Abs. 3 EStG) ist die Fortschreibung des Kassenbestandes nicht erforderlich (aber sinnvoll); bei der Cashflow-Rechnung/Kapitalflussrechnung (§ 297 Abs. 1 HGB, IAS 7) sind dagegen die Bestände der Zahlungsmittel fortzuschreiben.

[63] Die Einnahmen-Überschussrechnung (§ 4 Abs. 3 EStG) verlangt eine Fortschreibung von (weitgehend auf Zahlungsvorgängen beruhenden) Aufwendungen und Erträgen.

[64] Es ist aber zu beachten, dass für Aufbewahrungs- und Vorlagepflichten (§§ 257 ff. HGB) der Begriff "Handelsbücher" gebraucht wird.

während die **Buchhaltung**

- sowohl die Organisation der Rechnungslegung (die Buchhaltung als Abteilung)
- als auch die praktische Tätigkeit der Rechnungslegung durch den Buchhalter[65]

bezeichnet. Bis ungefähr zur Mitte des 20. Jahrhunderts wurde der Begriff Buchhaltung weiter i.S. der heutigen Buchführung gebraucht, was sich teilweise bis heute erhalten hat.

Im **internen Rechnungswesen** (Kosten- und Leistungsrechnung) können die vorgenannten Rechnungslegungstechniken (mit Ausnahme der einfachen Buchführung) ebenfalls angewandt werden. Üblich sind jedoch nur Skontro und Tabellarik.

3.4 Formen der Rechnungslegung in Unternehmen

3.4.1 Entwicklung und Einflüsse

International basieren nahezu alle Rechnungslegungen als Varianten der **kaufmännischen Buchführung** auf den Prinzipien der Periodenabgrenzung. Obwohl die Rechnungslegung in allen Staaten eine identische Herkunft hat, haben sich doch zahlreiche regionale Unterschiede herausgebildet. So folgen das deutsche Handelsrecht und die dort normierte Rechnungslegung dem römisch-germanischen Gedanken allgemein-abstrakter Regelungen während die US-amerikanische Rechnungslegung dem anglo-amerikanischen Gedanken fallbezogener Regelungen folgt. Auch wenn diese Unterschiede bei näherer Betrachtung teilweise weniger gravierend sind, als es auf den ersten Blick ausschaut, so ist in der Rechnungslegung doch immer noch ein internationaler Flickenteppich mit unterschiedlichen Detailinterpretationen selbst bei einheitlicher Anwendung der IFRS zu erkennen.[66]

Um diese unterschiedlichen Entwicklungen zu analysieren, hat sich eine Forschung zu **Rechnungslegungsvergleichen** (*comparative accounting research*) etabliert.[67] Auf internationaler Ebene werden die unterschiedlichen Rechnungslegungen in ihren Auswirkungen erforscht, aber auch neue Varianten bekannter Rechnungslegungen diskutiert. Im nationalen Bereich stehen eher die Unterschiede beispielsweise der beiden steuerlichen Gewinnermittlungsmethoden (Betriebsvermögensvergleich gem. § 4 Abs. 1 EStG und Einnahme-Überschussrechnung gem. § 4 Abs. 3 EStG) im Vordergrund der Betrachtungen. Zwischen diesen beiden Ebenen muss man noch die EU-Ebene sehen, die eigenständige Vereinheitlichungsbestrebungen hat.

Eine Möglichkeit, unterschiedliche Rechnungslegungssysteme zu vergleichen, besteht in der Analyse der jeweiligen **Komplexität**. Diese lässt sich fast nur qualitativ bestimmen, da viele unterschiedliche Komponenten die Komplexität der Rechnungslegungen bestimmen.[68] In der Abbildung werden wesentliche Ausprägungen der Komplexität für die IFRS und das HGB gegenübergestellt.

---

[65] Es gibt den "Buchhalter" aber keinen "Buchführer".

[66] Vgl. beispielsweise Liao/Sellhorn/Skaife (Comparability).

[67] Vgl. Werner/Zimmermann (Vergleich).

[68] Vgl. hierzu Küting (Komplexität) m.w.N.

Komplexität in der Rechnungslegung

Statische Komplexität (grundlegender Aufbau) — Dynamische Komplexität (zeitliche Änderungen)

Formelle Komplexität | Materielle Komplexität | Quantitative Komplexität | Qualitative Komplexität

IFRS

| Vielschichtig durch Vielzahl von Regeln und Ausnahmen | Umfangreich durch viele Wahlmöglichkeiten | Kontinuierlich hohe Zuwächse im Umfang | Ständig neue oder geänderte Detailregeln |

HGB

| Klare, knappe Prinzipien, weniger Detailregeln | Eher weniger Wahlmöglichkeiten | Diskontinuierliche, geringe Zuwächse im Umfang | Prinzipienorientierte Vorgaben mit Konstanz |

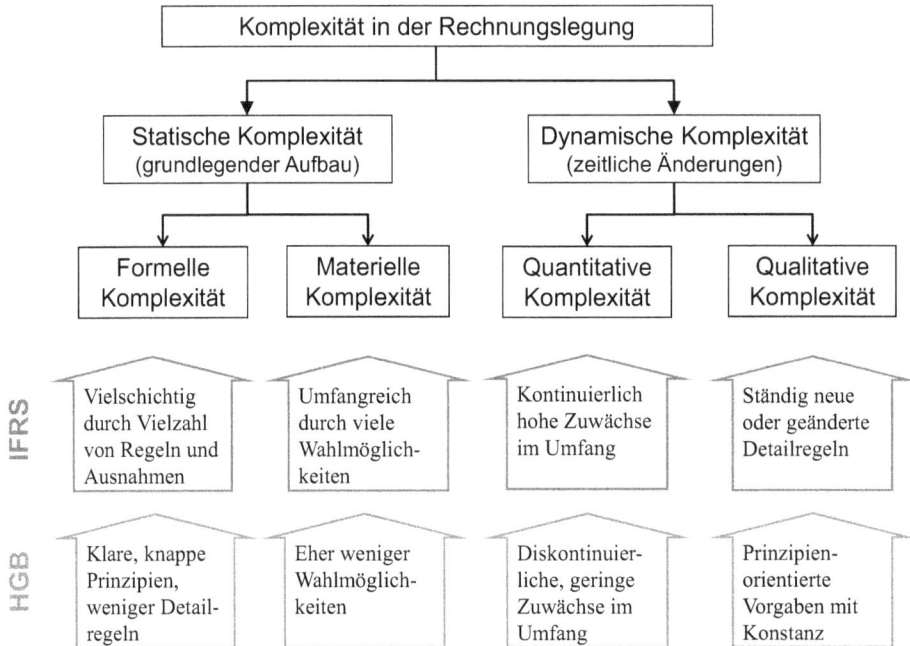

Abbildung 21:   Komplexität von IFRS und HGB

3.4.2   Handelsrecht und Steuerrecht

In Deutschland ist die Rechnungslegung für die **Handelsbilanz** weitestgehend von den Regelungen des Handelsgesetzbuches (§§ 238–315a und 330 HGB) geprägt, dazu kommen die Regelungen des Publizitätsgesetzes (PublG) und die Regelungen für bestimmte Rechtsformen (z.B. §§ 150–161 AktG) und Wirtschaftszweige (z.B. Krankenhausbuchführungsverordnung (KHBV) oder §§ 340–340l HGB mit § 26 KWG). Für die Konzernrechnungslegung haben ergänzende Bedeutung die Bestimmungen in den Deutschen Rechnungslegungs-Standards (DSR)[69].

In den letzten Jahrzehnten gab es nur drei bedeutsamere Änderungen:

*   Die **Aktienrechtsreform** vom 6.9.1965 mit Einführung ausführlicherer Bewertungs- und Gliederungsregeln.
*   Das **Bilanzrichtliniengesetz** (BiRiLiG) vom 19.12.1985 zur Umsetzung der 4. EG-Richtlinie (Einzelabschluss-Richtlinie), der 7. EG-Richtlinie (Konzern-Richtlinie) und der 8. EG-Richtlinie (Prüfer-Richtlinie) in innerstaatliches Recht. Dabei Übernahme aller nicht rechtsformspezifischen Regelungen aus dem AktG in das neue Dritte Buch des HGB.
*   Das **Bilanzrechtsmodernisierungsgesetz** (BilMoG) vom 25.5.2009 zur Einfügung einiger sog. Modernisierungen (zumeist der Versuch einer Anlehnung an die IFRS)

---

[69]   http://www.standardsetter.de/drsc/dsr/standards/index.php.

Die **Steuerbilanz** ist wesentlich in den §§ 140–148 AO und in den §§ 4–7 EStG normiert. Da die Steuerbilanz aufgrund des Maßgeblichkeitsprinzips[70] weitgehend auf der Handelsbilanz aufbaut, sind in den Steuergesetzen im Wesentlichen nur Abweichungen zur Handelsbilanz geregelt.

3.4.3 International Financial Reporting Standards

3.4.3.1 IFRS als kapitalmarktorientierte Rechnungslegung

Neben der traditionellen Rechnungslegung, die in Deutschland seit Jahrzehnten durch das Handelsgesetzbuch geprägt ist, hat sich vor allem im anglo-amerikanischen Raum die sog. kapitalmarktorientierte Rechnungslegung entwickelt. Die beiden wichtigsten Vertreter dieser **kapitalmarktorientierten Rechnungslegung** sind die

- International Financial Reporting Standards (**IFRS**), welche vom International Accounting Standards Board (IASB) für eine internationale Klientel entwickelt werden, und die
- General Accepted Accounting Principles (GAAP), welche vom Financial Accounting Standards Board (FASB) für die USA entwickelt werden, weshalb dieses Regelwerk häufig auch **US-GAAP** abgekürzt wird.

Die kapitalmarktorientierte Rechnungslegung hat als Hauptinformationsgruppe die Anteilseigner (Aktionäre) im Blickfeld, weshalb die Informationsbereitstellung über das Vermögen eines Unternehmens zur langfristigen Erwirtschaftung von Cashflows und Gewinnen im Mittelpunkt stehen. Tatsächlich weitet sich der Anwendungsbereich der kapitalmarktorientierten Rechnungslegung auch in kapitalmarkt-ferne(re) Unternehmen aus. Dies liegt u.a. daran, dass

- immer mehr kleinere Unternehmen z.B. als Töchter von Großunternehmen auf IFRS-Basis zum Konzernabschluss zuliefern müssen oder dass
- in Ländern wie Deutschland mit einer starken Fremdkapitalfinanzierung über Banken[71] ebenfalls die IFRS bei jedem börsennotierten Unternehmen anzuwenden sind.

Das IASB hat aber nun selbst den Pfad der Kapitalmarktorientierung verlassen und eine geringfügig ausgedünnte, jedoch weiterhin sehr umfassende IFRS-Fassung für kleine und mittlere Unternehmen, KMU (*small and medium entities, SME*) herausgegeben, die in weiten Bereichen mit der „normalen" IFRS-Fassung identisch ist. Ob ein so weit reichendes Verbinden der Rechnungslegung von Großunternehmen und Kleinunternehmen sinnvoll ist, darf grundsätzlich bezweifelt werden; noch mehr mangelt es an einer Nützlichkeit von Kleinunternehmer-IFRS für diese Unternehmen und der mit ihnen verbundenen Personen.[72] Dies führt auch zu einer weitreichenden Ablehnung in der Praxis.[73]

---

[70] Vgl. die ausführliche Diskussion in Kap. 6.
[71] Vgl. hierzu Gerum/Mölls/Shen (Rechnungslegung).
[72] Vgl. ausführlich und zutreffend begründet Schildbach/Grottke (IFRS for SMEs).
[73] Vgl. Grottke/Späth/Haendel (Vorteil).

3.4.3.2   IFRS als regelbasierte Rechnungslegung

Weltweit wird zwischen regelbasierten (*rule-based*) und prinzipienbasierten (*principle based*) Standards unterschieden.[74] *Gill* erklärt die **Regelbasierung** so, dass ein Vater seinem Kind eine exakte zeitliche Vorgabe (z.B. 23 Uhr) für die abendliche Heimkehr macht und dazu 15 „präzise" Ausnahmeregeln (z.B. für schlechtes Wetter, wobei offen bliebe, was die Merkmale dafür wären) für eine abweichende Zeit definiert, bei **Prinzipienorientierung** würde dieser Vater seinem Kind allein aufgeben, zu einer angemessenen Zeit zuhause zu sein[75]. Aus solchen Überlegungen wird gefolgert, dass die US-GAAP als regelbasiertes Standardwerk anzusehen seien, während die IFRS die Prinzipienorientierung verkörpern. Dies wird gerne auch mit dem Umfang der Standards untermauert[76], da die regelbasierten US-GAAP 25.000 Seiten, die IFRS aber „nur" 2.700 Seiten umfassen, also nur knapp 11 % der US-GAAP.

Bei diesen Überlegungen wird übersehen, dass diese Unterscheidung aus dem anglo-amerikanischen Raum kommt, also aus einem Gebiet, in dem Kenntnisse über kontinental-europäische Rechnungslegung, insbes. auch die HGB-Rechnungslegung, als weitgehend abwesend betrachtet werden müssen. Wer nur die US-GAAP und die IFRS betrachtet, kann möglicherweise zu der oben dargelegten Schlussfolgerung gelangen. Bezieht man das HGB jedoch in die Überlegungen ein, so ergibt sich ein anderes Bild. Die HGB-Gesamtfassung des BilMoG umfasst in einem schlichten Ausdruck 93 Seiten. Der reine Rechnungslegungs-teil würde dann wohl formatiert ca. 60 Seiten haben, also nur 2,2 % des IFRS-Umfangs (oder 0,2 % der US-GAAP). Der Seitenumfang als Indikator spricht also dafür, dass es sich beim HGB auf jeden Fall um eine Prinzipienorientierung handelt. Zu berücksichtigen ist auch, dass die IFRS vergleichsweise jung sind und jährlich kräftig und hemmungslos wachsen.

> *„Wie ein Blick auf die Grundsatzregelung in IAS 8.10 zeigt, sind die IFRS eben nicht die Anwendung allgemeiner Regeln, die dann deduktiv auf Einzelfälle angewendet werden, sondern sie stellen einen Flickenteppich von Einzelregelungen dar, die ge-wissermaßen induktiv die jeweils engen Einzelfragen behandeln und sich in Details verlieren. "*[77]

Die oben dargestellte Regel für das heimkehrende Kind zu einer „angemessenen" Zeit zuhause zu sein, beschreibt in Wahrheit die Sprache des HGBs. In den IFRS würde zwar wohl auch zunächst die Ermahnung einer „angemessenen" Zeit zu finden sein, die dann jedoch um 15 Fälle mit umfangreichen, aber auslegungsbedürftigen Ausführungen zur verbindlichen Interpretation der „Angemessenheit" ergänzt sind[78]. Auch insoweit sind die IFRS näher an den US-GAAP als am HGB. Weiterhin ist zu berücksichtigen, dass aufgrund des Konvergenzprojektes eine Übereinstimmung von IFRS und US-GAAP angestrebt wird.

---

[74]   Nachfolgendes verändert entnommen aus Tanski (Bilanzrechtsmodernisierung) S. 18f.
[75]   Gill (IFRS).
[76]   So beispielsweise *Thomas, James*: Convergence: Businesses and Business Schools Prepare for IFRS, in: Issues in Accounting Education, 3/2009, S.369–376, hier S. 371.
[77]   Bartsch (Finanzmarktkrise) S. 97.
[78]   Der Bilanzpraktiker greift angesichts der wortreichen Interpretationen dann gerne auf die konkreten Grenzwerte der US-GAAP zurück.

Auch dies könnte eine noch stärkere Hinwendung der IFRS zu einer Regelbasierung zu Folge haben[79].

Die praktische Auswirkung einer Regelorientierung besteht darin, dass sich hieraus häufig größere bilanzpolitische Spielräume ergeben, in dem Geschäftsvorfälle so gestaltet werden, dass sich gezielt bestimmte Regeln anwenden lassen (oder deren Anwendung eben ausscheidet). Der Standardsetter reagiert darauf gerne mit weiteren Regeln und schafft so einen Regelüberfluss (*rule-overload*).[80]

3.4.3.3   Kritik an den IFRS

Schon früh tauchten – bis heute nicht ausgeräumte – Bedenken auf, dass die internationale Rechnungslegung bessere Aussagen bzw. Informationen liefern könne[81] und dass wohl nur die sinnvolle internationale Harmonisierung der Rechnungslegung eine Begründung für die IFRS (damals noch IAS) liefern kann.[82] Diese Bedenken basieren nicht zuletzt darauf, dass die IFRS weder ein geschlossenes Rechnungslegungskonzept erkennen lassen[83], noch dass diese Standards eine Konstanz im Zeitablauf haben[84].

Insbesondere die Finanzkrise zum Ende des ersten Jahrzehnts ließ den Verdacht aufkommen, dass beispielsweise die starke Fokussierung auf die **Fair-Value-Bewertung** (in den IFRS) zu einer Verschärfung dieser Finanzkrise führt;[85] diese Bedenken konnten bis jetzt nicht ausgeräumt werden.[86] Ein weiteres Problem des Fair Value ist die Tatsache, dass dieser (im Rahmen einer Bilanzanalyse) nur schwer interpretierbar ist.[87] Bei einem Vergleich der Konzernrechnungslegung stellt *Küting* fest, dass „das IFRS-System – im Vergleich zu den HGB-Normen – mit den Begriffen ‚komplexer', ‚aufwändiger', ‚unverständlicher' und ‚weniger nachvollziehbar' belegt werden" muss.[88]

"These standards should be reconsidered, with less emphasis on accounting rules that anticipate future income and that overstate income and assets, and greater emphasis on ensuring appropriate implementation and on standards that require bad news to be recognized when it becomes known."[89]

Zusammenfassend kann man mit *Luttermann* feststellen:

---

[79]   Dem steht nicht entgegen, dass die SEC durchaus zu etwas mehr Prinzipienorientierung anstrebt.
[80]   Vgl. ausführlich Tanski (Bilanzpolitik) S. 22f.
[81]   Vgl. z.B. Schildbach (Fair value accounting).
[82]   So z.B. Tanski (Rechnungslegung) S. 92 ff.
[83]   Vgl. Ballwieser (Konzeptionslosigkeit).
[84]   Zur Zeit der Manuskripterstellung für dieses Buch entwickelt das IASB neue Regelungen u.a. für die Leasingbilanzierung und die Erfassung von Kundenerträgen; beide Änderungen basieren auf unterschiedlichen Überlegungen, ohne dass sich dazu jedoch das Rahmenkonzept geändert hätte.
[85]   Arbeitskreis „Steuern und Revision" im BWA.
[86]   Schildbach (Fair Value).
[87]   Vgl. Wagenhofer (Fair Value-Bewertung) S. 34 f.
[88]   Küting (Konzernrechnungslegung) S. 2830.
[89]   Kothari/Lester (Role) S. 350.

„Insgesamt fehlt den IFRS ein stimmiges, systematisch umgesetztes Konzept. Sie sind ein fallgetriebener, ständig geänderter Flickenteppich ('rules based approach') ohne Bewertungskonzept, wie die Finanzkrise dramatisch offenbart. Vermeintliche Vorteile der IFRS ggü. dem HGB zeigen sich dünn, während die gravierenden Mängel belegt sind. Bis hin zu weithin verkannten Minderheitsvoten des IASB bei der sog. Standardsetzung, die faktisch viele Wahlrechte (authoritative support) bieten."[90]

„Lassen wir uns mit IFRS [...] weiter auf Scheinwelten ein, auf Willkür und Hoffnungswerte? Rechnungslegung ist ein Rechtsakt, kein marketingmäßig betreibbares Geschäftsmodell. [...] Die Rechenschaft erfordert Fakten und faktenbasierte Bewertung."[91]

3.5   Nicht-pagatorische Rechnungslegung

3.5.1   Überblick über die Unternehmensberichterstattung

Es ist nicht zu bestreiten, dass ein Unternehmen, welches besonders hohe Aufwendungen beispielsweise für die Weiterbildung der Arbeitnehmer, deren Arbeitssicherheit oder die Minderung von schädlichen Umwelteinflüssen durch die Leistungserstellung tätigt, in der traditionellen kaufmännischen Buchführung am Jahresende durch einen niedrigeren Gewinn „bestraft" wird, ohne dass sich die entsprechenden positiven Auswirkungen (z.B. höhere Motivation der Mitarbeiter) in der Rechenschaftslegung niederschlagen würden. Tatsächlich stellen diese Aufwendungen fast immer entweder Investitionen in überwiegend immaterielle – häufig nicht getrennt veräußerbare – Güter oder Kompensationen für den Verbrauch oder Gebrauch von nicht aufwandsmäßig erfassten Gütern (z.B. Nutzung der Umwelt) dar.

Die traditionelle Rechnungslegung in Form der kaufmännischen Buchführung wurde deshalb gerade um die letzte Jahrtausendwende durch eine Vielzahl weiterer Rechenschaftslegungen und Berichterstattungen ergänzt, die meistens ganz oder teilweise auf finanzielle Größen als Messgrößen (Nicht-pagatorische Rechnungslegung oder Teil-pagatorische Rechnungslegung) verzichten. Diese neuen Rechenschaftslegungen sollen entweder den Jahresabschluss um weitere Informationen ergänzen oder aber dem externen Interessenten Aufschluss über jene Bereiche geben, die vom Jahresabschluss nicht abgedeckt sind.

Den Jahresabschluss ergänzende Berichte sind aber nicht ganz neu. Überwiegend verbale bzw. qualitative Berichte sind beispielsweise gefordert durch

- den **Lagebericht** und die **Erklärung zur Unternehmensführung**[92] (verpflichtend gem. §§ 289 f. HGB)
- den **Management Commentary** (freiwillig durch den IFRS Practice Statement[93]).

---

[90]   Luttermann (Bilanzregeln) S. 350.

[91]   Luttermann (Bilanzregeln) S. 355.

[92]   Für Überlegungen zur Entscheidungsnützlichkeit dieser Erklärung vgl. Velte (Entscheidungsnützlichkeit).

[93]   http://www.ifrs.org/Current+Projects/IASB+Projects/Management+Commentary/IFRS+Practice+Statement/ IFRS+Practice+Statement.htm.

Die verschiedenen Rechenschaftslegungen stehen bis heute meistens weitgehend beziehungslos nebeneinander oder sind sogar widersprüchlich. Um dieses Informationswirrwarr zu
entflechten, entstand die Idee einer **integrierten Unternehmensberichterstattung** (*integrated reporting*).[94] Im Rahmen einer integrierten Rechnungslegungen sollen diese beziehungslos
nebeneinanderstehenden Berichte eines Unternehmen in ein einheitliches Berichtswesen
überführt werden, um den Informationsinteressenten bessere Informationen anzubieten.
Äußeres Zeichen dieser Entwicklung ist die Gründung eines International Integrated Reporting Committee (IIRC)[95] im August 2010. Nach Auffassung dieses neuen Committees

> *"Integrated Reporting brings together material information about an organization's
> strategy, governance, performance and prospects in a way that reflects the commer-
> cial, social and environmental context within which it operates. It provides a clear
> and concise representation of how an organization demonstrates stewardship and
> how it creates and sustains value. An Integrated Report should be an organization's
> primary reporting vehicle."*[96]

Die Wahrscheinlichkeit der Realisierung dieser hohen Ziele in überschaubarer Zeit muss
jedoch eher als gering eingeschätzt werden.

Nachfolgend werden deshalb einzelne Ansätze von Berichterstattungen vorgestellt, die über
die bisherige finanzielle bzw. pagatorische Berichterstattung hinausgehen.

3.5.2 Umweltberichterstattung

Das traditionelle Rechnungswesen bildet aufgrund seiner spezifisch kapitalwirtschaftlichen
Zweckorientierung nur einen Teil dieser Unternehmungsprozesse ab. Es geht hier vor allem um
die sogenannten Missgüter und freien Güter, die aus dem Gegenstandsbereich des Rechnungswesens (fast) völlig herausfallen[97]. Aus gesamtwirtschaftlicher oder gesellschaftlicher Sicht
können die Abgabe von *Missgütern* (z.B. Gift- und Altmüll), der Verbrauch und die Ver-
schmutzung von *freien Gütern* (z.B. Luft und Wasser) sowie die negativen Folgen der Nutzung
der abgesetzten *produzierten Güter* (z.B. Kraftfahrzeuge, Medikamente) den Beitrag der Unternehmung zur gesamtwirtschaftlichen Wertentstehung – der ja gerade nicht im Hinblick auf
gesellschaftliches, sondern kapitalorientiertes Rentabilitätsstreben produziert wurde – übersteig-
gen; d. h. die „sozialen Kosten (social costs)" übersteigen die „soziale Leistung (sozialen
Nutzen)" der Unternehmungsprozesse, was zu einem „sozialen Verlust" führt.

Die traditionelle finanzwirtschaftliche Rechnungslegung erfasst (nur) einen Teil der Prozesse
zwischen Unternehmung und Umwelt. **Umweltbezogene Rechnungslegung** ist deshalb ein
umfassender Begriff, aus dem die finanzwirtschaftliche Rechnung nur einen Ausschnitt
erfasst. Um diesen zu vergrößern, ist weniger an einer Ausweitung des finanzwirtschaftli-

---

[94] Vgl. Beyhs/Barth (Reporting).
[95] http://www.theiirc.org/.
[96] Einleitung zum Diskussionspapier „TOWARDS INTEGRATED REPORTING, Communicating Value in the
21st Century" von 2011, http://theiirc.org/wp-content/uploads/2011/09/IR-Discussion-Paper-2011_spreads.pdf
(10.1.2012).
[97] Zu dem Modell einer ökologischen Buchhaltung vgl. Müller-Wenk (Buchhaltung).

chen Rechnungslegungsinstrumentariums als an dessen Ergänzung um neue Informationsinstrumente zu arbeiten.

Die Zwecke der umweltbezogenen Rechnungslegung gehen nun in zwei Richtungen[98]: Zum
einen können über die Institutionalisierung einer Umweltbuchhaltung neben oder in Erweiterung von Finanz- und Betriebsbuchhaltung die bisher vernachlässigten Unternehmungsprozesse Eingang in das Entscheidungskalkül der Unternehmungssteuerung finden. Im
Idealfall wären sowohl die Zielfunktion als auch das Entscheidungsfeld, die Alternativen-
auswahl und -bewertung, durch gesamtgesellschaftliche Rationalität gekennzeichnet. Die
mit der Bestimmung einer gesamtgesellschaftlichen Zielfunktion[99] und der Datenerfassung
und -bewertung verbundene Problematik, lässt den zweiten mit der umweltbezogenen
Rechnungslegung verbundenen Zweck in den Vordergrund rücken. Danach soll die Unternehmung ex post über die positiven und negativen Umweltwirkungen der grundsätzlich
kapitalorientiert gesteuerten Unternehmungsprozesse Rechenschaft legen. Diesen Zweck
einer umweltbezogenen Dokumentation und Rechenschaft verfolgen alle bisher unter den
Begriffen Corporate Social Accounting/Audit/Reporting, Socio-Economic Accounting, gesellschaftsbezogene Rechnungslegung oder **Sozialbilanz**[100] bekannt gewordenen Ansätze.
Dabei wurde bisher vernachlässigt, dass durch mehr oder weniger umfassende Ansätze die
z. T. widersprüchlichen Informationsbedürfnisse aller gesellschaftlichen Interessengruppen
nicht gleichzeitig erfüllt werden können, vielmehr differenzierte, auf die jeweilige Interessengruppe bezogene Informationsinstrumente zu entwickeln sind.

Überblicksweise gibt es die folgenden Ansätze um Umwelt-/Sozial- und/oder Nachhaltig-
keitsberichte aufzubauen:

- **Umweltbezogene Nutzenrechnungen**

Ansätze dieses Typus verfolgen die Zielsetzung, über den Umweltnutzen verschiedener
Aufwandskategorien Rechenschaft abzulegen, indem die Aufwandspositionen der Gewinn-
und Verlustrechnung bestimmten Beziehungsfeldern zwischen Unternehmung und Umwelt
zugeordnet werden[101]. Es handelt sich hierbei um eine indirekte, inputorientierte Bewertung
des Nutzens (= output) mit dem Einsatz bzw. Aufwand (= input) der Unternehmung, wobei
der Nutzen für die Gesellschaft oft noch verbal herausgestellt wird. Die grundsätzliche
Identifikation von Unternehmungsaufwand und Umweltnutzen sowie die völlige Vernachläs-
sigung der negativen Auswirkungen der Unternehmung, lassen *„diesen mit viel Publicity*

---

[98]   Diese Trennung wird auch von Dierkes (Sozialbilanz) 123–125 und Mintrop (Rechnungslegung) 62–65
        herausgestellt. In der Literatur verwischen sich, soweit neben der Beschreibung der Rechenschaftslegung über-
        haupt die Frage nach der Unternehmenssteuerung Erwähnung findet, oftmals beide Bereiche dergestalt, dass
        von der Erfüllung des Rechenschaftszwecks implizit auf die Erfüllung des Steuerzweckes geschlossen wird. So
        z.B. bei Budäus (Sozialbilanzen).

[99]   Vgl. zur Unmöglichkeit, eine konsistente kollektive „Wohlfahrtsfunktion" auf individualistischer Basis
        abzuleiten, Arrow (Social Choice) insb. 46–60.

[100]   Die Verwendung des Wortes Bilanz in diesem Zusammenhang soll lediglich darauf hinweisen, „dass es sich um
        eine regelmäßige Rechnungslegung handelt, gleichgültig, in welcher Form". Schulte (Sozialbilanz) 278. Weil
        aber das Wort Bilanz im Rahmen des Jahresabschlusses mit einer ganz konkreten Begriffsintension und –
        extension verbunden ist, die von „Sozialbilanzen" nicht erfüllt werden, sollte dieser Terminus m. E. vermieden
        werden.

[101]   Vgl. Budäus (Sozialbilanzen) 195 f.; Dierkes (Sozialbilanz) 75–89; Mintrop (Rechnungslegung) 95–103.

vorgetragenen Versuch als Ablenkungsmanöver von den sozialkostenverursachenden unter-
nehmerischen Aktivitäten"[102] erscheinen.

- **Umweltberichte (Social Reports)**

Einen Schritt hin auf die Einbeziehung von Umweltbelastungen in die Rechenschaft stellen
Sozialberichte dar, die oft in Form von „Special Reports" an bestimmte Informationsadressaten gerichtet sind: Rein technische Datenberichte sehen vor,

> *„daß Unternehmen regelmäßig technische Angaben über die Umweltinanspruchnah-*
> *me nach Art, Umfang und Ort bekanntgeben und daß die Istwerte erwünschten*
> *und/oder zulässigen Sollwerten gegenübergestellt werden. Außerdem ist die Wirkung*
> *getroffener bzw. geplanter Maßnahmen zur Verbesserung der Ist-Situation auszuwei-*
> *sen"*[103].

Andere Ansätze[104] berichten über bestimmte Programme zur Verringerung sozialer Kosten
im gesellschaftlichen Bereich oder versuchen über alle wesentlichen positiven und negativen
Auswirkungen des Unternehmungsprozesses, z.B. Sicherheit und Qualität des Produktes,
Umweltbelastung durch Produkt und Produktion, Energieverbrauch, Forschung und Entwicklung, Kundendienst, Arbeitnehmersicherheit und -zufriedenheit zu informieren. Dennoch dürfte hier die Tendenz bestehen, dass nicht der Gesamtumfang der verursachten
sozialen Kosten sondern nur Bereiche dokumentiert werden, in denen Verbesserungen erzielt
wurden, die die Unternehmung in einem günstigen Licht erscheinen lassen[105].

- **Umweltbezogene Kosten-Nutzen-Rechnungen**

Die Ansätze dieses Typs versuchen auf der Basis einer Nominalrechnung eine geschlossene
Darstellung sowohl der positiven als auch negativen Auswirkungen der Unternehmungs-
aktivitäten auf die verschiedenen Beziehungsfelder der Umwelt zu geben. Kritikpunkte
hierzu sind:

– Die Auswahl der Kosten- und Nutzenkategorien und Indikatoren erweckt jedoch häufig
   den Anschein des „Image-Polierens": z. T. wird über irrelevante berichtet, relevante
   werden ungenügend beachtet.
– Mit der Bewertung der einzelnen Nutzen- und Kostenkategorien wird monetarisiert, was
   nicht in Geld ausdrückbar ist – soziale Phänomene werden in ökonomische Kategorien
   gepresst.
– Die indirekte (inputorientierte) Messung des Nutzens durch die dafür erfolgten Aufwendungen ist unhaltbar.

> *„Für die theoretischen Konzeptionen zur Sozialbilanzierung gilt, dass sie weitgehend*
> *,ohne unmittelbare Bezugnahme auf ihre praktische Realisierbarkeit' dastehen und*

---

[102] Eichhorn (Unternehmungsrechnung) 57.
[103] Budäus (Sozialbilanzen) 192 f.
[104] Vgl. Dierkes (Sozialbilanz) 78–88.
[105] Das bestätigt die empirische Untersuchung von Brockhoff (Berichterstattung) hier insb. 50, die dort getroffenen
      Feststellungen dürften auch heute noch gelten.

schon von daher nicht zu erwarten ist, dass sie die Anwendungsmöglichkeiten in der Praxis voranbringen."[106]

Eine Abkehr von dieser eindimensionalen Kosten-Nutzen-Betrachtung bedeuten die Sozialindikatoren-Ansätze.

• **Sozialindikatoren**

In Anlehnung an die Indikatorenforschung in Volkswirtschaftslehre und Soziologie[107] wurde auch in der Betriebswirtschaftslehre versucht, die Rechenschaftslegung durch Sozialindikatoren zu ergänzen. Picot stellt an ein umweltorientiertes Indikatorensystem folgende Anforderungen[108]:

(1) Die Sozialindikatoren sind getrennt für die verschiedenen Beziehungsfelder zu ermitteln.
(2) Die jeweils betroffenen Gruppen sollten an der inhaltlichen und methodischen Gestaltung des Indikatorensystems direkt beteiligt werden.
(3) Die Validität der Indikatoren ist durch eine spezifizierte Formulierung, die die tatsächlichen Ursachen-Wirkungs-Beziehungen erfasst, zu sichern.

Diese Anforderungen führen zu einem gruppenspezifischen „Unternehmungsprofil" einzelner Unternehmungen. Für Erfolgsaussagen im Sinne von Soll-Ist-Vergleichen ist darüber hinaus die Formulierung von Normvorstellungen zu den einzelnen Indikatoren unerlässlich. Dies erscheint in Verbindung mit den folgenden Überlegungen zum „Goal Accounting" ein sinnvoller Ansatz zur Fortentwicklung der umweltbezogenen Rechnungslegung.

• **Goal Accounting**

Der vor allem von Dierkes vorangetriebene und in die Praxis umgesetzte Ansatz zu einem Management System for Social Goals beruht darauf, dass die Unternehmungen einen Katalog von ökonomischen und umweltbezogenen Zielen erstellen über deren Realisierung Rechenschaft abgelegt wird. Dabei überlässt es Dierkes den Unternehmungen oder „unabhängigen Kommissionen", auf Grund einer Analyse der Umwelt die gesellschaftlich relevanten Ziele zu bestimmen[109]. Ein weiteres Problem liegt in der Formulierung operationaler Ziele, was sich in den praktischen Versuchen deutlich niederschlägt. So nennt der von der Deutschen Shell vorgelegte Geschäftsbericht/ Sozialbilanz die Ziele[110]:

– Erwirtschaftung einer angemessenen Rendite,
– marktgerechte Versorgung der Verbraucher,
– Entwicklung neuer Verfahren und Produkte,
– Berücksichtigung der Interessen unserer Mitarbeiter und
– Beachtung der Belange des Gemeinwesens.

---

[106] Müller (Rechnungswesen) S. 112.
[107] Vgl. z.B. Leipert (Berichterstattung).
[108] Vgl. Picot (Umweltbeziehungen) S. 209–213.
[109] Vgl. Dierkes (Sozialbilanz) S. 133.
[110] Deutsch Shell AG: Geschäftsbericht/Sozialbilanz 1977, S. 12; die Deutsche Shell entwickelte bereits frühzeitig einen Zielkatalog auf der Basis des Goal-Accounting-Gedankens. Auf dem gleichen Ansatz beruht die Sozialbilanz 1977 des Migros-Genossenschaftsbundes, Zürich.

Aus diesen leerformelhaften Zielen werden kurzfristige Einzelziele „abgeleitet", was jedoch nur über (implizite) zusätzliche Wertsetzungen möglich ist[111]. In Bezug auf diese Einzelziele werden Maßnahmen der Shell verbal erläutert und – soweit möglich – durch Aufwendungen belegt.

> *„Das Goal Accounting wurde ebenfalls als praktisch unbrauchbar abgelehnt, wenn-gleich der Grundgedanke dieser Berichterstattung, nämlich die Darstellung von Zie-len und die bisher gemachten Fortschritte oder Gründe des Scheiterns, als durchaus informativ im Sinne der gestellten Anforderungen an die Rechnungslegung von Nonprofit-Organisationen gesehen werden kann."*[112]

Nach dem es zwischenzeitlich um das Thema Umweltberichte etwas ruhiger wurde, liegen heute – meist von internationalen Organisationen – Vorschläge zur Gestaltung derartiger Berichte auf dem Tisch und es werden von Unternehmen zunehmend freiwillige Berichte über Umweltbeziehungen aufgestellt. Dabei ist allerdings die Begriffsgruppe um den Begriff Umweltberichterstattung im Rückzug zugunsten des populäreren aber weniger präzisen Begriffs **Nachhaltigkeitsberichterstattung**. Der Nachhaltigkeitsbericht umfasst dabei zunehmend die Berichterstattung über die Nachhaltigkeit[113] (*sustainability*) hinsichtlich Umwelt (Ökologie), Soziales und Ökonomie, was einerseits entsprechende Interdependenzen aufzeigen aber andererseits auch zu einer verwässerten Darstellung führen kann.[114]

Derartige Vorschläge oder Standards, mit weitgehend eher allgemeinen, auslegungsbedürfti-gen Regelungen, finden sich u.a. in:

*   ISO 14001 zum Umweltmanagement (dort auch Empfehlungen zu Ökobilanz und Umweltkennzahlen)
*   Deutscher Nachhaltigkeitskodex (DNK)[115]
*   Leitfäden der Global Reporting Initiative (GRI)[116]
*   Die AA1000 Standards[117]
*   Leitlinien der Global Compact Initiative[118]

Die Anwendung dieser Leitlinien bzw. Standards ist – zumindest bisher – freiwillig. Dies bedeutet auch, dass noch wenig Spielraum für verlässliche Prüfungen besteht; dennoch wurden mit den ISAE 3000 und ISAE 3410 bereits erste Standards für Prüfungen in diesem Bereich vorgestellt.[119]

---

[111] Vgl. zu diesem Problem Schneider (Ziele) S. 147–153.

[112] Löwe (Rechnungslegung) S. 276.

[113] Nachhaltigkeit bedeutet Zukunftssicherung; in ökologischer Sicht versteht man darunter insbesondere die Nutzung der Umwelt ohne sie zu schädigen/zu zerstören, in ökonomischer Sicht ist der langfristige Erhalt des Unternehmens und seiner Rentabilität gemeint. Diese Sichten können sich fallweise ergänzen, aber auch konträr zueinander stehen.

[114] Eine ausführliche Analyse des Berichtsrahmens findet sich bei Hoffmann (Nachhaltigkeitsberichterstattung).

[115] http://www.nachhaltigkeitsrat.de/deutscher-nachhaltigkeitskodex.

[116] https://www.globalreporting.org/Pages/default.aspx.

[117] http://www.accountability.org/standards/index.html.

[118] http://www.unglobalcompact.org/Languages/german/index.html.

[119] http://www.ifac.org/.

3.5.3   Sozialberichterstattung

In der **Sozialberichterstattung** werden die

–   Sozialen Kosten (in der kaufmännischen Rechnungslegung nicht enthaltene Wertminde-
    rungen die zu einer Verkleinerung von Sozialwohlstand führen) den
–   Sozialen Erträgen (in der kaufmännischen Rechnungslegung nicht enthaltene Verbesse-
    rung des Sozialwohlstandes),

soweit sie vom Unternehmen verursacht sind, gegenüber gestellt. Diese Kosten und Erträge
können dabei sowohl eine unternehmensexterne als auch -interne Wirkung entfalten, wie
dies in nachfolgender Abbildung dargestellt ist.

	Soziale Kosten	Soziale Erträge
intern	Zunahme von Krankheiten in der Beleg-schaften durch Hantieren mit gefährlichen Stoffen, familiäre Belastung der Mitarbeiter durch wechselnde Schichtdienste	Verminderung von Arbeitsunfällen auf-grund verbesserter Schutzmaßnahmen, Anbieten einer Zusatzausbildung für Auszubildende
extern	erhöhte Verkehrsbelastung durch Werksver-kehr, erhöhte Ausgaben in der Stadtverwal-tung bei Errichtung neuer Fabriken	Verbesserung der lokalen Umwelt durch Anlage eines Parks, Öffnung betrieblicher Einrichtungen (z.B. Sportanlagen) auch für Betriebsfremde, Schaffung neuer Arbeits-plätze

Abbildung 22:   Soziale Kosten und Erträge

Problematisch ist auch hier die Bewertung der einzelnen Posten, da vollkommen offen ist, ob
und ggf. wie die Zunahme von Betriebskrankheiten der Schaffung eines Parks gegenübergestellt werden kann. Man kann also nur mit großen Vorbehalten ein Unternehmen mit einem
Überschuss an sozialen Erträgen über soziale Kosten als „gutes Unternehmen" bzw. „soziales Unternehmen" bezeichnen. Weiter kann es zu verzerrenden Mehrfachzählungen kommen; wenn ein Unternehmen z.B. Aktivitäten zur Abschaffung von Kinderarbeit startet, so
entstehen dadurch soziale Erträge, aber je länger diese Aktivitäten nicht zum Erfolg führen
umso länger wird sich dieses Unternehmen soziale Erträge „gutschreiben".

Um aus der Bewertungsproblematik herauszukommen, nutzen Unternehmen zunehmend Indikatoren, um ihr Sozialverhalten darzustellen; für bestimmte Unternehmen ist die Angabe **nichtfi-
nanzieller Leistungsindikatoren** „wie Informationen über Umwelt- und Arbeitnehmerbelange,
soweit sie für das Verständnis des Geschäftsverlaufs oder der Lage von Bedeutung sind" (§ 289
Abs. 3 HGB) vorgeschrieben. Aber auch hier gibt es in Praxis und Theorie einen Wildwuchs an
Kennzahlen, Indikatoren und Indices, welche untereinander kaum vergleichbar sind. Beispielsweise werden als **Fluktuationsquote** (FQ) die u.a. folgenden Kennzahlen genannt:

FQ = freiwillig ausgeschiedene Beschäftigte * 100 / durchschnittlicher Personalbestand
FQ = Anzahl der Austritte * 100 / (Personalanfangsbestand + Zugänge)
FQ = aufgelöste Arbeitsverhältnisse * 100 / Anzahl der Einstellungen

FQ = Abgänge, die Ersatzeinstellung fordern * 100 / durchschnittliche Beschäftigte
FQ = Austritte * 100 / Stammbelegschaft

Statt mit Kosten und Erträgen wird in der Sozialberichterstattung auch gerne mit Bestands-
größen (der vom angelegten Park als positive Bestandsgröße anstelle der Errichtung als
Ertrag) gearbeitet, wobei man dann zu einer sog. **Sozialbilanz** gelangt, wobei der Begriff
Bilanz irreführend ist, da es sich eben nicht um eine Bilanz basierend auf einem geschlossenen Rechnungslegungssystem handelt. Nicht selten wird darüber hinaus auch die Gegenüberstellung von sozialen Kosten und sozialen Erträgen als Sozialbilanz[120] bezeichnet.

Die Beispiele zeigen, dass die Grenze zwischen einer Sozialberichterstattung und einer
Umweltberichterstattung fließend sind. Deshalb werden diese Berichte jetzt häufig zusammengefasst und zunehmend als Nachhaltigkeitsbericht bezeichnet. Ein derartiger
Nachhaltigkeitsbericht wird dann meistens noch weitere Aspekte i.S. einer ökologisch,
sozial und ökonomisch dauerhaften Unternehmensführung und -gestaltung beinhalten.

3.5.4   Berichterstattung über das Humanvermögen

Schon früh machte man sich Gedanken über die Berichterstattung des im eigenen Personal
des Unternehmens geschaffenen Wertes (Bildung, Fähigkeiten, Fertigkeiten, erfolgreiche
Teambildung usw.). Jedoch sind Abbildungsobjekt des traditionellen Rechnungswesens die
Wirtschaftsgüter. Der Faktor Mensch findet nur insoweit Beachtung, wie er durch Zahlungs-
vorgänge mit der Unternehmung verbunden ist (z.B. Lohnzahlungen); als Vermögenspoten-
tial bleibt er unberücksichtigt. Versuche zur Erfassung und Bewertung der menschlichen
Ressourcen[121] einer Unternehmung wurden im Zusammenhang mit den unterschiedlichen
Aufgabenstellungen des Rechnungswesens unternommen[122]:

*   bei der Ermittlung des Gesamtwertes einer Unternehmung (Unternehmensbewertung),
*   bei Entscheidungen über die Beschaffung und Ausbildung von Mitarbeitern (Investiti-
    onsrechnung),
*   beim optimalen Einsatz der Arbeitnehmer (Kostenrechnung),
*   bei der Bestandsermittlung und Rechenschaftslegung über die Qualität der menschlichen
    Ressourcen einer Unternehmung (Jahresabschlussrechnung).

Die bisher vorliegenden Ansätze zur **Humanvermögensrechnung** erweisen sich als unge-
eignet, den „Wert" des Humanpotentials festzustellen. Die zugrunde liegenden Modelle
legen bei ihren Versuchen, das Humanvermögen realistisch abzubilden, zu starkes Gewicht
auf eine eindeutige quantitative Erfassung, was vor allem für die monetären Ansätze (z.B.
die Anschaffungswertmethode) gilt. Die heutige Situation, in der das Humanvermögen
gegenüber dem Sachvermögen an Bedeutung gewinnt, dürfte in erster Linie die interne
Anwendung nicht-monetärer Indikatorensysteme fördern, während eine Integration in den
Jahresabschluss auf absehbare Zeit nicht zu erwarten ist. [123]

---

[120] Im Wortsinn würde es sich eigentlich um eine Sozialerfolgsrechnung handeln.
[121] Auch: Human resources, Human Assets, Humanvermögen, Human Capital, Humankapital.
[122] Vgl. Aschoff (Humanvermögen) S. 62 f.
[123] Für weitere kritische Überlegungen vgl. Achouri (Management) S. 143 ff.

In der traditionellen Bilanzierung ist der Ausweis eines Humanvermögens nicht vorgesehen. Lediglich einige der erfolgten oder noch zu erfolgenden Ausgaben (z.B. Löhne und Gehälter) können in der Bilanz als Teil der für fertige oder unfertige Erzeugnisse angefallenen Herstellungskosten, als aktive Rechnungsabgrenzungsposten oder als sonstige Verbindlichkeiten und als geschätzte zukünftige Ausgaben unter den Pensionsrückstellungen erscheinen. Hierbei geht es jedoch nur um die periodengerechten Abgrenzungen von Ausgaben und nicht um die Darstellung eines Humanvermögens. Der Großteil der Ausgaben erscheint in der Gewinn- und Verlustrechnung als Aufwand für Löhne, Gehälter, soziale Abgaben sowie Altersversorgung und Unterstützung.

Eine aus der Sicht der **statischen Bilanzauffassung** zum Zwecke des Gläubigerschutzes aufgestellte Bilanz fordert für aktivierungsfähige Vermögensgegenstände, dass diese u. a. einzeln veräußerbar sind. Dies lässt keinen Raum für eine Aktivierung des Humanvermögens. Wenn dennoch im handelsrechtlichen Jahresabschluss auch Posten nicht einzeln veräußerbarer Vermögensgegenstände (derivativer Geschäfts- oder Firmenwert) erscheinen, so ist dies nur für diese ausdrücklich genannten Posten gestattet – ein eng begrenztes Zugeständnis an die dynamische Zielsetzung der periodengerechten Erfolgsermittlung, aus dem sich daher nicht die Aktivierbarkeit des Humanvermögens ableiten lässt. Die Begründung für die Aktivierungsfähigkeit des Humanvermögens ist nur direkt aus dem Grundsatz der periodengerechten Erfolgsermittlung möglich. Danach wären alle Ausgaben für die Erträge, die erst in späteren Perioden anfallen, z.B. Ausgaben für die Personalbeschaffung und Weiterbildung, aktivierungsfähig. Sie sind Investitionen in das Humanvermögen[124]. Einwänden, nach denen die Aktivierung von Humanvermögensinvestitionsausgaben zu einem höheren Gewinnausweis und damit zur Ausschüttungsgefahr führe, kann entgegengehalten werden, dass durch eine kompensierende Passivierung die Gewinnwirkung neutralisiert werden kann[125].

Über das Humanvermögen hinaus erlangen aber auch andere immaterielle Werte zunehmende Bedeutung, wie beispielsweise eine eingespielte Organisation oder intakte Kundenbeziehungen. Diese Werte stehen häufig auch in einem Zusammenhang mit dem Humanvermögen oder sind mit diesem sogar untrennbar verbunden. Neuere Ansätze versuchen deshalb, dieses gesamte – in der traditionellen Rechnungslegung nicht abgebildete – immaterielle Vermögen als sog. Intellektuelles Kapital zu ermitteln und darüber zu berichten.

3.5.5   Berichterstattung über das Intellektuelle Kapital

Die rein humankapitalorientierten Bewertungsbemühungen ab den 60er Jahren werden zu den Anfängen der Intellektuellen Kapital Berichterstattung gezählt.[126] Diese Berichterstattung informiert nicht nur über das Humanvermögen eines Unternehmens, sondern berichtet über wesentlich mehr Vermögenswerte eines Unternehmens. Bei diesen Vermögenswerten handelt es sich um immaterielle Vermögenswerte, welche naturgemäß sehr schwer zu erfassen und somit schwer darstellbar sind. Für die Berichterstattung über das IK hat dies zur Folge, dass die bestehenden IK-Berichterstattungsmethoden noch Schwachstellen aufweisen. Einem praxistauglichen IK-Berichtssystem wird jedoch ein so hoher Stellenwert eingeräumt,

---

[124] Vgl. Conrads (Accounting) S. 118.
[125] Vgl. Conrads (Accounting) S. 110, 133–155.
[126] Vgl. Alwert (Wissensbilanzen), S. 23.

dass Kaplan und Norton behaupten, wer „den Nutzen immaterieller Werte messen kann, hat den heiligen Gral des Rechnungswesens gefunden."[127]

3.5.5.1 Definitionen des Intellektuellen Kapitals

Die Bezeichnung „Intellektuell" hat seinen Ursprung aus den lateinischen Wörtern „inter" und „lectio". „Inter" bedeutet „zwischen" und veranschaulicht eine Beziehung und „lectio" drückt so viel wie „Lesen" und „erworbenes Wissen" aus.[128] Eine standardisierte Definition des **Intellektuellen Kapitals** (IK) ist aus der Literatur nicht zu entnehmen.[129] Eine human-orientierte Sichtweise vertritt Ulrich, für ihn ergibt sich das IK aus der *Kompetenz und der Hingabe*.[130] Andere Autoren definieren den Begriff aus einer Wissensperspektive. Für Stewart ist das IK *"the sum of everything everybody in a company knows that gives it a competitive edge."*[131] Sullivan definiert den Begriff als *"knowledge that can be converted into profits"*.[132]

Eine weit umfassendere Begriffsbestimmung verwenden unter anderem Roos, Edvinson und Brooking. Roos definiert das IK als *"the sum of the knowledge of its members and the practical translation of this knowledge into brands, trademarks and processes"*.[133] Edvinsson deutet das Intellektuelle Kapital als *"the possession of the knowledge, applied experience, organizational technology, customer relationships and professional skills"*[134], *der dem Unternehmen einen Wettbewerbsvorteil auf dem Markt gibt*.[135] Für Brooking ist das IK *"the combined intangible assets which enable the company to function"*[136]

Die negative Abgrenzung des IK von anderen Werten stellt m.E. die zutreffendste Definition für diesen Begriff dar;[137] das IK ist dann ein Sammelbegriff für alle nicht physischen und nicht monetären Werte. Verwendung findet diese Definition unter anderem beim Arbeits-kreis „Immaterielle Werte im Rechnungswesen" der Schmalenbach – Gesellschaft für Betriebswirtschaft e.V. (AK SG).[138] Da es sich bei diesen Werten in der Regel um längerfris-tige Werte handelt[139] ist ein Zusatz, der dem handelsrechtlichen Anlagevermögen ähnlich ist,

---

[127] Zitiert nach Kaplan und Norton in: Beyer/Menninger (Bewertung), S. 114.

[128] Vgl. Interview mit Leif Edvinsson in: Daum (Intangible), S. 152; Schmidt schreibt, dass das Intellectual Capital aus dem lateinischen Ursprung „intellegere", was so viel wie begreifen, erfassen, verstehen, bzw. von dem Beg-riff „Intellectus" was so viel wie geistige Einsicht, Erkenntnisvermögen bedeutet und den lateinischen Begriff „caput" was Kopf, Haupt, Reichtum ausdrückt, abgeleitet ist. (vgl. Schmidt (Intellectual), S. 14).

[129] Vgl. Kaufmann/Schneider (Intangible), S. 38.

[130] Vgl. Bodrow/Bergmann (Wissensbewertung), S. 67.

[131] Stewart (Intellectual), S. XIX.

[132] Andriessen (Making), S. 60; ebenso in Kaufmann/Schneider (Intangible), S. 30.

[133] Andriessen (Making), S. 60.

[134] Edvinsson/Malone (Intellectual), S. 44.

[135] Vgl. Edvinsson/Malone (Intellectual), S. 44; Edvinsson/Brünig (Aktivposten), S. 38.

[136] Brooking (Intellectual), S. 12; Brooking (Corporate), S. 16.

[137] Kaufmann und Schneider kommen zu einer ähnlichen Schlussfolgerung. (vgl. Kaufmann/Schneider (Intan-gible), S. 38).

[138] Vgl. AK SG (Kategorisierung), S. 990; AK SG (Erfassung), S. 225; Haller (Erfassung), S. 99; Kaufmann/ Schneider (Intangible), S. 31.

[139] Vgl. Müller (Wissen), S. 6 i.V.m. S. 9; Daum (Intangible), S. 32; typische Werte die als IK angesehen werden sind zum Beispiel Image des Unternehmens, Patente, Wissen und Fähigkeiten der Mitarbeiter, Kundenbezie-

denkbar und kann insgesamt als *nicht physische und nicht finanzielle vorhandende Ressource, die dazu bestimmt ist, dem Unternehmen dauernd zu dienen* definiert werden. Nach dieser Begriffsbestimmung zählen langfristige immaterielle nicht finanzielle Vermögenswerte, welche in der Bilanz aktiviert sind zum IK.[140]

Das Forschungsgebiet zum IK befindet sich nach Bontis jedoch noch im Embryostatus[141] und in einem so jungen Themenfeld[142] ist es nicht ungewöhnlich unterschiedliche Definitionen für einen Begriff zu finden.[143] Ein Teil der verschiedenen Definitionen ist mit Sicherheit auf das Interesse verschiedener Wissenschaftsdisziplinen zurückzuführen. So interessieren sich neben dem Rechnungswesen auch das Personalmanagement, die Management-Forschung, Informatik, Psychologie und Soziologie für diesen Themenkomplex.[144] Neben der Fülle an Definitionen findet sich im Schrifttum auch eine Vielzahl an Synonymen. Im englisch- und deutschsprachigen Raum werden häufig intangibles, intellectual resources, intangible resources, intellectual assets, knowledge assets, knowledge resources verwendet.[145] In der deutschen Sprache finden sich die typischen Übersetzungen aus dem Englischen wie immaterielle Werte, Wissenskapital, immaterielle Güter, immaterielles Vermögen, immaterielles Kapital und immaterielle Vermögensgegenstände.[146]

3.5.5.2   Kategorisierungen des Intellektuellen Kapitals

In der Literatur existieren nicht nur unterschiedliche Definitionen und Synonyme für das Intellektuelle Kapital, sondern es wird zudem auch noch unterschiedlich untergliedert. Die nachfolgende Abbildung zeigt mehrere Varianten von Kategorisierungsvorschlägen.[147]

Nachfolgend werden die einzelnen IK-Kategorien der „Wissensbilanz made in Germany" vom Bundesministerium für Wirtschaft und Technologie (BMWi) beschrieben.

Das **Humankapital** umfasst die Kompetenzen, Fähigkeiten, Fertigkeiten und Verhaltensweisen der Mitarbeiter. Dazu zählen zum Beispiel die Mitarbeiterqualifikation, Mitarbeitererfahrung, soziale Kompetenzen, Führungskompetenz und Motivation. Dieses Kapital wird im Besitz der Mitarbeiter gesehen.[148]

---

hungen, Lieferantenbeziehungen, Organisationsstruktur des Unternehmens, Betriebsklima usw. (vgl. Stoi (Controlling), S. 175 f.; Sveiby (Wissenskapital), S. 31; Sveiby (Organizational), S. 12; Edvinsson/Brünig (Aktivposten), S. 19; Edvinsson/Malone (Intellectual), S. 11; Schmidt (Intellectual), S. 50 ff.; AK SG (Kategorisierung); S. 990 f.; Maul (Wissensbilanzen), S. 2012; Brooking (Intellectual), S. 19 ff.) Alle diese Werte entsprechen u.E., dem Wesen des Anlagevermögens, wenn die Voraussetzung für eine Aktivierung gegeben wäre oder diese wie bei Patenten schon besteht.

[140] Vgl. hierzu auch: AK SG (Kategorisierung), S. 991; AK SG (Erfassung), S. 227 ff.
[141] Vgl. Andriessen (Making), S. 60.
[142] Vgl. Stoi (Controlling), S. 175; und im Vergleich zur doppelten Buchführung, welche mehrere Jahrhunderte alt ist.
[143] Vgl. Alwert/Heisig/Mertins (Wissensbilanzen), S. 2 f.; Kaufmann/Schneider (Intangible), S. 28.
[144] Vgl. Andriessen (Making), S. 56.
[145] Vgl. Maul (Wissensbilanzen), S. 2011; Alwert/Heisig/Mertins (Wissensbilanzen), S. 2 f. ; AK SG (Kategorisierung), S. 990.
[146] Vgl. Kaufmann/Schneider (Intangible), S. 28; AK SG (Kategorisierung), 990; Schmidli/Vassalli (Vermögenswerte), S. 144; Maul (Wissensbilanzen), S. 2011.
[147] Einen zusätzlichen Überblick liefert: Andriessen (Intellectual), S. 61.
[148] Vgl. BMWi (Wissensbilanz), S. 18.

BMWi	Human-kapital	Beziehungskapital			Strukturkapital		
AK SG	Human Capital	Customer Capital	Supplier Capital	Investor Capital	Process Capital	Innovation Capital	Location Capital
Sveiby	Human Capital	External Structure			Internal Structure		
Stewart	Human Capital	Customer Capital			Structural Capital		
Daum/ Stoi	Human Capital	Customer Capital	Partner Capital		Structural Capital		
Edvinsson/ Malone	Human Capital	Customer Capital			Process Capital	Innovation Capital	
Brooking	Human Capital	Market Assets			Infrastructure Assets	Intellectual Property Assets	

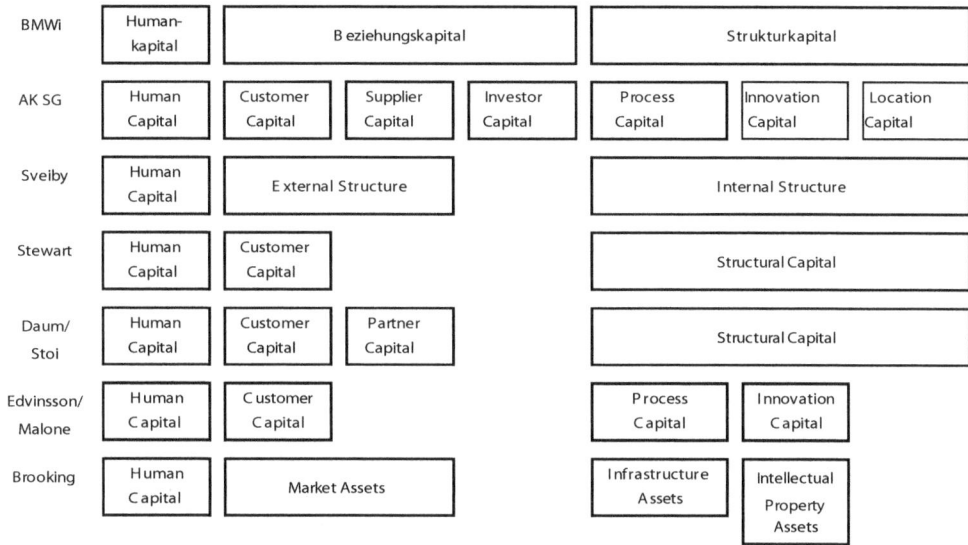

Abbildung 23:   Kategorisierungen des Intellektuellen Kapitals[149]

Dagegen befindet sich das **Strukturkapital** im Besitz der Unternehmung, auch beim Verlassen einzelner Mitarbeiter bleibt dieses Besitzverhältnis weitgehend erhalten.[150] Zu dem Strukturka-pital werden „alle Strukturen, die die Mitarbeiter einsetzten, um in ihrer Gesamtheit die Ge-schäftstätigkeit durchzuführen, also um produktiv und innovativ zu sein"[151], gezählt. Als Beispiele können die Unternehmenskultur, Produktinnovationen, Führungsprozesse, Informati-onstechnik, Kooperation und Kommunikation, Wissenstransfer, Wissenssicherung, Prozess- und Verfahrensinnovationen genannt werden.[152]

Zum **Beziehungskapital** werden alle Beziehungen zu organisationsexternen Gruppen oder Personen gezählt. Als Beispiel können Kundenbeziehungen, Lieferantenbeziehungen, Bezie-hungen zu der Öffentlichkeit, Kapitalgebern, Kooperationspartnern, Investoren und Eignern genannt werden.[153] Zu den Besitzverhältnissen werden hier keine Angaben getätigt. Es kann vermutet werden, dass diese zu einem nicht definierten Teil dem Unternehmen, den Mitar-beitern (gerade den mit Kunden- und Lieferantenkontakten, usw.) und den Organisationsex-ternen zugeordnet werden.

---

[149] In abgewandelter Form angelehnt an: Haller/Dietrich (Intellectual), S. 1045; Broda (Ansätze), S. 730; Schmidt (Intellectual), S. 48; Brooking (Intellectual), S. 13 ff. Im Unterschied zu Haller/Dietrich und Broda wurde hier unter anderem die Kategorisierung von Edvinsson und Malone weiter untergliedert, wie in: Edvinsson/ Malone (Intellectual), S. 52 und Edvinsson/Brünig (Aktivposten), S. 44.

[150] Vgl. BMWi (Wissensbilanz), S. 18 f.

[151] BMWi (Wissensbilanz), S. 18.

[152] Vgl. BMWi (Wissensbilanz), S. 19.

[153] Vgl. BMWi (Wissensbilanz), S. 19.

3.5.5.3 Kategorisierung der einzelnen Methoden zur Berichterstattung des Intellektuellen Kapitals

Es gibt eine Vielzahl unterschiedlicher Versuche das Intellektuelle Kapital zu erfassen und darzustellen. Die Vielfalt der Ansätze kann dadurch begründet werden, dass die Berichterstattung des Intellektuellen Kapitals eine noch recht junge Disziplin ist. Viele Wissenschaftler und Praktiker sind auf der Suche nach Lösungswegen und unterbreiten Vorschläge, wie das IK zu messen, zu erfassen und darzustellen ist. Die wenigen praktischen Erfahrungen auf diesem Gebiet haben bis jetzt noch zu keinen verbindlichen Regelungen geführt, die sich auf eine bestimmte Methode beschränken.[154] Ein weiterer Anlass sind ungleiche Zielsetzungen. Eine Interessengruppe benötigt die erfassten Daten für die externe Rechenschaftslegung um Investoren, Gläubiger, Banken usw. zu informieren, eine andere möchte mit den Ergebnissen interne Prozesse steuern und optimieren.[155]

Die einzelnen Methoden zur IK-Berichterstattung werden in der Literatur unterschiedlich kategorisiert. Im Wesentlichen sind zwei Kategorisierungsmöglichkeiten in der Literatur vorzufinden.[156] Die *erste Kategorisierungsmöglichkeit* ist in nationalen und internationalen Publikationen vorzufinden und wird auf Luthy und Williams zurückgeführt.[157] Sie gruppieren die einzelnen Methoden in Marktkapitalisierungsmethoden, Return on Assets Methoden, Direkte Intellectual Capital Methoden und Scorecard Methoden ein.[158]

Marktkapitalisierungsmethoden bauen auf dem Grundschema einer aus der Marktsicht vorgenommenen Unternehmensbewertung auf.[159] Diese Methoden ermitteln einen Wert, welcher das IK veranschaulichen soll. Der Wert wird entweder in monetärer Form,[160] oder als eine nicht monetäre Verhältniszahl dargestellt.[161] In diese Gruppe werden zum Beispiel die Marktwert-Buchwert-Differenz, Tobin's Q, Invisible Balance Sheet, Investor assigned market value[162] und der Marktwert-Buchwert-Quotient[163] eingeordnet.

Mit den **Return on Assets Methoden** wird versucht, mit Renditeergebnissen einen Rückschluss auf das Intellektuelle Kapital des Unternehmens zu erhalten. Diese Methoden ermit-

---

[154] Bis auf die Ausnahme an österreichischen Hochschulen, wo nach § 13 Abs. 6 nach dem Österreichisches Hochschulgesetz 2002, jede Universität eine Wissensbilanz über das abgelaufene Kalenderjahr vorzulegen hat. (vgl. Renzl/Matzler/Huemer/Rothenberger (Wissensbilanzierung), S. 232) und in Dänemark, wo das *Guideline for Intellectual Capital* die erste öffentliche Richtlinie für die gezielte Berichterstattung über das IK in Unternehmen darstellt. (vgl. Schmidt (Intellectual), S. 378).

[155] Vgl. North/Probst/Romhardt (Wissen), S. 159.

[156] Es gibt noch eine andere Klassifizierungsmöglichkeit, auf die in dieser Arbeit nicht eingegangen wird. (siehe: Kasperzak/Krag/Wiedenhofer, (Konzepte), S. 1495; Wiedenhofer (Bewertung), S. 103).

[157] Vgl. Deking (Management), S. 160; Syskowski (Intellectual), S. 40; Bauer (Evaluation), S. 31 ff.; im Internet: Sveiby (Methods).

[158] Vgl. Deking (Management), S. 160; Hoscanoglu (Measuring), S. 23 ff.; Stoi (Controlling), S. 179; Syskowski (Intellectual), S. 40 f.; im Internet: Sveiby (Methods).

[159] Vgl. Schmidt (Intellectual), S. 205.

[160] Wie bei der Marktwert-Buchwert-Differenz (vgl. Schmidt (Intellectual), S. 212 ff.; Kasperzak/Krag/Wiedenhofer (Konzepte), S. 1494; Broda (Ansätze), S. 732; Weber (Intangibles), S. 329).

[161] Wie bei den Marktwert-Buchwert-Quotienten und Tobin's Q (vgl. Schmidt (Intellectual), S. 215 ff.; Kasperzak/Krag/Wiedenhofer (Konzepte), S. 1494 f.; Broda (Ansätze), S. 732 f.; Weber (Intangibles), S. 330).

[162] Vgl. im Internet Sveiby (Methods).

[163] Vgl. Schmidt (Intellectual), S. 207.

teln ebenfalls einen Wert, der nur in monetärer Form dargestellt wird.[164] Typische Vertreter dieser Gruppe sind der Calculated Intangible Value, Value Added Intellectual Coefficient, Economic value added und Knowledge Capital Earnings.[165]

Die **Direkte Intellectual Capital Methoden** streben eine direkte Identifikation einzelner Komponenten des IK an und zielen auf eine gesamt monetäre Bewertung des gesamten IK einer Unternehmung. Die Komponenten werden je nach Konzept finanziell als auch nicht finanziell erfasst und dargestellt. Am Ende des Bewertungsprozesses entsteht ein Gesamtwert des IK.[166] In diese Gruppe werden beispielsweise der Technology Broker, Citation weighted Patents und Inclusive Valuation Methodology eingeordnet.[167]

Ähnlich den Direkt Intellectual Capital Methoden sind die **Scorecard Methoden**. Diese Methoden identifizieren ebenfalls einzelne Komponenten des IK. Im Unterschied streben sie primär nicht die Bewertung in Geldeinheiten an. Optional kann eine Bewertung in anderer Form vorliegen, sie ist nicht zwingend. Abgebildet werden können diese Ansätze anhand von Grafiken, Indizes und Metriken.[168] Zu den Scorecard Methoden werden beispielsweise die Balanced Score Card, der Skandia Navigator, Intangible Assets Monitor, Knowledge Audit Cycle[169] und das Intellectual Capital Statement[170] gezählt.

Die *zweite Kategorisierungsmöglichkeit* ist auf North, Probst und Romhardt zurückzuführen[171] und ist in deutschsprachigen Publikationen zu finden.[172] Sie ordnen die Ansätze in zwei Gruppen, in deduktive-summarische und in induktive-analytische Ansätze.[173]

Deduktiv-summarische Bewertungsansätze fassen die Marktkapitalisierungs- und die Return on Assets Methoden aus der Klassifizierung von Luthy und Williams zusammen.

Die **induktiv-analytische Bewertungsansätze** verbinden die Direkte Intellectual Capital Methoden und die Scorecard Methoden aus der Klassifizierung von Luthy und Williams.

Die nachfolgende Abbildung zeigt die Klassifizierungen der IK-Konzepte im Überblick. Diese Abbildung zeigt nur einen Ausschnitt von Methoden die im Zusammenhang mit der Berichterstattung des IK stehen.

---

[164] Vgl. Schmidt (Intellectual), S. 222 ff; Deking (Management), S. 160.

[165] Vgl. im Internet: Sveiby (Methods).

[166] Vgl. Deking (Management), S. 160; Hoscanoglu (Measuring), S. 32; Bodrow/Bergmann (Wissensbewertung), S. 113; Schmidt (Intellectual), S. 236 ff.; im Internet: Sveiby (Methods).

[167] Vgl. im Internet: Sveiby (Methods).

[168] Vgl. Deking (Management), S. 160.

[169] Vgl. im Internet: Sveiby (Methods).

[170] Vgl. Marmann (Ansätze), S. 165.

[171] Vgl. North/Probst/Romhardt (Wissen), S. 159 f.; North (Wissensorientierte), S.231 f.

[172] Vgl. Persch (Bewertung), S. 87 ff.; Deking (Management), S.159 f.; Broda (Ansätze), S.732 ff.; Becker (Intangible), S.41 ff.; Eberl/Franke/Hofbauer (Instrumente), S. 189.

[173] Vgl. North/Probst/Romhardt (Wissen), S. 159 f.; North (Wissensorientierte), S.231 f.

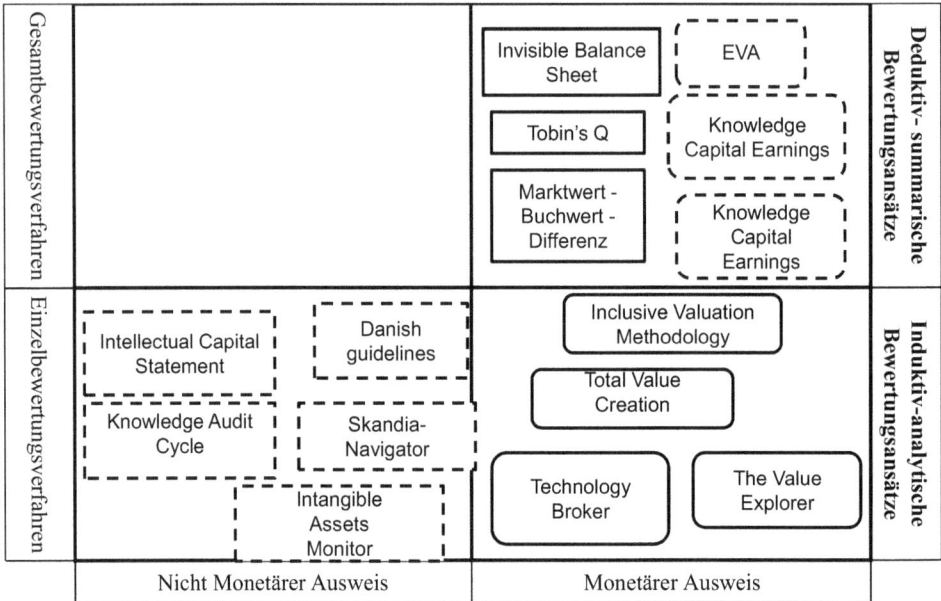

Abbildung 24:   Kategorisierung der Konzepte zur Erfassung und Darstellung des Intellektuellen Kapitals[174]

3.5.5.4   Skandia Navigator als Beispiel

3.5.5.4.1   Darstellung des Skandia Navigater

Der **Skandia Navigator** war nach einer im Jahr 2003 veröffentlichten Studie der EU-Kommission das bekannteste Reporting-Model über immaterielle Werte.[175] Es wurde vom schwedischen Versicherungs- und Finanzdienstleister Skandia unter der Leitung vom weltweit ersten „Director of Intellectual Capital" Edvinsson [176] entwickelt,[177] welcher einen wesentlichen Betrag zu der Thematik des Intellectual Capital beigetragen hat.[178]

---

[174] Zusammenfassende Darstellung von Marmann (Ansätze), S. 165; Bauer (Evaluation), S. 34; im Internet: Sveiby (Methods).

[175] Vgl. Velte (Intangible), S. 401 f.

[176] Vgl. Andriessen (Intellectual), S. 345; Daum (Intangible), S. 151; Siegel (Wert), S. 38; Schmeisser/Lukowsky (Human), S. 65; Müller (Wissen), S. 12; Bodrow/Bergmann (Wissensbewertung), S. 95.

[177] Vgl. Marmann (Ansätze), S. 168; Velte (Intangible), S. 398; Weber (Intangibles), S. 334; Kasperzak/Krag/ Wiedenhofer (Konzepte), S. 1498; Schmeisser/Lukowsky (Human), S. 65.

[178] Vgl. Marmann (Ansätze), S. 168.

Edvinsson gibt sich nicht der Illusion hin, dass der Skandia Navigator seine endgültige Form hat, er möchte vielmehr eine Ausgangslage für mehr Dialoge zu diesem Thema schaffen.[179] Eingeflossen in die Entwicklung des Navigators sind die Erfahrungen aus dem „Intellectual Capital Navigator" von Stewart und der „Balanced Scorecard" von Kaplan und Norton.[180] Ziel des Navigators ist die Bewertung und Steuerung des IK.[181] In den Geschäftsjahren 1994[182] bis 1998 ergänzte der Navigator den halbjährlichen Geschäftsbericht von Skandia durch einen „Intellectual Capital Report". Die Gründe für die Einstellung sind nicht weiter bekannt, vermutet werden die damaligen finanziellen Probleme bei Skandia.[183]

Ausgangspunkt der Überlegung des Navigators ist, dass sich der Marktwert einer Unternehmung aus dem Finanzkapital und dem Intellektuellen Kapital zusammensetzt.

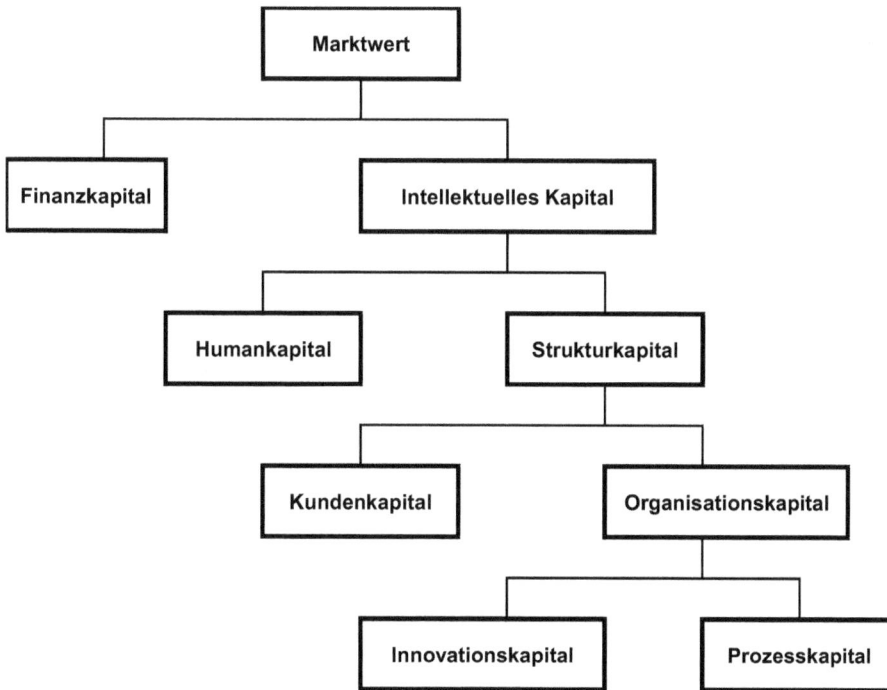

Abbildung 25:   Skandia Marktwertschema[184]

---

[179] Vgl. Edvinsson/Malone (Intellectual), S. 145; Edvinsson/Brünig (Aktivposten), S. 114.

[180] Vgl. Schäfer (Bewertung), S. 98.

[181] Vgl. Edvinsson/Malone (Intellectual), S. 46 f.; Edvinsson/Brünig (Aktivposten), S. 40.

[182] Vgl. Wiedenhofer (Bewertung), S. 109 f.; Siegel (Wert), S. 38.

[183] Vgl. Velte (Intangible), S. 401.

[184] In Anlehnung an: Edvinsson/Brünig (Aktivposten), S. 44; Edvinsson/Malone (Intellectual), S. 52; Bodrow/ Bergmann (Wissensbewertung), S. 97; Siegel (Wert), S. 39.

Die klassischen Daten aus der Bilanz stehen für das Finanzkapital.[185] Das Intellektuelle Kapital wird mehrfach untergliedert, einmal in Human- und Strukturkapital. Als **Humankapital** wird das gesamte geistige und körperliche Potenzial der Mitarbeiter einer Unternehmung verstanden. Dazu zählen das Wissen und die Fähig- und Fertigkeiten aller Mitarbeiter. Es werden auch die Philosophie und die Kultur des Unternehmens dazu gezählt. Dieses Kapital wird nicht im Besitz des Unternehmens gesehen.[186]

Anders sieht es bei dem **Strukturkapital** aus. Dieses kann ein Unternehmen besitzen.[187] Das Strukturkapital wird weiter untergliedert in Kunden- und Organisationskapital. Im Kundenkapital befinden sich die Beziehungen des Unternehmens zu seinen Kunden.[188]

Weiter aufgeteilt in Innovations- und Prozesskapital wird das Organisationskapital. Das Innovationskapital beinhaltet die Fähigkeit zur Erneuerung und die Resultate der Innovationen in Form von Schutzrechten, geistigen Eigentumsrechten und anderer immaterieller Werte und Talente, die gebraucht werden, um neue Produkte und Dienstleistungen zu erzeugen und auf dem Markt zu bringen.[189] Arbeitsprozesse, Techniken und Mitarbeiterprogramme, welche die Wirksamkeit der Produktion oder Dienstleistung steigern oder verbessern, werden zum Prozesskapital gezählt.[190]

Das Finanzkapital und die nicht weiter untergliederten Kapitalarten des Intellektuellen Kapitals werden im Skandia-Navigator als Focus-Bereiche dargestellt.[191]

In der nachfolgenden Abbildung wird der Aufbau des Navigators, in der Metapher eines Hauses, dargestellt.

Die Vergangenheit repräsentiert der Finanzfokus, dieser enthält verschiedene traditionelle finanzielle Indikatoren, wie das Gesamtvermögen.[192] Hier ist das Intellektuelle Kapital der Vergangenheit zu sehen, wo sich bis zu einem gewissen Punkt das IK in den Umsätzen des Unternehmens widerspiegelt.[193] Die Gegenwart sollen der Human-Fokus, der Kunden-Fokus und der Prozess-Fokus darstellen.

---

[185] Vgl. Edvinsson/Malone (Intellectual), S. 75 f. ; Edvinsson/Brünig (Aktivposten), S. 63 f.

[186] Vgl. Edvinsson/Malone (Intellectual), S. 11 und 34 f. ; Edvinsson/ Brünig (Aktivposten), S. 19 und 28 f.

[187] Vgl. Edvinsson/Malone (Intellectual), S. 11; Edvinsson/Brünig (Aktivposten), S. 19.

[188] Vgl. Edvinsson/Malone (Intellectual), S. 36 f. und 89 ff.; Edvinsson/Brünig (Aktivposten), S. 31 f. und 75 ff.

[189] Vgl. Edvinsson/Malone (Intellectual), S. 35 f.; Edvinsson/Brünig (Aktivposten), S. 30.

[190] Vgl. Edvinsson/Malone (Intellectual), S. 36; Edvinsson/Brünig (Aktivposten), S. 30.

[191] Vgl. Nach Siegel werden die einzelnen Kapitalarten des IK im Skandia – Navigators selbst nicht betrachtet. (vgl. Siegel (Wert), S. 39) M.E. ist diese Aussage nicht korrekt, da bei genauer Betrachtung des Navigators die nicht weiter untergliederten Kapitalarten wie das Humankapital, Kundenkapital, Innovationskapital und Prozesskapital sich genau in diese Focus-Bereiche einteilen.

[192] Vgl. Edvinsson/Malone (Intellectual), S. 75 f.; Edvinsson/Brünig (Aktivposten), S. 63 f.; Stoi (Controlling), S.180; Velte (Intangible), S. 399; Bodrow/Bergmann (Wissensbewertung), S. 100; Siegel (Wert), S. 39.

[193] Vgl. Edvinsson/Malone (Intellectual), S. 76; Edvinsson/Brünig (Aktivposten), S. 64; Bodrow/Bergmann (Wissensbewertung), S. 100 f.; Schreiber (Erfassung), S. 96 ff.

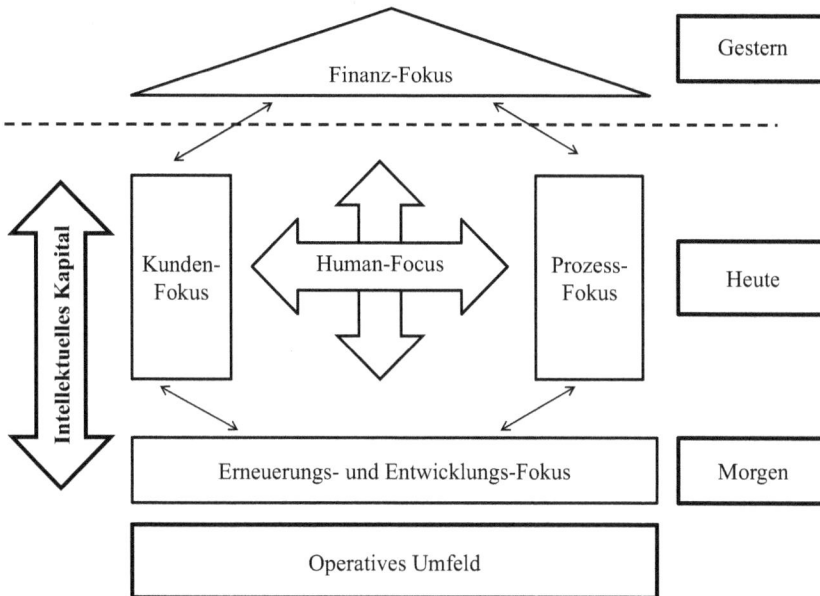

Abbildung 26:   Skandia Navigator[194]

Der Human-Focus ist der am schwierigsten zu erfassende Teil des Navigators. Erfahrungen, Qualifikationen, Motivation, Arbeitsstile und Fähigkeiten der Mitarbeiter sind sehr komplex und deshalb sehr schwer zu erfassen.[195] Im Kunden-Fokus soll das Kundenkapital gemessen und dargestellt werden.[196] Der Prozess-Fokus bildet die Wertschöpfung im Unternehmen ab.[197] Die Zukunft soll der Erneuerungs- und Entwicklungs-Fokus darstellen, da das Unternehmen mit dem Innovationskapital zukünftige Umsätze erwirtschaften soll. Dieser Bereich ist nach Edvinsson aus sechs Blinkwinkeln zu betrachten, dem der Mitarbeiter, der Infrastruktur, der Strategischen Partner, der Produkte und Dienstleistungen, der Marktattraktivität und der Kunden.[198]

---

[194] In Anlehnung an: Edvinsson/Malone (Intellectual), S. 68; Edvinsson/Brünig (Aktivposten), S. 58; ebenfalls in: Bodrow/Bergmann (Wissensbewertung), S. 100; Siegel (Wert), S. 40; Schmidt (Intellectual), S. 276; Schäfer (Bewertung), S. 99; Stoi (Controlling), S. 180; Schreiber (Erfassung), S. 96.

[195] Vgl. Edvinsson/Brünig (Aktivposten), S. 101 ff. und S. 28 f.; Edvinsson/Malone (Intellectual), S. 123 ff. und S. 34 f.

[196] Vgl. Edvinsson/Brünig (Aktivposten), S. 75 ff.; Edvinsson/Malone (Intellectual), S. 89 ff.; Bodrow/Bergmann (Wissensbewertung), S. 101 f.; Siegel (Wert), S. 39.

[197] Vgl. Edvinsson/Brünig (Aktivposten), S. 84 ff.; Edvinsson/Malone (Intellectual), S. 101 ff.; Bodrow/ Bergmann (Wissensbewertung), S. 102 f.; Siegel (Wert), S. 40; Schreiber (Erfassung), S. 102 f.

[198] Vgl. Edvinsson/Brünig (Aktivposten), S. 92 ff.; Edvinsson/Malone (Intellectual), S. 111 ff.; Bodrow/Bergmann (Wissensbewertung), S. 103 f.; Siegel (Wert), S. 40.

Die verschiedenen Bereiche des Navigators stehen in unterschiedlichen Graden miteinander in Wechselwirkung, mit Ausnahme des zentralen Human Bereichs, der die anderen Teile durchdringt und sie somit antreibt.[199]

Alle fünf Fokus-Bereiche werden mit Indikatoren dargestellt.[200] Edvinsson gibt in seiner Publikation mehrere Vorschläge mit welchen Indikatoren das IK dargestellt werden kann. Dabei wird das Ziel verfolgt, ein universelles Format für das IK-Jahresberichtswesen zu erhalten.[201] Die Gesamtanzahl der Indikatoren beträgt 164, bei Skandia wurden 91 benutzt.[202] Edvinsson und Malone geben eine Empfehlung für eine „universelle" IK-Indikatoren-Liste ab. In diesem befinden sich 111 Indikatoren, davon für den Finanzfokus 18, den Kundenfokus 20, den Prozessfokus 19, den Humanfokus 22 und den Erneuerungs- und Entwicklungsfokus 32 Kennzahlen.[203]

In den nachfolgenden Abbildungen werden die einzelnen Indikatoren, den einzelnen Focus-Bereichen zugeordnet, dargestellt.

Finanzfokus	
1. Gesamtvermögen (€)	11. Einnahmen durch Neukunden/Gesamteinnahmen (%)
2. Gesamtvermögen/Mitarbeiter (€)	12. Marktwert (€)
3. Einnahmen/Gesamtvermögen (%)	13. Rendite auf Nettovermögen (%)
4. Gewinne/Gesamtvermögen (€)	14. Rendite auf das Nettovermögen aus neuen Geschäftsfeldern (€)
5. Einnahmen aus neuen Geschäftsfeldern (€)	15. Wertschöpfung/Mitarbeiter (€)
6. Gewinne aus neuen Geschäftsfeldern (€)	16. Wertschöpfung/IT-Mitarbeiter (€)
7. Einnahmen/Mitarbeiter (€)	17. Investition in IT (€)
8. Kundenzeit/Mitarbeiteranwesenheit (%)	18. Wertschöpfung/Kunden
9. Gewinne/Mitarbeiter (€)	
10. Verlorene Einnahmen im Vergleich zum Marktdurchschnitt (%)	

Abbildung 27:   Indikatoren des Finanzfokus[204]

---

[199] Vgl. Edvinsson/Brünig (Aktivposten), S. 101; Der Humanfocus wird auch als Herz, Geist und Seele der Organisation gesehen (vgl. Edvinsson/Brünig (Aktivposten), S. 59; Edvinsson/Malone (Intellectual), S. 69).

[200] Vgl. Velte (Intangible), S. 400.

[201] Vgl. Edvinsson/Brünig (Aktivposten), S. 116; Edvinsson/Malone (Intellectual), S. 147.

[202] Vgl. Edvinsson/Malone (Intellectual), S. 150; Edvinsson/Brünig (Aktivposten), S. 119.

[203] Vgl. Edvinsson/Malone (Intellectual), S. 151 ff; Edvinsson/Brünig (Aktivposten), S. 120 ff.; Siegel (Wert), S. 41.

[204] Eigene Darstellung: In Anlehnung an die Darlegung von Edvinsson/Malone (Intellectual), S. 151 f.; Edvinsson/Brünig (Aktivposten), S. 120.

Kundenfokus	
1. Marktanteil (%)	12. Durchschnittliche Zeit vom Kundenkontakt bis zur Vertriebsbearbeitung
2. Anzahl der Kunden	
3. Jahresumsatz/Kunde (€)	13. Ratio der Vertriebskontakte zu abgeschlossenen Verträgen (%)
4. Verlorene Kunden	14. Index zufriedener Kunden (%)
5. Durchschnittliche Dauer der Kundenbeziehung	15. IT-Investitionen/Vertriebsmitarbeiter (€)
6. Durchschnittliche Kundengröße (€)	16. IT–Investitionen/Service und Support-Mitarbeiter (€)
7. Kundenbewertung (%)	17. IT-Kenntnis der Kunden (%)
8. Kundenbesuche im Unternehmen	18. Supportkosten/Kunde (€)
9. Tage auf Kundenbesuch	19. Servicekosten/Kunde/Jahr (€)
10. Kunde/Mitarbeiter (€)	20. Servicekosten/Kunde/Kontakt (€)
11. Mitarbeiter, die Umsatz generieren	

Abbildung 28:   Indikatoren des Kundenfokus[205]

Prozessfokus	
1. Verwaltungskosten/Summe der Einnahmen	11. Verwaltungskosten/Bruttoprämien (%)
	12. IT-Kapazität (CPU und DASD)
2. Kosten für Verwaltungsfehler/Managementeinnahmen (%)	13. Veränderungen im IT- Inventar (€)
3. Bearbeitungsdauer, Auszahlungen	14. Qualitätsleistung der Unternehmung (z.B. ISO 9000)
4. erträge die ohne Fehler archiviert wurden.	15. Unternehmensleistung/Qualitätsziel (%)
5. Funktionspunkte/ Mitarbeiter-Monat	16. nicht mehr genutztes IT-Inventar/IT-Inventar (%)
6. PCs und Laptops/Mitarbeiter	
7. Netzwerkkapazität/Mitarbeiter	17. Waisen im IT-Inventar/IT-Inventar (%)
8. Verwaltungskosten/Mitarbeiter (Euro)	18. IT-Kapazität/Mitarbeiter
9. IT-Kosten/Mitarbeiter (%)	19. IT-Leistung/Mitarbeiter
10. IT-Kosten/Verwaltungskosten (%)	

Abbildung 29:   Indikatoren des Prozessfokus[206]

---

[205] Eigene Darstellung: In Anlehnung an die Darlegung von Edvinsson/Malone (Intellectual), S. 152; Edvinsson/Brünig (Aktivposten), S. 120 f.

[206] Eigene Darstellung: In Anlehnung an die Darlegung von Edvinsson/Malone (Intellectual), S. 152 f.; Edvinsson/Brünig (Aktivposten), S. 121.

Erneuerungs-und Entwicklungsfokus	
1. Qualifikationsentwicklungskosten/ Mitarbeiter (€)	17. Durchschnittliche Kundentreue zum Unternehmen in Monaten
2. Index zufriedener Mitarbeiter	18. Investition in Weiterbildung/Kunde
3. Relation Investment/Kunden (€)	19. Direkte Kommunikation mit Kunde/ Jahr
4. Anteil Fortbildungsstunden (%)	
5. Anteil Entwicklungsstunden (%)	20. nicht produktbezogene Kosten/ Kunde/Jahr
6. Chancenanteil (%)	
7. Kosten Forschung und Entwicklung/ Verwaltungskosten (%)	21. Investition in die Entwicklung neuer Märkte
8. Ausbildungs- und Fortbildungskosten/ Mitarbeiter (€)	22. Investition in die Entwicklung von Strukturkapital
9. Ausbildungs- und Fortbildungskosten/ Verwaltungskosten (%)	23. Wert des EDI-System
	24. Upgrades für das EDI-System
10. Geschäftsentwicklungskosten/ Verwaltungskosten (%)	25. Kapazität des EDI-System
11. Anteil an Mitarbeitern unter 40 Jahren (%)	26. Ratio neuer Produkte (unter zwei Jahren) gegenüber gesamte Produktfamilie (%)
12. IT-Entwicklungskosten/IT-Kosten (%)	27. F&E-Investition in Grundlagenforschung (%)
13. IT-Ausbildungs- und Fortbildungsausgaben/ IT-Kosten (%)	28. F&E-Investition in Produktdesign (%)
14. Ressourcen für Forschung und Entwicklung/ Gesamtressourcen (%)	29. F&E-Investition in Anwendungen (%)
15. Darstellung Kundenchancenbasis	30. Investition in Schulungen und Support für neue Produkte
16. Durchschnittliche Alter der Kunden; Ausbildung, Einkommen	31. Durchschnittliches Alter der Patenter der Unternehmung
	32. Patente in Bearbeitung

Abbildung 30:   Indikatoren des Erneuerungs- und Entwicklungsfokus[207]

---

[207] Eigene Darstellung: In Anlehnung an die Darlegung von Edvinsson/Malone (Intellectual), S. 153 f.; Edvinsson/Brünig (Aktivposten), S. 121 f.

Humanfokus	
1. Index Führungskräfte 2. Index Motivation 3. Index Befugnis 4. Anzahl der Mitarbeiter 5. Mitarbeiterfluktuation 6. Durchschnittliche Dienstjahre im Unternehmen 7. Anzahl der Manager 8. Anzahl der Frauen unter den Managern 9. Durchschnittsalter der Mitarbeiter 10. Schulungszeit (Tage/Jahr) 11. IT-Kenntnis des Personals 12. Anzahl der fest angestellten Vollzeitkräfte 13. Durchschnittliches Alter der fest angestellten Vollzeitkräfte 14. Durchschnittliche Dienstjahre der Festangestellten Vollzeitkräfte im Unternehmen 15. Jährliche Fluktuation bei fest angestellten Vollzeitkräften	16. Jährliche Pro-Kopf-Kosten für Schulungs-, Kommunikations- und Supportprogramme fest angestellten Vollzeitkräfte (€) 17. Festangestellte Vollzeitkräfte, die weniger als 50% ihrer Arbeitszeit in einer Einrichtung des Unternehmens verbringen; Prozentsatz der fest angestellten Vollzeitkräfte; jährliche Kosten pro Kopf für Schulungs-, Kommunikations- und Supportprogramme 18. Anzahl der befristet angestellten Vollzeitkräfte und durchschnittliche Dienstjahre 19. Jährliche Pro-Kopf-Kosten für Schulungs-, Kommunikations- und Supportprogramme befristet angestellten Vollzeitkräfte (€) 20. Anzahl der Teilzeitkräfte/Teilzeit-Leiharbeiter 21. Durchschnittliche Vertragsdauer 22. Prozentsatz der Manager mit höheren Abschlüssen: – Wirtschaftswissenschaften (%) – höhere Abschlüsse in Wirtschaft und Ingenieurswesen (%) – höhere Abschlüsse in Geisteswissenschaften (%)

Abbildung 31:   Indikatoren des Humanfokus[208]

Über diesen Navigator hinaus wurde eine Gleichung von Edvinsson entwickelt, mit der es möglich sein soll, das IK eines Unternehmens in Geldeinheiten zu ermitteln.[209]

Die Gleichung lautet[210]:

Intellektuelles Kapital einer Organisation = I × C

I stellt einen Koeffizienten dar. Hier werden einige Indikatoren aus den fünf Bereichen des Navigators herausgenommen. In Frage kommen für die Ermittlung von I nur solche die einen prozentualen Wert aufweisen. Als Beispiel:

1. Marktanteil (in Prozent) (z.B. 60%)
2. Index zufriedener Kunden (in Prozent) (z.B. 80%)
3. Mitarbeiterbindung (in Prozent) (z.B. 65%)

---

[208] Eigene Darstellung: In Anlehnung an die Darlegung von Edvinsson/Malone (Intellectual), S. 154 f.; Edvinsson/Brünig (Aktivposten), S. 122 f.

[209] Vgl. Edvinsson/Brünig (Aktivposten), S. 126 ff.; Edvinsson/Malone (Intellectual), S. 177 ff.; Bodrow/Bergmann (Wissensbewertung), S. 106.

[210] In Anlehnung an Darstellung von: Bodrow/Bergmann (Wissensbewertung), S. 107 und Ausführungen von: Edvinsson/Malone (Intellectual), S. 179; Edvinsson/Brünig (Aktivposten), S. 126; Siegel (Wert), S. 41; Schreiber (Erfassung), S. 106; Schmidt (Intellectual), S. 278.

Bei Skandia waren es neun Indikatoren. Anschließend wird aus den neun Indikatoren ein Prozentsatz ermittelt. Edvinsson schlägt folgende Formel vor:

$$I = (n/x)$$

mit

n = die Summe der Dezimalwerte der benutzten Indikatoren (60% = 0,6)

x = Anzahl der Indikatoren

Im Beispiel: $(0,6 + 0,8 + 0,65)/3 = 0,683$

C stellt einen Wert in Geldeinheiten dar. Aus den fünf Focus-Bereichen werden die Indikatoren herausgenommen, welche repräsentativ für die einzelnen Bereiche stehen, nicht in die Bilanz gehören und in monetärer Form bewertet wurden. Von den gut 111 Indikatoren bleiben ungefähr 21 übrig. Diese Indikatoren werden dann summiert und es entsteht Wert in Geldeinheiten.[211]

Beispielhaft für die verwendeten Indikatoren stehen:

1. Einnahmen aus neuen Geschäftsfeldern (neue Produkte/Dienstleistungen)
2. Investitionen in die Entwicklung neuer Märkte
3. Investition in Mitarbeiterqualifikation
4. Investition in Markenerkennungswert (Logo/Name)

Die vollständige Liste umfasst mehrere Themengruppen, zum Beispiel: die Entwicklung neuer Geschäftsfelder, IT Investitionen, Kundenentwicklung, Mitarbeiterqualifikation, Partnerschaften, Marken und geistiges Eigentum.

Im letzten Schritt wird der Wert C mit dem Wert I multipliziert. Angenommen der Wert C liegt bei 5 Millionen Euro, dann ergibt sich bei der Multiplikation mit I ein Wert von 3.415.000 Euro.[212]

3.5.5.4.2   Kritische Analyse des Skandia Navigators

Aus den Publikationen von Edvinsson „Intellectual Capital" und der deutschen Übersetzung „Aktivposten Wissenskapital", ist die Definition des Intellektuellen Kapitals (IK) nicht genau nachvollziehbar. Somit ist nicht klar erkennbar, was mit dem Skandia Navigator genau dargestellt werden soll. In einer gedanklich verlängerten und unsichtbaren Bilanz stuft Edvinsson das gesamte IK einerseits als Verbindlichkeit ein,[213] andererseits setzt er das IK den invisible assets, hidden assets und den immaterial assets gleich[214] und bezeichnet typische Vermögenswerte wie Patente als Teil des IK.[215]

---

[211] Vgl. Edvinsson/Brünig (Aktivposten), S. 127 ff.; Edvinsson/Malone (Intellectual), S. 184 ff.; Bodrow/ Bergmann (Wissensbewertung), S. 106.; Schreiber (Erfassung), S. 106 f.

[212] Vgl. Edvinsson/Brünig (Aktivposten), S. 126 ff.; Edvinsson/Malone (Intellectual), S. 184 ff.

[213] Vgl. Edvinsson/Brünig (Aktivposten), S. 37; Edvinsson/Malone (Intellectual), S. 43.

[214] Vgl. Edvinsson/Malone (Intellectual), S. 13; Edvinsson/Brünig (Aktivposten), S. 21.

[215] Vgl. Edvinsson/Brünig (Aktivposten), S. 29; Edvinsson/Malone (Intellectual), S. 35.

Vermögen	**Eigenkapital** **Fremdkapital**	„offizielle Bilanz"
„Goodwill" **„Technologie"** **„Kompetenz"**	**„Intellektuelles Kapital als aktiviertes nichtfinanzielles Vermögen ist eine Verbindlichkeit"**	„verborgende Werte"

„Intellectual Properties"

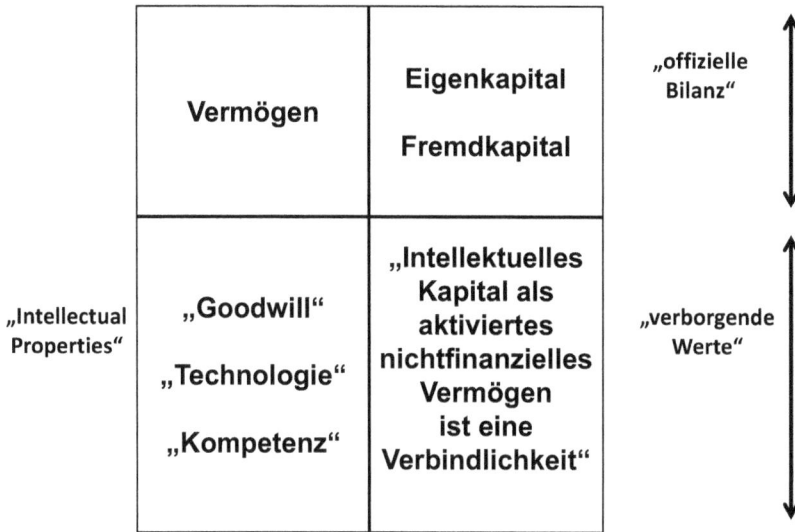

Abbildung 32: Edvinsson's verlängerte und unsichtbare Bilanz[216]

Da es sich bei dem IK eindeutig um Vermögenswerte eines Unternehmens handelt, kann aus bilanztechnischem Blickwinkel ein Vermögenswert nicht auf der Passivseite der Bilanz, auch nicht bei einer gedanklich verlängerten und unsichtbaren Bilanz, zu finden sein und somit auch keine Verbindlichkeit darstellen. Diese Vermögenswerte können jedoch (eigen- oder) fremdfinanziert sein,[217] und sich insoweit auf der Passivseite widerspiegeln.

Des Weiteren soll das IK „die verborgene Lücke zwischen dem Marktwert und dem Buchwert"[218] darstellen und gleichzeitig Tobin's Q sein.[219] An dieser Stelle kann nur klargestellt werden, dass die Marktwert-Buchwert-Differenz und Tobin's Q nicht gleichgestellt werden können. Bei der **Marktwert-Buchwert-Differenz**, wird eine Differenz aus dem Marktwert und dem Buchwert, der das bilanzierte Eigenkapital widerspiegelt, gebildet.[220] Bei **Tobin's Q** ist ebenfalls der Marktwert des Unternehmens ausschlaggebend, jedoch wird dieser in ein Verhältnis zu einem angepassten Buchwert auf der Grundlage der Wiederbeschaffungskosten gesetzt.[221]

Weiter ist kritisch anzumerken, dass weder die Marktwert-Buchwert-Differenz noch Tobin's Q in der Lage ist, das IK wertmäßig zu erfassen. Ein Schwachpunkt beider Methoden ist der

---

[216] Modifiziert entnommen aus: Edvinsson/Brünig (Aktivposten), S. 37; Edvinsson/Malone (Intellectual), S. 43; Bodrow/Bergmann (2003), S. 98.

[217] Ähnliche Diskussion in: Schreiber (Erfassung), S. 25 f.

[218] Edvinsson/Brünig (Aktivposten), S. 37 und vgl. Edvinsson/Brünig (Aktivposten), S. 44; Edvinsson/Malone (Intellectual), S. 43 und S. 52.

[219] Vgl. Edvinsson/Brünig (Aktivposten), S. 21; Edvinsson/Malone (Intellectual), S. 13.

[220] Vgl. Schmidt (Intellectual), S. 212 ff.; Weber (Intangibles), S. 329 f.; Broda (Ansätze), S. 732.

[221] Vgl. Marmann (Ansätze), S. 180 f.; Weber (Intangibles), S. 330 f.; Schmidt (Intellectual), S. 215 ff.

Marktwert des Unternehmens. Dieser kann der Börsenkurs,[222] bei Erwerb der Kaufpreis[223] oder bei einer Unternehmensbewertung ein ermittelter Wert auf Grundlage einer der vielen möglichen Unternehmensbewertungsverfahren sein.[224] An dieser Stelle ist schon unklar, welcher dieser Werte der ausschlaggebende Marktwert für die Ermittlung des IK ist. Des Weiteren ist der Börsenkurs einer Unternehmung ein eher subjektiver Wert, da dieser unter anderem auf subjektiven Empfindungen beruht,[225] psychologische Aspekte,[226] allgemeine Spekulationen[227] und andere Interessen mit einschließt. Der ermittelte Marktwert auf Grundlage eines Unternehmensbewertungsverfahrens ist ebenfalls nicht geeignet. Das verwendete Verfahren müsste das IK in irgendeiner Form mitberücksichtigen, die üblichen Standardverfahren tun dies jedoch nicht. Ebenfalls ungewiss ist, welche der vielen Unternehmensbewertungsverfahren das Standardverfahren für die Marktwertbestimmung bei der IK-Ermittlung darstellen soll. Auch der Kaufpreis, als Marktwert, ist von Subjektivität und anderen Faktoren bestimmt und somit nicht als ideal für die IK-Ermittlung zu betrachten, zudem wird der Kaufpreis nur bei einem potentiellen Kauf oder Verkauf ermittelt und steht nicht ständig zur Verfügung.

Im Fall der Marktwert-Buchwert-Differenz bietet das bilanzierte Eigenkapital eine etwas verlässlichere Bewertungsgrundlage, da das Eigenkapital von den jeweiligen Bilanzierungsregeln bestimmt wird.[228] Für die Ermittlung des IK ist das bilanzierte Eigenkapital jedoch ebenfalls nicht geeignet. Es existieren weltweit verschiedene Bilanzierungsregeln, auch bei der Verwendung von nur einem festgelegten Regelwerk für die IK-Ermittlung, ist dieses mit Ansatz- und Bewertungswahlrechten ausgestattet. In der Folge ist der ermittelte IK-Wert abhängig von den verwendeten Wahlrechten. Des Weiteren werden mögliche stille Reserven der materiellen Vermögenswerte in der Differenz aus Marktwert und Buchwert als IK gedeutet,[229] und die möglicherweise bereits aktivierten Teile des IK, wie beispielsweise Patente, nicht beim IK berücksichtigt. Theoretisch besteht jedoch die Möglichkeit, die aktivierten Teile des IK bei einer Eigenfinanzierung herauszurechnen, wenn der genaue Wert dieser Vermögenswerte und dessen eindeutige Mittelherkunft bekannt sind.

Diese Mankos finden sich bei Tobin's Q nicht, da der Buchwert zu den Wiederbeschaffungskosten bewertet wird. Probleme dürfte aber die Ermittlung eines solches Wertes aufweisen. Betrachtet man das IK als *nicht physisch und nicht finanzielle vorhandende Ressource die dazu bestimmt ist dem Unternehmen dauernd zu dienen*, müssten bei der Ermittlung von Tobin's Q, für alle materiellen, finanziellen und kurzfristig vorhandenen immateriellen Vermögenswerte die Wiederbeschaffungskosten ermittelt werden und deren eindeutige Zuordnung zum Eigen- und Fremdkapital möglich sein. In der praktischen Anwendung würde so mit hoher Wahrscheinlichkeit ein eher subjektiver Wert entstehen.

---

[222] Vgl. Weber (Intangibles), S. 329; Broda (Ansätze), S. 732.
[223] Vgl. Persch (Bewertung), S. 87.
[224] Vgl. Weber (Intangibles), S. 329.
[225] Vgl. Haller/Dietrich (Intellectual), S. 1047.
[226] Vgl. Schmidt (Intellectual), S. 210; Andriessen (Making), S.81.
[227] Vgl. Speckbacher/Güldenberg/Ruthner (Reporting), S. 438; Schmidt (Intellectual), S. 16.
[228] Vgl. Becker (Intangible), S. 43.
[229] Vgl. Broda (Ansätze), S. 732.

Somit hat die theoretische Vorüberlegung des Navigators schon einige Schwachstellen. Das eigentliche Darstellungskonzept konzentriert sich hingegen mit den Indikatoren auf die Darstellung der einzelnen IK-Kategorien, wodurch die nicht erwünschten Tatbestände wie Spekulationen erst gar nicht beachtet werden.

Am eigentlichen Skandia Navigator ist zu bemängeln, dass dieser keine allgemeinen Grundregeln, wie beispielsweise die Gob's aufweist. Somit entfallen wichtige Grundsätze wie beispielsweise Klarheit, Richtigkeit, Willkürfreiheit, Stetigkeit, Vollständigkeit, Vergleichbarkeit und Periodenabgrenzung. Diese oder ähnliche Grundsätze sollten in einem IK-Berichtssystem jedoch vorhanden sein. Ohne grundsätzliche Anforderungen erhält der Ersteller keine Leitlinien, an die er sich halten kann oder muss, aber auch keine Hilfestellungen bei praktischen Problemen. Dies führt bewusst oder unbewusst zu ungeahnten Gestaltungsspielräumen. Die so aus dem Skandia Navigator gewonnen Informationen sind für den Adressaten eher zweifelhaft, da dieser die Ermittlungsschritte nicht nachzuvollziehen kann. Eine mögliche Überprüfbarkeit ist ohne Grundregeln ebenfalls nur schwer möglich. Bei einer möglichen Überprüfung des Navigators im Jahresabschluss, könnte ein Prüfer nur sehr wenige Tatbestände kontrollieren, wahrscheinlich nur die korrekte Berechnung der angebenden Indikatoren. Daher ist die Aussagekraft des Navigators recht gering und erinnert im Falle einer externen Darstellung eher an ein Marketinginstrument.

Bei einer internen Nutzung für das Controlling und Management sind die festen Grundregeln ebenfalls wichtig aber nicht so entscheidend. In der Regel kann davon ausgegangen werden, dass sich das Unternehmen nicht selbst etwas „vorgaukeln" möchte. Regeln können jedoch auch in diesem Fall dazu beitragen bei praktischen Fragestellungen schneller Lösungen an die Hand zu geben.

Bei einer externen Darstellung des Navigators ist aus den beiden Publikationen ebenfalls nicht zu entnehmen, wo der Skandia Navigator im Jahresabschluss abgebildet werden soll und ob zusätzlich auch einzelne Unternehmensbereiche dargestellt werden sollen. In diesem Zusammenhang empfiehlt der Arbeitskreis „Immaterielle Werte im Rechnungswesen" der Schmalenbach Gesellschaft für Betriebswirtschaftslehre e.V. für sein weiterentwickeltes IK-Berichtssystem dem „Intellectual Capital Statement", diesen in den **Lagebericht** aufzunehmen.[230] Velte spricht sich in diesem Fall dagegen aus; er befürchtet, dass sich der Lagebericht zu einem unübersichtlichen Sammelhaufen von unterschiedlichen Unternehmensinformationen entwickelt.[231] Die Lösung könnte ein eigenständiges IK-Berichtssystem neben der Bilanz, dem Anhang und dem Lagebericht sein.

In seinem Aufbau orientiert sich der Skandia Navigator an den vier definierten Kategorien des IK von Edvinsson und einem Bereich, der einzelne Daten aus der Bilanz repräsentieren soll. Ob diese IK-Kategorisierung in der Lage ist, das gesamte IK abzudecken, kann an dieser Stelle nur vermutet werden. Eine trennscharfe Abgrenzung der einzelnen IK-Kategorien ist aus der Publikation nicht zu entnehmen.[232] So kann zum Beispiel der Indikator „Anteil der Fortbildungsstunden" aus dem Erneuerungs- und Entwicklungsfocus auch in den

---

[230] Vgl. AK SG (Erfassung), S. 241; Haller (Erfassung), S. 102.

[231] Vgl. Velte (Intangible), S. 397 f. i.V.m S. 478.

[232] Vgl. Edvinsson/Brünig (Aktivposten), S. 19, S. 28 ff., S. 75 ff., S. 84 ff., S. 92 ff., S.101 ff.; Edvinsson/Malone (Intellectual), S. 11, S. 34 ff., S. 89 ff., S. 101 ff., S. 111 ff., S. 123 ff.

Humanfocus integriert werden, so ergibt sich die Gefahr einer möglichen Doppelbewertung.[233]

Im Skandia Navigator ist nicht zu erkennen, dass die einzelnen IK-Kategorien in der Darstellung noch weiter untergliedert werden sollen. In den beiden Publikationen „Intellectual Capital" und der deutschen Übersetzung, betrachtet Edvinsson die einzelnen Fokusbereiche aus mehreren Blickwinkeln, jedoch wird in den Ausführungen nicht deutlich, ob diese in dieser Form im Skandia Navigator Verwendung finden sollen.[234] Auf der einen Seite könnte eine Unterteilung des Erneuerungs- und Entwicklungs-Fokus in die sechs Blinkwinkel Kunden, Mitarbeiter, Strategische Partner, Marktattraktivität, Infrastruktur, Produkte und Dienstleistungen,[235] eine interessante Möglichkeit darstellen und der Übersichtlichkeit dienen. Auf der anderen Seite ist die Unterteilung der Mitarbeiter in Straßenkämpfer[236] (*road warriors*[237]) oder Unternehmenszigeuner[238] (*corporate gypsies*[239]) und der Prozessfokus in falsche Technologie und falscher Lieferant,[240] in einem Jahresabschluss wohl undenkbar, auch wenn der Straßenkämpfer und Unternehmenszigeuner nach der Beschreibung von Edvinsson nicht negativ behaftet sind. Des Weiteren könnten bei einer weiteren Untergliederung Abgrenzungsprobleme auftreten. Da auch aus den Indikatoren-Listen keine weiteren Untergliederungen der einzelnen IK-Kategorien ersichtlich werden,[241] wird im Weiteren davon ausgegangen, dass diese im Skandia Navigator nicht weiter vorgesehen ist.[242]

Edvinsson favorisiert ein universelles IK-Berichtssystem mit einheitlichen Indikatoren[243] und macht für dieses Vorschläge, mit denen er unter anderem auch eine Diskussion zu diesem Thema anregen möchte.[244] Bei dem vorgeschlagenen IK-Indikatoren-Katalog kann bezweifelt werden, dass mit diesen Indikatoren das gesamte IK abgebildet werden kann.[245] Zudem lassen sich viele dieser Indikatoren nicht allgemein auf alle Branchen übertragen.[246] Was in der praktischen Anwendung unter anderem dazu führen würde, dass Unternehmen individuelle Indikatoren auswählen würden. Dieses führt jedoch wieder zu einer schlechten Vergleichbarkeit der Unternehmen. Deshalb könnte ein individueller Branchen-Indikatoren-

---

[233] Marmann weist auf die Möglichkeit einer Doppelbewertung bei dem Kategorisierungsvorschlag des AK SG hin. (vgl. Marmann (Ansätze), S. 65 f.). Diese ist m.E. bei diesem Konzept ebenfalls gegeben.

[234] Vgl. Edvinsson/ Brünig (Aktivposten), S. 79 ff., 85 ff.; 93 ff., 104 ff.; Edvinsson/Malone (Intellectual), S. 94 ff., 102 ff., 112 ff., 126 ff.

[235] Vgl. Edvinsson/Brünig (Aktivposten), S. 93 ff.; Edvinsson/Malone (Intellectual), S. 112 ff.; Bodrow/ Bergmann (Wissensbewertung), S. 104.

[236] Vgl. Edvinsson/Brünig (Aktivposten), S. 106; ebenfalls in: Schreiber (Erfassung), S. 106.

[237] Vgl. Edvinsson/Malone (Intellectual), S. 128.

[238] Vgl. Edvinsson/Brünig (Aktivposten), S. 107; ebenfalls in: Schreiber (Erfassung), S. 106.

[239] Vgl. Edvinsson/Malone (Intellectual), S. 129 f.

[240] Vgl. Edvinsson/Brünig (Aktivposten), S. 85 ff.; Edvinsson/Malone (Intellectual), S. 102 ff.

[241] Vgl. Edvinsson/Brünig (Aktivposten), S. 116 ff.; Edvinsson/Malone (Intellectual), S. 147 ff.

[242] Schäfer erkennt ebenfalls keine weitere Untergliederung der einzelnen IK-Kategorien. (vgl. Schäfer (Bewertung)), S. 106.

[243] Vgl. Schmidt (Intellectual), S. 279.

[244] Vgl. Edvinsson/Brünig (Aktivposten), S. 114ff.; Edvinsson/Malone (Intellectual), S. 145 ff.

[245] Edvinsson selbst zweifelt die vollständige Abbildung des Human-Fokus mit den Indikatoren an. (vgl. Edvinsson/Brünig (Aktivposten), S. 113; Edvinsson/Malone (Intellectual), S. 136).

[246] Edvinsson merkt selbst an, dass es wahrscheinlich unmöglich ist ein universelles IK-Berichtssystem für alle Unternehmen zu finden. (vgl. Edvinsson/Brünig (Aktivposten), S. 126; Edvinsson/Malone (Intellectual), S. 178).

Katalog die Lösung sein, auch wenn dieser ebenfalls nicht so leicht aufzustellen sein wird. Es wäre zumindest eine Vergleichbarkeit der Unternehmen in einer Branche möglich. Jedoch würden mit hoher Wahrscheinlichkeit die ersten praktischen Probleme bei der Abgrenzung der Branchen beginnen und sich bei einer späteren Einteilung der Unternehmen in einzelne Branchen fortsetzen.

Aus dem Skandia Navigator sind keine Informationen zu entnehmen, die auf die IK-Unternehmensziele hinweisen, weder in den allgemeinen Zielsetzungen[247] noch in den einzelnen IK-Kategorien oder den einzelnen Indikatoren-Zielsetzungen selbst. Des Weiteren werden auch keine Angaben zu früheren Periodenergebnissen der einzelnen Indikatoren gefordert.[248] Somit kann kein positiver oder negativer Trend in einem bestimmten Bereich oder bei einem bestimmten Indikator festgestellt werden. Einige der vorgeschlagenen Indikatoren sind allgemein verständlich, aber bei anderen Indikatoren kann nicht ohne weiteres nachvollzogen werden, welche Daten für die Ermittlung verwendet wurden oder wie einige Kennzahlen überhaupt entstanden sind. Ebenfalls ist die Datenherkunft ungewiss. Es werden keine näheren Erläuterungen zu den einzelnen Indikatoren verlangt. Der Aussagegehalt einzelner Indikatoren wird so subjektiv vom jeweiligen Betrachtungswinkel beurteilt. Es können auch keine Informationen bezüglich der Seltenheit, Imitierbarkeit und Substituierbarkeit der dargestellten IK-Kategorien oder der einzelnen IK-Werte entnommen werden.[249] Ohne die Verbindung zu den Unternehmenszielen, den einzelnen IK-Kategorie-Zielen, den einzelnen Indikatoren-Zielen, Angaben zu früheren Ergebnissen und weiteren Erläuterungen, sinkt der Aussagegehalt dieses Konzeptes.

Bei der Betrachtung der Indikatoren-Kataloge bekommt der Nutzer schnell den Eindruck, dass willkürlich Kennzahlen ausgewählt wurden,[250] welche dann die jeweiligen IK-Kategorien repräsentieren sollen. Zudem macht es den Anschein, dass die einzelnen Indikatoren nicht aufeinander abgestimmt sind und so weitere Rückschlüsse verwehrt bleiben. Der Nutzer kann bei dieser Menge an Indikatoren schnell den Überblick verlieren, gerade auch weil eine weitere Unterteilung der einzelnen Fokusbereiche nicht gegeben ist.[251]

Im Indikatoren-Katalog befinden sich Kennzahlen, die für den internen Gebrauch sehr wichtig sein können, aber bei einer externen Darstellung wohl eher vermieden werden sollten. Zu nennen sind zum Beispiel die Indikatoren „Durchschnittliches Alter, Ausbildung und Einkommen der Kunden" aus dem Erneuerungs- und Entwicklungsfokus.

Allgemein problematisch ist die Klärung der Eigentums- und Besitzverhältnisse des IK zu sehen. Edvinsson und andere Autoren sehen das Humankapital nicht im Besitz des Unter-

---

[247] Vgl. Schäfer (Bewertung), S. 102; Siegel hingegen widerspricht dieser Ansicht. Da im „Skandia Navigator process model" Zielformulierungen auf jeder Ebene und für jeden Fokus vorgesehen sind. (vgl. Siegel (Wert), S. 59) Aus den Publikationen „Aktivposten Wissenskapital" und „Intellectual Capital" von Edvinsson sind diese Informationen nicht zu gewinnen.

[248] Vgl. Marmann (Ansätze), S. 171; Siegel (Wert), S. 60; Schäfer (Bewertung), S. 105; Siegel verweist auf ein Zusatzwerkzeug, das „Dolphin System" hin, welches bei Skandia als Frühwarnsystem genutzt wird. (vgl. Siegel (Wert), S. 60).

[249] Vgl. Eberl/Franke/Hofbauer (Instrumente), S. 192.

[250] Vgl. Schäfer (Bewertung), S. 106 f.

[251] Vgl. Schäfer (Bewertung), S. 106 f.

nehmens, genauere Angaben sind aus den Publikationen meist nicht zu entnehmen.[252] Sveiby konkretisiert bei seinem IK-Berichtsmodel, dem Intangible Asset Monitor, dass sich das Humankapital im Eigentum des Trägers befindet. Mit dem Arbeitsverhältnis entsteht eine Verpflichtung des Arbeitnehmers gegenüber dem Unternehmen und umgedreht, was als eine Art Leasing- oder Mietvertrag gesehen werden kann.[253] Natürlich kann das Unternehmen nicht zu 100 Prozent, wie beispielsweise bei einem gemieteten Auto, über den jeweiligen Arbeitnehmer und dessen gesamte Erfahrungen, Kompetenzen usw. verfügen, jedoch in einem begrenzten Umfang. Greift man an dieser Stelle den Gedanken der unsichtbaren und verlängerten Bilanz wieder auf, könnte der Wert des begrenzten Verfügungsrechtes aktiviert und die dazugehörige gedankliche Finanzierung der Mitarbeiter als Verbindlichkeit passiviert werden.[254]

Im Skandia Navigator kann das Strukturkapital im Besitz des Unternehmens sein, jedoch ist nicht ganz genau zu erkennen, ob er dieses komplett oder nur in Teilen dem Unternehmen zuschreibt.[255] Dieses Kapital wird im Skandia Navigator weiter untergliedert in Kundenkapital, Organisationskapital, welches wiederum in Innovationskapital und Prozesskapital unterteilt wird.[256] Andere IK-Autoren untergliedern das Strukturkapital nicht weiter[257] oder anders.[258] In der „Wissensbilanz made in Germany" wird das Strukturkapital im Besitz des Unternehmens gesehen, es wird aber gleichzeitig darauf verwiesen, dass es beim Verlassen einzelner Mitarbeiter weitgehend bestehen bleibt.[259] Daraus könnte geschlossen werden, dass sich das Strukturkapital der „Wissensbilanz made in Germany" zum überwiegenden Teil im Eigentum des Unternehmens befindet. Andere IK-Autoren sehen das Strukturkapital ganz im Eigentum des Unternehmens.[260]

Das Kundenkapital könnte im Skandia Navigator zu 100 Prozent dem Kunden zugeschrieben werden, so dass ein Unternehmen wie auch beim Humankapital eine Art beschränktes Verfügungsrecht besitzt. Da das Kundenkapital von Edvinsson nicht genau beschrieben und abgegrenzt wird,[261] kann an dieser Stelle viel spekuliert werden. Betrachtet man zum Beispiel Kundenlisten als Kundenkapital, kann argumentiert werden, dass sich diese im Eigentum des Unternehmens befinden. So wäre es denkbar, dass ein Unternehmen einen unbestimmten Teil des Kundenkapitals im Eigentum hält und der andere unbestimmte Teil wieder eine Art begrenztes Verfügungsrecht darstellt.

---

[252] Vgl. Edvinsson/Brünig (Aktivposten), S. 19; Edvinsson/Malone (Intellectual), S. 11; Maul/Menninger (Intellectual), S. 530; Schmidt (Intellectual), S. 51; Stoi (Controlling), S. 176.

[253] Vgl. Sveiby (Wissenskapital), S. 28; Sveiby (Organizational), S. 10.

[254] Vgl. Sveiby (Wissenskapital), S. 28; Sveiby (Organizational), S. 10.

[255] Vgl. Edvinsson/Brünig (Aktivposten), S. 19; Edvinsson/Malone (Intellectual), S. 11.

[256] Vgl. Edvinsson/Malone (Intellectual), S. 52; Edvinsson/Brünig (Aktivposten), S. 44; Bodrow/Bergmann (Wissensbewertung), S. 97; Siegel (Wert), S. 39.

[257] Vgl. Andriessen (Making), S. 61; BMWi (Wissensbilanz), S. 18 f.

[258] Vgl. Andriessen (Making), S. 61; Stoi (Controlling), S. 176.

[259] Vgl. BMWi (Wissensbilanz), S. 18 f.

[260] Vgl. Stoi (Controlling), S. 176; Schmidt (Intellectual), S. 60.

[261] Vgl. Edvinsson/Brünig (Aktivposten), S. 31, S. 75 ff.; Edvinsson/Malone (Intellectual), S. 36, S. 89ff.

Das Innovations- und Prozesskapital kann zu 100 Prozent im Eigentum des Unternehmens gesehen werden. Aber auch bei diesem Kapital werden sich Punkte finden, wo eine eindeutige Zuordnung zum Eigentum des Unternehmens nicht immer möglich ist.

Mit der IK-Gleichung möchte Edvinsson einen monetären Wert für das IK erhalten.[262] Dabei ist den Ausführungen von Edvinsson zu dieser IK-Gleichung nicht genau zu entnehmen, ob mit dieser Gleichung tatsächlich das gesamte IK des Unternehmens ermittelt werden soll, oder nur ein Wert auf Basis des Navigators ermittelt wird.[263]

Der tatsächliche Wert des gesamten IK kann mit dem Ergebnis dieser Gleichung nicht abgebildet werden,[264] da schon bei der Ermittlung der Gleichung nicht alle Indikatoren aus dem Navigator verwendet werden, welche das gesamte Intellektuelle Kapital darstellen sollen. Als Grundlage für die Berechnung fließen lediglich nur die Indikatoren ein, mit denen sich ein rechnerischer Wert ermitteln lässt. An dieser Stelle ist die Sinnhaftigkeit dieser Gleichung schon äußerst fraglich.[265] Es kann gesagt werden, dass das Ergebnis nicht das komplette IK ist, aber es kann nicht gesagt werden welchen Anteil dieses Ergebnis am gesamten IK hat. Somit bleibt viel im Dunkeln und gibt Anlass für Spekulationen.

Aber auch ein rechnerisch machbarer IK-Wert kann sehr sinnvoll sein. Mit so einem Wert könnten Unternehmen nach der Ermittlung des Wertes, schnell miteinander verglichen werden, oder es werden im Zeitverlauf Risiken erkannt.[266]

Diese IK-Gleichung besitzt jedoch nicht das Potenzial als Grundlage für Unternehmensvergleiche zu dienen, da die für die Ermittlung der Gleichung notwendigen Indikatoren aus einer Liste von Vorschlägen stammen. Ohne fest vorgeschriebene Indikatoren kann ein Unternehmen neue Indikatoren verwenden oder einige Indikatoren weglassen. Auf dieser Grundlage kann kein authentischer Unternehmensvergleich stattfinden. Für interne Zeitvergleiche ist diese Gleichung ebenfalls fraglich, auch wenn ein internes Stetigkeitsgebot der Indikatoren eingehalten werden würde. Einige Indikatoren wie beispielsweise die „Mitarbeiterzufriedenheit in %" sind eher subjektiv zu ermittelnde Werte. Die Einbeziehung solcher Indikatoren für die Ermittlung eines IK-Wertes verursacht in der Summe aller Indikatoren natürliche Schwankungen. Auch wenn sich anhand der verwendeten Indikatoren feststellenlassen würde, welche der Indikatoren für die Schwankungen der Summe verantwortlich gemacht werden können, ist der gesamte Wert eher fraglich.[267]

In diesem Absatz wurden nur einige Probleme der IK-Berichterstattung am Beispiel des Skandia Navigators aufgezeigt, auf die ebenfalls zur Berichterstattung gehörenden Bewertungs-

---

[262] Vgl. Edvinsson/Brünig (Aktivposten), S. 126 f.; Edvinsson/Malone (Intellectual), S. 179; Schmidt (Intellectual), S. 278 und 280; Siegel (Wert), S. 41.

[263] Vgl. Edvinsson/Brünig (Aktivposten), S. 126 ff.; Edvinsson/Malone (Intellectual), S. 178 ff.

[264] Schmidt konkretisiert, einen IK-Wert auf Basis von 24 finanziellen Indikatoren. Wobei er von der tatsächlichen Verwendung aller Indikatoren aus der Indikatoren-Vorschlagsliste ausgeht. (vgl. Schmidt (Intellectual), S. 279).

[265] Theoretisch müsste die Summe aller Indikatoren, ob finanzielle oder nicht finanzielle, den IK-Wert repräsentieren. Da in den Ausführungen von Edvinsson nicht die Rede von erklärungsunterstützenden Indikatoren ist, welche die eigentlichen IK-Wert-Indikatoren näher erläutern sollen, wird der Eindruck erweckt, dass von dem „gesamten IK" ein Teil herausgenommen wird. Mit diesem Teil wird eine Berechnung getätigt, welche dann das IK in einem Wert darstellen soll.

[266] Vgl. Schmidt (Intellectual), S. 280.

[267] Vgl. Schmidt (Intellectual), S. 280.

fragen, wie kann z.B. das Humankapital richtig bewertet werden und ob dies mit dem heutigen Wissenstand überhaupt möglich ist, wurde nicht weiter eingegangen. Bei all dieser Kritik könnte man zu dem Schluss kommen sich nicht weiter mit dieser Materie auseinanderzusetzen. Es darf jedoch nicht vergessen werden, dass sich diese Berichterstattung im Vergleich zur bestehenden Rechnungslegung erst im Anfangsstadium befindet. Eine in sich stimmige IK-Berichtserstattung, angefangen von der Bewertung der immateriellen Vermögenswerte bis hin zur Darstellung, kann jedoch riesiges Potenzial besitzen. Gerade in einer Wissensgesellschaft wo viele Unternehmen (z.B. aus der IT- und Internetbranche) über verhältnismäßig wenige materielle aber über viele immaterielle Vermögenswerte verfügen. Ein großer Teil des IK darf zum gegenwärtigen Zeitpunkt nicht in der Bilanz ausgewiesen werden, dadurch fehlen Entscheidungsträgern, Eigentümern, Kapitalgebern und anderen Interessierten wichtige Informationen für die Steuerung und Beurteilung dieser Unternehmen. Diese Informationslücke könnte eine funktionsfähige IK-Berichtserstattung schließen, welches mit hoher Wahrscheinlichkeit überwiegend aus nicht monetär bewerteten Informationen bestehen wird.

3.6   Herkunft der Rechnungslegung

Herkunft und **Entstehung der Rechnungslegung** ist noch Gegenstand vielfältiger Forschung. Tatsache ist aber, dass alle Formen der Rechnungslegung älter sind als dies gemeinhin vermutet wird. So werden sehr frühe Formen einer Rechnungslegung in Mesopotamien auf 8.000 vor Christus datiert.[268] Dies war eine Buchführung die noch nicht in kontinuierlicher Aufschreibung sondern in der Sammlung sog. **token** (kleiner Münzen) bestand, die als Zählwerk (*counter*) fungierte.

Die Archäologin Denise Schmandt-Besserat ist sogar davon überzeugt, dass aus Zusammenstellungen von token und den ersten Aufzeichnungen i.S. einer Buchführung überhaupt erst die Schrift und die abstrakten Zahlen entstanden sind.[269]

"To summarize, the earliest examples of writing in Mesopotamia may not, as many have assumed, be the result of pure invention. Instead they appear to be a novel application late in the fourth millennium B.C. of a recording system that was indigenous to western Asia from early Neolithic times onward. In this view the appearance of writing in Mesopotamia represents a logical step in the evolution of a system of record keeping that originated some 11,000 years ago."[270]

Häufig wird die Entwicklung von Buchführung und Rechnungslegung in enger Verbindung mit der Entwicklung der Menschheit und der **Zivilisation** gesehen:

"We argue that external recordkeeping emerges because (1) the evolved human brain that enables cooperation in small groups cannot alone sustain large-scale coopera-

---

[268] Vgl. Basu/Waymire (Recordkeeping) S. 213 m.w.N.
[269] Schmandt-Besserat (Signs).
[270] Schmandt-Besserat (precursor).

tion, and (2) social groups can grow and stay large when systematic external records can store historical data similarly to how we mentally store the same information. "[271]

Die heutige Form der **doppelten Buchführung** dürfte im 15. Jahrhundert in und um Venedig entstanden sein. Dies war die Blütezeit Venedigs und die venezianischen Kaufleute suchten mithilfe dieser Buchhaltung einen guten Überblick über ihre Geschäfte zu erhalten. Der Franziskanermönch Lucia Pacioli hat in seinem 1494 erschienen mathematischen (!) Lehrbuch erstmalig das System der doppelten Buchführung beschrieben. Da genauere Erkenntnisse über die (zeitliche) Entstehung dieser Buchführung nicht bekannt sind, wird 1494 gerne als Geburtsjahr der doppelten Buchführung bezeichnet.

Auch in der **Literatur** fand die Rechnungslegung schon zeitig eine angemessene Darstellung:

„Ich ging soeben unsere Bücher durch, und bei der Leichtigkeit, wie sich der Zustand unseres Vermögens übersehen lässt, bewundere ich aufs neue die großen Vorteile, welche die doppelte Buchhaltung dem Kaufmann gewährt. Es ist eine der schönsten Erfindungen des menschlichen Geistes, und ein jeder guter Haushalt sollte sie in seiner Wirtschaft einführen. Die Ordnung und Leichtigkeit, alles vor sich zu haben, vermehrt die Lust zu sparen und zu erwerben, und wie ein Mensch, der übel haushält, sich in der Dunkelheit am besten befindet und die Summen nicht gerne zusammen rechnen mag, die er alle schuldig ist, so wird dagegen einem guten Wirt nichts angenehmer, als wenn er sich alle Tage das Fazit seines wachsenden Glücks ziehen kann. "[272]

---

[271] Basu/Waymire (Recordkeeping) S. 209.

[272] Johann Wolfgang von Goethe, „Wilhelm Meisters theatralische Sendung" (bzw. später, in gekürzter Auflage „Wilhelm Meisters Lehrjahre"), S. 1797.

4 Bilanzierungs- und Bewertungsregeln als Ausfluss von Bilanzauffassungen

4.1 Zum Begriff Bilanztheorie

In der Betriebswirtschaftslehre ist eine Reihe so genannter Bilanz"theorien" entwickelt worden. Dabei finden sich unterschiedliche Vorstellungen darüber, was als Aufgabe der Bilanztheorie zu verstehen ist. K. Hax beispielsweise sieht die Aufgabe in der Suche *„nach einem einheitlichen Prinzip, das die Bilanz in allen ihren Teilen widerspruchslos zu erklären vermag"*[273]. Kosiol gliedert die Bilanztheorie in die

- *Buchhaltungs- und Konten(reihen)theori*e, die die formale Funktionsweise der Buchhaltung erklären soll, und die
- *Bewertungstheorie*, die die Bilanzierung der Höhe nach in Abhängigkeit vom Rechnungszweck bestimmt[274].

Er bezeichnet Rechnungstheorien allgemein als *komputatorische Theorien*, die keine Erklärung der Wirklichkeit, sondern ausschließlich logische Wahrheit für sich beanspruchen. Weil dieser Theorienbegriff nicht dem in der Wissenschaftslehre geläufigen erfahrungswissenschaftlichen Theoriebegriff[275] entspricht und darüber hinaus zahlreiche Erörterungen zum Bilanzproblem nicht einmal dem Anspruch einer komputatorischen Theorie genügen, sollte im Zusammenhang mit Bilanzdiskussionen nur von **Bilanzauffassungen** gesprochen werden.

4.2 Entwicklungsgeschichtlicher Überblick

Die **klassischen Bilanzauffassungen** gehen davon aus, dass der Jahresabschluss bestimmte Funktionen erfüllt. Wird dabei eine Funktion in den Vordergrund gestellt (Hauptzweck), sprechen wir von **monistischen Bilanzauffassungen**. So stand bei den anfänglichen rechtswissenschaftlichen Überlegungen in den Jahren 1870 bis 1900 die Vermögens- und Kapitaldarstellung zur Schuldendeckungskontrolle im Vordergrund – eine Auffassung, die Schma-

---

[273] K. Hax (Bilanztheorien) S. 238.
[274] Kosiol (Bilanz) S. 40.
[275] Vgl. Wild (Theorienbildung).

lenbach als statisch kennzeichnete[276]. Die danach einsetzende und insbesondere in den 20er Jahren ausgetragene betriebswirtschaftliche Diskussion ließ mit Schmalenbach eine Gegenposition erkennen, die die Erfolgsermittlung des Betriebsgeschehens als Funktion der Bilanz in den Vordergrund stellt: Zum Zweck der richtigen Betriebssteuerung sei es notwendig, den Erfolg als Maßstab der Wirtschaftlichkeit[277] zu ermitteln. Denn, so Schmalenbach, *„wer sein Vermögen zu oft zählt, tut unproduktive Arbeit"*[278]. Weil der Erfolg das Resultat der in der Periode stattgefundenen Bewegungen ist, charakterisiert Schmalenbach seine Bilanz als dynamische bzw. Erfolgsbilanz.

Der wesentliche Unterschied zwischen statischer und dynamischer Auffassung liegt in der methodischen Sicht: Die Vorstellungen zur Bilanzierung dem Grunde und der Höhe nach werden entsprechend der der Bilanz jeweils zugeschriebenen Funktion unterschiedlich begründet.

„Die beiden Betrachtungsweisen führen ungeachtet der Divergenz in den Ansatzpunkten zu Gemeinsamkeiten in den sachbezogenen Ergebnissen, weil einerseits in dynamischer Sicht auch eine (sekundäre) statische Betrachtung der Erfolgsbilanz möglich ist und andererseits die statische Betrachtungsweise in den Grenzen der Anschaffungswertrechnung bleibt und die Erfolgsermittlung gebührend berücksichtigt, allerdings nicht als wesensbestimmende Aufgabe der Bilanz, sondern der Gewinn- und Verlustrechnung. In beiden Fällen ist der Nachweis der Kapitalerhaltung der Bilanzrechnung immanent. Die erfolgsrechnerische Interpretation stellt auf den von einer ausgeglichenen Anfangssituation her in Form von Aufwandsausgaben erfolgten Kapitaleinsatz und seine Deckung durch Ertragseinnahmen ab, während die statische Betrachtung die Kapitalerhaltung durch Bestandsvergleich kontrolliert"[279].

Im Gegensatz zu den monistischen Bilanzauffassungen der Statiker und Dynamiker sieht die **dualistische Bilanzauffassung** die Funktion der Bilanz sowohl in der Vermögensdarstellung als auch in der Erfolgsermittlung. Hier einzuordnen ist die organische Bilanz von Fritz Schmidt[280], die ihre besondere Bedeutung im Zusammenhang mit der Diskussion um die Berücksichtigung von Preisschwankungen bei der Bilanzierung erlangte. Inhalt dieser durch die Inflation in den Jahren 1920 bis 1923 angeregten Diskussion ist die Frage, ob der Erfolg am Nominalgüterstrom (Kapitalerhaltung) oder am Realgüterstrom (Substanzerhaltung) gemessen werden soll.

Der sich anschließende Stillstand in der Bilanzdiskussion wird von Schneider treffend als „bilanztheoretischer Winterschlaf" geschildert:

„Die ‚Entthronung der Bilanz' als Mittelpunkt betriebswirtschaftlicher Forschung fand um 1930 statt: Die unheilige Dreifaltigkeit herkömmlicher Bilanzauffassungen (statisch, dynamisch, organisch) schien zementiert, der Siegeszug des fortschrittlichsten Namens

---

[276] Schmalenbach (Bilanz) 13. Aufl., S. 44.
[277] Vgl. auch Kosiol (Bilanz) S. 6 und die scharfe Kritik an diesem „Trugbild" dynamischer Bilanzauffassungen bei Schneider (Erfolgsermittlung).
[278] Schmalenbach (Bilanz) 13. Aufl., S. 49.
[279] Kühnau (Bilanz) S. 178.
[280] Vgl. Schmidt (Tageswertbilanz).

(der dynamischen Auffassung) gesichert, Rieger hatte seine verdammnis-hagelnde Au-ßenseiterstellung bezogen, die Aktienrechtsnovelle von 1931 beseitigte einige Missstän-de in der Rechnungslegung, und die Betriebswirtschaftslehre wandte sich anderen Auf-gaben zu"[281].

Die „Renaissance der Bilanztheorie" setzte erst nach 1960 ein. Ansatzpunkt für die **neueren Bilanzauffassungen** waren zwei Entwicklungen in der Betriebswirtschaftslehre:

1. Die Fortschritte auf dem Gebiet der Kapital- und Investitionstheorie veranlassen einige Autoren, in dem kapitaltheoretischen ökonomischen Gewinn einen besseren Erfolgs-maßstab als in dem traditionellen Gewinn zu sehen[282].
2. Eine völlig andere Richtung schlugen die „Anti-Bilanz-Theoretiker"[283] ein, die aus einer informationstheoretischen Sichtweise den herkömmlichen Jahresabschluss gänzlich in Frage stellten. Um den Informationsinteressen der Koalitionspartner gerecht zu werden, wurde versucht, neue Informationsinstrumente zu entwickeln[284].

4.3 Die klassischen Bilanzauffassungen

4.3.1 Die statische Bilanzauffassung

Die sehr stark juristisch geprägte statische Bilanzauffassung[285] wird überwiegend als „Be-wertungslehre" oder – die hier als neuere Statik bezeichnete Auffassung – als „Gliederungs-lehre" charakterisiert. Die bei weitem beste Darstellung des statischen Bilanzverständnisses, so Moxter[286], findet sich bei Simon. Nach dessen Ansicht erfüllt die Bilanz folgende Zwe-cke[287]:

1. **Übersicht über die Vermögenslage** gem. den gesetzlichen Vorschriften, vor allem zur Selbstinformation (Überschuldung).
2. Für die Aktien- und übrigen Handelsgesellschaften liegt die zweite Bedeutung der Bilanz darin, dass sie den Erfolg feststellt und damit als **Grundlage der Gewinnvertei-lung** dienen kann.
3. Die dritte Bedeutung der Bilanz liegt darin, dass sie im Rahmen des Jahresabschlusses der Aktiengesellschaften eine **Grundlage für die Rechnungslegung an die Aktionäre** bildet.

Die Frage der Erfolgsermittlung wurde also von den Statikern nicht völlig vernachlässigt, sie bildete nur nicht den Ausgangspunkt ihrer Argumentation. Denn nach ihrer Ansicht ist der Erfolg identisch mit der Vermögensänderung einer Periode und daher höchst erwünschtes

---

[281] Schneider (Renaissance) S. 29.
[282] Vgl. Honko (Probleme). Schneider (Bilanzgewinn).
[283] So Schneider (Gewinn) S. 3; Egner (Bilanzen) S. 86 möchte lieber von „informationsbezogener Bilanzauffas-sung" sprechen.
[284] Vgl. Busse von Colbe (Aufbau); Moxter (Grundsätze).
[285] Zur Kritik statischer Bilanzen vgl. Egner (Bilanzen) S. 91–103.
[286] Moxter (Bilanzlehre) S. 215.
[287] Simon (Bilanzen) S. 1–16.

Nebenprodukt der Vermögensermittlung[288]. Das kommt auch in dem Urteil des ROHG v. 3. Dez. 1873 deutlich zum Ausdruck:

> *„Die kaufmännische Bilanz hat den Zweck, die Übersicht und Feststellung des Vermögensbestandes in einem bestimmten Zeitpunkte und damit zugleich, vermittelst der Vergleichung der für verschiedene Zeiten aufgenommenen Bilanzen, auch des Resultates der Geschäftsführung während der dazwischen liegenden Perioden zu bewirken."*[289]

Nach dynamischer Auffassung ist dieser Dualismus nicht möglich und der richtige Erfolg – als primäres Ziel des Jahresabschlusses – nur auf Kosten der Vermögensfeststellung zu bestimmen[290].

Grundlage der Interpretationsversuche der Bilanzzwecke durch die Statiker waren die kodifizierten Rechnungslegungsvorschriften. Das Handelsrecht hat seit der Ordonnance de commerce von 1673 als Zweck der Bilanz die Feststellung des Vermögens bestimmt. Über den Napoleonischen Code de Commerce von 1807 gelangten die französischen Rechtsvorschriften in das Allgemeine Deutsche Handelsgesetzbuch von 1861 (ADHGB), das in Artikel 29 die Bilanz als „einen das Verhältnis des Vermögens und der Schulden darstellenden Abschluß" definiert, wie es unverändert seit 1897 im HGB in § 39 Abs. 1 zu finden war und seit 1986 im § 242 Abs. 1 HGB sinngleich zu finden ist. Diesen gesetzlich geforderten Abschluss interpretieren die Statiker dahin, dass sein Sinn der Gläubigerschutz und damit die Information über die Fähigkeit zur Schuldenbegleichung sei: Vermögen ist **Schuldendeckungspotential**[291].

4.3.1.1   Die ältere statische Bilanzauffassung

4.3.1.1.1   Erklärung des Formalaufbaus nach der Zweikonten(reihen)theorie von Schär

Ein gutes Beispiel für die statische Erklärung des Formalaufbaus von Buchhaltung und Bilanz ist Schärs Zweikontentheorie. Die Buchhaltung ist für Schär eine Art Geschichtsschreibung der rechnungsmäßig erfassbaren Tatsachen in den unternehmerischen Lebensphasen Gründung, Betrieb und Liquidation;

> *„wir sprechen dann von einer fingierten Gründung zu Anfang jeder Periode – Jahreseröffnung – von einer fingierten Liquidation – Jahresabschluß – und von einer Geschäftsperiode – Geschäftsjahr"*[292].

Gegenstand der Buchhaltung ist der **wirtschaftliche Kreislauf** „Geld –Ware –(Mehr-)Geld", der bei Betrachtung eines Periodenabschnittes nicht vollständig abgeschlossen ist. „Daher besteht in jedem beliebigen Zeitpunkt das Wirtschaftsvermögen teils aus Geld, teils aus

---

[288]   Moxter (Bilanztheorien) S. 671 f.

[289]   Urteil v. 3. Decbr. 1873, in: Entscheidungen des Reichs-Oberhandelsgerichts, 12. Bd., Erlangen 1874, S. 16–23, hier S. 17.

[290]   Vgl. Schmalenbach (Bilanz) 13. Aufl., S. 44 f; Walb (Erfolgsrechnung) S. 113; Kosiol (Bilanzreform) S. 21 f.

[291]   Moxter (Bilanzlehre) S. 216.

[292]   Schär (Buchhaltung) S. 4.

Waren, teils aus Guthaben usw."[293]. Wird dieser wirtschaftlichen Seite des unternehmerischen Eigentums (Vermögen bzw. Aktiva) die der rechtlichen Herkunft, der Quelle (Kapital), gegenübergestellt, so entsteht die Gleichung der Vermögensbilanz: A = K. Unter Beachtung der negativen Vermögensbestandteile (Schulden bzw. „Passiven") entwickelt Schär die Grundgleichung der Zweikontentheorie[294]:

A – P = K

Auf dieser „Kapitalgleichung" baut die Theorie Schärs auf. Jeder Geschäftsvorfall kann aus der Veränderung dieser Grundgleichung erklärt werden[295]. Um das Vermögen entsprechend der Kapitalgleichung kontenmäßig nachzuweisen, werden zwei getrennte Konten bzw. Kontenreihen benötigt:

– das Bestandskonto für die (aktiven und passiven) Vermögensbestandteile,
– das Kapitalkonto für das Eigenkapital (= Reinvermögen nach Schär) sowie seine Zu- und Abnahme.

Damit drückt die **Kapitalgleichung** auch den Hauptzweck der Buchhaltung aus:

„Der Endzweck der systematischen Buchhaltung besteht ... im doppelten Nachweis des Reinvermögens. Daher die Zweikontentheorie:

Sollsaldo der Bestandskonten = nachgewiesenes Reinvermögen
= Habensaldo des Kapitalkontos = berechnetes Reinvermögen"[296].

Eine andere Form der Zweikontentheorie, die **Bilanzgleichung**

A = P[297],

hat mehr methodisches Interesse:

„Während die Gleichung A – P = K ... auf der linken Seite das Gesamtvermögen und eine der beiden Vermögensquellen, das Fremdkapital, als Differenz enthält, und sie der anderen Vermögensquelle, dem Eigenkapital, gegenüberstellt, hat die (andere) Gleichung den Vorzug, daß auf der linken Seite uns das Vermögen, auf der rechten Seite aber die beiden Kapitalarten, des Vermögens rechtliche Quellen, stehen"[298].

Die heute noch vielfach im Unterricht – insbesondere in der zweiten Gleichungsform – anzutreffende Darstellung der Buchhaltung als eine „Theorie der Bilanzveränderungen":

– Bilanzverlängerung
– Bilanzverkürzung
– Aktivtausch
– Passivtausch

---

[293] Schär (Buchhaltung) S. 10.
[294] Vgl. Schär (Buchhaltung) S. 13.
[295] Vgl. Schär (Buchhaltung) S. 13–17.
[296] Schär (Buchhaltung) S. 30 (im Original z. T. gesperrt).
[297] Vgl. zu diesem Ansatz Nicklisch (Betriebswirtschaft) S. 678–681. Beachte: P. hier abweichend als Schulden und Eigenkapital definiert, indem man das Eigenkapital zu den Passiven, also zu den Bestandskonten, einstellt.
[298] Schär (Buchhaltung) S. 46.

ist praktisch eine in die Aktiv- und die Passivkontenreihe zerlegte und durch Buchungen bewegte Bilanz, in der die Umsätze nur deshalb erfasst werden, um die Buchbestände laufend an den tatsächlichen Bestand anzupassen. Bei dieser Betrachtungsweise kann eine eigenständige „Umsatzrechnung" in Form der Aufwands- und Ertragsrechnung vernachlässigt werden. Das Gewinn- und Verlustkonto degeneriert zu einem rein rechentechnisch nützlichen aber entbehrlichen Vorkonto des Eigenkapitalkontos.

4.3.1.1.2   Die Bilanzierung dem Grunde nach in den Bilanzauffassungen Simons, Rehms und Passows

Die älteren Statiker, z. T. Juristen, beschäftigten sich ausführlich mit der Interpretation der kodifizierten Bilanzierungsregelungen, vor allem hinsichtlich des Wertansatzes. Doch haben sie sich auch – wenn auch nicht so deutlich sichtbar – mit der Frage der Bilanzierung dem Grunde nach auseinandergesetzt. Gerade in dieser Frage hat die statische Argumentation heute noch eine gewisse Aktualität, ganz im Gegensatz zur Bewertungslehre der älteren Statik.

Die Frage nach dem **Bilanzansatz** richtet sich bei den Statikern nach der Auslegung der in den §§ 240 Abs. 1 und 242 Abs. 1 HGB (vor 1986: § 39 Abs. 1 HGB) verwendeten Begriffe Vermögensgegenstände, Forderungen und Schulden. Dabei nehmen sie eine, bei Rehm[299] besonders deutliche, Gegenposition zur rein juristischen Definition ein. Neben den Bilanzierungsgewohnheiten der Praxis und der Systematik der doppelten Buchführung[300] bestimmt vor allem die wirtschaftliche Betrachtungsweise den Bilanzansatz:

> *„Was der Kaufmann, somit derjenige, der sein Vermögen wirtschaftlich betrachtet, als Vermögensgegenstand, insbesondere Forderung, und als Schuld ansieht, ist einzustellen."*[301]

Kriterium für die **Bilanzierungsfähigkeit** materieller Vermögensgegenstände ist demnach nicht das juristische Eigentum, sondern der wirtschaftliche Tatbestand der Verfügungsgewalt durch „körperliche (räumliche) Zugehörigkeit zum Vermögen des Kaufmanns"[302], der auch der buchhalterischen Praxis, den tatsächlichen Ausgang bzw. Eingang einer Sache in den Büchern festzuhalten, zugrunde liegt[303]. Dies ermöglicht eine Kontrolle der aus der Buchhaltung zusammengestellten Bilanz durch die unmittelbare Aufnahme der Vermögensgegenstände in das Inventar[304]. Dem Buchhaltungszusammenhang und damit der Parallelität von Bilanz und Inventar widerspricht Passow, der die körperliche Bestandsaufnahme bzw. das Inventar als Grundlage der Bilanz ansieht[305].

---

[299] Vgl. Rehm (Bilanzen) S. 24 f.
[300] In diesem Punkt widerspricht Passow (Bilanzen) Bd. I, S. 43–47 Rehm und Simon.
[301] Rehm (Bilanzen) S. 1.
[302] Rehm (Bilanzen) S. 31.
[303] Vgl. Passow (Bilanzen) Bd. I, S. 273 f.; Rehm (Bilanzen) S. 31–35; Simon (Bilanzen) S. 149–153.
[304] Vgl. Rehm (Bilanzen) S. 31 f.
[305] Passow (Bilanzen) Bd. I, S. 43–48. Simon (Bilanzen) S. 3, 18 f., 36, 58, 118.

Als zweites Kriterium für die Bilanzierung dem Grunde nach wird der Wert eines Gutes angeführt[306]: Geringwertige Gegenstände bleiben, den heutigen Grundsätzen der Wesentlichkeit und Wirtschaftlichkeit entsprechend, außer Ansatz.

Auch immaterielle Vermögensgegenstände, die der privaten Verfügungsgewalt unterliegen und übertragbar sind, sind nach statischer Auffassung geeignet, den Wert des Vermögens zu erhöhen. Bilanzierungsfähig sind sie, wenn sie unter Aufwendungen (originär oder derivativ[307]) erworben wurden. Ohne hier auf die Erörterungen der Statiker zu den einzelnen Bilanzpositionen weiter einzugehen, sollte noch hervorgehoben werden, dass sie sich zur Erklärung von Rechnungsabgrenzungsposten in der (statischen) Bilanz des dynamischen Arguments der richtigen Ermittlung des Periodenerfolgs bedienen[308].

4.3.1.1.3 Die Bewertungsregeln nach den Vorstellungen des Reichsoberhandelsgerichts und Simons

Der Ausweis des Schuldendeckungspotentials in der statischen Bilanz kann zwei Annahmen folgen[309]:

1. Bei Unternehmungszerschlagung soll der Liquidationserlös des Vermögens die Schulden decken

    = Ermittlung des **Zerschlagungsvermögens**.

2. Bei Unternehmungsfortführung soll das „arbeitende Vermögen" zu Zahlungseingängen führen, die die jeweils fälligen Schulden abdecken

    = Ermittlung des **Fortführungsvermögens**.

Entsprechend finden sich die beiden in folgender Übersicht gegenübergestellten statischen Interpretationen der handelsrechtlichen Bewertungsvorschrift[310] des Art. 31 ADHGB, „sämtliche Vermögensstücke und Forderungen nach dem Werte einzusetzen, welcher ihnen zur Zeit der Aufnahme beizulegen ist" (vgl. auch § 240 Abs. 1 HGB).

Die vor über hundert Jahren verbreitete und höchstrichterlich festgestellte Interpretation im Sinne des **Zerschlagungsvermögens** bezeichnet Moxter als Bilanztheorie des Reichsoberhandelsgerichts (ROHG)[311], die sich in einer Entscheidung vom 3.12.1873 niederschlug[312]. Danach sind, so Moxter, die Vermögensgegenstände zu ihrem Einzelveräußerungspreis zum Bilanzstichtag, i. d. R. dem Markt- oder Börsenpreis in die Bilanz einzustellen. Weil die bei einer tatsächlichen Liquidation zu erzielenden Erlöse regelmäßig sehr niedrig sind, sollte der

---

306 Vgl. Passow (Bilanzen) Bd. I, S. 275; Rehm (Bilanzen) S. 4; Simon (Bilanzen) S. 157.
307 Dies gilt nur für Rechte bei Simon (Bilanzen) S. 168.
308 Vgl. Rehm (Bilanzen) S. 43 f., 49, 67–90; Simon (Bilanzen) S. 284–287. Anders Passow (Bilanzen) Bd. I, S. 75–77.
309 Vgl. zum folgenden Moxter (Bilanzlehre) S. 216–229.
310 Nach Moxter (Bilanzlehre) S. 217 sollten die beiden Interpretationen keine Alternativen, sondern einander ergänzende Aufgaben einer „zweidimensionalen" statistischen Bilanz darstellen.
311 Moxter (Bilanzlehre) S. 217.
312 Urteil v. 3. Decbr. 1873, in: Entscheidungen des Reichs-Oberhandelsgerichts, 12. Bd., Erlangen 1874, S. 16–23.

am Markt orientierte allgemeine Verkehrswert, als ein objektiver Wert, eine subjektive Verfälschung der „wahren" Vermögenslage durch den Bilanzaufstellenden verhindern.

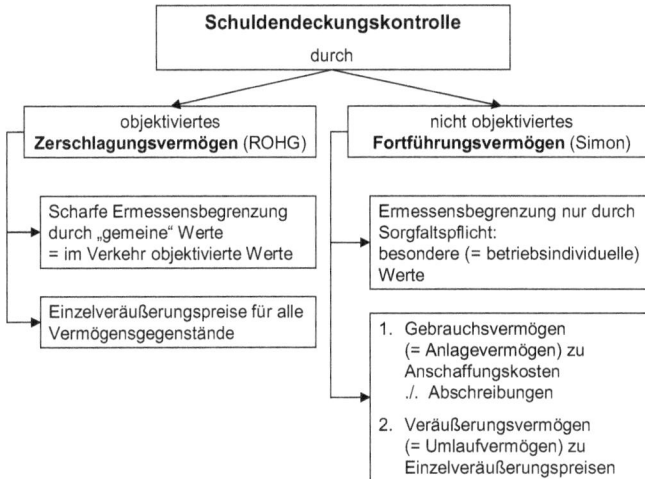

Abbildung 33:   Bewertungsregeln statischer Bilanzauffassungen[313]

Moxter vernachlässigt in diesem Zusammenhang, dass das ROHG an sich vom gegenwärtigen Wert am Bilanzstichtag ausgeht, von dem es eine ähnliche zukunftsbezogene Vorstellung hat, wie sie bei Riegers „heutigem Wert"[314] zu finden ist. *„Denn dieser Wert repräsentiert beim ROHG nicht den Tageswert oder Veräußerungswert als solchen, sondern die Bewertung nach dem künftigen Gelderlös, vom Bewertungsstichtag aus gesehen"*[315]. Die Schwierigkeiten, einen zukünftigen Geldwert vorauszuberechnen, mit denen Rieger glaubte sich als Theoretiker nicht auseinandersetzen zu müssen, veranlassen das ROHG, mit dem allgemeinen Verkehrswert einen Anhaltspunkt für die praktische Bilanzierung zu liefern.

Von den oben genannten älteren Statikern wendet sich insbesondere Simon gegen die Fiktion der Liquidation[316]. Er interpretiert das Bilanzvermögen als **Fortführungsvermögen**, was insbesondere für die dauernd zum Geschäftsbetrieb bestimmten Betriebsgegenstände (Anla-

---

[313] Teilweise entnommen von Moxter (Bilanzlehre) S. 229.

[314] Siehe zu Riegers (kapitaltheoretischer) Bilanzauffassung Abschnitt 4.3.4.1.

[315] Barth (Entwicklung) S. 140. Anderer Ansicht ist Schneider (Renaissance) S. 33f. Unbestrittener Vorgänger der kapitaltheoretischen Bilanzierung ist aber das Urteil v. 25. Juni 1887, in: Entscheidungen des Reichsgerichts in Zivilsachen, 19. Bd. Leipzig 1888, S. 111–123, insb. S. 121. Einen Durchbruch in Richtung auf die Anschaffungswertrechnung brachte das Urteil des ROHG v. 9. Sept. 1879, in: Entscheidungen des Reichs-Oberhandelsgerichts, 25. Bd. Stuttgart 1889, S. 307–325, hier S. 322: „Wenn auch nach Art. 31 die Vermögensstücke in der Bilanz nach dem Werthe, der ihnen zur Zeit der Bilanzaufstellung beizumessen ist, aufzustellen sind und nur der bilanzmäßige reine Ueberschuß die Verteilungsfähige Dividende ergibt, so ist doch damit nicht ausgesprochen, daß nicht auf den Betrag des für die Herstellung Verwendeten bewerthet werden dürfe, was sich seiner Natur nach einer anderen Schätzung seines Zustandswerthes entzieht."

[316] Vgl. Simon (Bilanzen) S. 295–297.

gevermögen) einen anderen Wertansatz erfordert. Die differenzierte Bewertung bei Simon[317] lässt sich mit Moxter auf folgende einfache Regel zurückführen:

> „Nur der Wert dessen, was zum Verkaufe bestimmt ist, wird sinnvollerweise durch den Verkaufspreis gemessen; was dagegen dem Gebrauche dient, hat einen Gebrauchswert, und dieser Gebrauchswert wird durch den Anschaffungspreis abzüglich eingetretener Wertminderungen bestimmt"[318].

Bei der Ermittlung der entsprechenden Werte sind nach Simon die individuellen Verhältnisse zu berücksichtigen:

> „Hiernach können wir den Werth, welcher für die Bilanz maßgebend sein muss, als den individuellen Werth bezeichnen. Es ist dies der besondere Gebrauchs- oder Verkehrswerth ... kann identisch sein mit dem allgemeinen; nämlich dann, wenn für den Bilanzirenden (sic!) keine anderen Umstände bei der Werthberechnung in Betracht kommen, als diejenigen, welche für die bei Berechnung des allgemeinen Werths zu berücksichtigende Personenvielheit maßgeblich sind"[319].

Die Interpretation der handelsrechtlichen Bewertungsvorschriften durch die ältere Statik vernachlässigte den Gesichtspunkt, dass die Erklärung der Bilanz unter dem Leitprinzip des Gläubigerschutzes mit dem Tageswertprinzip kollidiert, wenn dieses zu einem gegenüber dem Anschaffungswert höheren Wertansatz führt. Bereits bei den Beratungen zu Art. 31 ADHGB wurde festgestellt[320], dass diese Bewertung einen, vom Gläubigerstandpunkt aus abzulehnenden, Ausweis und damit die Ausschüttungsgefahr unrealisierter Gewinne bedeutet.

4.3.1.2   Die neuere statische Bilanzauffassung in der totalen Bilanzlehre Le Coutres

Le Coutre entwickelte seine totale Bilanzlehre in Fortführung der Grundgedanken der statischen Bilanzauffassung. Er wendet sich gegen eine einseitige, monistische Zielsetzung der Bilanz:

> „Eine befriedigende Lösung aller Bilanzfragen und die Schaffung wirtschaftlich wirklich brauchbarer Bilanzen ist nur möglich, wenn bei der Bilanzaufstellung nicht nur ein jeweiliger Einzelzweck, sondern auch die naturgegebenen betriebsorganisatorischen Allgemeinzwecke der Bilanzen, ihr Wesen nach Inhalt und Form und ihre betrieblichen Beziehungen lückenlos beachtet werden"[321].

Die von le Coutre betonte zweckpluralistische[322] Ausrichtung der „totalen" Bilanz und die von ihm ebenfalls betonten Anforderungen der Bilanzwahrheit und -klarheit führten fast zwangsläufig zu einer extensiven Gliederungslehre der Bilanz. Die Bilanz ist nach le Coutre ihrer „Natur

---

[317] Vgl. Simon (Bilanzen) S. 326–412.

[318] Moxter (Bilanzlehre) S. 221.

[319] Simon (Bilanzen) S. 304 f. (im Original z. T. gesperrt). Der individuelle Wert Simons ist keineswegs ein willkürlicher Wert, weil jeder Einzelfall sorgfältiger Prüfung bedarf (ebd. 305).

[320] Vgl. Barth (Entwicklung) S. 131.

[321] Le Coutre (Bilanz) S. 2562 (im Original gesperrt).

[322] In den Einzelaufgaben nach le Coutre vgl. oben Übersicht 1./11, S. 52 und le Coutre (Bilanz) S. 2584.

nach" eine Kapitalabrechnung: Eine Darstellung von Kapitalaufbringung und -verwendung. Auf dieser Grundlage wurde die Bewertungsinterpretation der Statiker durch le Coutre zum Anschaffungswertprinzip weiterentwickelt, das jedoch nicht, wie beispielsweise in der dynamischen Bilanzauffassung mit der reinen Ausgaben-/Einnahmenrechnung, theoretisch fundiert war. Le Coutre unterstellte die Anschaffungswerte als die „wahren" Werte:

> *„Der natürliche Rechnungswert der Bilanz ist der Anschaffungswert. Er ist das organisch gegebene!"*[323].

Die „neuere" statische Bilanzauffassung le Coutres löst den Anspruch einer totalen Bilanzlehre nicht ein; sie trägt eher degenerative Züge, als die der Fortentwicklung zu einer umfassenden Bilanzlehre[324].

Bilanz

Aktiva Betriebsvermögen	Passiva Unternehmenskapital

A. Werbendes Vermögen
    I.   Anlagevermögen
       a) Produktionsanlagen
       b) Verwaltungskosten
 	
       c) Beteiligungen
 	
    II. Beschäftigungsvermögen
       a) Vorräte
       b) Forderungen
       c) Zahlungsmittel
 	
B. Sicherungsvermögen
   (Reservefonds)
 	
C. Verwaltungsvermögen
   (Anlage der Ersparnisse)
 	
D. Überschussvermögen
   (nicht betriebsnotwendiges Vermögen)
 	
E. Sozialvermögen
   (z.B. Arbeiterwohnungen)
 	
F. Verrechnungsposten
 	
G. Reinverlust
	A. Eigenkapital
	    I. Langfristig
	       a) Grundkapital
	       b) Zusatz- und Zuwachskapital
	         1. Gesetzl. Rücklagen
	         2. Freiwillige Rücklagen
	    II. Kurzfristig
	    III. Sofort fällig
	
	B. Fremdkapital
	    I. Langfristig
	    II. Kurzfristig
	       a) Betriebsschulden
	         1. Wechselschulden
	         2. Lieferantenschulden
	       b) Verwaltungsschulden
	    III. Sofort fällig
	
	C. Verrechnungsposten
	
	D. Reingewinn

Abbildung 34:   Grundformen der totalen Bilanz

---

[323] Le Coutre (Bilanz) S. 2592; vgl. ders. (Grundzüge) S. 250 f.
[324] Vgl. Moxter (Bilanztheorien) S. 674.

4.3.2   Die dynamische Bilanzauffassung

4.3.2.1   Schmalenbachs dynamische Bilanz

Schmalenbach entwickelte seine dynamische Bilanzlehre alternativ zur statischen Bilanzauffassung, *„um dynamischen Vorgängen innerhalb wirtschaftlicher Betriebe rechnerisch näher zu kommen"*[325]. Die Vorstellungen der Statiker zur Bilanzierung erschienen ihm nicht schlüssig. Seine Kritik folgt jedoch nicht streng dem einzelwertorientierten Vermögensbegriff der Statiker, der auf der Zielsetzung der Schuldendeckungskontrolle beruht und im Zerschlagungsvermögen besonders deutlich wird. Schmalenbachs Ansicht, *„daß man durch eine Addition der Werte aller Einzelteile eines Vermögenskomplexes nicht das Vermögen zu gewinnen vermag"*[326], beruht auf einem Vermögensbegriff i.S. eines potentiellen Verkaufspreises der fortzuführenden Unternehmung und folgt der Aristotelischen These: „Das Ganze ist mehr als die Summe seiner Teile." So kommt er zu dem Schluss,

> *„daß das bilanzmäßige Vermögen den Wert des Geschäfts weder ausdrückt noch ausdrücken soll, und daß, wenn man unter Vermögen den Gesamtwert einer Vermögensmasse versteht, die Bilanz nicht das Mittel ist, diesen Gesamtwert zum Ausdruck zu bringen"*[327]. *Außerdem ist „die wirkliche Aufstellung einer Vermögensbilanz nicht dasjenige ..., was dem Kaufmann faktisch vorschwebt und seinen Interessen, denen er mit der Jahresbilanz gerecht werden will, dient. Wohl aber sehe ich, daß sein Verfahren zugeschnitten ist auf die Absicht der Gewinnermittlung"*[328].

Den Schwächen der Vermögensberechnung auf der einen steht die relativ größere Bedeutung des Erfolgsziels auf der anderen Seite gegenüber. So fällt es Schmalenbach nicht schwer, seine **dynamische Bilanz** als die bessere Alternative zu präsentieren.

Hinter Schmalenbachs Konzeption der Erfolgsrechnung steht der philosophisch-normative Gedanke einer gemeinwirtschaftlichen Wirtschaftlichkeit. In diesem Sinne geht es ihm bei der **Erfolgsermittlung** um eine im gesamtwirtschaftlichen Sinn möglichst „gute" Betriebssteuerung. Dieser in den älteren Auflagen[329] seiner „Dynamischen Bilanz" so vehement vertretene Gedanke klingt in den Auflagen nach 1945[330] nur noch an. So ist vor allem auf die Diskussion des Widerspruchs zwischen seiner Wirtschaftlichkeitsnorm und der Realität verzichtet worden, in der sich Schmalenbach auf eine opportunistische Lösung zurückzog:

> *„Der Inhaber des Betriebes (arbeitet) im allgemeinen nicht, um der Gemeinwirtschaft aufs beste zu dienen, sondern er arbeitet, soweit der Nutzen überhaupt in Betracht kommt, des eigenen Nutzens wegen. Eine nur auf diesen abgestellte Betriebsrechnung können wir in einer Unternehmerwirtschaft erwarten; jede andere bliebe tote Theorie"*[331].

---

[325] Schmalenbach (Bilanz) 2. Aufl. S. 6. Zur Kritik an der dynamischen Bilanz vgl. Egner (Bilanzen) S. 110–136; Münstermann (Bilanztheorien) S. 253–258.

[326] Schmalenbach (Bilanz) 3. Aufl. S. 57.

[327] Schmalenbach (Bilanz) 3. Aufl. S. 60.

[328] Schmalenbach (Zweck) S. 384.

[329] Insbesondere in Abschnitt E. der 3.–7. Auflage. Vgl. Schmalenbach (Bilanz) 7. Aufl. S. 93–96.

[330] Vgl. Schmalenbach (Bilanz) 8.–13. Aufl.

[331] Schmalenbach (Bilanz) 7. Aufl. S. 95.

Angesichts dieser Realität bleibt es ihm nur möglich, den privatwirtschaftlichen Erfolg zu messen, auch wenn dies nicht dem ursprünglich angestrebten Rechnungsziel entspricht. An dieser Stelle vermerkt Rieger mit Erleichterung, *„daß der Ikarusflug von Schmalenbach zu Ende ist: die Erde hat ihn wieder"*[332]. So ist Schmalenbachs Erfolgsbegriff letztlich „von allen gemeinwirtschaftlichen Zutaten gereinigt ... Bei Schmalenbachs Schülern verschwindet das Problem vollends"[333].

Besondere Bedeutung erlangt der Erfolg nach Schmalenbach bei der Kontrolle der Betriebs-gebarung durch Soll-Ist-Vergleich, Betriebsvergleich oder Zeitvergleich. Ferner soll der Jahresabschluss den Einzelzwecken der Rechenschaftslegung, der Berechnung von Gewinn-anteilen und der Beobachtung von Strukturwandlungen dienen[334]. Wenn der Kaufmann in dieser Form die Entwicklung seines Geschäftes kontrolliert, sei auch dem Gläubigerschutz am besten gedient[335].

Nachdem die Erfolgsermittlung als Hauptzweck der Bilanzierung festgestellt war, ging es Schmalenbach darum, mit der Darstellung des **Formalaufbaus** der Erfolgsbilanz

> *„die besonders in der Steuerlehre herrschende Ansicht zu bekämpfen, daß die kauf-*
> *männische Erfolgsrechnung, die sich der Bilanz bedient, eben durch diese Bilanz*
> *grundsätzlich anders sei als die Erfolgsrechnung der Nichtkaufleute. Die Ansicht war,*
> *die kaufmännische Erfolgsrechnung sei als Vergleich des Vermögens am Anfang mit*
> *dem am Ende der Periode grundverschieden von einer Erfolgsrechnung, die sich der*
> *Einnahmen- und Ausgabenrechnung bedient. Hier galt es zu zeigen, daß die Erfolgs-*
> *rechnung des Kaufmanns eine Ertrags- und Aufwandsrechnung ist, die sich von der*
> *einfachen Einnahmen- und Ausgabenrechnung nur dadurch unterscheidet, daß*
> *schwebende Posten zu berücksichtigen sind"*[336].

Um den Formalaufbau der dynamischen Bilanz zu charakterisieren, geht Schmalenbach von der gedanklichen Konzeption einer **Totalerfolgsrechnung** für die gesamte Lebensdauer der Unternehmung aus. In diesem Fall wäre eine Kassenrechnung ausreichend. Der Erfolg errechnet sich als Differenz zwischen sämtlichen getätigten Einnahmen und Ausgaben. Bei einer Zerlegung der Totalrechnung in Periodenrechnungen für die einzelnen Geschäftsjahre können Realgüterverzehr und -entstehung, also die Erfolgskomponenten Aufwand und Er-trag, und der ihnen jeweils entsprechende Zahlungsvorgang, also Ausgaben und Einnahmen, in verschiedene Perioden fallen. Eine reine Kassenrechnung würde dann den Erfolg des betrieblichen Umsatzprozesses verfälschen. Ausgaben und Einnahmen sind vielmehr auf den Zeitraum, in dem sie erfolgswirksam waren oder werden, in Form von Aufwendungen und Erträgen zu verrechnen. Das Verhältnis von Perioden- zu Totalerfolg ist durch das von Schmalenbach so genannte Kongruenzprinzip bestimmt, nach dem die Summe der Perioden-erfolge gleich dem Totalerfolg ist.

---

[332] Rieger (Bilanz) S. 83 in einer (polemischen) Kritik an Schmalenbach.

[333] Hundt (Theoriegeschichte) S. 63 und 64. So findet sich bei der Darstellung der Prämissen der dynamischen Bilanz durch Münstermann (Bilanztheorien) S. 248 f. der ursprünglich von Lion (Bilanz) S. 481 f. in der ersten Prämisse herausgestellte gemeinwirtschaftliche Aspekt nicht mehr wieder.

[334] Vgl. Schmalenbach (Bilanz) 13. Aufl. S. 53–56.

[335] Schmalenbach (Bilanz) 13. Aufl. S. 52.

[336] Schmalenbach (Bilanz) 13. Aufl. S. 5 f.

Die Aufwands- und Ertragsposten einer Periode erfasst die Gewinn- und Verlustrechnung, wobei die folgende Abbildung zusätzlich die zeitliche Verknüpfung mit dem Zahlungsvorgang ausdrückt. Die in der nächsten Abbildung dargestellte Bilanz übernimmt die Aufgabe einer Sammelrechnung schwebender Posten, so der bereits erfolgten Ausgaben und Einnahmen, die aber erst später erfolgswirksam werden. Außerdem erscheint der Teil der in der Abrechnungsperiode in der Gewinn- und Verlustrechnung verrechneten Aufwendungen und Erträge, der erst in späteren Perioden zu Ausgaben und Einnahmen führt – diese werden antizipiert. Reine Finanzvorgänge, wie beispielsweise erhaltene oder gegebene Darlehen, die grundsätzlich nicht erfolgswirksam sind, werden bis zu ihrer Auslösung nur in der Bilanz festgehalten.

Gewinn- und Verlustrechnung

Aufwand	Ertrag
1. Aufwand jetzt, Ausgabe jetzt	7. Ertrag jetzt, Einnahme jetzt
2. Aufwand jetzt, Ausgabe früher	8. Ertrag jetzt, Einnahme früher
3. Aufwand jetzt, Ausgabe später	9. Ertrag jetzt, Einnahme später
4. Aufwand jetzt, Ertrag jetzt[337]	10. Ertrag jetzt, Aufwand jetzt
5. Aufwand jetzt, Ertrag früher	11. Ertrag jetzt, Aufwand früher
6. Aufwand jetzt, Erträge später	12. Ertrag jetzt, Aufwand später

Abbildung 35:   Grundform der dynamischen Gewinn- und Verlustrechnung

Bilanz

Aktiva	Passiva
1. Ausgaben, noch nicht Aufwand Gekaufte Anlagen, soweit sie dem Verschleiß und anderer Entwertung unterliegen; unverbrauchte Materialien und Hilfsmaterialien; vorausbezahlte Versicherungen, Zinsen, Mieten usw., Vorauszahlungen an Lieferanten; verteilungsfähige Ausgaben für Versuchskosten, Vorbereitungskosten usw.	**6. Aufwand, noch nicht Ausgaben** Schulden an Lieferanten. Zu erwartende Ausgaben für rückständige Instandsetzungen; zu zahlende oder zu erwartende Steuern für rückwärtige Besteuerungsgründe; Zinsen usw. für verbrauchte, noch nicht bezahlte Leistungen anderer.
2. Leistungen noch nicht Einnahmen Selbsterstellte Anlagen, soweit sie nach Gebrauch verkäuflich sind; Fabrikate; Forderungen aus Leistungen.	**7. Einnahmen, noch nicht Leistungen** Vorauszahlungen von Kunden, andere Voraueinnahmen für spätere Leistungen.
3. Ausgaben, noch nicht Einnahmen Gekaufte Anlagen, soweit sie nach Gebrauch veräußerlich sind; Warenvorräte im reinen Handel; gegebene Darlehen; gekaufte Effekten, Beteiligungen usw.	**8. Einnahmen, noch nicht Ausgaben** Genommene Darlehen; aufgenommenes Kapital.
4. Leistungen, noch nicht Aufwand Selbsterstellte Anlagen, soweit sie dem Verschleiß und anderer Entwertung unterliegen; Halbfabrikate und Fabrikate zur eigenen Verwendung; verteilungsfähige Leistungen für Versuchsobjekte	**9. Aufwand, noch nicht Leistugen** Zukünftige Leistungen für rückständige Instandsetzungen.
5. Geld	

Abbildung 36:   Grundform der dynamischen Bilanz

---

[337] Bis zur 9. Aufl. verwendete Schmalenbach statt des Begriffs Ertrag den Begriff Leistung.

„Die Bilanz als Werkzeug der Erfolgsrechnung ist mithin eine interimistische Rechnung, welche Ausgaben und Einnahmen einerseits und Aufwand und Ertrag andererseits zum Zwecke der Zeitabschnittsrechnung vorläufig übernimmt"[338].

Das Verhältnis der Bilanz zur Gewinn- und Verlustrechnung charakterisiert Schmalenbach wie folgt:

„Die Aufgabe der Bilanz bei diesem Zusammenwirken ist, die schwebenden, d. h. die noch der Auslösung harrenden Posten, in Evidenz zu erhalten. Man sieht aus ihr, was noch nicht ausgelöst ist. Das noch nicht Ausgelöste stellt noch vorhandene aktive Kräfte und passive Verpflichtungen dar. Die Bilanz ist mithin die Darstellung des Kräftespeichers der Unternehmung"[339].

Weil es aber sehr wesentlich ist, die Komponenten des Erfolges, die Aufwendungen und Erträge zu bestimmen,

„(ist es) nicht die Bilanz, sondern die Gewinn- und Verlustrechnung, der in der Abschlußrechnung der Vorrang gebührt ... Das ist der Sinn der Erfolgsbilanz, daß sie nicht die Herrin, sondern die Dienerin des Abschlusses ist"[340].

Zur **Bewertungslehre** Schmalenbachs ist festzustellen, dass hier ein geschlossenes Konzept fehlt. Eine zentrale Bedeutung besitzt der Anschaffungswert als grundsätzlicher Bewertungsmaßstab. Bei den Bewertungsvorschlägen zu den einzelnen Bilanzposten führt die Berücksichtigung vieler Nebenzwecke zu einer relativ uneinheitlichen Kasuistik. Den Rahmen für die jeweils zweckadäquate Wertbestimmung bilden folgende Prinzipien:

Nach dem **Kongruenzprinzip** muss die Summe aller Periodenerfolge mit dem Totalerfolg übereinstimmen. Ferner gilt für die Periodenrechnungen das Vergleichbarkeitspostulat, das Rechnungswillkür und den Wechsel von Bewertungsmethoden verhindern soll. Formal wird der Zusammenhang durch die Prinzipien der Bilanzidentität und der formalen Kontinuität gewährleistet. Eingeschränkt wird das Vergleichbarkeitspostulat nur durch den Grundsatz der Vorsicht, der in dem strengen Niederstwertprinzip bei der Bewertung des Umlaufvermögens besonders deutlich zum Ausdruck kommt. Beim Anlagevermögen schlägt sich das Vorsichtsprinzip in den eher zu reichlich als zu knapp vorzunehmenden Abschreibungen nieder.

4.3.2.2   Walbs (dynamische) Erfolgsrechnung

Walb[341] leitet den Formalaufbau von Buchhaltung und Bilanz aus der Tatsache ab, dass sich Geld- und Güterumlauf in der Wirtschaft auf zwei parallel geschalteten Ebenen vollziehen. Entsprechend lassen sich die Konten der Buchhaltung in eine Zahlungs- und Leistungsreihe im Sinne einer **Zweikontenreihentheorie** einteilen. Mit dieser Einteilung ergibt sich zwangsläufig die doppelseitige Verrechnung aller Buchungsfälle. Wesentlich ist, dass der Zahlungsbegriff gegenüber Schmalenbach, der Ausgaben und Einnahmen im engen Sinne einer reinen Kassenrechnung definiert, ausgeweitet wird. Walbs Zahlungsbegriff bezieht

---

[338] Schmalenbach (Theorie) S. 381.
[339] Schmalenbach (Bilanz) 13. Aufl., S. 74.
[340] Schmalenbach (Bilanz) 13. Aufl., S. 51.
[341] Vgl. Walb (Bilanz); ders. (Erfolgsrechnung).

zukünftige Ausgaben und Einnahmen mit ein, so dass die Kontenreihe der Zahlungskonten auch die Kreditkonten aus Schuldverhältnissen und das Eigenkapital umfasst.

Aus der Zweikontenreihe folgt zwangsläufig auch eine zweifache Erfolgsermittlung: In der Leistungsreihe erscheint der Erfolg als Differenz von Eingängen (Aufwendungen) und Ausgängen (Erträgen) auf dem Abschlusskonto der Gewinn- und Verlustrechnung. Parallel dazu erscheint der gleiche Erfolg in der Zahlungsreihe als Differenz von Einnahmen und Ausgaben. Als Abschlusskonto für die Salden auf den Konten der Zahlungsreihe erscheint das Bilanzkonto.

Wie Schmalenbach geht auch Walb von dem Gedanken der Totalrechnung aus. Die in der Periodenerfolgsrechnung notwendigen Abgrenzungen erfolgen durch Zurück- oder Nachverrechnen von Abgrenzungsposten. Dass zwischen Walb und Schmalenbach in allen wesentlichen Fragen grundsätzlich Übereinstimmung besteht, wird bei Walb selbst angedeutet[342] und von Kosiol systematisch nachgewiesen[343]. Sie unterscheiden sich darin, dass Schmalenbach sich darauf beschränkt, den Bilanzinhalt aus der Abgrenzung der baren Einnahmen und Ausgaben von den Aufwendungen und Erträgen als ein umfassendes Abgrenzungskonto schwebender Posten zu deuten, während Walb unter Betonung der Ableitung der Bilanz aus der Buchhaltung die Bilanz selbst als Ausgaben- und Einnahmenrechnung bzw. als Schlusskonto dieser Kontenreihe erklärt und damit gleichrangig neben die Gewinn- und Verlustrechnung stellt.

4.3.2.3   Kosiols pagatorische Bilanz

Kosiol sieht das Ziel seiner Schrift „Pagatorische Bilanz"[344] darin,

> *„eine einheitliche und in sich geschlossene Theorie der Buchhaltung zu entwerfen, die als Theorie der Erfolgsrechnung eine umfassende Konten-, Bilanz- und Bewertungstheorie in sich schließt. Die alle Bestandteile verbindende Leitidee ist die Erfolgsermittlung als Kernziel der Buchhaltung"[345].*

In einer Synthese der Grundgedanken von Schmalenbach und Walb gelingt es Kosiol, die dynamische Bilanzauffassung zu einem geschlossenen System zu entwickeln, mit dem Gutenberg das Problem der Erklärung des Bilanzinhalts als gelöst ansieht[346]. Kosiol führt den Nachweis, dass mit Hilfe eines Systems von Verrechnungen auch die periodische Erfolgsrechnung lediglich auf Zahlungsvorgängen aufzubauen ist. Notwendig ist nur noch eine Kontenreihe: die **Zahlungsreihe**[347]. Die einheitliche pagatorische[348] Rechnungsidee erstreckt sich auf alle wesentlichen Fragestellungen der Buchhaltung und Bilanz:

---

[342] Vgl. Walb (Erfolgsrechnung) S. 107.

[343] Vgl. Kosiol (Bilanz) S. 742–756; ders. (Formelaufbau).

[344] „Seine ‚Pagatorische Bilanz', Gesamtdarstellung seines bilanziellen Denkens und Vermächtnis in einem, beeindruckt durch die didaktische Meisterschaft, mit welcher der pagatorische Grundgedanke auf die verschiedenartigen Bereiche des Rechnungswesens (z.B. Kapitalerhaltung, Finanzflußrechnung, Kalkulation, Wertschöpfungsrechnung) übertragen wird." Schneider (Erfolgsermittlung) S. 347.

[345] Kosiol (Bilanz) S. 40.

[346] Gutenberg (Besprechung) 534.

[347] Die Erzeugungskonten (Aufwands- und Ertragskonten) sind zur Erfolgsermittlung nicht notwendig, sie dienen nur dazu, die Komponenten des Erfolgs detailliert auszuweisen.

[348] Der Terminus „pagatorisch" ist von pagare = zahlen abgeleitet und wird i.S.v. „auf Zahlungsvorgängen beruhend" angewandt.

1. Der Formalaufbau wird als System von Bar- und Verrechnungszahlungen gedeutet.
2. Zielsetzung der Rechnung ist die Ermittlung des pagatorischen Periodenerfolgs als Maßstab der Wirtschaftlichkeit.
3. Die Bewertung erfolgt i.S. einer Anschaffungswertrechnung mit realisierten pagatorischen Werten.
4. Kapitalerhaltung grundsätzlich als nominale Kapitalerhaltung.

Der empirische Gegenstand der **pagatorischen Bilanz** ist der reale Erzeugungsprozess, der mengenmäßig erfasst und dessen Erfolg wertmäßig ausgewiesen werden soll. Die enge Fassung des Realgüterbegriffes (Wirtschaftsgüter) ermöglicht es Kosiol, den „Wert" der Gütervorgänge am Geld, d. h. an **Zahlungsvorgängen** zu messen. Weil aber bei Periodenerfolgsrechnungen die Barzahlungen den Erzeugungsprozess nur unvollständig abbilden,

> *„sind bestimmte Verrechnungszahlungen in den Kalkül einzubeziehen, damit sämtliche Teile der realen Gütervorgänge und der reinen Finanzvorgänge der Periode durch Zahlungen repräsentiert und entsprechend ihrem Erfolgscharakter zur Geltung gebracht werden"*[349].

Die folgende Übersicht zeigt die fünf Typen von Zahlungskonten (Bestandskonten), ein Kassenkonto und vier Verrechnungskonten, die ausreichen, um auf der Grundlage einer systematischen einfachen Buchhaltung den Periodenerfolg zu ermitteln.

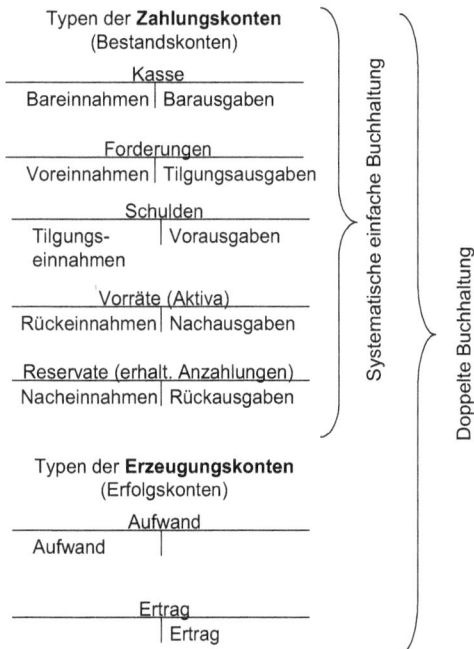

Abbildung 37:   Typen der Zahlungs- und der Erzeugungskonten nach Kosiol

---

[349] Kosiol (Bilanztheorie) S. 282.

Weil nur Bestandskonten geführt werden, erscheinen die in der Periode erfolgswirksamen Rechnungsfälle als einseitige Buchungen. Wird die systematische einfache Buchführung um die Aufwands- und Ertragsrechnung (Erzeugungsrechnung) zum System der doppelten Buchführung erweitert, erfolgt auch bei erfolgswirksamen Vorgängen eine zweiseitige Buchung: Gegenbuchung auf einem der beiden Typen der Erzeugungskonten, auf dem Aufwands- oder dem Ertragskonto.

Mit Kosiols Konzept des **Formalaufbaus** kann jeder Vorgang – anders als bei Schmalenbach, an dessen Konzept gewisse Lücken kritisiert werden[350] – durch Zahlungsvorgänge erklärt und buchungstechnisch eingeordnet werden:

A. REINE BARRECHNUNG

Zu den erfolgswirksamen Barvorgängen zählen der barbezahlte Gütereinsatz, der in dem Schema der pagatorischen Bewegungsbilanz als Aufwandsausgabe erscheint, und der barbezahlte Güterabsatz, der zu Ertragseinnahmen führt.

Nicht erfolgswirksam sind die reinen Finanzvorgänge, die innerhalb einer Periode vollständig abgewickelt werden. Bei Darlehensgewährung und -rückzahlung stehen den baren Forderungsausgaben bare Ausgleichseinnahmen gegenüber, bei Darlehensempfang und -einlösung sind es bare Schuldeinnahmen und bare Ausgleichsausgaben.

B. VERRECHNUNGSVORGÄNGE

(1) Vor- und Tilgungsverrechnung (Antizipation)

Hierbei handelt es sich um antizipierte Barvorgänge, weil die Erfolgswirksamkeit der Barzahlung vorausgeht, z.B. Entstehung von Forderungen und Verbindlichkeiten, die dann in späteren Perioden getilgt werden.

Voreinnahme z.B. Verkauf auf Ziel	**Buchung** Voreinnahme (E II.a) 1.) an Ertrag[351]
Tilgungsausgabe Kunde bezahlt die Rechnung	Ausgleichseinnahme (E I.d) an Tilgungsausgabe (A II. b)
Vorausgabe z.B. Güterverbrauch aus Kreditkauf, Reparatur gegen Kredit	Aufwand an Vorausgaben (A II.a) 1.)
Tilgungseinnahme Tilgung einer Verbindlichkeit	Tilgungseinnahme (E II.b) an Ausgleichsausgabe (A I.d)

---

[350] Vgl. Egner (Bilanzen) S. 110–125; Münstermann (Bilanztheorien) S. 253 f. Vgl. aber Brüning (Transformationsprozeß).

[351] Nur im System der Doppik als Gegenbuchung bei erfolgswirksamen Vorgängen.

Pagatorische Bewegungsbilanz

Einnahmen	Ausgaben
I. Bareinnahmen	I. Barausgaben
a) Ertragseinnahmen	a) Aufwandsausgaben
(bare Verkaufserlöse)	(bare Lohnzahlungen)
b) Reservateinnahmen	b) Vorratsausgaben
(bare Vorauszahlungen an Kunden)	(Bareinkauf von Maschinen)
c) Schuldeneinnahmen	c) Forderungsausgaben
(in bar erhaltenes Darlehen)	(in bar gegebenes Darlehen)
d) Ausgleichseinnahmen	d) Ausgleichsausgaben
(Bareingang ertragswirksamer oder	(bare Begleichung aufwandswirksamer
wechselbezüglicher Forderungen)	oder wechselbezüglicher Schulden)
II. Verrechnungseinnahmen	II. Verrechnungsausgaben
a) Voreinnahmen	a) Vorausgaben
(Forderungsentstehungen)	(Schuldentstehungen)
1. Ertragswirksame Voreinnahmen	1. Aufwandswirksame Vorausgaben
(Forderungen aus Kreditverkäufen)	(Schulden für Reparaturleistungen)
2. Reservat-Voreinnahmen	2. Vorrats-Vorausgaben
(Vorauszahlungen von Kunden	(Schulden für Warenlieferungen)
durch Wechsel)	
3. Wechselbezügliche Voreinnahmen	3. Wechselbezügliche Vorausgaben
(Darlehensforderungen)	(Darlehensschulden)
b) Tilgungseinnahmen	b) Tilgungsausgaben
(Schuldtilgungen = Gegenbuchungen zu	(Forderungstilgungen = Gegenbuchungen
Ausgleichsausgaben)	zu Ausgleichseinnahmen)
c) Rückeinnahmen	c) Rückausgaben
(Aktivierung von Vorratsausgaben für	(Passivierung erhaltener Vorauszahlun-
Maschineneinkäufe)	gen von Kunden)
d) Nacheinnahmen	d) Nachausgaben
(ertragswirksame Verrechnung passivier-	(Verbrauch von Warenvorräten, Ab-
ter Vorauszahlungen von Kunden)	schreibungen, Wertberichtigungen)

Saldo = Periodenerfolg

Abbildung 38:   *Grundform der pagatorischen Bewegungsbilanz*[352]

(2)   Rück- und Nachverrechnung (Transition)

Bei den transitorischen Rechnungsformen geht der Barvorgang dem erfolgswirksamen Vorgang voraus, z.B. Kauf einer Maschine, Eingang von Mieten, die die nächste Periode betreffen bzw. Vorauszahlungen von Kunden; erst in den folgenden Perioden wird die Maschine genutzt bzw. der Kunde beliefert.

---

[352] Kosiol (Buchhaltung) S. 31 f.

Schema:

Rückeinnahme
Anschaffung einer Maschine
gegen bar (gegen Kredit)

Nachausgabe
Nutzung einer Maschine
Rückausgabe

Vorauszahlung von Kunden bar
(gegen Wechsel)
Nacheinnahme
Lieferung an den Kunden

Rückeinnahme (E II.c)
an Vorratsausgabe (A I.b)
(Vorratsvorausgabe (A II.a) 2.)

Aufwand an Nachausgabe (A II.d)
Reservateinnahmen (E I.b)
(Reservatvoreinnahmen (E II.a)2.))

an Rückausgaben (A II.c)

Nacheinnahme (E II.d) an Ertrag

Zur Erfolgsermittlung werden in der **pagatorischen Bewegungsbilanz** sämtliche Zahlungs-vorgänge (Ausgaben und Einnahmen im weitesten Sinn) nach ihrem Zahlungs- und Erfolgs-charakter unsaldiert gegenübergestellt.

Durch Saldierung der einander entsprechenden Zahlungen in der Bewegungsbilanz

Bareinnahmen – Barausgaben
Voreinnahmen – Tilgungsausgaben
Vorausgaben – Tilgungseinnahmen
Rückeinnahmen – Nachausgaben
Rückausgaben – Nacheinnahme

= Barbestandszunahme(-abnahme)
= Forderungszunahme(-abnahme)
= Schuldzunahme(-abnahme)
= Vorratszunahmen(-abnahme)
= Reservatzunahmen(-abnahme)[353]

und durch die Einbeziehung der Bestandsvorträge aus der Vorperiode zur Wahrung der Bilanzkontinuität ergibt sich die Grundform der **pagatorischen Beständebilanz**.

Pagatorische Beständebilanz
Aktiva   Passiva

I. Einnahmenbestände
  1. Barbestände
   (Kasse bzw. Guthaben)
  2. Forderungen
II. Ausgabengegenwerte
  3. Vorräte

I. Ausgabenbestände
  1. Schulden
   (Ausgabenvorgriffe)
II. Einnahmengegenwerte
  2. Reservate

Saldo = Periodenerfolg

Abbildung 39: Grundform der pagatorischen Beständebilanz[354]

Der Periodenerfolg ist nach pagatorischer Bilanzauffassung als **Zahlungsüberschuss** erklär-bar. Weil die Erfolgs(ermittlungs)bilanz den Erfolg nur summarisch ausweist, erlangt im System der **doppelten Buchführung** die Aufwands- und Ertragsrechnung ihre besondere Bedeutung dadurch, dass sie die **Quellen des Erfolges** detailliert aufdeckt.

---

[353] Reservate = erhaltene Anzahlungen.
[354] Kosiol (Bilanztheorie) S. 287f.

Pagatorischer Wert

Echte pagatorische Werte
(für realisierte Zahlungen)
= Anschaffungswerte

Unechte pagatorische Werte
(für unrealisierte Zahlungen)
= Tageswerte

Einnahmenwerte

Ausgabenwerte

(Tages-
veräußerungswerte)

Tages-
beschaffungswerte

AKTIVA

PASSIVA

Barbestände
(tatsächliche
Bareinnahme)

Schulden
(vereinbarte
zukünftige
Barausgabe)

Forderungen
(vereinbarte
zukünftige
Bareinnahme)

PASSIVA

AKTIVA

Reservate
(entstandene
Reservateinnahme)

Vorräte
(Anschaffungs-
ausgaben)

Anschaffungswertmodell
= Grundmodell der pagatorischen Bilanz

Tageswertmodell
= erweitertes Modell der pagatorischen Bilanz

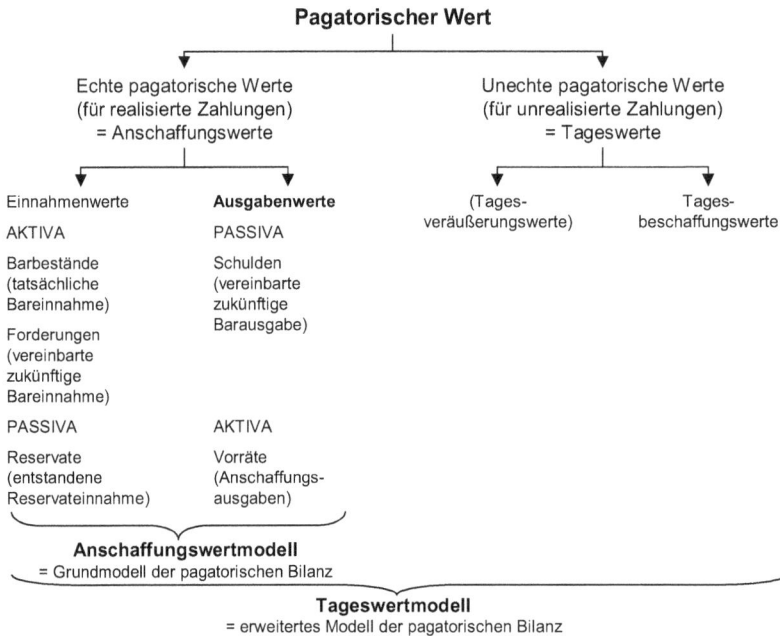

Abbildung 40:   Wertarten in der pagatorischen Beständebilanz

Im Gegensatz zu Schmalenbachs kasuistischen Bewertungsvorschlägen und Walbs Bemühungen, als Bewertungsprinzip die Ermittlung der Unternehmerrendite heranzuziehen, folgt Kosiol konsequent dem pagatorischen Ansatz[355]. Dem entspricht allein die Bewertung zu Anschaffungswerten. Hierbei handelt es sich um die den realisierten Zahlungen entsprechenden echten pagatorischen Werte, die in den Formen des Einnahmenwertes und Ausgabenwertes auftreten. Dem reinen **Anschaffungswertmodell** als Grundmodell der laufenden pagatorischen Rechnung steht am Jahresabschluss eine Bewertungspraxis gegenüber, die dem Vorsichtsprinzip folgend u.U. niedrigere Tages(beschaffungs)werte bei der Aufwands- bzw. Bestandsbewertung einbezieht. Diese **Niederstwertrechnung** lässt sich über einen erweiterten Begriff des pagatorischen Wertes in das Konzept der pagatorischen Bilanz integrieren.

Die Bewertung in der pagatorischen Bilanz korrespondiert mit dem Grundsatz der **nominalen Kapitalerhaltung**. Die Nominalrechnung schließt jedoch nicht aus, dass Geldwertschwankungen berücksichtigt werden. Eine geeignete Erfolgsverwendungsrechnung kann aufzeigen, dass zum Zweck der realen Kapitalerhaltung Teile des nominal ermittelten Erfolges nicht ausgeschüttet werden können.

---

[355] Vgl. Kosiol (Bilanz) S. 345–403.

4.3.3 Überblick über die Ziele und die Erscheinungsformen der Unternehmungserhaltung bei unterschiedlichen Bilanzauffassungen

Die Diskussion um die Unternehmungserhaltung hat in Zeiten inflationärer Geldwertentwicklungen immer eine große Rolle in der Betriebswirtschaftslehre gespielt. In diesen Zeiten ist ein rein nominal berechneter Gewinn höher als der um die Wertschwankungen berichtigte; die Differenz ist der sogenannte **Scheingewinn**.

Ein Scheingewinn kann auf zwei Arten von Preisänderungen zurückgehen[356]:

1. **Allgemeine Preisniveauänderungen** (Geldwertänderungen)
   entstehen dann, wenn sich Preiserhöhungen und Preisminderungen nicht ausgleichen. Ist die eine oder andere Seite im Übergewicht, so verändert die Maßeinheit der Währung ihren Wert[357].
   Dabei besteht zwischen Geldwert und Preisniveau eine reziproke Beziehung; ein steigendes Preisniveau bedeutet sinkender Geldwert.

2. **Individuelle (relative) Preisveränderungen** (Güterwertveränderungen)
   ergeben sich aus der jeweiligen Marktlage einer Güterart, wodurch sich die Relationen der einzelnen Güterpreise verschieben. Trotz eines konstanten allgemeinen Preisniveaus können somit individuelle Preisverschiebungen auftreten.

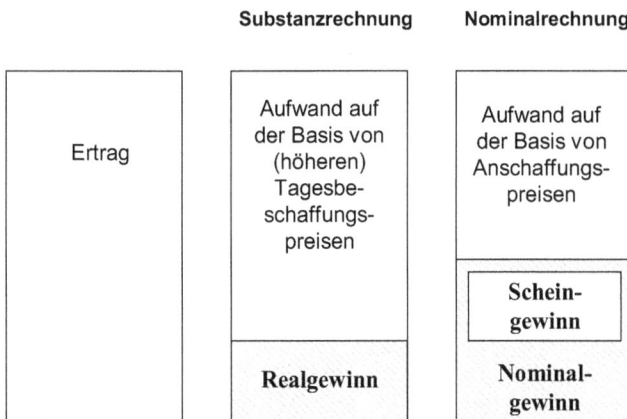

Abbildung 41: Gewinnermittlung bei Nominal- und Substanzrechnung

Der Grund dafür, warum vor allem Preiserhöhungen (Inflation), im Jahresabschluss zu berücksichtigen sind, ist in den Rechtsfolgen zu sehen, die sich an den festgestellten („über-

---

[356] Kosiol (Erfolgsrechnung) S. 146.

[357] Ein Erfolg, der mit Preisen unterschiedlichen Geldwertes ermittelt wurde, wird von Kosiol (Erfolgsrechnung) S. 146 mit der Addition von Birnen und Eiern verglichen. Treffender wäre ein Vergleich mit der Addition großer und kleiner Birnen bzw. Eiern.

höhten") Gewinn anknüpfen: Ausschüttung und Besteuerung. Im Einzelnen sieht Sieben folgende Gefahren[358]:

1. Gefahr der Kapitalfehllenkung.
2. Existenzgefährdung von Unternehmungen und deren Eignern und Gläubigern, verbunden mit einer Gefährdung der Arbeitsplätze.
3. „Falsche Vorstellungen über die Höhe des Unternehmensgewinns und damit die Herausforderung unberechtigter Ansprüche an die Unternehmung von seiten der verschiedensten an ihr beteiligten Gruppen."
4. „Verteufelung der Entwicklung von Unternehmergewinnen und als Folge davon eine unbegründete Anheizung sozialer Unzufriedenheit."
5. Eine immer stärker werdende Verzerrung beabsichtigter Steuerwirkungen.

Um diesen Gefahren zu begegnen, sind auf der Grundlage unterschiedlicher Bilanzauffassungen eine Reihe von Erhaltungskonzeptionen entwickelt worden. Grundsätzliche Unterschiede resultieren daraus, dass die an der Passivseite der Bilanz orientierte geldwirtschaftliche Betrachtungsweise die Unternehmung als eine Kapitalinvestition versteht, während die auf die Aktivseite gerichtete güterwirtschaftliche Betrachtungsweise die Unternehmung als eine Kombination von realen Vermögensteilen (Sachkapital) ansieht. Die erste Erscheinungsform der Unternehmungserhaltung kann als **Kapitalerhaltung**, die zweite als Vermögens- bzw. dem üblichen Sprachgebrauch angepasst als **Substanzerhaltung** bezeichnet werden. Beide werden ergänzt durch die auf den zukünftigen Erfolg gerichtete neuere kapital-theoretische Betrachtungsweise, die eine Erfolgskapitalerhaltung anstrebt.

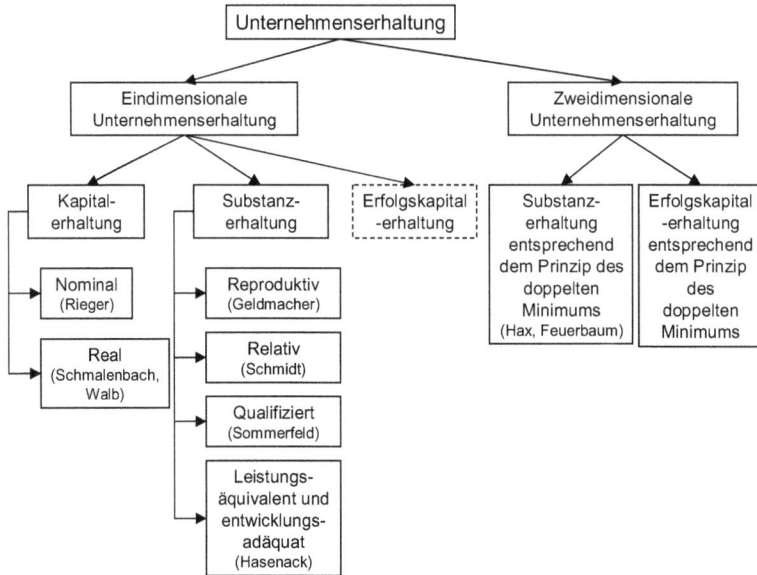

Abbildung 42:   Erscheinungsformen der Unternehmungserhaltung[359]

---

[358] Sieben (Würdigung) S. 154.

Diesen auf jeweils nur ein Minimum-Ziel ausgerichteten eindimensionalen Erscheinungsformen stehen zweidimensionale Erhaltungskonzeptionen gegenüber, die zwei Erhaltungs-
ziele simultan erfüllen wollen[360]. Wie die vorstehende Übersicht zeigt, lassen sich innerhalb
der genannten Formen der Unternehmungserhaltung weitere Ausprägungen, je nach konkreter Bilanzauffassung, unterscheiden, worauf im Folgenden eingegangen werden soll.

4.3.4   Auf Kapitalerhaltung gerichtete Bilanzauffassungen

4.3.4.1   Die nominale Kapitalerhaltung und Riegers nominale Bilanz

Ziel der nominalen Kapitalerhaltung ist die *„Erhaltung eines geldziffernmäßig bestimmten
Ursprungskapitals in Einheiten der effektiven Währung, ohne Rücksicht auf deren Kaufkraft-
änderung"*[361]. **Gewinn** ist demnach alles, was bis zum Ende einer Abrechnungsperiode über
das ursprünglich eingesetzte Geldkapital hinaus erwirtschaftet wurde. Ex definitione gibt es
keinen Scheingewinn. Es gilt der uneingeschränkte Grundsatz „Mark gleich Mark". Bewertungsmaßstab ist – bis auf die Ausnahme Rieger – der historische Anschaffungspreis.

Erfolgsermittlung und Erfolgsverwendung werden von den Vertretern einer Anschaffungswertrechnung sehr scharf getrennt. Sie erkennen die unbefriedigende Aussage des nominalen
Erfolges bei Preisschwankungen, verweisen die Korrektur jedoch in die interne Rechnung.
Dort können über die nominale Kapitalerhaltung hinausgehende Ziele rechnerisch verfolgt
und dann durch eine entsprechende Erfolgsverwendung auch erfüllt werden[362].

Der Vorteil der **Nominalrechnung** liegt in der außerordentlichen Klarheit und Eindeutigkeit.
Die Bewertung zu Anschaffungspreisen ist von allen Wertarten am genauesten. Deshalb
beruht auch das deutsche Handels- und Steuerrecht im Wesentlichen auf dem Grundsatz der
nominalen Kapitalerhaltung.

Als konsequenter Vertreter der nominalen Kapitalerhaltung wird regelmäßig Rieger angeführt. Wie hier zu erläutern sein wird, ist er jedoch nicht mit den Vertretern des Anschaf-
fungswertprinzips in einen Topf zu werfen. Seine Bewertungslehre – als solche ist Riegers
Konzept in erster Linie einzuordnen – baut auf der für die nominale Kapitalerhaltung charak-
teristischen Vorstellung auf, dass der Unternehmer Geld in die Unternehmung investiert, um
durch Kauf bzw. Produktion und Verkauf von Waren mehr Geld zu erhalten. Demnach
kennzeichnet der Vorgang Geld-Ware-Mehrgeld den Wirtschaftsprozess:

> *„Ausgangspunkt jedes Geschäftes"*, so Rieger, *„ist eine Aufwendung in Geld, und
> entsprechend ist der Schlußstein ... eine Einnahme in Geld"*[363]. *Der Erfolg kann erst
> dann ermittelt werden, wenn die Transaktion „wieder beim Geld gelandet ist".*

Rieger geht es also um die richtige **Erfolgsermittlung** im Sinne des Totalerfolges: *„Ein
wahrer Abschluß ist bei einer Unternehmung erst dann denkbar, wenn alle Einnahmen und*

---

[359] Nach Mertens u.a. (Substanzerhaltung) S. 13.

[360] Mertens u. a. (Substanzerhaltung) S. 12.

[361] Hax (Substanzerhaltung) S. 17 (eigene Hervorhebung).

[362] Das Problem der Besteuerung des gesamten Nominalgewinns bleibt dabei jedoch bestehen.

[363] Rieger (Einführung) S. 203.

alle Ausgaben abgewickelt sind"[364]. Wegen der praktischen Notwendigkeit der Periodenab-rechnung, muss die Einnahmen- und Ausgabenrechnung ergänzt werden, *„indem wir die noch zu erwartenden Einnahmen wie die noch zu leistenden Ausgaben in die Buchführung einbeziehen: dann entsteht eine Art Totalrechnung, die mit diesem Rechnungsabschnitt endigt"*[365]. Damit sind die Grundgedanken des ökonomischen Gewinns, auf die wir im Zusammenhang mit den neueren Bilanzauffassungen zu sprechen kommen werden, schon bei Rieger angedeutet; denn, so Rieger, *„bewerten heißt nichts anderes als: Das geldmäßige Schicksal vorausnehmen und auf den Bilanztag umrechnen"*[366]. Dass die Ermittlung des, von Rieger so bezeichneten, heutigen Wertes der zukünftigen Zahlungsvorgänge auf praktische Schwierigkeiten stößt, stört ihn nicht. Rieger geht es weniger um die Entwicklung eines Konzeptes als um eine theoretisch exakte Kritik an der herkömmlichen, namentlich der dynamischen, Bilanzauffassung[367]. Diese Ausrichtung der Kritik verführt leicht dazu, Rieger als Statiker zu kennzeichnen[368]. Tatsächlich ist es aber die richtige Erfolgsermittlung – die Zielsetzung dynamischer Bilanzauffassungen – die Rieger anstrebt. Er unterscheidet sich jedoch von den Anhängern einer anschaffungswert- und damit vergangenheitsorientierten dynamischen Bilanzauffassungen darin, dass sein Konzept eine Zukunftsrechnung ist. Somit ist Rieger in das Schema Statik-Dynamik nicht eindeutig einzuordnen.

Dass sowohl die Auffassungen der Statiker, hier insbesondere die le Coutres, als auch die dynamischen Bilanzauffassungen Schmalenbachs, Walbs und Kosiols den Grundgedanken der nominalen Kapitalerhaltung vertreten, wurde bereits bei der Darstellung in den vorange-gangenen Abschnitten deutlich. Die Nominalrechnung leiten sie (am konsequentesten Kosi-ol) aus der theoretischen Erklärung der Bilanz ab. Anders als Rieger akzeptieren und berück-sichtigen sie aber auch Fragen nach dem „realen" Erfolg bei Preisänderungen. Für Rieger sind diese Fragen indiskutabel, weil er das Nominalkonzept mit der unbedingten Geltung der durch staatliche Autorität vorgeschriebenen nominalen Rechnung begründet[369].

4.3.4.2 Die Berücksichtigung der realen Kapitalerhaltung in der dynami-schen Bilanzauffassung

Charakteristisch für die dynamische Bilanzauffassung und damit ein Abgrenzungskriterium zu den neueren kapitaltheoretischen Ansätzen der Erfolgsermittlung ist die Erfolgsrechnung auf der Basis realisierter Zahlungen. Der so ermittelte Erfolg, als „objektiver" Wirtschaftlichkeits-maßstab verstanden, stellt nicht unbedingt den auszuschüttenden bzw. ausschüttbaren Betrag dar. Dieser beruht auf einer getrennten Erfolgsverwendungsentscheidung, die anderen Krite-rien, beispielsweise dem der Substanzerhaltung, zu folgen hat. Damit prägt grundsätzlich die nominale Kapitalerhaltung Aufbau und Inhalt der dynamischen Rechnungssysteme.

---

[364] Rieger (Einführung) S. 205.

[365] Rieger (Einführung) S. 212.

[366] Rieger (Einführung) S. 213.

[367] Vgl. Rieger (Bilanz); ders. (Einführung) S. 213 f. Zur Lösung der von Rieger vernachlässigten Probleme der Periodenabgrenzung einerseits und der Wertbestimmung andererseits vgl. aber die Bemühungen von Gümbel (Bilanztheorie).

[368] So Egner (Bilanzen) S. 89.

[369] Vgl. Rieger (Geldwertschwankungen) S. 67–72.

Wenn sich jedoch der Geldwert ändert, dann führt, so Walb, die Addition wertverschiedener Geldziffern zu einer völlig unsinnigen Rechnung[370]. Diese Einflüsse auf die Bilanz zu neutralisieren, ist das Ziel der realen Kapitalerhaltung, d. h. *„Erhaltung eines geldziffernmä-ßig bestimmten Ursprungskapitals in Einheiten gleicher Kaufkraft"*[371]. Ausgangsbasis sind die Zahlen (Anschaffungswerte) der Nominalrechnung, die mit Hilfe eines Umrech-nungsfaktors auf eine stabile oder vermeintlich stabile Werteinheit gebracht werden. Für die Umrechnung empfiehlt Mahlberg das Gold[372], Schmalenbach den Großhandelsindex[373] und Walb einen allgemeinen Warenindex (Veränderung des allgemeinen Preisniveaus)[374]. Der reale Erfolg ergibt sich dann durch Gegenüberstellung sämtlicher auf die einheitliche Wert-basis umbewerteten Bestände, Aufwendungen und Erträge sowie Geldbewegungen.

4.3.5 Auf Substanzerhaltung gerichtete Bilanzauffassungen

4.3.5.1 Die reproduktive Substanzerhaltung nach Geldmacher

Ziel der von Geldmacher[375] begründeten **reproduktiven Substanzerhaltung** ist die dauern-de, unveränderte Aufrechterhaltung eines ursprünglichen Güterbestandes:

> *„Die speziellen, durch Art und Quantität bestimmten Produktivgüter, die im Zuge des Leistungsprozesses in ihrem Bestand untergehen, sollen, damit die bisherige Funkti-onsfähigkeit des Betriebes gewahrt bleibt, durch gleichartige neue Produktionsmittel ersetzt werden"*[376].

Folglich ist die Erfolgsrechnung eine Mengenrechnung der Produktionsfaktoren. Von Gewinn wird erst dann gesprochen, wenn über die zur Aufrechterhaltung der Produktionskraft wieder-beschafften Güter hinaus ein Überschuss verbleibt. Um die verschiedenen Güter rechenbar zu machen, werden hilfsweise deren Preise zur Aufwandsberechnung herangezogen. Geldmacher schlägt die Wiederbeschaffungspreise am Umsatztag vor[377]. Dem liegt die Annahme zugrunde, dass die verbrauchten Güter am Umsatztag des Fertigerzeugnisses wiederbeschafft werden. Denn liegt der Wiederbeschaffungstag nach dem Umsatztag, so führt eine Preissteigerung in diesem Zeitraum dazu, dass der nominale Geldwert eine geringere als die ursprüngliche Gü-termenge repräsentiert und somit das Erhaltungsziel nicht erreicht ist.

Einen entscheidenden Mangel der bloß reproduktiven Substanzerhaltung sehen deren Kriti-ker darin, dass weder die ständige Fortentwicklung der Produktionstechnik, die qualitativen Veränderungen der Produktionsanlagen noch Änderungen der Nachfragestruktur in die Rechnung einbezogen werden und somit die Wirtschaftsdynamik unberücksichtigt bleibt.

---

[370] Walb (Erfolgsrechnung) S. 332–344.

[371] Hax (Substanzerhaltung) S. 17 (eigene Hervorhebung).

[372] Vgl. Mahlberg (Bilanztechnik).

[373] Vgl. Schmalenbach (Bilanz) 6. Aufl. S. 231.

[374] Vgl. Walb (Erfolgsrechnung) S. 342 f. Heute wird auch der sogenannte Lebenshaltungsindex diskutiert. Vgl. Niehus (Berücksichtigung) S. 183–190.

[375] Vgl. Geldmacher (Wirtschaftsunruhe).

[376] Lauffer (Theorien) S. 42.

[377] Geldmacher (Wirtschaftsunruhe) S. 60.

4.3.5.2   Die relative Substanzerhaltung in der organischen Tageswertbilanz von F. Schmidt

Fritz Schmidt, Hauptvertreter der **relativen Substanzerhaltung**, ist der Ansicht, dass das Erhaltungsziel nur dann erreicht ist, wenn die Unternehmung ihre relative Stellung in der Gesamtwirtschaft aufrechterhält:

> *„Relative Werterhaltung der Unternehmung besagt, daß sie proportional der Gestaltung der Durchschnittsproduktivität in der Gesamtwirtschaft erhalten werden soll"*[378].

Dieses relative Erhaltungsziel Schmidts wird jedoch durch sein Rechnungskonzept nicht eingelöst, das faktisch, wie das Konzept Geldmachers, auf eine **absolute Erhaltung** des gütermäßigen Eigenkapitals abstellt[379]. Schmidt ist ausgesprochen dynamisch eingestellt: Zum einen knüpfen seine knappen Hinweise zum Formalaufbau an Schmalenbach an[380], zum anderen geht es ihm in seiner Bewertungslehre darum, den als Grundlage unternehmerischer Entscheidungen „richtigen" Jahresgewinn zu ermitteln. Er unterscheidet sich von den Dynamikern darin, dass er 1. die Vermögensermittlung als gleichrangige Aufgabe darstellt und 2. bei der Erfolgsermittlung bereits Preisveränderungen berücksichtigt. Von daher ergibt sich ein abweichender Erfolgsbegriff (realer Erfolg bzw. Umsatzerfolg):

> *„Gewinn kann nur sein, was über den Tagesbeschaffungswert der Kostenmengen des Umsatztages hinaus erzielt wird. Weder die Volkswirtschaft noch die Betriebe können Gewinne erzielen, wenn nicht die Erlöse erlauben, ein Mehr an Kostenmengen (= Einsatzgüter, Anm. d. Verf.) über die verbrauchten hinaus zu bezahlen. Damit ist gleichzeitig gesagt, daß eine bloße Wertänderung der Kostenteile niemals Gewinn aus der Betätigung des Betriebes sein kann"*[381].

Konsequenterweise lehnt Schmidt den Anschaffungswert als Wertkategorie für die Aufwandsrechnung ab und ersetzt ihn durch den **Tagesbeschaffungswert** am Umsatztag.

> *„Es stehen sich also die Tageswerte der Kostenteile im Beschaffungsmarkte und die Tageswerte der Fertigprodukte im Absatzmarkte, bezogen auf den Umsatztag, gegenüber und ihr Vergleich zeigt an, welche Wertsteigerung die Kostenteile durch ihre Umwandlung in Fertigprodukte erfahren haben, welchen Gewinn man durch die Tätigkeit des Betriebes erzielte. Im Grunde handelt es sich hier um einen Vergleich der Kostenmengen mit den Absatzmengen"*[382].

---

[378]   Schmidt (Tageswertbilanz) S. 146 (im Original gesperrt). Eckart (Substanzerhaltung) S. 21 f. strebt dagegen nach einer „branchenrelativen" Erhaltung der Unternehmung, wobei der Maßstab hierfür nach Eckardt die Größe des Marktanteils ist.

[379]   Vgl. Seicht (Bilanz) S. 446.

[380]   Vgl. Schmidt (Tageswertbilanz) S. 51 f.

[381]   Schmidt (Bilanz) S. 2044 f. (im Original z. T. gesperrt).

[382]   Schmidt (Bilanz) S. 2044 (im Original z. T. gesperrt).

Bilanzkonzept von F. Schmidt
= dualistisches Rechnungssystem

Bestandsrechung	Erfolgsrechnung
(Rechung der unvollendeten Umsätze)	(Rechnung der vollendeten Umsätze)

BEWERTUNGSPRINZIP   BEWERTUNGSPRINZIP

Tagesbeschaffungswerte zum Bilanz-   Aufwand:
stichtag   Zu Tagesbeschaffungswerten am Umsatztag
(entspr. für Wertminderungen)
– fortgeführte   – fortgeführte
 Anschaffungswerte   Anschaffungswerte
= Wertänderung (Bestand)   = Wertänderung (Aufwand)
am ruhenden Vermögen   (erfolgsneutral)
(erfolgsneutral) als Korrektur
zum Kapitalkonto

Wertansätze: Verkaufspreise (Erträge)
  1. Gegenstände des Anlage-   – Aufwand zu Tagesbeschaffungs-
      vermögens und   werten am Umsatztag (erfolgs-
  2. Sachwertgüter des Um-   wirksam)
      laufvermögens

    → Tagesbeschaffungs-   = realer Erfolg
       werte am Bilanz-
       stichtag

aber

  3. Nominalgüter
    → Nominalbetrag

Abbildung 43:   Die organische Bilanzauffassung von F. Schmid

Bei der Differenz zwischen Anschaffungswert und Tagesbeschaffungswert der „Kostenmengen" handelt es sich um einen Scheinerfolg (Scheingewinn; bzw. -verlust), der auf
Preisänderungen und nicht auf Unternehmertätigkeit beruht. Wie bereits zur reproduktiven
Substanzerhaltung festgestellt wurde, erfordert das Erhaltungsziel an sich, den Tagesbeschaffungswert zum tatsächlichen Wiederbeschaffungszeitpunkt anzusetzen. Schmidt lehnt
dies jedoch zum einen wegen der Unsicherheit dieses Wertansatzes und zum anderen aus
seinem Verständnis des (Umsatz-)Erfolgs als Differenz von Aufwendungen und Erträgen
auf gleichem Preisniveau heraus ab[383].

Die Bewertungsregel Kostenmengen des Umsatztages zu Beschaffungswerten am Umsatztag
gilt auch für die Abschreibungen in der (Umsatz-)Erfolgsrechnung:

> *„Man müßte also ... für jeden Einzelumsatz sowohl den Umsatztag, die auf ihn entfal-*
> *lende Abnutzungsmenge und den dafür maßgebenden Tageswert am Umsatztage er-*

---

[383] Schmidt (Tageswertbilanz) S. 72 f. Allenfalls dürfte eine Entwertungsprämie berücksichtigt werden (ebd.
S. 73).

mitteln. Es ist klar, daß solch ein Verfahren ... praktisch nicht anwendbar ist. Man wird also ... eine Durchschnittsrechnung anwenden müssen"[384].

Eine vereinfachte Durchschnittsrechnung könnte die Abschreibungen von dem durchschnittlichen Tagesbeschaffungswert über die Abrechnungsperiode ermitteln. An der Position der Abschreibungen wird der dualistische Charakter der organischen Bilanzauffassung besonders deutlich. Auch bei der Vermögensermittlung will Schmidt die Frage der Wertänderung (hier: am ruhenden Vermögen) berücksichtigen. Dazu sind die Bilanzbestände zu den Tagesbeschaffungswerten am Bilanzstichtag anzusetzen. Die auf Preisveränderungen zurückzuführende Differenz zu den jeweiligen Anschaffungswerten kann nicht als Gewinn angesehen werden. Die Vermögenswertänderung ist erfolgsneutral auf einem Unterkonto zum Kapitalkonto festzuhalten. Dort bildet sie eine Korrektur zum Nominalkapital, die den realen Erfolg in der Bilanz sichtbar macht.

Was nun die Bewertung der **Abschreibungen** betrifft, so sind die von Menrad[385] registrierten Widersprüche bei Schmidt darauf zurückzuführen, dass die Aufwandsbewertung in der Erfolgsrechnung unabhängig von der Umbewertung in der Vermögensrechnung ist. Das führt dazu, dass in der Bilanz Wertminderungen von den Beschaffungswerten am Bilanzstichtag anstatt Umsatztag zu bemessen sind. Die nach Schmidt zu verrechnenden Abschreibungsbeträge erreichen jedoch – unabhängig vom Rechnungsmaß – in keinem Fall den Reproduktionswert der Anlage. Dies wäre nur der Fall, wenn von vornherein von dem Tagesbeschaffungswert zum Wiederbeschaffungszeitpunkt abgeschrieben würde. Schmidt löst dieses Problem dadurch, dass er – durchaus realistisch – unterstellt: Der aus den Erlösen zurückfließende Abschreibungsbetrag wird *„regelmäßig sogleich wieder angelegt, und zwar entweder in Vorräten oder anderen Anlagen"*[386].

Durchbrochen wird die grundsätzliche Bewertungsregel der Bestandsrechnung beim Geldvermögen, das zum Nominalbetrag anzusetzen ist. Die Absicherung gegen Wertverluste ist auch hier eine Finanzierungsaufgabe: *„Alle Realgüter der Aktivseite (sind) aus Eigenkapital, alle Geldforderungen und Geldbestände der Aktivseite aber durch die Aufnahme von Geldschulden zu beschaffen"*[387]. Dieses oberste Gesetz der Wertgleichheit gleicht Wertverluste aktiver Geldposten durch Wertgewinne bei Geldschulden aus.

4.3.5.3   Die qualifizierte Substanzerhaltung in Sommerfelds eudynamischer Bilanz

Das im Rahmen der **eudynamischen Bilanzauffassung** von Sommerfeld vertretene Prinzip der qualifizierten Substanzerhaltung bedeutet *„nicht nur Erhaltung; denn das Beharren, der Stillstand in der Entwicklung bedeutet schon Rückgang, also Substanzminderung. Erhaltung verlangt ein Mitgehen mit der organischen, technischen und organisatorischen Entwick-*

---

[384] Schmidt (Tageswertbilanz) S. 188.
[385] Vgl. Menrad (Rechnungswesen) S. 237 f.
[386] Schmidt (Bilanz) Sp. 2056.
[387] Schmidt (Tageswertbilanz) S. 133 (im Original gesperrt).

lung"[388]. Danach schließt das Erhaltungsziel ein Ausbaumoment ein, um „ein der Gesamt-wirtschaftslage angemessenes Wachstum der Unternehmung"[389] zu sichern.

Die zur Substanzsicherung und zum Ausbau der Unternehmung erforderlichen Mittel „*wer-den, weil lebensnotwendig, nicht aus dem Gewinn zurückgestellt, sondern sind als ... Auf-wand dem Verlust- und Gewinnkonto vor Feststellung des Gewinnes zu belasten*"[390]. Die Gutschrift erfolgt auf den von Sommerfeld unkorrekt mit „Rücklagen" bezeichneten Rück-stellungskonten:

– Wachstumssicherungsrücklage,
– Substanzsicherungsrücklage und
– Dividendenausgleichsrücklage.

Über eine gezielte Steuerung der Dividendenausgleichsrücklage könnte die Vorstellung Sommerfelds verwirklicht werden, den Kapitaleignern, ähnlich wie den Fremdkapitalgebern, eine jährlich feste Rente zu gewähren[391]. Der „echte" **Periodengewinn** errechnet sich dann wie folgt[392]:

Nominalgewinn

– Aufwendungen für Wachstumssicherung
– Aufwendungen für Substanzsicherung
– Dividendenausgleich

= Echter Periodengewinn (ausschüttbar)

4.3.5.4 Leistungsäquivalente und entwicklungsadäquate Substanzerhaltung

Die **leistungsäquivalente Substanzerhaltung** prägt die Bilanzauffassung Hasenacks[393]. In einer Art Synthese der Grundgedanken Schmidts und Sommerfelds soll eine „Unterneh-mungsvergreisung" dadurch verhindert werden, dass technischer Fortschritt und Bedarfs-wandlungen berücksichtigt werden. Reinvestitionen sollen sowohl in technisch weiterentwi-ckelten als auch – bei Nachfrageverschiebungen – in andersartigen Anlagen erfolgen. Dazu ist es notwendig, die Aufwendungen zum Tagesbeschaffungspreis äquivalenter Güter zu bewerten und die Differenz zum Anschaffungswert auf einem Leistungssicherungs-Ausgleichskonto als Vorkonto zum Kapitalkonto zurückzulegen.

Teilweise wird gefordert, dass die leistungsäquivalente Substanzerhaltung der Entwicklung der Branche bzw. der Gesamtwirtschaft entsprechen müsse[394].

---

[388] Sommerfeld (Unternehmer) S. 13 (im Original z. T. gesperrt).
[389] Sommerfeld (Bilanz) S. 1340.
[390] Sommerfeld (Bilanz) S. 1340.
[391] Sommerfeld (Eudynamische Bilanz) S. 983.
[392] Schweitzer (Bilanztheorien) S. 276.
[393] Vgl. Hasenack (Anlagenbeschreibung).
[394] Vgl. Liebl (Kapitalerhaltung) S. 585.

Eckardt erhebt Bedenken gegen diese weite Form der Entwicklungsadäquanz einer leis-tungsäquivalenten Substanzerhaltung, die *„bei expansiver wirtschaftlicher Entwicklung in dem Rahmen ihrer ‚Erhaltung' auch eine Ausweitung der produktionstechnischen Leistungs-fähigkeit einschließt"*[395]. Die Entwicklungsadäquanz soll nicht zur Erhöhung der Leistungs-fähigkeit beitragen: Sie gibt lediglich an, was (qualitativ) wiederzubeschaffen ist, den Um-fang (quantitativ) jedoch bestimmt das primäre Ziel der Leistungsäquivalenz. Zu erhalten ist also *„eine Substanz, die in ihrer technischen Leistungsfähigkeit unverändert ist und die innerhalb der durch diese Leistungsfähigkeit gezogenen Grenzen mit der Entwicklung mitgeht"*[396].

Das Problem liegt auch bei dieser Konzeption in der Messung des erhaltungsbezogenen Aufwandes. Eckardt sieht deshalb für die „offizielle Bilanzrechnung" die u. E. begründete Gefahr, dass die Betriebe *„den Aufwand willkürlich angeben und den Erfolg ihren Absichten entsprechend erhöhen oder herabsetzen"*[397].

4.3.6   Verbindung von Kapital- und Substanzerhaltung durch das Prinzip des doppelten Minimums

Um den „Lebensbedürfnissen der Unternehmung" nicht durch Gewinnausschüttungen zuwider zu handeln, wird insbesondere von K. Hax gefordert, sowohl auf Kapitalerhaltung als auch auf Substanzerhaltung zu achten: **Prinzip des doppelten Minimums**[398]. Nur der jeweils kleinere ist als ausschüttbarer Gewinn auszuweisen, d. h

- bei Preissteigerung der Substanzgewinn,
- bei Preisrückgang der Nominalgewinn.

Bei Preissteigerungen werden die nominalen Scheingewinne nicht als Erfolg ausgewiesen, sondern erfolgsrechnerisch neutral in einer **Substanzerhaltungsrücklage** eingestellt. Preis-rückgänge führen aus der Sicht reiner **Substanzerhaltung** zu nominalen Scheinverlusten in Höhe der Differenz zwischen Anschaffungswerten und niedrigeren Wiederbeschaffungswer-ten. Hierbei stellt Hax' Prinzip des doppelten Minimums auf die Erhaltung des nominalen Kapitals ab. Daher sind nominale Verluste auszuweisen, was *„praktisch nichts anderes bedeutet als eine Präjudizierung zukünftiger Gewinne; sie sollen zunächst einmal dazu dienen, das ursprüngliche Kapital wiederherzustellen"*[399].

Sollte die Unternehmung jedoch in vorangegangenen Preissteigerungsperioden Substanzer-haltungsrücklagen angesammelt haben, so werden die nominalen Verluste zuerst mit dieser Rücklage verrechnet. Nur die darüber hinausgehenden Verlustbeträge werden in der Bilanz ausgewiesen.

Hax ist der Ansicht, dass die Substanzrechnung nur den Charakter einer vorübergehenden Hilfsrechnung neben der Geldkapitalrechnung haben sollte, *„solange und insoweit die*

---

[395] Lauffer (Theorien) S. 46. Vgl. Eckardt (Substanzerhaltung) S. 34 f.
[396] Eckardt (Substanzerhaltung) S. 35.
[397] Eckardt (Substanzerhaltung) S. 56.
[398] Vgl. Hax (Substanzerhaltung) S. 32–42.
[399] Vgl. Hax (Substanzerhaltung) S. 36 f.

Substanzerhaltung im Interesse einer ungeschmälerten Fortführung der Unternehmung erforderlich ist"[400].

Feuerbaum schlägt eine ähnliche Kombination des nominalen und substanziellen Erhaltungsziels im Rahmen seiner **polaren Bilanz** vor, jedoch mit dem Unterschied, dass

> *„weder die nominelle noch die substanzielle Vermögensrechnung Vorrang (hat). Sie sind im Rahmen der polaren Bilanz gleichrangig und interdependent, d. h. die substanzielle Kapitalerhaltung wirkt sich auf die nominelle Kapitalerhaltung und umgekehrt aus"*[401].

Konkret unterscheidet sich Feuerbaums Vorgehen dadurch von Hax, dass eine Auflösung der Substanzerhaltungsrücklage für ihn nicht in Frage kommt: Erfolge aufgrund von Preissteigerungen werden zwar als Scheingewinne (erfolgsunwirksam) behandelt, indem sie einer Substanzerhaltungsrücklage zugeführt werden, umgekehrt aber werden Verluste aufgrund von Wertschwankungen (Preissenkungen) immer als „echte" Verluste erfolgswirksam (als Aufwand) ausgewiesen. Dieses Vorgehen führt zu der u. E. wenig sinnvollen[402] Konsequenz, dass bei erneuten Wertsteigerungen die Substanzerhaltungsrücklage je nach Häufigkeit der Preisschwankungen bald ein Vielfaches der tatsächlichen Wiederbeschaffungskosten erreicht.

4.4 Die neueren Bilanzauffassungen

4.4.1 Kapitaltheoretische Bilanzauffassungen

4.4.1.1 Allgemeine Darstellung

Die kapitaltheoretischen Bilanzauffassungen[403] beruhen auf einer Erfolgsdefinition, der nicht mehr die Bewertung und Sammlung einzelner Vermögensgegenstände zugrunde liegt. Vielmehr deuten sie das Vermögen der Unternehmung ganzheitlich als ein **Erfolgspotential**, das als dauerhafte Einkommensquelle des „Unternehmers" zu erhalten ist. Erhalten werden soll also nicht das Anfangskapital, sondern die **wirtschaftliche Leistungsfähigkeit** der Unternehmung, damit das Vermögen am Planungshorizont zur Sicherung des späteren Einkommens ausreicht. Das bedeutet Sicherung der Ertragskraft der Unternehmung – genauer ihres Ertragswertes. Bei der Berechnung des Ertragswertes als Barwert aller zukünftigen Einnahmeüberschüsse sind – soweit darüber Informationen vorhanden sind – „automatisch" alle Erwartungen berücksichtigt, die die zukünftigen Zahlungsvorgänge tangieren, *„also*

- *das Steigen von Wiederbeschaffungspreisen,*
- *das Steigen von Absatzpreisen,*

---

[400] Vgl. Hax (Substanzerhaltung) S. 35 und auch S. 51.
[401] Feuerbaum (Bilanz) S. 104.
[402] Feuerbaum (Bilanz) S. 135 hält dies aus Gründen der Praktikabilität und aus volkswirtschaftlichen Gründen für gerechtfertigt.
[403] In der deutschsprachigen Literatur zuerst von Honko (Probleme) und Schneider (Bilanzgewinn) vorgetragen.

- *technischer Fortschritt durch Erscheinen neuer Fabrikationsverfahren,*
- Veränderungen der Stellung des Unternehmens am Markt"[404].

Daraus folgt:

> *„Eine Unternehmung hat im Ablauf eines Jahres ihre wirtschaftliche Leistungsfä-*
> *higkeit erhalten, wenn sie am Ende des Jahres den gleichen Ertragswert aufweist wie*
> *am Anfang. Ist ihr Ertragswert am Ende des Jahres gestiegen, so hat die Unterneh-*
> *mung Gewinn erzielt"*[405].

Dieser sogenannte ökonomische bzw. kapitaltheoretische **Gewinn** ist – anders formuliert – gleich den Zinsen auf den Ertragswert am Anfang des Jahres, denn

> *„wenn keine Prognoseirrtümer eintreten und während eines Jahres nichts entnommen*
> *wird, dann brauchen alle künftigen Zahlungsströme der Unternehmung am Ende des*
> *Jahres um ein Jahr weniger abgezinst zu werden"*[406].

Die so verstandene Erfolgsrechnung dient der Bestimmung des der Unternehmung maximal entziehbaren Betrages bei Erhaltung der wirtschaftlichen Leistungsfähigkeit (Ertragskraft)[407]. Sie stellt damit ausschließlich auf die Zahlungsbemessungsaufgabe der Bilanz ab[408]. Der kapitaltheoretische Ansatz deckt sich hinsichtlich des streng pagatorischen Charakters der Rechnungsgrößen mit der Bilanzauffassung Kosiols. Was jedoch Bilanzzweck und zeitliche Dimension betrifft, so ist die kapitaltheoretische Bilanz **einkommensorientiert** (ausschüttungsorientiert) und **zukunftsbezogen**. Weil aber die Probleme hinsichtlich der Ungewissheit über die zukünftigen Zahlungsvorgänge und des „richtigen" Kalkulationszinsfußes praktisch nicht gelöst sind, ist dieser Ansatz in erster Linie von theoretischem Interesse. Darüber hinaus spricht gegen das Konzept, dass

- die geltenden Rechnungslegungsvorschriften und Grundsätze ordnungsmäßiger Buchführung, so der Grundsatz der Einzelbewertung (§ 252 Abs. 1 Nr. 3 HGB) und das Realisationsprinzip, nach dem Gewinne erst auszuweisen sind, wenn sie realisiert (§ 252 Abs. 1 Nr. 4 HGB), d. h. zu Geld oder Forderungen geworden sind, dagegen stehen[409],
- die Informationsaufgaben des Jahresabschlusses vernachlässigt werden[410],
- eine objektive Nachprüfbarkeit wegen der notwendigerweise subjektiven Schätzungen nicht möglich ist[411],
- die mit der langfristigen Plandatenermittlung entstehenden Informationskosten den Informationsnutzen übersteigen[412].

---

[404] Egner (Bilanzen) S. 141. Vgl. auch Schneider (Gewinn) S. 11.

[405] Schneider (Investition) S. 245.

[406] Schneider (Investition) S. 239.

[407] Vgl. Schneider (Gewinn) S. 9.

[408] Vgl. Egner (Bilanzen) S. 137.

[409] Vgl. Münstermann (Bilanz) S. 527; Schneider (Investition) S. 256 f. Über das Prinzip des doppelten Minimums versucht Schneider diesen Gesichtspunkt zu berücksichtigen.

[410] Vgl. Egner (Bilanzen) S. 150 f.

[411] Vgl. Drukarczyk (Brauchbarkeit) S. 187.

[412] Vgl. Wegmann (Gewinn) S. 126.

4.4.1.2   Die Weiterentwicklung des Riegerschen Ansatzes durch Gümbel

Wenn in der neueren Bilanzdiskussion kapitaltheoretische Erkenntnisse auf den Bereich der Bilanzierung übertragen werden, so sind dies Überlegungen, die bereits in der klassischen Bilanzauffassung Riegers zu finden sind. Gümbel nun geht es um die kritische Weiterentwicklung der Gedanken Riegers durch den kapitaltheoretischen Kalkül[413]. Zum einen präzisiert er die bei Rieger offene Frage nach dem Abzinsungsfaktor bei der *„Eskomptierung des späteren geldlichen Endes aller Gütervorgänge auf den Bilanzstichtag"*, was in Anlehnung an Albachs Konzept auf eine interne Zinsfußrechnung hinausläuft. Ferner gelingt es Gümbel, Regeln aufzustellen, nach denen unter Annahme vollkommener Information der Totalgewinn eindeutig auf einzelne Perioden verteilt werden kann.

4.4.1.3   Die synthetische Bilanz Albachs

Für Albach ist die Bilanz kein Führungsinstrument, sondern *„ein Abrechnungsinstrument über die Teile der geplanten und erwarteten Gewinne, die durch die Tätigkeit in der Bilanzperiode realisiert worden sind"*[414]. Die Bilanz erfüllt die Funktion einer Kontrollrechnung der auf eine bestimmte optimale Verzinsung ausgerichteten Gesamtplanung der Unternehmung, aus der sich der erwartete Gesamtgewinn ergibt. Dazu werden in einem betrieblichen Optimalplan dem ursprünglichen Investitionsbetrag, d. h. den realisierten Ausgaben, die zukünftigen Einnahmen bei optimaler Verzinsung – d. h. nach Albach zum **internen Zinsfuß** – gegenübergestellt. *„Die Abrechnung in der Bilanz ist nun nichts anderes als eine Kontrolle dieses so definierten Optimalplans"*[415]. Unter der Annahme, dass sich der realisierte mit dem erwarteten Unternehmungsprozess deckt, ist der in der Bilanz ausgewiesene realisierte Gewinn gleich der geplanten Verzinsung des ursprünglichen Investitionsbetrages zum internen Zinsfuß. Dazu Albach:

> *„Eine Bilanz, die der Bedingung genügt, daß die Summe der Einzelwerte gleich dem Gesamtwert des Unternehmens laut Optimalplan ist, bezeichne ich als synthetische Bilanz"*[416].

Albachs Konzept zielt darauf ab, die Abweichungen zwischen vergangenheitsorientierter Einzel- und zukunftsorientierter Gesamtbewertung zu überwinden, indem die Gewinnermittlung anhand prognostizierter und realisierter Zahlungsvorgänge erfolgt. An einem einfachen Beispiel lässt sich jedoch ein Widerspruch in Albachs Ansatz zeigen:

Die Geschäftätigkeit einer Unternehmung beschränkte sich darauf, im Zeitpunkt t0 für 100.000 € ein Kognaklager zu erwerben und in t5 für 248.832 € zu verkaufen. Dem entspricht eine interne Verzinsung von 20 %.

In der Bilanz stehen die noch nicht getilgten Ausgaben (und ggf. das Bargeld) dem Barwert der zukünftigen Einnahmen und dem Gewinn als Jahresrendite bezogen auf das Anfangskapital gegenüber. Am Ende des zweiten Jahres:

---

[413] Vgl. Gümbel (Bilanztheorie).

[414] Albach (Grundgedanken) S. 22.

[415] Albach (Grundgedanken) S. 26.

[416] Albach (Grundgedanken) S. 27.

Bilanz Jahr 2

noch nicht getilgte Ausgaben	100.000	Barwert künftiger Einnahmen	120.000
		Gewinn	24.000
	100.000		144.000

Albachs Bilanz ist nicht ausgeglichen, d. h. der ausgewiesene Gewinn ist durch die Aktiven nicht gedeckt. Eine Erhöhung der Aktiva um den unrealisierten Gewinn aber widerspräche Albachs Anschaffungswertprinzip für Vermögensgegenstände.

4.4.1.4 Erfolgskapitalerhaltung nach dem Prinzip des doppelten Minimums bei Schneider

Traditionellerweise werden der bilanziellen Gewinnermittlung die Zwecke zugeschrieben:

- Bestimmung von Einkommenszahlungen
- Verbesserung zukünftiger Entscheidungen
- Rechenschaftslegung gegenüber Außenstehenden.

Schneider geht von der Überlegung aus, dass für die beiden letzten Zwecke die Gewinnermittlungsrechnung unbrauchbar ist und zu ihrer Erfüllung bereits andere, bessere Instrumente entwickelt wurden. *„Die einzige betriebswirtschaftliche Notwendigkeit, einen Periodengewinn zu ermitteln, folgt aus der Aufgabe, die Höhe des maximal entziehbaren Betrages je Periode (je Zahlungszeitpunkt) zu bestimmen“*.[417] Obwohl sich hier das entnahmeorientierte Konzept des ökonomischen Gewinns anbietet, stellt Schneider darüber hinaus die Frage, „ob damit der ausschüttungsfähige Gewinn der Unternehmungsrechnung zuverlässig ermittelt werden kann“[418]. Das ist nicht der Fall:

> *„Die öffentliche Rechnungslegung der Unternehmung muß kontrollierbar sein. Eine Abkehr vom Realisationsprinzip und eine Hinwendung zum Ertragswert würde willkürlicher Interpretation weiten Raum öffnen ... Da auch für den ökonomischen Gewinnbegriff vieles spricht, wäre als Ausweg der Vorschlag denkbar, die Bewertung nach dem Realisationsprinzip und dem Ertragswertprinzip nebeneinander auszuweisen und danach – in Anlehnung an den Gedanken des ‚doppelten Minimums‘ nur den geringeren von beiden als ausschüttungsfähig anzusehen“*[419].

Schneider schlägt deshalb vor, den Jahresabschluss durch eine Nebenrechnung des ökonomischen Gewinns zu ergänzen, womit hinsichtlich der Ausschüttung vier Einzelfälle zu unterscheiden wären[420]. Nur diese Regelung erlaubt das Minimum an Selbstfinanzierung, das notwendig ist, um Leistungsfähigkeit auf Dauer zu erhalten.

---

[417] Schneider (Investition) S. 234.

[418] Schneider (Bilanzgewinn) S. 467.

[419] Schneider (Bilanzgewinn) S. 468 f.

[420] Vgl. Schneider (Gewinn) S. 16.

4.4.2   Instrumentelle (informationsbezogene) Bilanzauffassungen

4.4.2.1   Allgemeine Darstellung

Neben den Autoren, die die Mängel der praktizierten Bilanzierungsregelungen durch ein aussagefähigeres kapitaltheoretisches Konzept der Erfolgsermittlung beseitigen wollen, steht eine zweite Gruppe von Bilanzkritikern, die die bilanzielle Erfolgsermittlung grundsätzlich in Frage stellen[421]. Formuliert Busse von Colbe noch vorsichtig, dass er Teile des bisherigen Jahresabschlusses als entbehrlich ansieht, so zieht Moxter die deutliche Konsequenz, dass Bilanz und Gewinn- und Verlustrechnung durch aussagefähigere Informationsinstrumente zu ersetzen seien[422]. Im Wesentlichen sind es zwei Gründe, die zu dieser mehr oder weniger starken Ablehnung führen:

1. Der bilanzielle Erfolg ist keine objektive, kontrollierbare Größe. Die notwendige Periodisierung von Einnahmen und Ausgaben ist mit subjektivem Ermessen verbunden, das zudem dem externen Bilanzinteressenten verborgen bleibt. Nur ein Rechnungskonzept, das auf unbestechlichen Finanzvorgängen aufbaut, kann die mit den verrechnungstechnischen Vorgängen verbundenen Bewertungsspielräume neutralisieren.
2. Darüber hinaus entspricht das Erfolgsermittlungsziel der Bilanz überhaupt nicht den Informationsbedürfnissen der Bilanzinteressenten. Viel mehr als der Erfolg interessieren Liquiditätsverhältnisse und finanzielle Strömungsgrößen als Entscheidungsgrundlage.

Aus diesen Gründen orientieren sich die Kapitalflussrechnung Busse von Colbes und das **finanzplanorientierte Tableau** Moxters ausschließlich an den objektiv feststehenden Zahlungsvorgängen, den Barzahlungen sowie Forderungen und Schulden.

Die von den Autoren vorgeschlagenen informationsbezogenen Rechnungskonzepte können als zweckorientierte Bilanzmodelle[423] einer allgemeinen – von Mattessich in einem m. E. für die betriebswirtschaftliche Forschung zukunftsweisenden Beitrag dargelegten – instrumentellen Bilanzauffassung angesehen werden,

> *„welche in der Ansicht wurzelt, daß die Bilanz ... ein Instrument zur Erfüllung eines ganz bestimmten Informationszweckes darstellt und das, je nach der allgemeinen Situation und dem im Benutzer entsprungenen subjektiven Informationsbedürfnis, das eine oder andere Bilanzmodell zu wählen sei ... Das heißt, im Gegensatz zur herkömmlichen theoretischen Annahme, liegt der Zweck der Rechnungslegung keineswegs in einer objektiven Darlegung der Wirtschaftssituation einer Unternehmung. Im Gegenteil, er wird stets gewissen subjektiv beeinflußten Zwecken und damit ganz bestimmten Präferenz-*

---

[421] Hierzu rechnen wir nicht diejenigen Autoren, die den handelsrechtlichen Jahresabschluss grundsätzlich bejahen und dessen Aussagefähigkeit hinsichtlich spezifischer Informationsinteressen nur über Modifikationen bzw. Ergänzungsrechnungen zu diesem Grundmodell erweitern wollen (Theorie der ergänzten Mehrzweckbilanz nach Heinen (Handelsbilanzen) S. 140 ff.).

[422] Vgl. Busse von Colbe (Aufbau) S. 114; Moxter (Grundsätze) S. 51; vgl. aber etwas einschränkend ders. (Bilanzlehre) S. 387.

[423] Obwohl man hier, insbesondere was Moxters Ansatz angeht, einen sehr weiten Bilanzbegriff unterstellen muss, wollen wir bei diesen Konzepten doch von Bilanzauffassungen sprechen. So auch Egner (Bilanzen) S. 86; Moxter (Bilanzlehre) S. 383 f.

und Erwartungsfunktionen sowie Vereinfachungsnotwendigkeiten unterworfen sein ...
Da man aber einerseits für eine Volkswirtschaft hochaggregierter, kollektiver Präfe-
renz- und Erwartungsfunktionen kaum habhaft werden kann, andererseits verschiedene
soziale oder volkswirtschaftliche Gruppen verschiedene, aggregierte Präferenz- und
Erwartungsfunktionen besitzen, liegt es nahe, verschiedene Standardbilanzmodelle für
die Hauptinformationsbedürfnisse der wichtigsten volkswirtschaftlichen Gruppen, die
sich dieser Instrumente bedienen, zu konstruieren"[424].

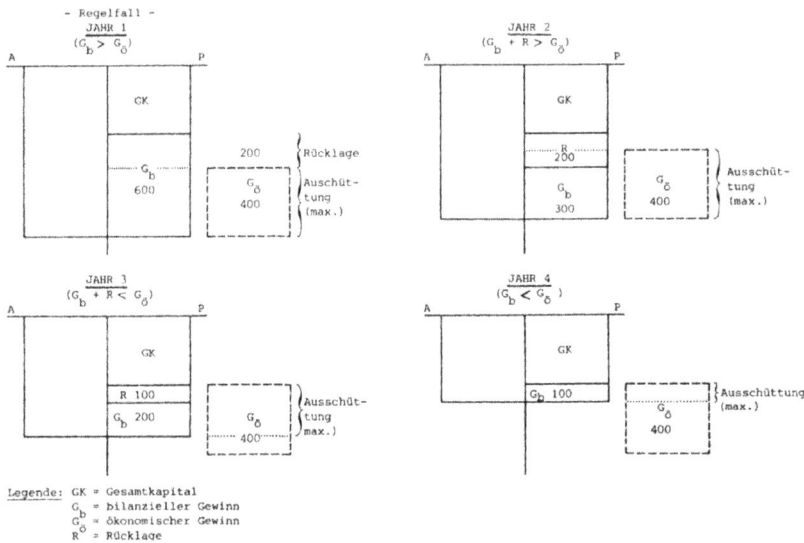

Abbildung 44:   Ausschüttungsregelung bei Erfolgskapitalerhaltung nach dem Prinzip des doppelten Minimums

4.4.2.2   Die Kapitalflussrechnung Busse von Colbes

Busse von Colbe will den traditionellen Jahresabschluss zumindest teilweise durch retrospektive und prospektive **Kapitalflussrechnungen** ersetzen. In kapitaltheoretischen Bilanzen sieht er wegen der fehlenden Einzelbewertung und der mangelnden Objektivität keine
Alternative[425].

Seine Forderung glaubt er auch deshalb berechtigt, weil in der Praxis sich die Kapitalflussrechnung immer mehr durchsetzt. Das Rechnungsziel ist nach seiner Ansicht die Darstellung
von Einnahmen- und Ausgabenüberschüssen, *„die für die Empfänger des Rechenwerkes*
vermutlich einen höheren Informationswert haben als der Bilanzgewinn"[426].

Damit das **Modell der Kapitalflussrechnung** die Informationswünsche der Interessenten an
die Rechnungslegung erfüllen kann, muss es folgenden Anforderungen genügen[427]:

---

[424]   Mattessich (Bilanztheorie) S. 792 f. und S. 798.

[425]   Vgl. Busse von Colbe (Aufbau) S. 95 f.

[426]   Busse von Colbe (Aufbau) S. 96.

[427]   Vgl. Busse von Colbe (Aufbau) S. 97 f.; ders. (Kapitalflußrechnung) S. 15–20.

1. Gewährleistung objektiver Nachprüfbarkeit durch den Ansatz effektiver Einnahmen und Ausgaben (bare, sowie Forderungen und Verbindlichkeiten).
2. Die retrospektive Rechnung ist durch eine gleich zu strukturierende Prognoserech-nung zu ergänzen, die von den Interessenten zusätzlich benötigten Informationen liefern kann. Beide Kapitalflussrechnungen sind deutlich abzugrenzen.
3. Hervorheben der wichtigsten Größen für die Berichtsempfänger:
   – betriebliche Nettoeinnahmen,
   – Investitionsausgaben für Sach-, Finanz- und immaterielle Anlagen,
   – Finanzbedarf,
   – Umfang der Außenfinanzierung,
   – Veränderung der liquiden Mittel,
   – Ausschüttungen an die Gesellschafter.
4. Erläuterung und u.U. Aufgliederung der Positionen.
5. Leichte Überschaubarkeit, materielle und formelle Kontinuität und Aktualität der Rechnung.

			Mittelherkunft	Mittelverwendung	Saldo
1.	Umsatzbereich				
	Betriebseinnahmen	4.160 *)			
	Betriebsausgaben	– 3.793 *)			
		367			
	Gewinnsteuern	– 154			
	Betriebliche Nettoeinnahmen	213	213		
2.	Anlagenbereich				
	Verkauf von Anlagen	33 *)			
	Kauf von Anlagen	– 295 *)			
	Netto-Anlagen-Investitionen	–		262	
	A. Finanzbedarf	29			
		5			
					– 49
3.	Kapitalbereich				
	Kapitalerhöhung	+ 0			
	Dividende	– 82			
	a) Eigenfinanzierung	– 82		82	
	Tilgung langfristiger Verbindlich-keiten	– 20			
	Aufnahme langfristiger Verbindlich-keiten	+ 194			
	b) langfristige Fremdfinanzierung	174	174		
	c) kurzfristige Fremdfinanzierung	0			
	B. Außenfinanzierung				92
4.	Geldbereich				
	Verminderung der kurzfristigen Forderungen	16			
	Zunahme der liquiden Mittel	– 59		43	–43
			387	387	0

*) Diese Position ist in einer ausführlichen Kapitalflussrechnung oder in Nebenrechnungen aufzuschlüsseln.

Abbildung 45: Grundform der Kapitalflussrechnung nach Busse von Colbe[428]

---

[428] Busse von Colbe (Aufbau) S. 100.

Die von Busse von Colbe nach den „Bereichen" Umsatz, Anlagen, Kapital und Geld gegliederte Kapitalflussrechnung hat die dargestellte Struktur, wobei Variationen im Einzelfall aus
Zweckmäßigkeitserwägungen möglich sind. Um einen Zusammenhang zur Bilanz und
Gewinn- und Verlustrechnung herzustellen, wird zusätzlich ein Verrechnungsbereich vorge-
schlagen, der im Wesentlichen die Abschreibungen und Rückstellungen erfasst[429].

4.4.2.3   Das finanzplanorientierte Tableau Moxters

Moxter geht von der Überlegung aus, dass die an einer Unternehmung beteiligten Personengruppen bestimmte finanzielle und nicht-finanzielle Zielvorstellungen verfolgen. Die Jahres-
abschlussrechnungen sollen den Realisierungsgrad der finanziellen Ziele bestimmen.

> „Am Anfang jeder Bilanzlehre müßte man daher Überlegungen (oder doch wenig-
> stens klare Hypothesen) darüber erwarten, wie diese finanziellen Zielvorstellungen
> der interessierten Individuen überhaupt beschaffen sind, in zweiter Linie erst, wie ihr
> Realisierungsgrad zu messen ist"[430].

Geht man umgekehrt vor und setzt den Erfolg als finanzielle Zielgröße der „Unternehmung
an sich", so bieten diese Rechnungen den betroffenen Personen oder -gruppen keine Orien-
tierungshilfe für ihre Dispositionen. Moxter nimmt an, dass als **finanzielles Ziel** der Individuen nur der von ihnen zukünftig zu erwartende Zahlungsstrom aus der Unternehmung in
Betracht kommt (= Zielstrom). Zielstrom für die Unternehmungsleiter bilden ihre sämtlichen
Bezüge. Der Zielstrom der Anteilseigner setzt sich aus den Ausschüttungen zuzüglich der
Veräußerungserlöse für die Unternehmung(-santeile) abzüglich eventueller Kapitalzuführun-
gen zusammen. Dabei wird man bestrebt sein, den Zielstrom hinsichtlich der zeitlichen
Struktur (Anteil pro Periode bei gegebener Breite des Stroms), der Breite pro Periode bei
gegebener zeitlicher Struktur und des Unsicherheitsgrades zu optimieren.

Die gegenwärtigen Jahresabschlussinstrumente geben nach Moxter nicht einmal annähernd
Aufschluss über den Zielstrom oder dessen Veränderungen.

> „Allerdings enthält der Jahresabschluß eine Reihe von Komponenten, die zur Beurtei-
> lung der künftigen Ein- und Auszahlungen sehr nützlich sind, ... vornehmlich die Perio-
> denumsätze und eine Reihe weiterer Einzahlungen und Auszahlungen der Periode ...
> Doch die ‚zentralen' Größen des Jahresabschlusses, Bilanzvermögen, Reinvermögen
> und Gewinn, sind ganz und gar unverläßlich". Und was die gerade erwähnten taugli-
> cheren Komponenten (Umsätze usw.) betrifft, so weiß man „bei den einzelnen Aufwen-
> dungen nicht, in welchem Maße sie Auszahlungen (Einzahlungsminderungen) der
> Rechnungsperiode, früherer oder späterer Perioden enthalten, ähnliches gilt, wenn-
> gleich in schwächerem Maße, für die Ertragspositionen der Gewinn- und Verlustrech-
> nung"[431].

Angesichts dieser Mängel empfiehlt Moxter eine Form der Rechnungslegung, die den
Zielstrom bis zum Planungshorizont unmittelbar ersichtlich macht. Das **finanzplanorientier-**

---

[429]   Vgl. Busse von Colbe (Aufbau) S. 107–109.
[430]   Moxter (Grundsätze) S. 37 f.
[431]   Moxter (Grundsätze) S. 49.

te Tableau soll alle Ein- und Auszahlungen nach Empfängern oder Leistenden und dem Verwendungszweck aufdecken. Ein derartiges Rechnungslegungsinstrument *„weist unmittelbar weder ein Vermögen noch (infolgedessen) einen Periodengewinn aus"* [432]. Um die mit diesen Fragestellungen verbundenen Nebenzwecke, wie die Ermittlung eines ausschüttbaren Betrages, durch Nebenrechnungen erfüllen zu können, sollen in das Finanztableau Angaben zum Inventurbereich (Aufführung der Bestände zum gemeinen Wert) aufgenommen werden.

4.5 Der bilanztheoretische Charakter der handels- und steuerrechtlichen Jahresabschlussregelungen

Nach § 242 Abs. 1 HGB soll die Handelsbilanz das Verhältnis des Vermögens und der Schulden darstellen. § 264 Abs. 2 HGB fordert vom Jahresabschluss eine Vermittlung des den tatsächlichen Verhältnissen entsprechenden Bildes der Vermögens-, Finanz- und Ertragslage, wobei die Forderung nach einem Einblick in die Ertragslage in erster Linie an die Gewinn- und Verlustrechnung gestellt ist. Damit hat sich in der umschriebenen Aufgabenstellung der Handelsbilanz, wie auch in dem Gliederungsschema in § 266 HGB primär statisches Gedankengut niedergeschlagen. Dass auf Grund dieser Bilanz auch der Erfolg ermittelt und verteilt wird (§§ 120 f. 167 f. HGB §§ 58, 60, 174 AktG § 29 GmbHG §§ 19 f. GenG), entspricht durchaus der statischen Bilanzauffassung. Das Bilanzierungsverbot von transitorischen Aktiva und Passiva im weiten Sinne (§ 250 HGB) und das Aktivierungsverbot der Aufwendungen für Gründung und Kapitalbeschaffung (§ 248 Abs. 1 HGB) tragen ebenfalls statische Züge. Das gilt insgesamt für die Frage der Bilanzierung dem Grunde nach, wie sie sich hinsichtlich der abstrakten Bilanzierungsfähigkeit in der Auslegung des Begriffs Vermögensgegenstand stellt. Durch das Bilanzrechtsmodernisierungsgesetz (2009) wurde die mögliche Aktivierung von Aufwendungen für die Ingangsetzung und Erweiterung des Geschäftsbetriebes (§ 269 HGB a.F.) abgeschafft, was einer weitere Annäherung an statisches Gedankengut entspricht. So ist u.a. nur die Aktivierung eines Disagios (§ 250 Abs. 3 S. 1 HGB) nicht mit der Statik vereinbar.

Insgesamt scheint die **Handelsbilanz** insbesondere von der Zielsetzung her eher statischen als dynamischen Charakter zu haben.[433] Es sind aber vor allem die Bewertungsvorschriften, die Zweifel an dieser Einordnung aufkommen lassen. Hier ist insbesondere die grundsätzliche Anschaffungswertrechnung zu nennen, die dem Ziel der „richtigen" Vermögensdarstellung widersprechen. Die vor dem Bilanzrechtsmodernisierungsgesetz gegebene Zulässigkeit niedrigerer steuerrechtlich bedingter Wertansätze wurde abgeschafft, so dass sich die Handelsbilanz hier wiederum der Statik nähert.

Indem der Bilanzierende nach § 264 Abs. 2 HGB letztlich nur im Rahmen der Bewertungsvorschriften einen möglichst sicheren Einblick in die Vermögenslage geben muss, hat der Gesetzgeber die dem Aktionärsschutz, Gläubigerschutz und anderen Zielen folgenden

---

[432] Moxter (Grundsätze) S. 53.
[433] So auch FG Hamburg Urteil vom 28.10.1994 – II 195/90, Haufe-Index 1587017.

Einzelvorschriften zur Bewertung rangmäßig über das Grundziel der Vermögensdarstellung gesetzt.

Hinter der **Steuerbilanz** steht zwar der Zweck der periodengerechten Gewinnermittlung, die Gewinndefinition nach § 4 Abs. 1 EStG ist jedoch typisch für die **statische Bilanzauffassung**: *„Gewinn ist der Unterschiedsbetrag zwischen dem Betriebsvermögen am Schluss des Wirtschaftsjahres und dem Betriebsvermögen am Schluss des vorangegangenen Wirtschaftsjahres, vermehrt um den Wert der Entnahmen und vermindert um den Wert der Einlagen.“*[434] Je nach dem Ansatzpunkt, Gewinnziel oder Gewinndefinition, gelangt man jedoch zu unterschiedlichen Interpretationen der Wirtschaftsgüter, die als Betriebsvermögen zu bilanzieren sind. Wegen der Grundzielsetzung der Gewinnermittlung ist – auch wenn es an kontroversen Meinungen nicht mangelt – die dynamische Bilanzinterpretation sicherlich reizvoll. Dennoch neigen Literatur und Rechtsprechung[435] eher dazu, eine statische Bilanz anzunehmen; dabei wird jedoch meistens auf die Vielschichtigkeit möglicher Betrachtungsweisen verwiesen.

Bilanzauffassungen zur realen **Kapitalerhaltung** und **Substanzerhaltung** haben weder in den handels- noch in den steuerrechtlichen Bewertungsvorschriften explizit Eingang gefunden, obwohl im gewissen Umfang auch im Rahmen der geltenden Bewertungswahlrechte dem Erhaltungsgedanken Rechnung getragen werden kann. Nur in den steuerrechtlichen Regelungen zur Übertragung stiller Rücklagen bzw. steuerfreier Rücklagenbildung und zur generellen Zulässigkeit der LIFO-Methode findet sich erhaltungsbezogenes Gedankengut, nämlich das Ziel, die Besteuerung von „Scheingewinnen“ zu vermeiden.

Für die nach den International Financial Reporting Standards aufgestellten **IFRS-Abschlüsse** fällt eine bilanztheoretische Bestimmung noch schwerer. Je nach Sichtweise werden unter Heranziehung jeweils einschlägiger Beispiele mal dynamische Aspekte[436] oder mal statische Aspekte[437] als Merkmal des IFRS-Abschlusses herausgestellt, oder es wird der Charakter eines Konglomerats vorhandener Bilanztheoreme[438] betont.

---

[434] Die dynamische Gewinndefinition findet nur in der Sonderregelung des § 4 Abs. 3 EStG Berücksichtigung, nach der bestimmte Steuerpflichtige „als Gewinn den Überschuß der Betriebseinnahmen über die Betriebsausgaben ansetzen (können).“

[435] FG Hamburg Urteil vom 28.10.1994 – II 195/90, Haufe-Index 1587017; BFH Urteil vom 23.11.1983 – I R 216/78, BStBl II 1984, S. 277. Die frühe Rechtsprechung des BFH berief sich allerdings noch relativ stark auf die Grundsätze der dynamischen Bilanz, so. z.B. BFH Urteil vom 01.04.1952 – I 13/52 U, BStBl III 1952, S. 143; BFH Urteil vom 08.09.1953 – I 33/53 U, DB 1953, S. 938; dabei wurde aber auch betont, dass „die Grundsätze der dynamischen Bilanz (...) bei Beträgen, die sich auf das Ergebnis des Wirtschaftsjahres nur unwesentlich auswirken, im Interesse einer angemessenen Vereinfachung der Buchführung nicht überspannt werden dürfen)“, BFH Urteil vom 15.11.1960 – I 189/60 U, BStBl III 1961, S. 48.

[436] Lüdenbach/Hoffmann (IFRS) § 1, Tz. 15, zuvor jedoch auch auf statische Aspekte verweisend.

[437] Ballwieser (IFRS-Rechnungslegung) S. 225f.

[438] Federmann (Bilanzierung) S. 184.

5 Allgemeine Regelungen der Bilanzierung und Bewertung

5.1 Begriff und Bedeutung der Grundsätze ordnungsmäßiger Buchführung

Bei dem Begriff „*Grundsätze ordnungsmäßiger Buchführung*" (GoB) handelt es sich um einen **unbestimmten Rechtsbegriff** – oder genauer: unbestimmten Gesetzesbegriff[439] – im Rahmen der Generalklausel[440] des § 238 Abs. 1 HGB, die jedem Kaufmann vorschreibt *„Bücher zu führen und in diesen seine Handelsgeschäfte und die Lage seines Vermögens nach den Grundsätzen ordnungsmäßiger Buchführung ersichtlich zu machen."*

Aus dem Handelsrecht ist der Begriff der GoB in das Steuerrecht in § 5 Abs. 1 EStG übernommen worden, wodurch das sog. Maßgeblichkeitsprinzip der Handels- für die Steuerbilanz auch hinsichtlich der Ordnungsmäßigkeitsanforderungen gilt. Das EStG erklärt ausdrücklich die handelsrechtlichen GoB für steuerlich verbindlich. Deshalb sind die allgemeinen Regelungen der Bilanzierung und Bewertung durch die GoB nicht nur handels-, sondern auch steuerrechtlich zu beachten.[441] Eine Definition des Begriffs oder gar eine systematische Aufzählung von GoB wird man aber in den Gesetzen vergeblich suchen, denn der Verweis auf die GoB soll gerade die durch gesetzliche Einzelvorschriften niemals vollständig mögliche Regelung von Buchführung und Jahresabschluss ausfüllen.

Abgesehen von einigen im Zuge der Rechtsentwicklung[442] kodifizierten GoB insbesondere in den §§ 239, 243, 246 und 252 HGB und §§ 145–147 AO sowie den Konkretisierungen zu § 5 EStG in H 5.2 EStH und den „Richtlinien zur Organisation der Buchführung (im Rahmen eines einheitlichen Rechnungswesens)" vom 11.11.1937[443] ist ihr Inhalt nicht festgelegt. Die Nichtfixierung im Gesetz hat den großen Vorteil, dass die GoB ständig neuen Erkenntnissen und veränderten wirtschaftlichen/technischen Verhältnissen angepasst werden können.

---

[439] „Die Verwendung unbestimmter Gesetzesbegriffe ist verfassungsrechtlich nicht zu beanstanden", so BFH Beschluss vom 06.12.1996 – I B 40/96, BFH/NV 1997, S. 474.

[440] Vgl. Kruse (Grundsätze) S. 104–107.

[441] Zum Verhältnis der GoB in Handelsbilanz und Steuerbilanz s. ausführlich Kap. 6.

[442] Insbesondere durch das Bilanzrichtlinie-Gesetz (BiRiLiG) in 1985.

[443] Obwohl der Erlass heute nicht mehr verbindlich ist, bleibt er dennoch weitgehend Maßstab für die GoB. Vgl. die Schreiben des BWM v. 4.08.1953 (II A 8 – 2310/53) und des BMJ v. 3.07.1953 (3507-30119/53) in: WPg 6. Jg. (1953), S. 566 f. und das Schreiben des BWM v. 13.01.1970 (II 1-360515) in: DB 23. Jg. (1970), S. 170.

```
┌───────────────────────────────────────────┐
│              Grundsätze                     │
│   gewissenhafter und getreuer Rechenschaft  │
└───────────────────────────────────────────┘
                                        ┄┄┄┄▶ u.a.?

┌──────┐  ┌──────────────────┐  ┌──────────────────────┐
│ GoB  │  │  Grundsätze der   │  │ Grundsätze der gesell-│
│      │  │ Geschäftsbericht- │  │ schafts-bezogenen     │
│      │  │ erstattung        │  │ Berichterstattung     │
└──────┘  └──────────────────┘  └──────────────────────┘

┌──────────────┐ ┌──────────────┐ ┌──────────────────┐ ┌──────────────┐
│  Grundsätze   │ │  Grundsätze   │ │    Grundsätze     │ │  Grundsätze   │
│ ordnungsmäßiger│ │ ordnungsmäßiger│ │ ordnungsmäßiger   │ │ ordnungsmäßiger│
│ Dokumentation │ │   Inventur    │ │ Bilanzierung (dem │ │ Konsolidierung │
│  (GoB i.e.S.) │ │               │ │ Grunde und der    │ │ im Konzern-    │
│               │ │               │ │ Höhe nach)        │ │ abschluss      │
└──────────────┘ └──────────────┘ └──────────────────┘ └──────────────┘
```

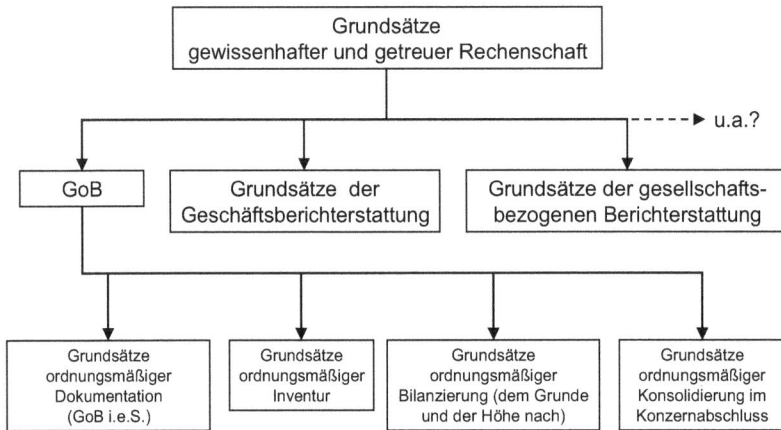

Abbildung 46:   Teilbereiche der Grundsätze ordnungsmäßiger Buchführung im Rahmen einer gewissenhaften und getreuen Rechenschaft

Angesichts dieser Unbestimmtheit stellt sich die Frage, was wir unter GoB verstehen wollen und wie solche Grundsätze ermittelt werden, um in einem konkreten Einzelfall über eine offene Buchführungs- oder Bilanzierungsfrage entscheiden zu können: Die GoB sind Kriterien zur Entscheidung, wie einzelne Sachverhalte in Buchführung und Jahresabschluss erfasst, bewertet und ausgewiesen werden sollen[444]. Die heute allgemein anerkannte weite Definition umschließt sowohl den Bereich der laufenden Buchführung wie auch die der Inventur und der Bilanzierung und Bewertung. Sie werden im Rahmen des Konzernabschlusses um die **Grundsätze ordnungsmäßiger Konsolidierung** ergänzt.

Weithin vernachlässigt wird, dass auch für den **Anhang** nach § 264 Abs. 2 S. 1 HGB eine Berichterstattung im Rahmen der „*Grundsätze einer gewissenhaften und getreuen Rechenschaft*" gefordert wird. Um den Begriff der GoB nicht noch mehr auszuweiten, sollten m. E. die Berichterstattungsgrundsätze diesem nicht unter-, sondern wie in vorstehender Übersicht, nebengeordnet werden.

Nach Einführung des Bilanzrechtsmodernisierungsgesetzes (BilMoG) von 2009 stellte sich die Frage, ob dies zu einer veränderten Betrachtung der GoB führen könne. Hierzu stellt Solmeke richtigerweise klar heraus, „dass das BilMoG einerseits keine Neuinterpretation einzelner Grundsätze erfordert und dass das bisherige GoB-System andererseits gestärkt wird, d.h. dass die GoB in den handelsrechtlichen Normen konsequenter umgesetzt werden."[445]

---

[444] Vgl. Leffson (Grundsätze) S. 21.

[445] Solmeke (Auswirkungen) S. 263 [Hervorhebungen weggelassen].

5.2 Rechtsnatur der Grundsätze ordnungsmäßiger Buchführung

Das Durcheinander der literarischen Meinungen zur Rechtsnatur der GoB soll hier nicht aufgegriffen werden[446]. Hauptproblem ist dabei die Abgrenzung von GoB und Rechtsnormen (vgl. folgende Abbildung). Leffson folgert aus § 238 HGB, dass die GoB ein außerhalb des Gesetzes stehendes **Ordnungssystem** seien[447], wobei sich aber auch Deckungsgleichheiten ergeben können: *„Rechtsverbindlich ist ein Grundsatz entweder als kodifizierte Norm oder als GoB"*[448]. M. E. können die GoB, soweit sie im HGB oder in Spezialgesetzen kodifiziert sind, auch formales Gesetz sein[449]. Darüber hinaus sind einzelne GoB, deren Inhalt der Gesetzgeber nicht bestimmt hat, Rechtsnormen, wenn sie Sätze des **Gewohnheitsrechts**[450] sind. Soweit die GoB noch nicht so gefestigt, d. h. Gewohnheitsrecht geworden sind, können sie nur dessen Vorformen zugerechnet werden: Je nach Einzelfall wären sie dann im Bereich der **Handelsbräuche**[451] oder der **Verkehrsauffassungen**[452] anzusiedeln. Zwischen den genannten Bereichen besteht ein genetischer Zusammenhang in der Art, dass ein GoB vom rechtlich nicht geregelten Vorbereich bis zur gesetzlichen Kodifikation „historisch wachsen" kann. Selbstverständlich ist es nicht zwingend notwendig, dass dabei alle Bereiche bzw. Stufen der Reihe nach durchlaufen werden. An unterster Stelle in diesem genetischen Zusammenhang stehen die noch nicht gefestigten GoB, die aus der „Natur der Sache" abgeleitet werden:

„Der technisch-praktische Begriff der Natur der Sache hebt auf die Beschaffenheit ab, die ein Gegenstand haben muß, wenn er als Mittel zur Erreichung eines Zwecks geeignet sein soll"[453].

Die Argumentation aus der Natur der Sache erlangt nicht nur für die Lösung neuer Probleme durch die Praxis, sondern vor allem für die Rechtssprechung besondere Bedeutung. Sie deckt sich, worauf Kruse ausdrücklich hinweist[454], mit der in der Betriebswirtschaftslehre propagierten Methode, die GoB teleologisch-deduktiv abzuleiten.

---

[446] Vgl. den Überblick bei Kruse (Grundsätze) S. 5–8.

[447] Leffson (Grundsätze) S. 22.

[448] Leffson (Grundsätze) S. 27.

[449] Vgl. Kruse (Grundsätze) S. 27 f.

[450] Gewohnheitsrecht = Kenntnis der GoB mit fortwährend allgemeiner Übung und entsprechender Rechtsüberzeugung der Buchführungspflichtigen.

[451] Handelsbrauch = allgemein anerkannte und tatsächliche Übung.

[452] Verkehrsauffassung = Ansichten der ordentlichen Kaufleute einschl. Verbandsempfehlungen bei nur teilweiser Anwendung.

[453] Kruse (Grundsätze) S. 94.

[454] Vgl. Kruse (Grundsätze) S. 102.

		GoB i.e.S.				
Gesetzliche Regelungen zum Jahresabschluss						
	kodifizierte GoB	nicht kodifizierte GoB				
	GoB i.w.S.					
Nicht-GoB	kraft Rechtsnorm		kraft Richterrecht	kraft Handelsbrauch	kraft allg. gesellschaftl. Auffassungen, insbes. Verkehrsanschauungen	kraft „Natur der Sache"
	Gesetz	Gewohnheitsrecht				

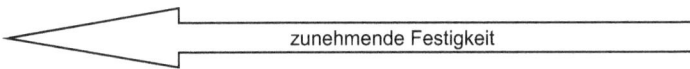

← zunehmende Festigkeit

Abbildung 47:   Rechtsnatur der Grundsätze ordnungsmäßiger Buchführung

5.3   Gewinnung von Grundsätzen ordnungsmäßiger Buchführung

Folgende „**Quellen**"[455] können genannt werden, die GoB als Antwort auf Buchführungs- oder Bilanzierungsfragen liefern können:

1.   Die allgemeine kaufmännische Übung,
2.   die Ansichten der ordentlichen Kaufleute,
3.   die wissenschaftlichen Überlegungen
     a)   im Schrifttum überwiegend vertretene Meinungen,
     b)   die Meinung von Autoren mit einer besonderen Autorität,
     c)   neue überzeugende Ansichten von Autoren,
4.   die Rechtsprechung im Handels- und Steuerrecht,
5.   die Kodifikation (Gesetzgebung).

Im Wesentlichen ist es jedoch die Aufgabe der betriebswirtschaftlichen Forschung, so Leffson, als zuständige Fachwissenschaft *„ – wenn auch in einem langsamen Prozeß von Erkenntnis und Kritik durch die betroffenen Gruppen und die Wissenschaft selbst – Grundsätze (zu) gewinnen, mit denen der Informationszweck von Buchführung und Jahresabschluß erreichbar ist"*[456].

Mit der Entwicklung eines möglichst **widerspruchsfreien Systems** von GoB durch die Betriebswirtschaftslehre werden den Bilanzierenden, Prüfern, Beratern und Richtern Ent-

---

[455]   Zur Problematik des Quellenbegriffs vgl. Kruse (Grundsätze) S. 79–81 und S. 125–127: Die „Quellen" i.S. Leffsons können zwar Entscheidungsgründe für die Rechtsprechung liefern, aber Rechtsquelle ist nur diese.

[456]   Leffson (Grundsätze) S. 145. Zur Kritik an dem „Alleinvertretungsanspruch" der Betriebswirtschaftslehre vgl. Kruse (Grundsätze) S. 73–83.

scheidungskriterien zur zweckadäquaten Lösung von Buchführungs- und Jahresabschluss-problemen bereitgestellt. Leffson muss jedoch einräumen, dass im Streitfall nur die Rechtssprechung einzelnen GoB rechtliche Geltung verschaffen kann. Döllerer ist sogar der Ansicht, dass Praxis und Wissenschaft überhaupt keine GoB hervorbringen können: Quellen für GoB seien ausschließlich Gesetz, Rechtsprechung und amtliche Äußerungen, denn sie allein *„haben von Haus aus verbindliche Kraft"*[457].

5.3.1 Die induktive Ermittlung von Grundsätzen ordnungsmäßiger Buchführung

Lange Zeit herrschte die Ansicht vor, dass die **tatsächliche Übung** bzw. – später – die **Ansichten der ordentlichen und ehrenwerten Kaufleute**[458] die Ordnungsmäßigkeit bestimmen. Die GoB könnten in diesem Fall induktiv, durch Untersuchung wie die kaufmännische Praxis verfährt, abgeleitet werden. Gegen die induktive Methode wird angeführt, dass die tatsächliche Übung uneinheitlich sein oder gesetzlichen Regelungen widersprechen kann, und dass, abgesehen von der Schwierigkeit den Kreis der „ordentlichen" Kaufleute zu bestimmen, diese schließlich keine neutrale Ermittlungsinstanz seien[459].

Insbesondere nach der Weltwirtschaftskrise verlor die induktive Ermittlung in Deutschland an Bedeutung, da sich (besonderes) in dieser Zeit auch „ordentliche" Kaufleute zweifelhafter Bilanzierungstechniken bedienten. Trotz einer stärkeren Hinwendung zur deduktiven Ermittlung blieben zumindest induktive Ansätze erhalten.[460] In der internationalen Rechnungslegung hat die induktive Ermittlung dagegen bis heute eine große Bedeutung. Für die – aufgrund und nach der Weltwirtschaftskrise entstandenen – **US-GAAP** ist der Standardsetter, der FASB, überwiegend mit Praktikern besetzt, die die Vorstellungen der Praxis in das Regelwerk einfließen lassen. Entsprechendes gilt hinsichtlich der **IFRS** für die Zusammensetzung IASB; auch die IFRS unterliegen somit in weitem Rahmen einer induktiven Ermittlung.[461]

Ein charakteristisches Beispiel für die induktive Ermittlung ist das Urteil des BGH zur Passivierungspflicht für Pensionsanwartschaften vom 27. Februar 1961 – II ZR 292/59[462]. Zur Entscheidung darüber, ob eine Pflicht oder ein Wahlrecht zur Passivierung besteht, wurden die Kaufleute zwar nicht unmittelbar durch das Gericht befragt, aber es wurde ein Gutachten des Deutschen Industrie- und Handelstages (DIHT) eingeholt. Das Gericht war sich bewusst, dass das Institut der Wirtschaftsprüfer (seit dem Fachgutachten 13/1933) in Übereinstimmung mit betriebswirtschaftlichen Lehrmeinungen für die Passivierungspflicht eintritt.

„Es hat diesen Standpunkt aber lediglich als eine von den Wirtschaftsprüfern ganz überwiegend geteilte Forderung ihres Fachinstituts gewertet und ist dem Gutachten

---

[457] Döllerer (Grundsätze) S. 1219 (Hervorhebung weggelassen).
[458] So bereits 1933 bei Schmalenbach (Grundsätze) S. 232.
[459] Vgl. ausführlich Leffson (Grundsätze) S. 113–129.
[460] Auch die Beisitzer aus der Praxis im finanzgerichtlichen Prozess sind letztlich Ausdruck einer Induktivität.
[461] Vgl. ähnlich Wohlgemuth, in v. Wysocki (HdJ) Bedeutung der IFRS, Tz. 6.
[462] Abgedruckt u.a. in WPg 1961, S. 241–245.

des DIHT gefolgt, nach dem in der Kaufmannschaft zwar eine starke, vor allem von den Wirtschaftsprüfern unterstützte Tendenz vorhanden ist, die Rückstellungspflicht für Pensionslasten zu bejahen, aber keine eindeutige Auffassung besteht und eine große Anzahl von Unternehmen an dem uneingeschränkten Wahlrecht festhält, so dass nicht gesagt werden könne, Pensionsrückstellungen müssten nach den Gepflogenheiten und Auffassungen der Kaufmannschaft vorgenommen werden ... Für entscheidend hält es nicht so sehr die praktische Handhabung, sondern das Bewusstsein und die Auffassung der Mehrheit der Kaufmannschaft, ein uneingeschränktes Wahlrecht zwischen der Rückstellung und der Verbuchung über Betriebsunkosten zu haben und von diesem Wahlrecht Gebrauch zu machen, auch wenn in der Mehrzahl der Fälle der Weg der Rückstellungen gewählt werde.[463]

5.3.2   Die deduktive Ableitung von Grundsätzen ordnungsmäßiger Buchführung

Nach h. M. können die GoB nur aus dem Sinn und den Aufgaben der Buchführung und des Jahresabschlusses abgeleitet werden. Dabei handelt es sich um die deduktive oder teleologische Methode, die von den Zielen des kaufmännischen Verkehrs, der Rechtsordnung und der sonstigen an Buchführung und Jahresabschluss interessierten Kreise ausgeht[464].

Die teleologische Ableitung der GoB kennzeichnet auch den Ansatz *Döllerers*. Während *Leffson* darüber hinaus auf eine bestimmte Methode der Gewinnung, die Deduktion, abstellt, spricht *Döllerer* nur allgemein vom „Nachdenken".

„Das Gericht hat von sich aus die Grundsätze ordnungsmäßiger Bilanzierung ebenso wie andere Rechtssätze zu ermitteln ... (Sie) werden in erster Linie nicht durch statistische Erhebungen, sondern durch Nachdenken ermittelt"[465].

Steinbach beschäftigt sich etwas differenzierter mit diesem Gewinnungsvorgang[466]: Deduktion ist weniger durch die Ableitung aus Zwecken als durch eine Ableitung aus elementaren Sätzen gekennzeichnet, die ebenso wie das Ziel der Deduktion, nämlich die Erfüllung der Bilanzzwecke, gegeben sein müssen. Danach ergibt sich für die teleologische Deduktion das nachfolgend dargestellte Schema.

---

[463] Ebd., S. 242.

[464] Leffson (Grundsätze) S. 36.

[465] Döllerer (Grundsätze) S. 1220 (im Original z.T. hervorgehoben). Döllerer kommt zu diesem Schluss, weil er davon ausgeht, dass die GoB in die Sphäre des Rechts fallen und damit einen Sollzustand postulieren, der grundsätzlich unabhängig von der Anerkennung oder Handhabung durch die Praxis ist.

[466] Vgl. Steinbach (Gedanken) S. 6 f., 11–14.

Axiome   **Ziele**

```
┌─────────────────────┐        ┌─────────────────────┐
│  Elementare Sätze   │        │      Erfüllung      │
│                     │        │         der         │
│  (Grundsätze i.e.S. │        │    Bilanzzwecke     │
│   nach Steinbach)   │        │                     │
└─────────────────────┘        └─────────────────────┘

        ┌──────────┐      ┌─────────────────────┐
        │          ╲      │      Postulate       │
   ─────┤ Deduktion  ╲    │                      │
        │          ╱      │  (nach Steinbach bzw.│
        └──────────┘      │  obere Grundsätze nach│
                          │      Leffson)        │
                          └─────────────────────┘
```

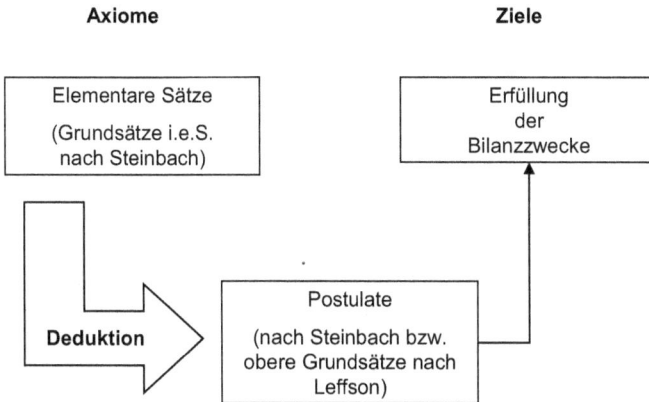

Abbildung 48:   Teleologische Deduktion von Grundsätzen ordnungsmäßiger Buchführung[467]

Die Aussage, dass Wissenschaft und Rechtsprechung die GoB auf deduktivem Wege gewinnen, beschreibt keinen realen Sachverhalt, sondern hat normativen Charakter. Ein rein deduktiv gewonnenes System von GoB wird mit den praktischen Gegebenheiten in Widerspruch geraten oder es wird inkonsequent, wenn man, wie *Leffson*, z.B. das Imparitätsprinzip aus „jahrhundertealter Tradition" heraus einbezieht[468].

Ferner ist darauf hinzuweisen, dass aus der Kritik an der induktiven Ermittlung, nach der Kaufleute keine neutrale Ermittlungsinstanz seien, nicht geschlossen werden darf, dass die deduktive Ableitung zu wertfreien interessenunabhängigen Grundsätzen führe – auch wenn dieser Wunschgedanke mancher GoB-Untersuchung als „Tatsache" hingestellt werden mag. Die bisherigen GoB-Untersuchungen vernachlässigen, dass vorgegebene Zwecke selbst Ausdruck bestimmter (herrschender) Interessenlagen sind und dass die teleologisch-deduktive Ableitung nach dem Zweck-Mittel-Schema ohne zusätzliche Wertprämissen nicht möglich ist[469].

Was die Rechtsprechung angeht, so bemühen sich insbesondere die Finanzgerichte, die GoB „aus der Natur der Sache" – eine der teleologischen Deduktion entsprechende Denkform[470] – zu entwickeln und zu fixieren. Dies zeigt sich in der Rechtsprechung des BFH, so in dem Urteil v. 31. Mai 1967 – I 208/63 (BStBl 1967 III S. 607) und in dem Beschluss des Großen Senats v. 3. Februar 1969 Gr. S. 2/68 (BStBl 1969 II S. 291–294). Danach sind die GoB „*die Regeln, nach denen der Kaufmann zu verfahren hat, um zu einer dem gesetzlichen Zweck entsprechenden Bilanz zu gelangen*" (ebd., S. 292). Die Ermittlung dieser zweckbezogenen Regeln erfolgt in der Realität aber nicht völlig unabhängig von der tatsächlichen Übung der Kaufleute.[471]

---

[467] Mit Änderungen nach Steinbach (Gedanken) S. 6. Steinbach setzt seine elementaren Sätze den oberen GoB nach Leffson und dessen untere GoB seinen Postulaten gleich, was jedoch falsch ist.

[468] Vgl. Leffson (Grundsätze) S. 340.

[469] Vgl. dazu weiterführend Schneider (Ziele) insb. S. 9–41, 126–153.

[470] Vgl. Kruse (Grundsätze) S. 102, 184 f.

[471] Zur Ermittlung der GoB vgl. ebenfalls die Abschn. 6.2.3 und 6.2.6.

5.3.3 Die Kombination von induktiver und deduktiver Vorgehensweise

Abgesehen von dem besonders deutlichen Beispiel induktiver Ermittlung der GoB durch den BGH in dem Urteil zur Bildung von Pensionsrückstellungen, zeigt Kruse[472], dass die Rechtsprechung um die Überprüfung von Bräuchen, Ansichten und Sachverständigengutachten grundsätzlich nicht herum kommt. Indem der Richter genötigt ist, die vom Gesetzgeber gelassenen Lücken intra legem zu schließen, muss er außerrechtliche Normen und Wertvorstellungen aufnehmen und in Recht umwandeln. Er muss sich den in Handelsbrauch und Verkehrsanschauung ausdrückenden Normen aber nicht unterwerfen, sondern seine Wertung auch an dem Argument aus der Natur der Sache orientieren. Dabei geht es im Konfliktfall weniger um die Entscheidung „Entweder – Oder" als um die Suche nach einem Kompromiss.

So führt der BFH im Urteil v. 12. Mai 1966 – IV 472/60 (BStBl 1966 III S. 372) aus:

> *„Die Buchführung ist schon dann ordnungsmäßig, wenn sie durchschnittlichen Anforderungen an die Redlichkeit und Sorgfalt eines ordentlichen Kaufmanns genügt. Welche Anforderungen das sind, ist vom Gericht objektiv unter Berücksichtigung des Zwecks der Buchführung, etwa vorhandener gesetzlicher Vorschriften und der Zumutbarkeit der Aufzeichnungen zu beurteilen. Gewohnheiten und Bräuche der Kaufmannschaft sind dabei zwar von besonderer Bedeutung; sofern sie sich nicht als Mißbrauch, als Willkür oder als Lässigkeit in der Erfüllung der Buchführungspflichten darstellen oder mit positiv-rechtlichen Regelungen im Widerspruch stehen, können aus ihnen Grundsätze ordnungsmäßiger Buchführung hergeleitet werden. Sie sind aber nicht ohne weiteres selbst schon dann den Grundsätzen ordnungsmäßiger Buchführung gleichzusetzen, wenn sie von den meisten Kaufleuten lange Zeit hindurch unangefochten geübt werden"[473].*

5.3.4 Hermeneutische Gewinnung von Grundsätzen ordnungsmäßiger Buchführung

Wie gezeigt wurde, ist sowohl die Induktion als auch die Deduktion nicht allein ausreichend, um die Grundsätze ordnungsmäßiger Buchführung zu bestimmen und zu erklären. Auch die Kombination von induktiver und deduktiver Methode vermag nicht vollständig zu überzeugen. Auf der Basis der juristischen Methodenlehre hat Baetge deshalb die **Hermeneutik** als ganzheitliches System zur Ermittlung von Grundsätzen ordnungsmäßiger Buchführung entwickelt.

Ausgangspunkte des hermeneutischen Prozesses sind[474]

– der **Wortsinn** der auszulegenden Vorschrift,
– der **Bedeutungszusammenhang** der Vorschrift innerhalb des Gesetzes,

---

[472] Vgl. Kruse (Grundsätze) S. 103–153.
[473] Ebd., S. 372.
[474] Baetge, in: Küting/Weber (HdR) Sp. 181 ff.

- die **vom Gesetzgeber verfolgten Zwecke** von Buchführung und Jahresabschluss,
- die **objektiv-teleologisch** ermittelten **Buchführungs- und Jahresabschlusszwecke** unter Einschluss betriebswirtschaftlicher Aspekte sowie
- die Einschränkung durch **höherrangige Normen** (Verfassungskonformität).

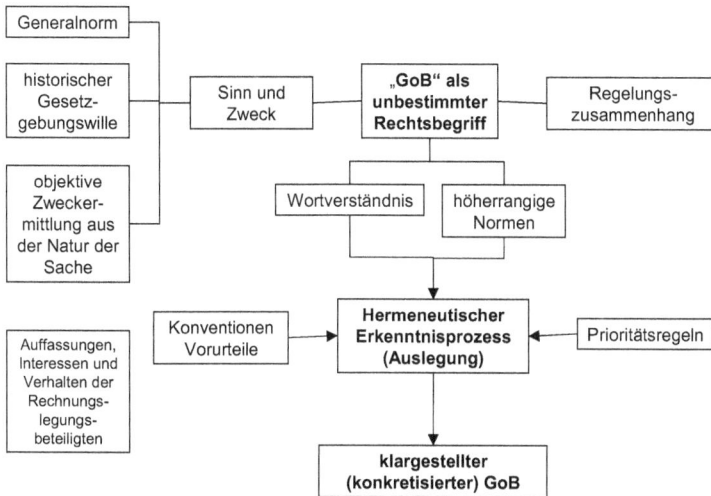

Abbildung 49:   *Hermeneutische GoB-Ermittlung*[475]

Im Mittelpunkt des hermeneutischen Prozesses steht damit die Interpretation des unbestimmten Rechtsbegriffs „GoB" aufgrund der Auslegung von handelsrechtlichen Vorschriften. Dieser hermeneutische Prozess wird ergänzt um Methoden der Induktion und der Deduktion. Für die Einbeziehung der Induktion schlägt Baetge vor, nicht nur die Ansichten der (ordentlichen und ehrenwerten) Kaufleute sondern auch die Ansichten der anderen Jahresabschlussinteressenten einzubeziehen; ebenso möchte er die abzubildenden Sachverhalte des Unternehmens einschließlich der Vertragsgestaltungen und der technischen Entwicklungen (z.B. der EDV) berücksichtigt sehen[476].

Die Hermeneutik als Gewinnungsmethode für Grundsätze ordnungsmäßiger Buchführung hat ihren Vorteil in einer weitreichenden Universalität. Sie berücksichtigt neben juristischen Aspekten durch die Auslegung des Gesetzes ebenso betriebswirtschaftliche Erkenntnisse sowohl durch die induktiven und deduktiven Ansätze als auch durch die Berücksichtigung teleologisch ermittelter Jahresabschlusszwecke, wodurch eine interdisziplinäre Kompetenz zur Durchführung der Hermeneutik notwendig und gewollt ist. *„Die hermeneutische Methode setzt damit zugleich voraus, daß der Interpretierende einen umfassenden Überblick über alle relevanten gesetzlichen Regelungen besitzt"*[477] und mit den betriebswirtschaftlichen Erkenntnissen vertraut ist.

---

[475] Entnommen aus Federmann (Bilanzierung) S. 194.

[476] Baetge, in Küting/Weber (HdR) Sp. 183.

[477] Baetge, in: Küting/Weber (HdR) Sp. 182.

5.4 Systemansätze zu den Grundsätzen ordnungsmäßiger Buchführung

5.4.1 Das traditionelle Konzept

Noch heute ist es in Lehrbüchern weithin üblich, die allgemeinen Regelungen zum Gesamtkomplex von Buchführung und Jahresabschluss unter dem Oberbegriff der „Grundsätze ordnungsmäßiger Buchführung und Bilanzierung" zusammenzufassen. Bei diesem Ansatz werden die Grundsätze ordnungsmäßiger Buchführung im engen Sinne als Regelungen zur Dokumentation und Inventur verstanden. Zu den davon zu trennenden Grundsätzen ordnungsmäßiger Bilanzierung zählt man

1. den **Grundsatz der Bilanzklarheit.** Er verlangt eine klare und übersichtliche Darstellung des Jahresabschlusses, insbesondere die Einhaltung bestimmter (Mindest-) Gliederungsvorschriften (§§ 247 und 266 HGB) und des Bruttoprinzips (vgl. § 246 Abs. 2 HGB);
2. den **Grundsatz der Bilanzwahrheit.** Weil es eine Bilanzwahrheit im absoluten Sinn nicht gibt, geht es hier vor allem darum, eine bewusste Bilanzverschleierung oder gar -fälschung auszuschalten, indem ein möglichst vollständiger Ausweis der Vermögensgegenstände und Schulden und eine gewissenhafte Bewertung gefordert werden;
3. den **Grundsatz der Bilanzkontinuität.** Unter diesem Grundsatz fasst man die Einzelprinzipien zusammen, nach denen die Schlussbilanz und die Anfangsbilanz des folgenden Jahres identisch sein müssen (Bilanzidentität), die Gliederung sowie Benennung (formale Bilanzkontinuität) und die Bewertung der Bilanzpositionen (materielle Bilanzkontinuität) beizubehalten bzw. nicht willkürlich veränderbar sind.

Diesem Ansatz, der im Wesentlichen auf eine Zusammenstellung induktiv ermittelter GoB zurückgeht, stehen Versuche in der Betriebswirtschaftslehre gegenüber, auf deduktivem Wege ein geschlossenes System von GoB abzuleiten.

5.4.2 Neuere betriebswirtschaftliche Ansätze

Leffsons Ziel ist die Entwicklung eines Systems von **oberen GoB** aus den Hauptzwecken von Buchführung und Abschluss: Dokumentation und Rechenschaft. Wenn sie gefunden und anerkannt sind, d. h. als gesicherte Erkenntnis gelten, können sie immer wieder zur Lösung spezieller für die Praxis relevanter Bilanzierungsprobleme herangezogen werden, indem aus ihnen untere GoB zur Gestaltung des einzelnen Sachverhalts abgeleitet werden:

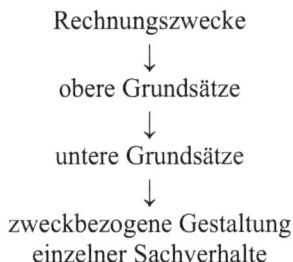

Rechnungszwecke

↓

obere Grundsätze

↓

untere Grundsätze

↓

zweckbezogene Gestaltung
einzelner Sachverhalte

Um ein in sich geschlossenes widerspruchsfreies System von oberen GoB formulieren zu können, muss ein kompatibles **Zwecksystem** unterstellt werden: Nur wenn die GoB aus einem einzigen dominierenden Zweck oder aus einem kompatiblen Zwecksystem abgeleitet werden, entsteht eine in sich geschlossene und widerspruchsfreie Gesamtheit von GoB.

	Gruppe I	Gruppe II	Gruppe III	Gruppe IV
GRUNDSÄTZE	WAHRHEIT	KLARHEIT	VORSICHT	VEREINFACHUNG
Postulate: Erster Ordnung (Kennzeichen: arabische Zahlen) Zweiter Ordnung: (Kennzeichen: Kleinbuchstaben) Dritter Ordnung (Kennzeichen: römische Zahlen)	1. Wahrhaftigkeit 2. Richtigkeit a) Stichtags- Postulat b) Going-concern- Konzept 3. Vollständigkeit a) wirtschaftliche Zugehörigkeit	1. Übersichtlichkeit 2. Bruttopostulat 3. Postulat der Einzelbewertung 4. Vergleichbarkeit a) Formelle Bilanzkontinuität I. Bilanzidentität II. Kontinuität der Bilanzgliederung b) materielle Bilanzkontinuität I. Bewertungs-kontinuität II. Wertfortführung c) Periodengerechte Erfolgsermittlung	1. Realisations- Postulat a) Anschaffungswert- Postulat b) Herstellungskosten- Postulat 2. Imparitäts-Postulat 3. Postulat des gegenstands- bezogenen Denkens	1. Wesentlichkeit 2. Zusammenziehung zu einzelnen Bilanzpositionen 3. Sofortabschreibung 4. Gruppenbewertung a) Durschnittspreis- Methoden b) Festbewertung c) Summarische Abschreibung d) Verbrauchsfolgefiktion I. Fifo-Methode II. Lifo-Methode III. Hifo-Methode 5. Anschaffungs- zeitfiktion

Abbildung 50:   System der Grundsätze ordnungsmäßiger Buchführung nach Steinbach[478]

Er verneint sowohl Antinomien zwischen verschiedenen Interessen an der Rechenschaftslegung[479] als auch Unvereinbarkeiten zwischen dem Rechenschaftszweck und Nebenzwecken der Bilanzierung[480]. Und weil die Zwecke kompatibel seien, könne das aus ihnen abgeleitete GoB-System keine Widersprüche aufweisen.

In seinem Bemühen, Konflikte zu vermeiden, durchbricht *Leffson* die streng deduktive Vorgehensweise und berücksichtigt von vornherein Konventionen zur Rechnungslegung.

Einen wesentlich differenzierteren Ansatz verfolgt Steinbach, obwohl beide, wie oben beschrieben, eine teleologisch-deduktive Gewinnung von GoB vertreten. *Steinbach* ist der Ansicht, dass die GoB nicht unmittelbar aus den Zwecken des Abschlusses ableitbar sind. Vielmehr muss die Ableitung von GoB, oder nach *Steinbach* genauer: P (Postulate)-OB, aus fundamentalen Grundsätzen (i. e. S. als Axiome) erfolgen. Tatsächlich entwickelt *Steinbach* sein System in einer von dieser Idealvorstellung abweichenden Vorgehensweise: Er systematisiert die Vielzahl der in der Literatur[481] vorzufindenden Regelungen inhaltlich und nach ihrem Allgemeinheitsgrad. Als Ergebnis erhält er vier Gruppen, die in ihrer Gesamtheit das in der Abbildung zusammen gefasste GoB-System darstellen. Die Grundsätze der Wahrheit,

---

[478] Entnommen aus Steinbach (Rechnungslegungsvorschriften) S. 110, vgl. a. ebd. S. 257–262.

[479] Vgl. Leffson (Grundsätze) S. 60 f.

[480] Vgl. Leffson (Grundsätze) S. 98 ff.

[481] Dieses Vorgehen kann jedoch nicht, wie von Steinbach (Rechnungslegungsvorschriften) S. 112, als empirisch bezeichnet werden.

der Klarheit, der Vorsicht und der Vereinfachung erweisen sich als die Gebote mit den allgemeinsten Aussageinhalten. Nur diese vier haben axiomatischen Charakter und verdienen nach *Steinbach* die Bezeichnung „Grundsätze"[482]. Der gleichen Ansicht ist Körner, der die Grundsätze der Wahrheit, der Klarheit, der Vorsicht und der Wirtschaftlichkeit als die *„Grund-Sätze"* bezeichnet, *„die nicht ableitbar sind – aus denen sich vielmehr andere Sätze ableiten lassen"*.[483]

Bei diesem Ansatz wird deutlich, dass die abgeleiteten PoB, die die einzelnen Grundsätze konkretisieren, durchaus im Widerspruch zueinander stehen können. Selbstverständlich bleibt auch für *Steinbach* die optimale Erfüllung der Bilanzzwecke das Ziel des GoB-Systems[484]. Er verfolgt jedoch, anders als *Leffson*, keine (Schein-)Lösung der bei der Anwendung des Systems auftretenden PoB- oder GoB-Konflikte, indem er einzelne GoB relativiert.

Vielmehr versteht er sie als absolute Gebote, die lediglich im Konfliktfall nicht gleichzeitig in vollem Umfang zur Anwendung gelangen können[485]. Maßgebend dafür, welchem GoB bzw. PoB im konkreten Einzelfall die Priorität einzuräumen ist, ist der jeweils angestrebte Bilanzzweck – die Antwort wird damit zu einem Zielkonfliktproblem[486]. Das Verdienst *Steinbachs* ist es, das GoB-Zweck-Verhältnis und dessen Konfliktproblematik klar herausgearbeitet zu haben.

5.5   Die Grundsätze ordnungsmäßiger Dokumentation

5.5.1   Allgemeine Grundsätze zur Datenerfassung und -verarbeitung

Die Grundsätze ordnungsmäßiger Dokumentation (GoD) ergeben sich aus den generell für jede Informationsgewinnung geltenden Regeln zur Datenerfassung und -verarbeitung. Dies sind letzthin solche allgemeinen Grundsätze wie Richtigkeit, Klarheit, Vollständigkeit sowie Wesentlichkeit (Materiality) und Rechtzeitigkeit, auf die sich alle Einzelvorschriften in den §§ 238 ff. und 257-263 HGB, §§ 145–148 AO und H 5.2 EStH über

1. die für die kaufmännische Buchführung erforderlichen Bücher (Speicher),
2. den sachlich richtigen und vollständigen Inhalt der Bücher (materielle Ordnungsmäßigkeit) und
3. die klare und übersichtliche Aufzeichnung in den Büchern (formelle Ordnungsmäßigkeit)

---

[482] Vgl. Steinbach (Rechnungslegungsvorschriften) S. 43.
[483] Körner (Wesen) S. 23.
[484] Vgl. Steinbach (Rechnungslegungsvorschriften) S. 114, 175, 229 f.
[485] Vgl. Steinbach (Rechnungslegungsvorschriften) S. 121–125.
[486] Vgl. Steinbach (Rechnungslegungsvorschriften) S. 175–206.

zurückführen lassen. Darüber hinaus erfordert eine ordnungsmäßige Dokumentation, dass das Buchführungssystem die zeitnahe Erfassung aller Geschäftsvorfälle gewährleistet, die Geschäftsvorfälle in ihrer Entstehung und Abwicklung buchmäßig verfolgen lässt und einem sachverständigen Außenstehenden in angemessener Zeit einen zuverlässigen Einblick in die Buchführung ermöglicht.

5.5.2 Grundsätze ordnungsmäßiger Speicherbuchführung

Gegenüber der konventionellen Buchführung erfordert der Einsatz automatisierter Datenverarbeitungsanlagen zur Erfüllung der GoD die Beachtung spezieller Ordnungserfordernisse, die auf die Technik und Arbeitsweise von EDV-Anlagen ausgerichtet sind. Der Gesetzgeber hat im HGB (insb. §§ 239 Abs. 4 und 257 Abs. 3) und in der AO (insb. §§ 146 und 147) die Buchführungsvorschriften an die technische Entwicklung angepasst und einige Grundsätze zur Speicherbuchführung kodifiziert. Mit einer eingehenden Interpretation der Gesetzesänderungen befasste sich insbesondere der AWV-Arbeitskreis „Gesetzliche Anforderungen an das Rechnungswesen", dessen Richtlinien als **Grundsätze ordnungsmäßiger Speicherbuchführung** (GoS) in das Schreiben des Bundesministers der Finanzen vom 5. Juli 1978 (IV A 7 – S 0316 – 7/78, BStBl 1978 I S. 250–254) übernommen wurden. Die GoS sollen die allgemeinen GoD bei einem Einsatz der Speicherbuchführung ergänzen, wobei nicht ausgeschlossen ist, dass ein Teil der GoS auch für andere Arten der EDV-Buchführung maßgeblich sein kann. Aufgrund der technischen (Weiter-)Entwicklung werden die GoS weitergeführt als **Grundsätze ordnungsmäßiger DV-gestützer Buchführungssysteme** (GoBS).[487]

Für die **Ordnungsmäßigkeit** einer EDV-Buchführung gilt als erster Grundsatz, dass sie nur im Rahmen eines organisatorisch entsprechend gestalteten Datenverarbeitungssystems, das sind die EDV-Anlage einschließlich ihres Betriebssystems, die Verarbeitungsprogramme und die Organisation der EDV-Abteilung, der Datenerfassung und Arbeitsabläufe, zu realisieren ist. Hierauf richten sich die beiden Ordnungsprinzipien der Funktionstrennung zwischen EDV-Abteilung und Fachabteilung sowie innerhalb der EDV-Abteilung, der Systemdokumentation darüber, wie die Arbeitsabläufe organisiert und die Ergebnisse im Rechnungswerk abgelaufen sind, und eine Reihe weiterer in nachfolgender Übersicht aufgezählter Ordnungsgesichtspunkte. Darüber hinaus sind zum Belegprinzip und zur Sicherung und Darstellung des Buchungsstoffes speziell aus dem EDV-Einsatz resultierende Ordnungsgrundsätze zu beachten: Die traditionellerweise durch den Beleg ausgeübte Funktion des Nachweises jedes einzelnen Geschäftsvorfalls kann bei EDV-Buchführung im Rahmen eines Datenträgeraustauschs auch von diesen Datenträgern, d. h. magnetischen Datenträgern, optischen Datenträgern usw., und bei programmgesteuerten Buchungen (z.B. Abschreibungen) auch vom Programm selbst wahrgenommen werden.

Der traditionellen Grundbuch- und Kontenführung steht bei EDV-Einsatz nur die Einhaltung der Grundbuchfunktion und der Kontenfunktion, ohne dass ein Ausdruck der „Bücher" notwendig wäre, gegenüber (§§ 257 Abs. 3 HGB und 146 Abs. 5 AO). Sie ist durch organisatorische und technische Maßnahmen zu gewährleisten, die auf eine vollständige Belegsicherung und Erfassung der Geschäftsvorfälle, eine sachkontenmäßige Zuordnung sowie die Abstimmung der Daten und die ständige Ausdrucksbereitschaft gerichtet sind.

---

[487] BMF-Schreiben vom 7. November 1995 IV A 8 – S 0316 – 52/95, BStBl 1995 I S. 738.

Übersicht

1. **Allgemeine Ordnungsgesichtspunkte zur Gestaltung des Datenverarbeitungssystems**
   - Funktionstrennung (zwischen Fachabteilung und EDV-Abteilung sowie innerhalb der EDV-Abteilung),
   - spezielle Systemdokumentation einschl. Programmdokumentation
   - Ordnungsmäßigkeit der Dateneingabe,
   - Ordnungsmäßigkeit der Datenumwandlung in die Maschinensprache,
   - Sicherung der ordnungsmäßigen Programmanwendung durch manuelle und programmierte Kontrollen
   - Datensicherung (durch ausgelagerte Duplikate, Sicherung der jederzeitigen Rekonstruktionsfähigkeit),
   - Sicherung und Nachweis der technischen Funktionsfähigkeit der EDV-Anlage.

2. **Sicherung der Belegfunktion**
   - durch vollständig möglichen Nachweis jedes einzelnen Geschäftsvorfalls

3. **Ordnungsmäßige Sicherung und Darstellung des Buchungsstoffes**
   a) **Erfüllung der Grundbuchfunktion** durch
      - gesicherte Speicherung,
      - Abstimmung,
      - ständige Ausdruckbereitschaft.

   b) **Erfüllung der Kontenfunktion** durch
      - Erfüllung der Grundbuchfunktion und
      - sachliche Zuordnung der Abstimmung,
      - ständige Ausdruckbereitschaft.

   c) **Gewährleistung der Ausdruckbereitschaft** und Ordnungsmäßigkeit der Ausdrucke auf Drucklisten oder Mikrofilm (COM = Computer Output Microfilm) im Bedarfsfall.

   d) **Aufbewahrungspflicht** von Datenträgern und Organisations- und Programmunterlagen.

Abbildung 51:   Grundsätze ordnungsmäßiger Dokumentation bei EDV-Buchführung

Ständige Ausdrucksbereitschaft ist als gegeben anzusehen, wenn der Buchführungspflichtige auf Verlangen die gespeicherten Buchungen

- in zeitlicher und sachlicher Reihenfolge,
- in übersichtlicher und verständlicher Form,
- vollständig sowie auszugsweise und
- innerhalb kurzer Zeit

reproduzieren kann. Die Ausdrucke können dann als Bücher im handelsrechtlichen Sinne (§ 257 Abs. 3 S. 2 HGB) statt der Datenträger aufbewahrt werden.

Solange die gespeicherten Buchungen nicht vollständig in Form von lesbaren Handelsbüchern ausgedruckt sind, müssen jedoch die Datenträger noch aufbewahrt werden (§ 257

Abs. 3 S. 1 HGB und § 147 Abs. 2 AO). Die Aufbewahrungspflicht gilt auch für die Organisations- und Programmunterlagen im Rahmen der Systemdokumentation (§ 257 Abs. 1 Nr. 1 HGB und § 147 Abs. 1 AO).

Frist	Datenträger	Organisations- und Programmunterlagen
10 Jahre	– mit gespeicherten Buchungen (Buch- oder Kontenfunktion)	– für das Verständnis der Buchführung notwendig
6 Jahre	– mit Belegfunktion	– sonstige

Abbildung 52:   Aufbewahrung von Datenträgern sowie Organisations- und Programmunterlagen (gem. § 257 Abs. 4 HGB)

5.6 Die Grundsätze ordnungsmäßiger Inventur

Trotz ordnungsmäßiger Dokumentation kann am Bilanzstichtag der Fall eintreten, dass die Salden der Bestandskonten nicht mit den tatsächlichen Beständen übereinstimmen. Diese Differenzen ergeben sich dann, wenn Änderungen bei den Vermögensgegenständen oder Schulden auftreten, die nicht auf Geschäftsvorfällen beruhen; beispielsweise durch Schwund, Verderb, Diebstahl etc. Vor dem Ausweis der sich aus den Büchern ergebenden Endbestände in der Bilanz sind diese nach Art, Menge und Wert auf ihre Richtigkeit durch eine **Inventur** zu überprüfen und ggf. zu korrigieren. Bei Roh-, Hilfs- und Betriebsstoffen sowie Waren werden häufig nur die Zugänge buchmäßig erfasst. Hier dient die Inventur gem. der grundsätzlichen „*Lagerhaltungsgleichung*":

	Anfangsbestand
+	Zugang
–	Abgang
=	Endbestand,

auch zur Feststellung des Verbrauchs:

	Anfangsbestand (lt. Buchhaltung)
+	Zugang abzüglich Retouren (lt. Buchhaltung)
–	Endbestand (lt. Inventur)
=	Verbrauch.

Die Inventur umfasst aber nicht nur das Zählen, Wiegen oder Messen der „körperlichen" Vermögensgegenstände, sondern auch die Überprüfung der Forderungen und Schulden durch die Anforderung von Kontokorrentauszügen oder Saldenbestätigungen bei den Schuldnern und Gläubigern.

Die **Grundsätze ordnungsmäßiger Inventur** sollen vor allem die Fragen beantworten, **wann** eine Inventur erfolgen muss, **was** im Einzelnen der Inventurpflicht unterliegt und **wie** die Inventur durchzuführen ist. Dabei erlangt eine Reihe von speziellen Regelungen über Inventurerleichterungen, die die jeweiligen strengen Grundsatzanforderungen an die Ordnungsmäßigkeit unter Wirtschaftlichkeitsgesichtspunkten abschwächen, besondere Bedeutung. Generell gilt aber: „Die ordnungsmäßige Buchführung fordert ordnungsmäßige Inventurunterlagen sowohl für das Anfangs- wie für das Schlußvermögen des Wirtschaftsjahres. Fehlen die Unterlagen für das Schlußvermögen und somit auch für das Anfangsvermögen des folgenden Wirtschaftsjahres, so liegt für beide Wirtschaftsjahre keine ordnungsmäßige Buchführung vor."[488]

5.6.1   Regelungen zum Inventurzeitpunkt

Nach § 240 Abs. 1 und 2 HGB hat jeder Kaufmann „zu Beginn seines Handelsgewerbes" und „für den Schluß eines jeden Geschäftsjahrs ein ... Inventar aufzustellen". Im Idealfall erfolgt die körperliche Bestandsaufnahme am Bilanzstichtag selbst. Dieser Idealtyp der **Stichtagsinventur** ist in der Praxis selten durchführbar. Deshalb ist eine Stichtagsinventur auch dann noch ordnungsmäßig, wenn sie zeitnah, d. h. gem. R 5.3 Abs. 1 EStR *„innerhalb einer Frist von zehn Tagen vor oder nach dem Bilanzstichtag"*, durchgeführt wird. Eventuelle Veränderungen in dieser Zeitspanne sind auf den Bilanzstichtag vor- bzw. rückzuverrechnen.

Eine wesentliche Erleichterung bietet die **zeitlich verlegte Inventur** (zeitverschobene Inventur) nach § 241 Abs. 3 HGB (vgl. auch R 5.3 Abs. 2 EStR), die es erlaubt, auf eine körperliche Bestandsaufnahme am Bilanzstichtag bei den Beständen zu verzichten, die innerhalb von drei Monaten vor oder zwei Monaten nach diesem Termin in einem besonderen Inventar festgehalten wurden. Der Wert dieser Bestände muss nur noch auf den Bilanzstichtag fortgeschrieben bzw. zurückgerechnet werden.

Die größte Erleichterung bringt die sog. **permanente Inventur** (§ 241 Abs. 2 HGB). Bei permanenter Inventur ist ein Bestandsverzeichnis in Form der Lagerbuchhaltung und Anlagenkartei zu führen, in dem fortlaufend (permanent) sämtliche Zugänge und Abgänge erfasst werden. Der Inventurbestand zum Bilanzstichtag ergibt sich aus diesem fortgeschriebenen Mengenbestand. Für die Anerkennung der permanenten Inventur als ordnungsmäßig gelten die in H 5.3 EStH zusammengefassten Erfordernisse, insbesondere, dass einmal im Jahr eine körperliche Bestandsaufnahme erfolgen muss.

Weitergehende Vereinfachungen kommen beim beweglichen Anlagevermögen zum Einsatz.[489]

5.6.2   Regelungen zum Inventurumfang

§ 240 Abs. 1 HGB fordert, Grundstücke, Forderungen und Schulden, den Betrag des baren Geldes und die sonstigen Vermögensgegenstände genau zu erfassen; d. h. erforderlich sind artmäßig spezifizierte Mengenangaben. Im Wesentlichen geht es hierbei darum, die **Vollständigkeit** der Inventur durch eine geeignete Ablauforganisation sicherzustellen. Der Umfang wird hinsichtlich des Vollständigkeitsprinzips durch die Definition des Begriffs Vermögensgegenstand im Rahmen der ordnungsmäßigen Bilanzierung dem Grunde nach determiniert. Vollständigkeit erfordert beispielsweise, Anlagegegenstände auch dann mengenmäßig zu erfassen, wenn sie bereits voll abgeschrieben sind und auch diejenigen Einzel-

---

[488] BFH Gutachten vom 25.03.1954 – IV D 1/53 S, BStBl III 1954, S. 195.
[489] Siehe R 5.4 EStR.

posten aufzuführen, die im Falle einer Gruppenbewertung zusammengefasst werden. Ausnahmen bestehen bei der Erfassung von geringwertigen Anlagegütern und von Vermögensgegenständen, für die ein zulässiger Festwert angesetzt wird.

5.6.3 Regelungen zum Inventurverfahren

Eckpfeiler der Inventur ist der aus dem Grundsatz der Einzelbewertung nach §§ 240 Abs. 1 und 252 Abs. 1 Nr. 3 HGB abgeleitete **Grundsatz der Einzelmengenerfassung**. Schätzungen sind unzulässig. Allerdings können bei schwer festzustellenden Mengen (große Mengen geringwertiger Artikel, wie Schrauben, Schüttgut u. ä.) Schätzungen anerkannt werden, wenn man sie so sorgfältig durchführt, dass der tatsächlich vorhandene Bestand zutreffend erfasst wird.

Neben der Erleichterung, die sich durch die Möglichkeit von Schätzungen ergibt, kann die Inventur bei gleichartigen Vermögensgegenständen des Vorratsvermögens sowie anderen gleichartigen oder annähernd gleichwertigen beweglichen Vermögensgegenständen durch **gruppenweise Zusammenfassung** und Bewertung mit dem gewogenen **Durchschnittswert** vereinfacht werden (§ 240 Abs. 3 HGB). Mit dieser Gruppenaufnahme entfällt aber nicht die Bestandsaufnahme.

Die Erleichterung, nur für jeden dritten Bilanzstichtag eine körperliche Bestandsaufnahme vornehmen zu müssen, ist durch die Zulassung von **Festwerten** (Ansatz gleich bleibender Mengen und Werte) gem. § 240 Abs. 3 HGB gegeben[490]. Für den Ansatz eines Festwertes müssen die folgenden Voraussetzungen gegeben sein:

* Sachanlagevermögen oder Roh-, Hilfs- und Betriebsstoffe,
* regelmäßiges Ersetzen dieser Vermögensgegenstände,
* nachrangige Bedeutung ihres Gesamtwertes für das Unternehmen,
* nur geringe Veränderungen des Bestandes hinsichtlich
  – Größe
  – Wert
  – Zusammensetzung.

Besondere Bedeutung hinsichtlich der Erleichterung der Bestandsaufnahme hat die **Stichprobeninventur** gem. § 241 Abs. 1 HGB. Die Bestandsermittlung mit Hilfe von Stichproben ist angebracht, wenn eine vollständige körperliche Aufnahme praktisch nicht möglich oder nicht zumutbar ist; wobei vor allem Wirtschaftlichkeitsgründe eine Rolle spielen. Kennzeichen der Stichprobeninventur ist, dass nur für einen repräsentativen Teil (Stichprobe) des insgesamt aufzunehmenden Bestands eine körperliche Bestandsaufnahme erfolgt. Auf Basis der Einzelwerte dieser Stichprobe wird auf den Inventurwert des gesamten Vorratsvermögens (auf die Grundgesamtheit) hochgerechnet. Die dabei anzuwendenden „anerkannten mathematisch-statistischen Methoden" hat der Gesetzgeber mit dem Verweis, dass „das Verfahren den Grundsätzen ordnungsmäßiger Buchführung entsprechen (muß)", bewusst nicht eingegrenzt, sondern zur Weiterentwicklung praktischer Methoden offen gelassen.

---

[490] Siehe auch R 5.4 Abs. 3 EStR.

5.7 Grundsätze ordnungsmäßiger Bilanzierung dem Grunde und der Höhe nach

5.7.1 Überblick

An die Gestaltung jedes Informationssystems sind, wie nachfolgende Übersicht ausweist, gewisse Rahmenbedingungen zu stellen, die den Nutzen der produzierten Informationen für den Informationsempfänger gewährleisten. Dies sind die **Rahmengrundsätze** der Richtigkeit, Vollständigkeit und Klarheit. Einer absoluten Information, d. h. einer wirklichkeitsgetreuen Abbildung der Realität, stehen jedoch die **restriktiven Grundsätze** der Wesentlichkeit, Rechtzeitigkeit und Vergleichbarkeit gegenüber, denn nur wesentliche, rechtzeitige und vergleichbare Informationen sind für den Empfänger nützlich. Misst man den Informationsnutzen nicht nur an der Informationsbedarfsdeckung, sondern auch an ökonomischen Kriterien, so ist zusätzlich der restriktive Grundsatz der Wirtschaftlichkeit zu beachten.

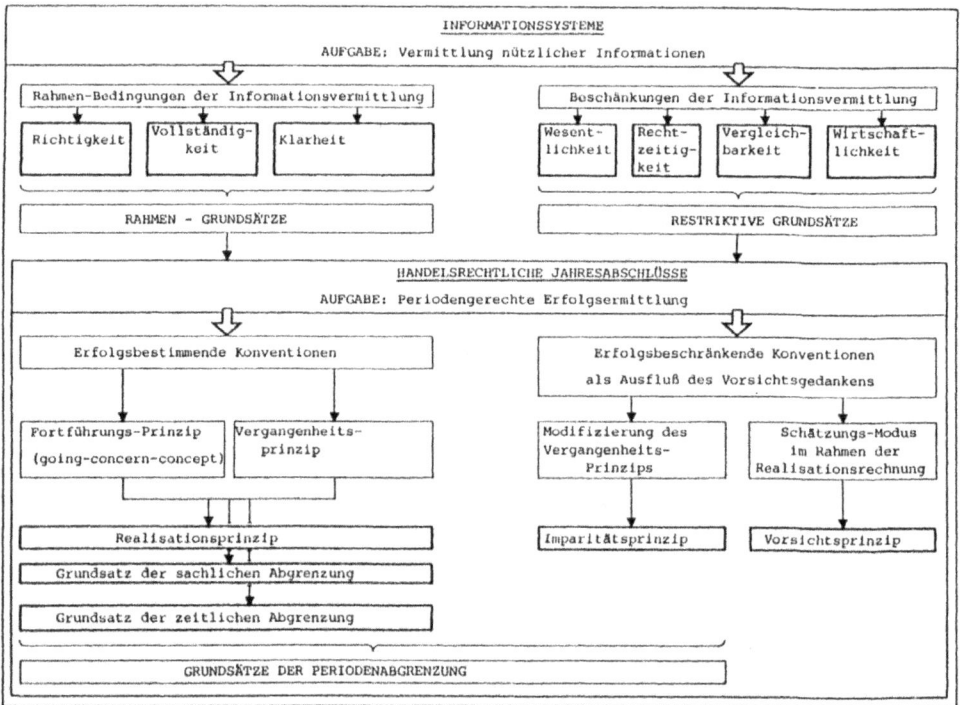

Abbildung 53:   Überblick über die Grundsätze ordnungsmäßiger Bilanzierung dem Grunde und der Höhe nach

Was den handelsrechtlichen Jahresabschluss betrifft, so sind zur Erfüllung der speziellen Zwecksetzungen dieses Informationssystems besondere Gestaltungserfordernisse zu beachten. Versteht man den Jahresabschluss als periodisches Erfolgs-Ermittlungsmodell, so sind spezielle Regeln festzulegen, die den Erfolgsbegriff im Hinblick auf den Zweck des Jahresabschlusses materiell ausfüllen. Im Einzelnen sind das die **erfolgsbestimmenden und erfolgsbeschränkenden Konventionen** zur sachlichen und zeitlichen Abgrenzung, das

Realisationsprinzip, das Imparitätsprinzip und das Vorsichtsprinzip[491]. Im Gegensatz zu den Grundsätzen zur Erfolgsermittlung sind Grundsätze zur Erfolgsverwendung noch nicht formuliert worden – abgesehen von dem allgemeinen **Grundsatz der Unternehmungserhaltung**. Die vorhandenen gesetzlichen Vorschriften (z.B. §§ 121, 168, 231 HGB §§ 58, 60, 150 AktG, § 29 GmbHG, §§ 7 Nr. 2, 19 GenG), wozu auch die Besteuerungsregelungen zu zählen wären, haben keinen GoB-Charakter.

Es bestehen die nachfolgend darzustellenden Grundsätze ordnungsmäßiger Buchführung (sofern vorhanden mit Angabe der Kodifizierung):

Die Rahmengrundsätze

- Grundsatz der Richtigkeit u. Willkürfreiheit
- Grundsatz der Klarheit   § 243 II HGB
- Grundsatz der Vollständigkeit   § 246 I HGB

Die Grundsätze der Periodenabgrenzung

- Das Realisationsprinzip
- Grundsatz der sachlichen Abgrenzung   § 252 I 5 HGB
- Grundsatz der zeitlichen Abgrenzung   § 252 I 5 HGB
- Das Imparitätsprinzip   § 252 I 4 HGB
- Der ergänzende Grundsatz der Vorsicht   § 252 I 4 HGB

Die restriktiven Grundsätze

- Grundsatz der Wesentlichkeit (Materiality)
- Grundsatz der Rechtzeitigkeit   § 243 III HGB
- Grundsatz der Vergleichbarkeit (Stetigkeit)   § 246 III HGB
                                                   § 252 I 1 HGB
                                                   § 252 I 6 HGB
- Grundsatz der Wirtschaftlichkeit

Ergänzt werden die GoB von den folgenden Bewertungsgrundsätzen:

- Das Stichtagsprinzip   § 242 I, II HGB
  - Wertschaffung, Wertaufhellung   § 252 I 4 2. HS HGB

- Der Grundsatz der Unternehmensfortführung   § 252 I 2 HGB
- Das Niederstwertprinzip   § 253 III,IV HGB
- Der Grundsatz der Einzelbewertung   § 252 I 3 HG
  - Saldierungsverbot   § 246 II HGB
  - Bewertungsvereinfachungsverfahren   § 256 HGB
  - Sachgesamtheiten   R 5.4 II EStR
  - Bewertungseinheiten   § 254 HGB

- Der Grundsatz der Bestimmtheit des Wertansatzes
- Der Grundsatz der Methodenfreiheit
- Der Grundsatz der Bewertungsstetigkeit   § 252 I 6 HGB

---

[491] Wie hier deutlich wird, folgt diese Darstellung mit gewissen Einschränkungen und Modifikationen dem GoB-System Leffsons.

Das *Steuerrecht* kennt für die Steuerbilanz keine eigenen Ordnungsmäßigkeitsgrundsätze, sondern verweist über die §§ 140, 141 AO und § 5 Abs. 1 EStG auf die handelsrechtlichen GoB. Insoweit gilt auch hier die **Maßgeblichkeit**. Allerdings finden sich im Steuerrecht noch einige formelle Ordnungsmäßigkeitsregeln in den §§ 143–148 AO, die im Handelsrecht überwiegend ihre Entsprechung in den §§ 238 Abs. 1 S. 2 und 3, 239, 257 HGB finden.

5.7.2   Die Rahmengrundsätze

5.7.2.1   Grundsatz der Richtigkeit und Willkürfreiheit

Dieser Grundsatz relativiert bzw. konkretisiert den Begriff der **Bilanzwahrheit** in

– logischer, sachbezogener Sicht = Richtigkeit, und
– ethischer, personenbezogener Sicht = Wahrhaftigkeit[492].

Nach dem **Grundsatz der Richtigkeit** müssen die Jahresabschlussangaben mit dem Sachverhalt, den sie widerspiegeln, „objektiv" übereinstimmen. Dies betrifft sowohl den Inhalt der Aussagen als auch die Wertansätze. Weil eine absolut richtige Abbildung der objektiven Realität nicht möglich ist, zielt der Grundsatz der Richtigkeit auf eine sich im Rahmen geltender GoB und Buchführungsvorschriften bewegende Abbildung, so dass Dritte, z.B. Wirtschaftsprüfer, bei Kenntnis der Regeln und der Buchführungsunterlagen zu gleichen Aussagen kommen. „Objektivität" wird hier im Sinne intersubjektiver Nachprüfbarkeit gebraucht.

Das Postulat der **Wahrheit** hat neben der objektiven noch eine subjektive Komponente, die **Wahrhaftigkeit**. Die Bandbreite subjektiver Erwartungen beim Bewertungsvorgang soll durch den Bilanzierenden nicht willkürlich ausgenutzt werden, selbst dann nicht, wenn die (gegebenenfalls extensive) Auslegung der geltenden Rechnungslegungsvorschriften dies zuließe. Der **Grundsatz der Willkürfreiheit** bedeutet, „daß derjenige, der einen Jahresabschluß verantwortlich aufstellt, nur solche Werte wählt, die aus realitätsnahen und von ihm für zutreffend gehaltenen Hypothesen abgeleitet sind, so dass er persönlich die Bezeichnung der Posten und die Wertansätze für eine korrekte Aussage über die zugrunde liegenden Tatsachen hält"[493].

Der Grundsatz der Richtigkeit und Willkürfreiheit hat unter Beachtung der Tatsache, dass der Jahresabschluss auch ein Instrument der Rechenschaftslegung ist, Eingang in die – nur für Kapitalgesellschaften geltende – Generalnorm des § 264 Abs. 2 S. 1 HGB gefunden, wonach der Jahresabschluss „ein den tatsächlichen Verhältnissen entsprechendes Bild der Vermögens-, Finanz- und Ertragslage" zu vermitteln hat. Diese Formulierung entstammt dem angelsächsischen Grundsatz des **true and fair view**, welcher aber für konkrete Auslegungsbedürfnisse keine Bedeutung hat[494]. Die Generalnorm ist selbst jedoch kein Grundsatz ordnungsmäßiger Buchführung, sondern tritt ergänzend zu den GoB hinzu, da andernfalls Nicht-Kapitalgesellschaften von der Beachtung eines Grundsatzes „befreit" wären.

---

[492] Vgl. Leffson (Grundsätze) S. 200.
[493] Leffson (Grundsätze) S. 203.
[494] Winkeljohann/Schellhorn, in: Ellrott u.a. (Beck Bil.-Komm.) § 264 Tz. 24.

Für den deutschen Gesetzgeber war die Einfügung eines Grundsatzes der Bilanzwahrheit in das HGB verpflichtend, da Artikel 2 Absatz 3 in Abschnitt 1 der Vierten Richtlinie lautet: „Der Jahresabschluss hat ein den tatsächlichen Verhältnissen entsprechendes Bild der Vermögens-, Finanz- und Ertragslage der Gesellschaft zu vermitteln." Auch wenn dieser Grundsatz nur in dem Teil für Kapitalgesellschaften enthalten ist (§ 264 Abs. 2 HGB), soll der hier geforderte Grundsatz der Bilanzwahrheit über die §§ 238 Abs. 1 und 242 HGB nach Auffassung der deutschen Regierung dennoch für alle Kaufleute gelten.[495]

Für Zwecke der Besteuerung müssen Vermögenswerte in einer Bemessungsgrundlage „realitätsgerecht" abgebildet werden[496]; dies entspricht ebenfalls dem Grundsatz der Bilanzwahrheit[497].

5.7.2.2   Grundsatz der Klarheit

Der Grundsatz der Richtigkeit wird durch den **Grundsatz der Klarheit** ergänzt. Dieser fordert eine klare und übersichtliche Aufstellung des Jahresabschlusses (§ 243 Abs. 2 HGB;), also **Bilanztransparenz**[498]. Es wird somit vorausgesetzt, dass die Sachverhalte richtig und so transparent dargestellt werden, dass der Abschluss „für einen des Bilanzlesens Kundigen verständlich ist"[499]. Der Grundsatz der Klarheit könnte deshalb auch als **Grundsatz der Verständlichkeit**[500] bezeichnet werden. Aus der Klarheitsanforderung folgen u. a.

–   das **Bruttoprinzip**, wonach z.B. Forderungen und Verbindlichkeiten oder Aufwendungen und Erträge nicht saldiert werden dürfen[501] (§ 246 Abs. 2 HGB) und

–   die **klare und hinreichende Gliederung** von Bilanz und Gewinn- und Verlustrechnung (§§ 247 Abs. 1, 266, 275 HGB).

Die enge Verbindung zwischen den Grundsätzen der Richtigkeit und Klarheit[502] wird in der folgenden Übersicht demonstriert. Danach kann eine Aussage

„1. richtig und klar,
 2. richtig aber unklar,
 3. falsch, aber klar,
 4. falsch und unklar

sein"[503].

---

[495] Vgl. EuGH Urteil vom 07.01.2003 – C-306/99, BFH/NV Beilage 2003, S. 65, insbes. Tz. 85 f.

[496] BVerfG Beschluss vom 22.06.1995 – 2 BvL 37/91, 1. Leitsatz, BStBl II 1995, S. 655.

[497] Luttermann (Bilanzregeln) S. 353.

[498] Vgl. Federmann (Bilanzierung) S. 206.

[499] Leffson (Grundsätze) S. 209.

[500] Für die IFRS vgl. Abs. 25 des Rahmenkonzepts.

[501] So beispielsweise FG Köln Urteil vom 16.11.2005 – 13 K 3009/04, DStRE 2006, S. 899.

[502] Auch in der Rechtsprechung wird der Grundsatz der Klarheit gerne als Ergänzung zum Grundsatz der Bilanzwahrheit gesehen, so z.B. bereits BFH Urteil vom 05.11.1957 – I 163/56 U, BStBl III 1958, S. 24.

[503] Leffson (Grundsätze) S. 207.

Klarheit / Richtigkeit	klar		unklar	
richtig	Kasse	200	liquide Mittel	1.000
	Wechsel	800		
falsch	Wechsel	900	liquide Mittel	1.100

Abbildung 54:   Zusammenwirken der Grundsätze der Richtigkeit

5.7.2.3   Grundsatz der Vollständigkeit[504]

Der Grundsatz der Vollständigkeit hat einen rein quantitativen Charakter. *Leffson* unterscheidet folgende drei Anwendungsbereiche des Vollständigkeitsgrundsatzes[505]:

(1) Vollständigkeit des Jahresabschlusses

Ein ordnungsmäßiger Jahresabschluss setzt voraus, dass ohne Ausnahme alle Aktiva und Passiva sowie Aufwendungen und Erträge mengenmäßig erfasst sind (§ 246 Abs. 1 HGB). Das gilt auch für Gegenstände, denen kein Wert zukommt. Sie sind mit einem Erinnerungswert (1-€-Posten) in der Bilanz festzuhalten[506].

Die Vollständigkeit betrifft im Einzelnen:

a) die vollständige Erfassung der Vermögensgegenstände und Schulden dem Grunde nach[507], was sich konkret in der Abgrenzung von privater und betrieblicher Sphäre einerseits und im Prinzip des wirtschaftlichen Eigentums andererseits ausdrückt,

b) die vollständige Erfassung der Bestandsmengen im Rahmen der Inventur als Grundlage der Bilanzierung der Höhe nach und

c) möglichst vollständige Erfassung sämtlicher für den Wertansatz notwendiger Informationen.

(2) Vollständigkeit der Summe der Jahresabschlüsse

Leffson schließt in den Grundsatz der Vollständigkeit mit ein, dass die Summe der Jahresabschlussinhalte gleich dem Inhalt der Totalrechnung über die Gesamtlebensdauer einer Unter-

---

[504] Zur Vollständigkeit in den IFRS vgl. IAS 1.10-14 sowie im Rahmenkonzept die Abs. 7 und 38.

[505] Vgl. Leffson (Grundsätze) S. 219–238.

[506] Dieser Erinnerungsposten stammt aus der Zeit manueller Buchführungssysteme. Bei Datenverarbeitungssystemen kann dieser Erinnerungsposten auch durch Marker, Kennzeichnungen usw. in der Anlagendatei(-kartei) ersetzt werden. Es reicht aus, dass aus dem Buchführungssystem ersichtlich ist, welche bereits vollständig abgeschriebenen Güter noch im Anlagevermögen enthalten sind.

[507] So ist beispielsweise eine Schuld dann nicht mehr auszuweisen, wenn sich ergibt, dass die Verbindlichkeit mit an Sicherheit grenzender Wahrscheinlichkeit nicht erfüllt werden muss, BFH Urteil vom 24.02.1994 – IV R 103/92, BFH/NV 1994, S. 779.

nehmung ist[508] – eine Forderung, die bereits *Schmalenbachs* **Kongruenzprinzip** beinhaltete. Die Gleichheit von Perioden- und Totalrechnung wird durch den sogenannten Grundsatz der **Bilanzidentität** gesichert. Danach muss die Anfangsbilanz einer Periode mit der Schlussbilanz der vorangegangenen Periode übereinstimmen (§ 252 Abs. 1 Nr. 1 HGB; auch § 4 Abs. 1 EStG[509]). Der **Bilanzenzusammenhang** bedeutet die zahlenmäßige Übereinstimmung zwischen der Jahresschlussbilanz eines Wirtschaftsjahres und der Eröffnungsbilanz des Folgejahres (Bilanzidentität).[510]

(3) Vollständige Berücksichtigung der nach dem Bilanzstichtag erlangten Informationen

Weil der Jahresabschluss nicht am, sondern zum Bilanzstichtag aufgestellt wird, liegen zwischen Stichtag und Zeitpunkt der Aufstellung i. d. R. mehrere Monate. In dieser Zeit wird der Unsicherheitsgrad der am Stichtag verfügbaren Informationen durch zusätzliche Informationen reduziert. Die Frage, inwieweit die zusätzlichen Informationen zu berücksichtigen sind, ist differenziert zu beantworten:

- Informationen, die bisherige Kenntnisse vervollständigen (ergänzen oder vorhandene Zweifel beseitigen), sind bei der Aufstellung des Jahresabschlusses nach dem **Grundsatz der Wertaufhellung** (§ 252 Abs. Nr. 4 HGB) zu berücksichtigen (Beispiel: Eine Forderung war bereits am Bilanzstichtag dubios, inzwischen wird der diesbezügliche Rechtsstreit verloren oder der Kunde meldet Konkurs an[511]). **Wertaufhellende Tatsachen** können noch in einem bestimmten zeitlichen Rahmen nach dem Bilanzstichtag berücksichtigt werden, nicht aber neue (wertbegründende/wertschaffende bzw. wertbeeinflussende) Tatsachen. Demnach sind als „wertaufhellend" nur solche Umstände zu berücksichtigen, die zum Bilanzstichtag bereits objektiv vorlagen und nach dem Bilanzstichtag, aber vor dem Tag der Bilanzerstellung lediglich bekannt oder erkennbar wurden.[512] Nachträgliche Erkenntnisse des Bilanzierenden sind deshalb nur dann zu berücksichtigen, wenn sie wertaufhellend sind, d.h. wenn sie die bereits zum Bilanzstichtag bestehenden Verhältnisse erkennbar machen. Nicht zu berücksichtigen sind hingegen wertbeeinflussende Tatsachen, d.h. solche Tatsachen, die erst nach dem Bilanzstichtag eingetreten sind und sich auf den Wert eines Wirtschaftsgutes auswirken.[513]
- Ereignisse, deren Eintreten am Abschlussstichtag zu unwahrscheinlich waren, als dass sie hätten berücksichtigt werden können, sind nicht in den Jahresabschluss aufzunehmen, gegebenenfalls aber im Lagebericht gem. § 289 Abs. 2 Nr. 1 HGB oder als Fußnote zu Bilanz oder Gewinn- und Verlustrechnung bekanntzugeben. (Beispiel: Ein Öltanker geht am 1. Januar unter.)

---

[508] Vgl. Leffson (Grundsätze) S. 225 f.

[509] Vgl. BFH Urteil vom 14.01.1960 – IV 108/58 U, BStBl III 1960, S. 137.

[510] BVerfG Beschluss vom 05.07.2005 – 2 BvR 492/04, BFH/NV Beilage 2005, S. 365.

[511] Dies gilt auch, wenn die Forderung nicht als dubios behandelt wurde, weil sie auf Grund des Rechtsentscheids objektiv gar nicht bestanden hatte bzw. der (objektive) Grund des Schuldnerkonkurses i.d.R. schon vor dem Bilanzstichtag vorlag.

[512] BFH Urteil vom 09.02.2011 – IV R 37/08, BFH/NV 2011, S. 1120 m.w.N.

[513] BFH Beschluss vom 15.06.2009 – I B 46/09, BFH/NV 2009, S. 1843.

5.7.3   Die Grundsätze der Periodenabgrenzung

Der reguläre Jahresabschluss wird unter der Hypothese der **Unternehmensfortführung** erstellt, nach der die Unternehmung auf unbegrenzte Zeit fortgeführt wird (**going-concern-concept**, § 252 Abs. 1 Nr. 2 HGB). Weil eine Totalbetrachtung (über die gesamte Lebensdauer eines Unternehmens) praktisch unmöglich ist, muss, um bestimmte Zahlungsbemessungs- und Informationsinteressen zu befriedigen, der Erfolg in periodischen Abständen ermittelt werden (**Periodizitätsprinzip**).[514] Dabei ist, nach dem **Vergangenheitsprinzip**, der tatsächlich realisierte Erfolg für die jeweils abgelaufene Periode zu berechnen. Weil an den Erfolgsausweis bestimmte Konsequenzen (z.B. Ausschüttung bei Gewinnausweis) anknüpfen, bedarf es eines Bewertungsprinzips, durch das der Ausweis eines Erfolges vor dem Zeitpunkt der Ertragsrealisation verhindert wird. Dies regelt das **Realisationsprinzip.** Zur Berechnung des realisierten Erfolges ist dem Ertragsvorgang der entsprechende Aufwand (Wertverzehr) zuzurechnen. Diese nicht immer leicht zu lösende Frage regeln die Grundsätze der sachlichen und zeitlichen Abgrenzung.

Der Grundsatz der Periodenabgrenzung verlangt: „Aufwendungen und Erträge des Geschäftsjahrs sind unabhängig von den Zeitpunkten der entsprechenden Zahlungen im Jahresabschluß zu berücksichtigen" (§ 252 Abs. 1 Nr. 5 HGB). Danach sind Aufwendungen und Erträge auszuweisen, wenn sie wirtschaftlich entstanden sind. Dieses Prinzip der Rechnungslegung wird als **kaufmännische Buchführung** (*accrual accounting*) bezeichnet und steht im Gegensatz zu einer Kassenrechnung (*cash accounting*) mit Erfassung von Aufwendungen und Erträgen im Zeitpunkt des Geldflusses. Ein entsprechendes Konzept der Periodenabgrenzung (*accrual principle*) ist für die IFRS in Abschn. 22 des Rahmenkonzeptes festgeschrieben: „Gemäß diesem Konzept werden die Auswirkungen von Geschäftsvorfällen und anderen Ereignissen erfasst, wenn sie auftreten (und nicht wenn ein Zahlungsmittel oder ein Zahlungsmitteläquivalent eingeht oder bezahlt wird)." Damit folgt die europäische Rechnungslegung der kaufmännischen Buchführung und die internationale Rechnungslegung demselben Grundsatz der Periodenabgrenzung; unter accrual accounting etwas Anderes zu verstehen als kaufmännische Buchführung ist grober Unfug.

Gewisse Unterschiede finden sich lediglich in der konkreten Ausgestaltung der einzelnen Abgrenzungsprinzipien, welche nachfolgend dargestellt werden.

5.7.3.1   Das Realisationsprinzip

Das Realisationsprinzip gilt als einer der wichtigsten GoB in der deutschen Bilanzliteratur. Nach dem Realisationsprinzip ist die Periodenabgrenzung der Erträge und damit die Abgrenzung aller den Erträgen zuzuordnenden Aufwendungen vorzunehmen. Dem Realisationsprinzip liegt die Vorstellung zugrunde, *„daß ein Ertrag nur durch einen Umsatz am Absatzmarkt oder durch einen analogen Vorgang, bei dem das Unternehmen den Anspruch auf den Gegenwert erwirbt, entstehen – ‚realisiert' werden – kann. Zu diesem Zeitpunkt, der noch näher zu bestimmen ist, macht der Wert der Güter einen Sprung vom Kosten- zum Absatz-*

---

[514]   Zu den Auswirkungen des Periodizitätsprinzips in der Einkünfteermittlung (im Wesentlichen für die Steuerbilanz als Grundlage, s. auch § 2 Abs. 7 EStG) vgl. Ismer (Prinzipien).

wert"[515]. Damit folgt aus dem Realisationsprinzip, dass einzelne Geschäfte bis zum Realisationszeitpunkt mit den Anschaffungs- oder Herstellungskosten zu bewerten sind. Mit der Anerkennung dieses „Eckpfeilers der Periodenabgrenzung" wird die Entscheidung, ob ein Ertrag als realisiert anzusehen ist, der Willkür des einzelnen Rechenschaftspflichtigen entzogen.

Außer bei Bargeschäften kommen für den Schnitt zwischen unrealisierten und realisierten Geschäften mehrere Zeitpunkte in Frage, im Wesentlichen

„a) der Zeitpunkt, zu dem der Schuldner bezahlt hat,
b)   der Zeitpunkt der Lieferung oder Leistung,
c)   der Zeitpunkt des Vertragsschlusses"[516].

zu a) Ertragsrealisation bei Bezahlung

Der Geldeingang wäre sicherlich der unproblematischste Zeitpunkt, weil die Frage der Vertragserfüllung und die Höhe des Ertrages eindeutig beantwortet sind. Allerdings wird bei dieser Interpretation des Realisationsprinzips das Forderungsrisiko, das sich ja quantifizieren und bei der Annahme eines früheren Realisationszeitpunktes entsprechend berücksichtigen lässt, bei weitem überbewertet.

zu b) Ertragsrealisation bei Lieferung bzw. Leistung

Mit der Lieferung oder Leistung durch den Bilanzierenden hat eine Vertragspartei die Vertragspflichten erfüllt. Meistens treffen zu diesem Zeitpunkt folgende Fakten zusammen:

1.   Der Ausgang des Sachgutes, die Beendigung der Dienstleistung,
2.   die Erfüllung des Vertrages,
3.   die Entstehung der Forderung,
4.   der Gefahren- bzw. Eigentumsübergang,
5.   die Annahme der Lieferung oder Leistung[517].

Wenn der Verkäufer das zur Erfüllung des Vertrages Erforderliche getan hat, ist mit ausreichender Sicherheit damit zu rechnen, dass der Abnehmer die geldliche Gegenleistung erbringt. Deshalb gilt die Leistungsbewirkung in der Regel als Zeitpunkt der Ertragsrealisation. Daran schließt sich ein faktisch selbständiges Kreditgeschäft an, dessen gewöhnlich unproblematische Abwicklung dann erfolgsneutral (Kasse an Forderungen) ist.

zu c) Ertragsrealisation bei Vertragsabschluss

Zu diesem Zeitpunkt ist die Höhe des späteren geldlichen Erlöses durch den Vertrag festgestellt und gesichert. Bei Produktion für den Markt, so oftmals bei Massen- oder Serienfertigung, ist zum Zeitpunkt des Vertragsabschlusses das Absatzgut bereits produziert und das Risiko, dass nicht oder nicht vereinbarungsgemäß geliefert werden kann, relativ gering. Erheblich größer ist dieses Risiko bei Auftragsfertigung, z.B. Einzelfertigung; hier treten noch die gesamten Beschaffungs- und Produktionsrisiken hinzu. Darüber hinaus könnte die

---

[515] Leffson (Grundsätze) 1. Aufl. S. 145.
[516] Leffson (Grundsätze) S. 258.
[517] Ähnlich Leffson (Grundsätze) S. 266.

Höhe der negativen Erfolgskomponente, die gesamten Herstellungskosten, nur geschätzt werden, was dem Rechenschaftspflichtigen große Manipulationsspielräume eröffnete[518]. Der Vertragsabschluss ist daher als Realisationszeitpunkt nicht vertretbar. Andererseits hätte dieser den Vorteil, dass der Unternehmungsprozess vollständig abgebildet würde. Die Buchführung wäre lediglich um einen Abrechnungskreis „schwebende Geschäfte" zu erweitern.

Der BFH hat dazu wie folgt Stellung genommen:

„Gemäß § 252 Abs. 1 Nr. 4 Halbsatz 2 HGB sind Gewinne nur zu berücksichtigen, wenn sie am Abschlussstichtag realisiert sind. Diese Voraussetzung liegt vor, wenn eine Forderung entweder rechtlich bereits entstanden ist oder die für die Entstehung wesentlichen wirtschaftlichen Ursachen im abgelaufenen Geschäftsjahr gesetzt worden sind und der Kaufmann mit der künftigen Entstehung der Forderung fest rechnen kann. Nicht erforderlich ist, dass die Forderung am Bilanzstichtag fällig ist." [519]

Nach dem **Realisationsprinzip** (§ 252 Abs. 1 Nr. 4 letzter Halbsatz HGB) sind alle Faktorkombinationen bis zum Zeitpunkt der Leistungsbewirkung mit den Ausgabewerten zu bewerten (= Anschaffungswertprinzip). Erst mit der Leistungsbewirkung wird der „Wertsprung" von den Anschaffungs- oder Herstellungskosten zum Absatzerlös erfolgswirksam ausgewiesen.

Die Konsequenz des Realisationsprinzips ist, dass im Periodenabschluss keine unrealisierten Erfolge ausgewiesen werden. Dadurch wird verhindert, dass beim Ausweis unrealisierter Gewinne Ansprüche auf Ausschüttung erhoben und/oder die Gewinne ausgeschüttet werden. Bei einer Einschränkung[520] oder Aufhebung des Realisationsprinzips mit dem nicht unberechtigten Ziel des Ausweises unrealisierter Gewinne, könnte die Ausschüttungsgefahr durch den Grundsatz gebannt werden, dass unrealisierte Gewinne im Jahresabschluss getrennt auszuweisen und nicht auszuschütten sind (**Ausschüttungssperre**[521]): Grundsatz des Ausweises unrealisierter Erfolge und Grundsatz des Verbots der Ausschüttung unrealisierter Gewinne.

Die *IFRS* kennen weder im Rahmenkonzept noch in den Standards ein klares, unverfälschtes Realisationsprinzip; dennoch finden sich im Regelwerk immer wieder Hinweise und Beispiele, dass die Bilanzierung von Sachverhalten von deren Realisierung abhängt. Aber weitergehend als im HGB wird auch die Erwartung eines Erfolgsbeitrags bereits als ausreichend angesehen, um diesen Erfolgsbeitrag mit einem geschätzten Wert aufzunehmen. Bei negativen Erfolgsbeiträgen (Aufwendungen) bleiben die Unterschiede zwischen IFRS und HGB vergleichsweise gering, bei positiven Erfolgsbeiträgen (Erträge) bestehen insbesondere durch die Fair-Value-Bewertung gravierende Unterschiede[522].

---

[518] Leffson (Grundsätze) S. 261.

[519] BFH vom 17.3.2010, X R 28/08, BFH/NV 2010, S. 2033.

[520] Im Hinblick auf unrealisierte Verluste siehe das Imparitätsprinzip (Abschnitt 3.7.3.4).

[521] Ähnlich wie § 268 Abs. 8 HGB.

[522] Zur Zeit der Erstellung dieses Buches hat das IASB einen Standardentwurf ED/2010/6 (*exposure draft*) vorgelegt, der von einer Abschaffung des IAS 11 und damit einer Abschaffung der Teilgewinnrealisierung ausgeht; dies allerdings würde einen großen Schritt Richtung HGB bedeuten, da dann der Ausweis nicht realisierter Gewinne bei periodenübergreifender Leistungserstellung entfiele.

	IAS/IFRS	HGB
Umfang der Periodisierung	Neigung zu einer vollständigen Periodisierung auch bei unrealisierten Erträgen	Einschränkung der Periodisierung auf realisierte Erfolgsbeiträge
Bewertung von Erfolgsbeiträgen	Schätzung (noch) nicht realisierter Erfolgsbeiträge	Tendenziell pagatorische Ermittlung der Erfolgsbeiträge

Abbildung 55:   Realisation von Erfolgsbeiträgen

An die Stelle des im deutschen Bilanzrechts vorherrschenden Realisationsprinzips (*realization principle*) tritt in den IFRS ein **Realisationskonzept** (*realization concept*), welches das Realisationsprinzip um die Realisationswahrscheinlichkeit (*realization probability*) ergänzt. Nach dem Realisationskonzept reicht es aus, dass ein Wert verlässlich (*reliably*) ermittelt werden kann (IFRS Rahmenkonzept 86–88 und 92), um diesen Wert in die Bilanz aufzunehmen. Da sich der Begriff „verlässlich" nicht objektiv bestimmen bzw. abgrenzen lässt[523], öffnet dieses Konzept subjektiven Einschätzungen und damit bilanzpolitischen Möglichkeiten die Tür.

5.7.3.2   Grundsatz der sachlichen Abgrenzung

Aufwendungen sind der Sache nach derjenigen Periode zuzuordnen, in der die durch sie bewirkten Erträge nach dem Realisationsprinzip als realisiert gelten. Damit werden den Verkaufserträgen nur die Ausgaben für die abgesetzten Erzeugnisse als Aufwand gegenübergestellt. Die Ausgaben für noch nicht abgesetzte Erzeugnisse sind durch Aktivierung der Bestände an unfertigen und fertigen Erzeugnissen mit Herstellungskosten erfolgsrechnerisch zu neutralisieren.

Die Notwendigkeit dieser **sachlichen Abgrenzung** ist unbestritten[524]. Nicht einig ist man sich dagegen, was die grundsätzliche Möglichkeit (z.B. bei Kuppelproduktion) und den Umfang der abzugrenzenden Aufwendungen angeht. Es handelt sich hierbei um die heftig diskutierte Frage der Voll- oder Teilkostenaktivierung, die sowohl für das HGB als auch für die IFRS weitgehend zugunsten der Vollkosten entschieden wurde.

Dem Grundsatz der sachlichen Abgrenzung entspricht in den IFRS das „**Matching Principle**" (Rahmenkonzept Abs. 95). Da die IFRS nicht die Unterscheidung zwischen sachlicher und zeitlicher Abgrenzung kennen, ist es m.E. nicht zu beanstanden, dass „Matching Principle" entsprechend weit zu interpretieren.

---

[523] Vgl. Tanski (Bilanzpolitik) S. 56–61.

[524] Eine Ausnahme kommt vom BFH (Urteil vom 27.06.2001 – I R 45/97, BStBl II 2003, S. 121), der zu Unrecht feststellt: „Es gibt keinen Grundsatz ordnungsmäßiger Buchführung, der gebietet, Aufwand in das Jahr zu verlagern, in welchem die Erträge erzielt werden, aus denen die Aufwendungen gedeckt werden sollen."

5.7.3.3   Grundsatz der zeitlichen Abgrenzung

Erträge aus dem Leistungsprozess der Unternehmung sind nach dem Realisationsprinzip zu periodisieren. Entsprechend sind diejenigen Aufwendungen zu periodisieren, die sich der Sache nach diesen Erträgen zuordnen lassen. Für alle anderen Aufwendungen und Erträge gilt gemeinsam der Grundsatz der zeitlichen Abgrenzung. Danach sind

(1) Erträge und Aufwendungen, die auf einen Zeitraum bezogen anfallen (Mieten, Zinsen u. ä.), den betreffenden Rechnungsperioden zuzuordnen;

(2) Erträge und Aufwendungen, die ohne Gegenleistungen anfallen (Währungserfolge, Schenkungen u. ä.), der Periode zuzurechnen, in der sie anfallen;

(3) Erträge und Aufwendungen, die frühere, bereits abgelaufene Perioden betreffen (Auflösung von Rückstellungen, Buchverluste bei Anlagenabgängen u. ä.), der Periode zuzurechnen, in der sie bekannt werden.

Der Grundsatz der **zeitlichen Abgrenzung** gilt unabhängig davon, wann für die Erfolgsbeiträge (Aufwendungen und Erträge) die entsprechenden Zahlungen anfallen (§ 252 Abs. 1 Nr. 5 HGB).

5.7.3.4   Das Imparitätsprinzip

Das Imparitätsprinzip beruht auf einer dem Vorsichtsgedanken entsprungenen Konvention über eine ungleiche (imparitätische) Behandlung nicht-realisierter Gewinne und Verluste. Die Konsequenz des Realisationsprinzips, dass unrealisierte Erfolge vor der Ertragsrealisation nicht ausgewiesen werden, wird durch das **Imparitätsprinzip** teilweise aufgehoben: Danach sind drohende, aber noch nicht realisierte Verluste bei der Bilanzierung zu berücksichtigen (= **Verlustantizipation**).

Im Handelsgesetz erfährt das Imparitätsprinzip eine spezielle Ausprägung im sogenannten Niederstwertprinzip (§ 253 Abs. 2 S. 3 und Abs. 3 S. 1 und 2 HGB).

> *„Durch das Anschaffungspreisprinzip, das Realisationsprinzip und die Grundsätze der Abgrenzung der Sache und der Zeit nach ist grundsätzlich und lückenlos festgelegt, was in die Aufwendungen und Erträge der einzelnen Rechnungsperioden einzustellen ist. Es bedarf keines weiteren Abgrenzungsgrundsatzes, um Einnahmen und Ausgaben zu periodisieren. Theoretisch wäre diese Lösung systematisch, klar willkürfrei und jeder anderen vorzuziehen. Die Ansätze der einzelnen Bilanzgegenstände in Geldeinheiten wären streng aus ihren Anschaffungspreisen abgeleitet; sie lägen teils über, teils unter den Werten, die ihnen auf Grund anderer Bewertungsprinzipien – z.B. zu Tagespreisen vom Abschlußstichtag – beigelegt werden könnten.“*[525].

Der **Zweck des Imparitätsprinzips** ist, bereits in der betrachteten Periode den Gewinn um erkennbare Verluste aus bereits eingeleiteten Geschäften zu mindern, damit nicht die Kapitalerhaltung durch Gewinnausschüttung und -besteuerung gefährdet wird[526]. Das Imparitätsprinzip erfasst nur **eingeleitete Geschäfte**, das sind alle am Abschlussstichtag schweben-

---

[525] Leffson (Grundsätze) S. 339 f.

[526] Zum Zweck des Imparitätsprinzips vgl. ausführlich Leffson (Grundsätze) S. 343 ff.

den Geschäfte einschließlich der zur Verwertung bereitgestellten Vorräte und der Bestände an Forderungen und Schulden.

Beispiel:

Ein Unternehmen nimmt im Jahr 01 einen in 02 auszuführenden Auftrag an. Der Auftrag erbringt Erlöse von 30.000 €, die Aufwendungen sind mit 26.000 € kalkuliert.

Im Jahr 01 sind für dieses beidseitig schwebende Geschäft weder Aufwendungen noch Erträge realisiert. Es ist deshalb keine Buchung erforderlich.

Variante des vorstehenden Beispiels:

Sachverhalt wie oben, jedoch ergibt eine in 01 erstellte, spätere Kalkulation, dass aufgrund gestiegener Preise mit eigenen Aufwendungen von 32.000 € gerechnet werden muss.

Es droht nunmehr ein Verlust von 2.000 €, da im nächsten Jahr nur Aufwendungen von 30.000 € durch sachlich zuzurechnende Erlöse gedeckt sind. Nach dem Imparitätsprinzip sind die nicht durch Erlöse gedeckten Aufwendungen als Drohverlustrückstellung[527] von 2.000 € zu passivieren.

Die Berechnung des nach dem Imparitätsprinzip zu antizipierenden Aufwandes ist in der Weise geregelt, dass, im Falle von Vorräten den Anschaffungs- oder Herstellungskosten niedrigere Alternativwerte (z.B. Wiederbeschaffungspreis am Bilanzstichtag; aber vgl. dazu unten) gegenüberstehen, bilanziell auf den niedrigeren Wertansatz abgewertet und die Differenz in den Aufwand der Abrechnungsperiode eingestellt wird.

War es bislang üblich, sinkende Wiederbeschaffungspreise als Indiz für drohende Verluste anzusehen, so arbeitet *Leffson* klar heraus, dass gesunkene Wiederbeschaffungspreise, d. h. Wertminderungen am ruhenden Vermögen, keinen Einfluss auf die Absatzpreise und damit auf den Erfolg eines Geschäftes haben. Sie sind deshalb für die Bewertung nach dem Imparitätsprinzip irrelevant[528]. Um die auf Grund der getroffenen Dispositionen unabwendbaren negativen Erfolgsbeiträge in späteren Perioden, die auf die betrachtete Periode vorzuverlagern sind, zu berechnen, sind die entsprechenden Erfolgskomponenten unmittelbar heranzuziehen:

(1)   Die aus den eingeleiteten Geschäften anfallenden Absatzerlöse[529]

und

(2)   die durch die Abwicklung dieser Geschäfte noch verursachten Kosten.

Daraufhin ist nach dem **Prinzip der verlustfreien Bewertung** (§ 252 Abs. 1 Nr. 4 HGB) zu untersuchen,

„ob die Anschaffungs- oder Herstellungskosten der zu bewertenden Güter über dem Wert liegen, der sich als Differenz zwischen den erwarteten Verkaufspreisen abzüglich

---

[527]   Für die Steuerbilanz ist das – GoB-widrige – Passivierungsverbot des § 5 Abs. 4a EStG zu beachten.

[528]   Vgl. Leffson (Grundsätze) S. 360 ff.

[529]   Im Fall bewusst kalkulierter „Verlustprodukte" sieht der BFH (Urteil vom 29.04.1999 – IV R 14/98, BStBl II 1999, S. 681) die Notwendigkeit, alle Erlöse einer Produktgruppe (statt nur die des Verlustprodukts) zu betrachten.

der bis zur Realisation noch anfallenden variablen Kosten ergibt. Liegen die Anschaf-
fungs- oder Herstellungskosten über diesem Wert, so ist die Differenz beider Werte als
Antizipationsposten in den Aufwand der abzuschließenden Periode einzustellen"[530].

In der Bilanz sollte der Antizipationsposten als Rückstellung ausgewiesen und nicht als Wertberichtigung der Bilanzposten aufgefasst werden, wie es für Rückstellungen aus schwebenden (zweiseitig unerfüllten) Geschäften bereits üblich ist[531]. Bei einem Ausweis unter den „sonstigen Rückstellungen" ist eine entsprechende Unterteilung des Postens sinnvoll.

Mit dem Prinzip der verlustfreien Bewertung wird in der Handelsbilanz[532] gerade so viel Aufwand vorverlagert, dass bei der Ertragrealisation der (verbliebene) Aufwand des Geschäfts gleich dem Ertrag ist. Für die Steuerbilanz ist dagegen auf den niedrigeren Teilwert abzustellen.[533]

5.7.4   Der ergänzende Grundsatz der Vorsicht

Wird der Vorsichtsgedanke sehr weit gefasst, so schlägt er sich bereits im Realisationsprinzip, insbesondere aber im Imparitätsprinzip nieder. Der hier zusätzlich angeführte **Grundsatz der Vorsicht** ist nur eine Verfahrensregel für Schätzungen. Er soll nicht zur Rechtfertigung von Bewertungswillkür durch übermäßige Unterbewertungen der Aktiva bzw. Überbewertungen der Passiva dienen. Ein nach den oberen Grundsätzen oder den Periodenabgrenzungsgrundsätzen zweifelsfrei ermittelter Wert darf deshalb nicht mit Verweis auf den Vorsichtsgrundsatz in Richtung eines niedrigeren Wertes verschoben werden. Dieser Grundsatz stellt also lediglich eine **Auffangregel** für Zweifelsfragen dar[534].

Einen vergleichbaren Vorsichtsgedanken kennen auch die IFRS, wonach „ein gewisses Maß an Sorgfalt bei der Ermessensausübung, die für die erforderlichen Schätzungen unter ungewissen Umständen erforderlich ist, einbezogen wird, so dass Vermögenswerte oder Erträge nicht zu hoch und Schulden oder Aufwendungen nicht zu niedrig angesetzt werden"[535].

Gleichzeitig zeigt dieser Grundsatz, wie trotz Schätzungsbandbreiten ein bestimmter Bilanzwert gewonnen werden kann, der einen zu hohen Ausweis des Periodenerfolgs vermeidet[536], und der damit dem **Gläubigerschutzprinzip** entspricht. Dazu kann man zwei Überlegungen anstellen:

(1) Bei Vorliegen objektiver (z.B. statistischer) Wahrscheinlichkeiten sollte der Mittelwert der Bandbreite angesetzt werden.
(2) Können Bandbreiten nur durch subjektive, aber willkürfreie, Überlegungen gewonnen werden, ist bei Aktivposten die untere und bei Passivposten die obere Schwelle der Bandbreite anzusetzen.

---

[530] Leffson (Grundsätze) S. 389 f.
[531] Leffson (Grundsätze) S. 414 f.
[532] Für die IFRS vgl. IAS 2.28.
[533] Vgl. BFH Urteil vom 07.09.2005 – VIII R 1/03, BFH/NV 2006, S. 167.
[534] Daher kennt der Buchhaltungspraktiker die Regel „Im Zweifel soll sich der Kaufmann eher ärmer als reicher darstellen".
[535] Abs. 37 des Rahmenkonzeptes der IFRS, vgl. auch IAS 8.10.
[536] Vgl. Leffson (Grundsätze) S. 466 f.

Der Grundsatz der Vorsicht ist auch in Artikel 31 in Abschnitt 7 (Bewertungsregeln) der Vierten Richtlinie verankert:

„c) Der Grundsatz der Vorsicht muss in jedem Fall beachtet werden. Das bedeutet insbesondere:

aa) Nur die am Bilanzstichtag realisierten Gewinne werden ausgewiesen.
bb) Es müssen alle voraussehbaren Risiken und zu vermutenden Verluste berücksichtigt werden, die in dem Geschäftsjahr oder einem früheren Geschäftsjahr entstanden sind, selbst wenn diese Risiken oder Verluste erst zwischen dem Bilanzstichtag und dem Tag der Aufstellung der Bilanz bekannt geworden sind.
cc) Wertminderungen sind unabhängig davon zu berücksichtigen, ob das Geschäftsjahr mit einem Gewinn oder einem Verlust abschließt."

„Nach dem Grundsatz der Vorsicht ist es im allgemeinen ausgeschlossen, eine bestrittene Forderung schon in dem Augenblick ganz oder teilweise zu aktivieren, in dem der Gläubiger ein obsiegendes, aber nicht rechtskräftiges Urteil erstritten hat. Solange das Urteil nicht rechtskräftig ist, kann in der Regel die Möglichkeit nicht verneint werden, daß in der nächsten Instanz ein ungünstiges Urteil ergeht."[537]

5.7.5   Die restriktiven Grundsätze

5.7.5.1   Grundsatz der Wesentlichkeit (Materiality)

Der **Grundsatz der Wesentlichkeit**[538] ist mit dem für den gesamten Prozess der angelsächsischen Rechnungslegung fundamentalen **Grundsatz der Materiality**[539] identisch, bisher jedoch im deutschen Bilanzrecht (noch) nicht kodifiziert.[540] Materiality erlaubt, ganz allgemein formuliert, die Außerachtlassung der für eine Entscheidung unwesentlichen Informationen.[541] Die „Wesentlichkeit" einer Information könnte theoretisch mit Informationsnutzen- und -kostenberechnungen bestimmt werden.

Für den Bilanzierenden besagt der Grundsatz, dass bei der Aufstellung des Jahresabschlusses alle Tatbestände berücksichtigt werden müssen, die dem Interessenten an der Bilanz als Informationen für seine Entscheidungen wesentlich sein können und entsprechend, dass sie vernachlässigt werden können, wenn sie der Größenordnung nach nur einen unwesentlichen Einfluss auf das Jahresergebnis und die Rechenschaft im einzelnen haben.

---

[537] BFH Urteil vom 26.04.1989 – I R 147/84, BStBl II 1991, S. 213, mit Verweis auf BFH-Urteil vom 27. Mai 1964 IV 352/62 U, BFHE 80, 8, BStBl III 1964, S. 478.

[538] Ausführlich siehe Tanski (Bestimmung).

[539] Lück (Materiality) S. 41; s. auch Abs. 29 und 30 des IFRS-Rahmenkonzepts, wonach unwesentliche Informationen für den Leser des Jahresabschlusses nicht relevant sind, in IAS 8.8 erhält der Wesentlichkeitsgrundsatz eine großzügige Auslegung wie sie dem deutschen Handelsrecht unbekannt ist.

[540] Der Vorschlag einer neuen EU-Rechnungslegungsrichtlinie (Proposal for a directive on the annual financial statements, consolidated financial statements and related reports of certain types of undertakings) vom 25.10.2011 sieht die Berücksichtigung der Wesentlichkeit in Art. 5 Abs. 1 Buchst. j ausdrücklich vor (http://ec.europa.eu/internal_market/accounting/docs/sme_accounting/review_directives/20111025-legislative-proposal_en.pdf, Zugriff am 16.2.2012).

[541] Vgl. Hirschberger/Leuz (Grundsatz) mit Abwägungen zu anderen Grundsätzen.

Praktisch ist es jedoch kaum möglich, Materiality zu präzisieren. Um zu verhindern, dass der Bilanzierende Fragen des Jahresabschlusses mit Hinweis auf den Grundsatz der Materiality im eigenen Ermessen auslegt, fordern vor allem Wirtschaftsprüfer zu Recht Rahmenrichtlinien für Materiality-Entscheidungen. Als quantitative Maßstäbe zur Messung der Materiality werden diskutiert:

„1. einzelne Posten der Bilanz und/oder der Gewinn- und Verlustrechnung,
2. das Eigenkapital einer Gesellschaft,
3. der Reingewinn (bzw. -verlust) einer Abrechnungsperiode,
4. der ‚Standard'-Reingewinn (bzw. -verlust) einer Gesellschaft – gemeint ist der durchschnittliche Reingewinn vor Steuern (bzw. der durchschnittliche Verlust) der letzten 5 Jahre"[542].

Dieser Grundsatz darf jedoch keinesfalls so verstanden werden, dass unwesentliche Unterlassungen und/oder Fehler jederzeit gemacht werden dürfen, da dieses gegen den oberen Grundsatz der Bilanzwahrheit und Willkürfreiheit verstoßen würde. Bedeutung hat die Wesentlichkeit deshalb vor allem bei Fragen zur Notwendigkeit von Fehlerkorrekturen (oder der Beanstandung eines Fehlers durch Prüfer) oder zur Abgrenzung jener Buchungen/Arbeiten, die aufgrund von Wirtschaftlichkeitsüberlegungen unterlassen werden. So gilt auch für die steuerliche Gewinnermittlung der Grundsatz der Wesentlichkeit, wonach „unwesentliche Elemente bei der Bilanzierung und Bewertung außer Betracht" gelassen werden dürfen.[543]

Auch für die Steuerbilanz gilt der Grundsatz der Wesentlichkeit.[544] So dürfen „*die Grundsätze der dynamischen Bilanz (...) bei Beträgen, die sich auf das Ergebnis des Wirtschaftsjahres nur unwesentlich auswirken, im Interesse einer angemessenen Vereinfachung der Buchführung nicht überspannt werden.*"[545] Schwierig bleibt auch hier die Frage, was als wesentlich bzw. unwesentlich anzusehen sei. So wurde durch den BFH[546] eine Orientierung an der – sehr niedrigen – Wertgrenze des § 6 Abs. 2 EStG (410 €) in die Diskussion eingebracht. In einem anderen Fall (Teilwertabschreibung auf Wertpapiere) wird eine Bagatellgrenze (Signifikanzwert) von 5 % des Buchwertes für angemessen gehalten.[547]

5.7.5.2   Grundsatz der Rechtzeitigkeit

Während Materiality die Bedeutung einer Information inhaltlich beurteilt, zielt der Grundsatz der Rechtzeitigkeit auf den Zeitpunkt der Informationsübermittlung an den Empfänger. Eine wesentliche Information ist für den Empfänger in der Regel kaum nützlich, wenn er seinen Entscheidungsprozess abgeschlossen hat; gegebenenfalls kann sie zu einem korrigierenden

---

[542] Vgl. Lück (Materiality) S. 68. Dabei zeichnet sich nach Lück in der internationalen Diskussion als Lösung ab: 5% oder mehr des Standard-Reingewinns oder Eigenkapitals ist material; 2% oder weniger ist immaterial; zwischen 2% und 5% ist der Einzelfall zu beurteilen (ebd. S. 69).

[543] BFH Urteil vom 18.3.2010 – X R 20/09, BFH/NV 2010, S. 1796; für weitere Überlegungen s. Marx (Wesentlichkeitsgrundsatz).

[544] So sinngemäß bereits BFH Urteil vom 15.11.1960 – I 189/60 U, BStBl III 1961, S. 48.

[545] BFH Urteil vom 15.11.1960 – I 189/60 U, BStBl III 1961, S. 48, in diesem Streitfall wurde eine Gewinnauswirkung von 100 DM als unwesentlich angesehen.

[546] BFH Urteil vom 18.3.2010 – X R 20/09, BFH/NV 2010, S. 1796.

[547] BFH Urteil vom 21.9.2011, I R 89/10, Haufe-Index 2857677.

Entscheidungsprozess führen.[548] Der wirtschaftliche Vorteil eines rechtzeitigen Jahresabschlusses wird an den Zahlungsbemessungsinteressen der Aktionäre, des Fiskus u. a. besonders deutlich.

Im Handelsrecht hat sich der Grundsatz der **Rechtzeitigkeit** in § 243 Abs. 3 HGB niedergeschlagen, wonach der Jahresabschluss *„innerhalb der einem ordnungsmäßigen Geschäftsgang entsprechenden Zeit aufzustellen"* ist. Der Begriff **„ordnungsgemäßer Geschäftsgang"** stellt einen unbestimmten Rechtsbegriff dar; für seine Bestimmung sind zunächst der Sinn und Zweck der befristeten Aufstellung heranzuziehen: Der begrenzte Zeitraum für die Aufstellung des Jahresabschlusses und des Lageberichts stellt einen Schutz zugunsten der Gesellschafter dar, denen die Verwaltung Rechenschaft zu legen hat, aber auch zugunsten der Gesellschaftsgläubiger. Weiter lässt der Begriff die Berücksichtigung der besonderen Verhältnisse in dem Unternehmen zu, die es angezeigt erscheinen lassen können, sich zur Aufstellung der Hilfe Dritter – z.B. der Angehörigen der steuerberatenden und wirtschaftsprüfenden Berufe – zu bedienen.[549]

Die Ordnungsmäßigkeit ist regelmäßig verletzt, wenn der Jahresabschluss nicht innerhalb eines Jahres aufgestellt ist.[550] Für den Jahresabschluss von bestimmten Unternehmen existieren u.a. in § 264 Abs. 1 HGB und § 5 Abs. 1 PublG konkrete **Aufstellungsfristen**. Für große und mittlere Kapitalgesellschaften gilt eine Aufstellungsfrist von drei Monaten nach dem Ende des Geschäftsjahres (§ 246 Abs. 1 HGB). Für kleine Kapitalgesellschaften kann diese Frist auf sechs Monate ausgedehnt werden (§ 246 Abs. 1 HGB), wenn dadurch die Regel des § 243 Abs. 3 HGB nicht verletzt wird. Deshalb darf der Satzungsgeber einer kleinen Kapitalgesellschaft nicht von vorneherein die Aufstellungsfrist auf sechs Monate festlegen, denn auch kleine Kapitalgesellschaften sollen nach Möglichkeit den Jahresabschluss und den Lagebericht innerhalb von drei Monaten für das abgelaufene Geschäftsjahr aufstellen; nur dann, wenn dies einem ordnungsgemäßen Geschäftsgang entspricht, lässt das Gesetz einen Aufstellungszeitraum bis zu sechs Monaten zu.[551]

Für die Steuerbilanz (und damit indirekt auch für die zugrunde liegende Handelsbilanz) sind auch die Abgabefristen für die Steuererklärung relevant.

5.7.5.3   Grundsatz der Vergleichbarkeit (Stetigkeit)

Ökonomische Größen sind nur dann miteinander vergleichbar, wenn sie in ihren Inhalten und hinsichtlich ihrer Erhebungszeiträume übereinstimmen. Bereits *Schmalenbach* erschien es wichtiger, anstatt den Erfolg absolut richtig berechnen zu wollen, sein relatives Verhältnis im Zeitablauf richtig darzustellen[552]. Gewisse Ungenauigkeiten können deshalb in Kauf genommen werden, solange die vorgelegten Jahresabschlüsse vergleichbar sind.

---

[548] Vgl. für die IFRS Abs. 43 des Rahmenkonzeptes.
[549] BayObLG, Beschluss vom 5.3.1987 – BReg. 3 Z 29/87.
[550] S. ausführlich BFH Urteil vom 12.12.1972 – VIII R 112/69, BStBl II 1973, S. 555.
[551] BayObLG, Beschluss vom 5.3.1987 – BReg. 3 Z 29/87.
[552] Vgl. Schmalenbach (Bilanz) 2. Aufl. S. 11 f.

Leffson erfüllt die Forderung nach **Vergleichbarkeit**[553] durch den **Grundsatz der Stetigkeit**: *„Er besagt, daß die Abschlußgrundsätze und -methoden von Geschäftsjahr zu Geschäftsjahr, soweit möglich und sinnvoll, in formaler wie materieller Beziehung unverändert anzuwenden sind".*[554] Da *Leffson* die Identität von Schlussbilanz und anschließender Eröffnungsbilanz dem Grundsatz der Vollständigkeit zuordnet, zielt der Grundsatz der Stetigkeit nur noch auf Vergleichbarkeit der Jahresabschlüsse. Sie wird auch dann gesichert, wenn in Ausnahmefällen aus sachlichen Gründen die Bilanzkontinuität durchbrochen wird: Dann wird der Grundsatz der Stetigkeit als Grundsatz, Unstetigkeiten zu erläutern und das Ausmaß der Abweichungen anzugeben, interpretiert. Für das Problem, dass das Geld ein im Zeitablauf unsteter Maßstab des Erfolgs ist, gibt es noch keine eindeutigen Lösungen, so dass aus den GoB (noch) nicht die Forderung abgeleitet werden kann, die in Wertschwankungen begründete Stetigkeitsdurchbrechung durch geldwert-neutrale Abschlüsse neben den nominalen oder durch entsprechende Erläuterungen aufzuzeigen.

Der Grundsatz der Stetigkeit findet sich auch im HGB, wird dort jedoch in den

- Grundsatz der Ansatzstetigkeit (§ 246 Abs. 3 HGB) und den
- Grundsatz der Bewertungsstetigkeit (§ 252 Abs. 1 Nr. 6 HGB)

unterteilt, ohne dass dies eine inhaltliche Erweiterung darstellt.

5.7.5.4   Grundsatz der Wirtschaftlichkeit

Leffson erwähnt die Frage der Wirtschaftlichkeit nur am Rande[555]; in sein GoB-System geht kein entsprechender Grundsatz ein. Bei Körner dagegen nimmt Wirtschaftlichkeit den Rang eines axiomatischen „Grund-Satzes" ein[556]. Weil der **Grundsatz der Wirtschaftlichkeit** mit allen anderen GoB mehr oder weniger in Konflikt steht, muss m. E. verhindert werden, dass der Rechenschaftspflichtige diesem Grundsatz Priorität einräumt und ihn dazu benutzt, alle anderen Grundsätze und damit die Rechenschaft zu beschränken, d. h. zugespitzt, aus Wirtschaftlichkeit auf Rechenschaft zu verzichten.[557] Die Frage der Wirtschaftlichkeit muss daraufhin abgewogen werden, ob die Aussagefähigkeit des Jahresabschlusses gewahrt bleibt.

Der Grundsatz der Wirtschaftlichkeit wird in der Diskussion häufig mit (Arbeits-)Vereinfachung in Buchführung und Rechnungslegung (und damit auch Kostenersparnis) in Verbindung gebracht.[558] *„Dem Gedanken der Vereinfachung wird man dann Rechnung tragen können, wenn es sich um geringe Beträge handelt, die sich in kurzer Zeit ausgleichen und deshalb das Wirtschaftsergebnis nicht wesentlich beeinflussen."*[559] Bereits dieses Urteil zeigt, dass der Grundsatz der Wirtschaftlichkeit durch den Grundsatz der Wesentlichkeit eingeschränkt werden kann.

---

[553] Vgl. für die IFRS Abs. 39 bis 42 des Rahmenkonzeptes sowie IAS 1.45 und .46 und IAS 8.13.

[554] Leffson (Grundsätze) S. 432.

[555] Vgl. Leffson (Grundsätze) S. 166.

[556] Vgl. Körner (Wesen) S. 91–95.

[557] Vgl. dazu die Überlegungen in Abs. 44 des IFRS-Rahmenkonzeptes.

[558] Auch in der Gesetzesbegründung zum Bilanzrechtsmodernisierungsgesetz (BilMoG) taucht eine zu überwachende Wirtschaftlichkeit des Rechnungswesens auf, BT-Drucksache 16/10067 vom 30.7.2008, S. 77.

[559] BFH Urteil vom 15.11.1960 – I 189/60 U, BStBl III 1961, S. 48.

Eine Wirtschaftlichkeitsüberlegung mit der Folge der **Typisierung** von Sachverhalten ist auch anzustellen,

> *„wenn eine Einzelfallprüfung der steuergesetzlichen Tatbestandsmerkmale angesichts der Vielzahl der hiervon betroffenen Sachverhalte nicht unerhebliche Schwierigkeiten bereiten würde. Bei Fällen dieser Art gestattet deshalb das berechtigte Interesse sowohl der Steuerpflichtigen als auch der Finanzbehörden nach einem raschen und praktikablen Gesetzesvollzug eine typisierende Bestimmung der gesetzlichen Tatbestandsmerkmale, vorausgesetzt, die Typisierung führt weder zu einem Verstoß gegen das Verbot willkürlicher Rechtsanwendung noch zur Verletzung von Grundrechten."*[560]

5.8 Bewertungsgrundsätze

5.8.1 Das Stichtagsprinzip

Nach § 242 Abs. 1 HGB hat der Kaufmann *„für den Schluß eines jeden Geschäftsjahrs"* eine Bilanz aufzustellen, gleiches gilt nach § 242 Abs. 2 HGB für die Gewinn- und Verlustrechnung. Der letzte Tag eines Geschäftsjahrs ist damit der **Abschlussstichtag**, zu welchem die Vermögensgegenstände und Schulden gem. § 252 Abs. 1 Nr. 3 HGB einzeln zu bewerten sind. Nach diesem **Stichtagsprinzip** sind für die Bewertung die Verhältnisse am Bilanzstichtag maßgebend.[561]

Nach dem Grundsatz der **Vollständigkeit** sind jedoch alle bis zu der innerhalb eines ordnungsmäßigen Geschäftsgangs erfolgten Aufstellung der Bilanz zusätzlich erhaltenen „wertaufhellenden" Informationen grundsätzlich zu berücksichtigen (**Wertaufhellung**).[562] Anders ist dies bei Informationen über im neuen Jahr erst aufgetretene Ereignisse (Informationen über „wertschaffende/wertbegründende Tatsachen"); hier gilt uneingeschränkt das Stichtagsprinzip.

> *„Kenntnisse, die der Bilanzierende nach dem Bilanzstichtag von ansatz- oder wertverändernden Ereignissen erhält, finden insoweit Berücksichtigung, als sie sich auf Gegebenheiten im alten Geschäftsjahr beziehen. Das gilt auch für die bis zur Bilanzaufstellung eingetretenen oder bekanntgewordenen Tatsachen, aus denen Schlüsse über das Bestehen oder Nichtbestehen eines Risikos am Bilanzstichtag gezogen werden können."*[563]

5.8.2 Der Grundsatz der Unternehmensfortführung

Bei der Bewertung der Vermögensgegenstände und Schulden ist davon auszugehen, dass das Unternehmen fortgeführt wird, sofern dem nicht tatsächliche oder rechtliche Gegebenheiten entgegenstehen (§ 252 Abs. 1 Nr. 2 HGB). Nach diesem **Grundsatz der Unternehmensfort-**

---

[560] BFH Urteil vom 21.9.2011, I R 89/10, BFH/NV 2012, S. 306.

[561] Vgl. ergänzend BFH Urteil vom 05.05.2011 – IV R 32/07, BFH/NV 2011, S. 1585.

[562] Für die IFRS vgl. die Regelungen in IAS 10.

[563] BFH Urteil vom 02.10.1992 – III R 54/91, BStBl II 1993, S. 153.

führung wird unterstellt, dass die Unternehmenstätigkeit fortgesetzt wird. Dieses aus dem angelsächsischen stammende **going-concern-concept**[564], welches mit dem steuerlichen Teilwertgedanken verwandt ist, fordert einen Ansatz von Fortführungswerten, die nach den allgemeinen Bewertungsregeln ermittelt werden, anstelle ebenfalls denkbarer Liquidationswerte.

Der Grundsatz der Unternehmensfortführung ist sehr weitreichend. Selbst im Insolvenzverfahren und bei der Liquidation kann noch ganz oder teilweise von einer Unternehmensfortführung ausgegangen werden. So kommt eine Aufgabe dieses Grundsatzes nach § 270 Abs. 2 S. 3 AktG bzw. § 71 Abs. 2 S. 3 GmbHG nur dann in Frage, wenn die zu bewertenden Gegenstände des Anlagevermögens innerhalb eines übersehbaren Zeitraums veräußert werden sollen oder sie bereits nicht mehr dem Geschäftsbetrieb dienen. Somit kann der Grundsatz der Unternehmensfortführung erst aufgegeben werden, wenn die vollständige Auflösung des Unternehmens feststeht und eine auch teilweise Fortführung der Geschäftstätigkeit ausgeschlossen ist, was keinesfalls bei einer „nur" kritischen Unternehmenslage zutrifft[565]. Zur Aufgabe des Fortführungsgrundsatzes bedarf es somit der **Widerlegung der Fortführungsvermutung** durch Nachweis von tatsächlichen oder rechtlichen Gegebenheiten, die dieser Fortführung entgegenstehen; wo diese Widerlegung nicht gelingt, „ist von der Fortführung der Unternehmenstätigkeit auszugehen" (§ 252 Abs. 1 Nr. 2 HGB). Davon unberührt bleibt jedoch ggf. die Berichtspflicht gem. § 289 Abs. 1 und Abs. 2 Nr. 1 und 2 HGB, die zu einer Offenlegung auch einer kritischen Unternehmenssituation im Lagebericht zwingt.

Im Ergebnis wird deshalb eine Aufgabe des Grundsatzes der Unternehmensfortführung für den regulären Jahresabschluss kaum eine Bedeutung haben, da entweder die Unternehmensfortführung zu unterstellen ist oder die Erstellung einer Konkurs- oder Liquidationsbilanz erforderlich wird. Eine praktische Bedeutung wird die Aufgabe des Fortführungsgrundsatzes vor allem im Fall einer beschlossenen stillen Abwicklung haben, bei der beispielsweise Rückstellungen für Abwicklungskosten zu passivieren sind[566]. Eine Bilanz, die unter Aufgabe dieses Grundsatzes aufgestellt wird, liegt also gedanklich zwischen einer regulären Bilanz und einer **Insolvenz-** oder **Liquidationsbilanz** und führt zum Ansatz von Liquidationswerten, sofern diese niedriger als die fortgeführten Anschaffungs- oder Herstellungskosten sind, da auch eine Aufgabe des Fortführungsgrundsatzes keine Durchbrechung des Anschaffungskostenprinzips bewirkt.

Der Grundsatz der Unternehmensfortführung gilt immer für das gesamte Unternehmen; er kann somit erst dann aufgegeben werden, wenn feststeht, dass das gesamte Unternehmen aufgelöst wird. Bei einer Auflösung eines Teilbetriebes ist deshalb für das gesamte Unternehmen weiterhin von einer Unternehmensfortführung auszugehen. Dies schließt jedoch nicht aus, dass beispielsweise jene Vermögensgegenstände, die bei einer Teilschließung zum baldigen Verkauf bereitstehen, aufgrund des Niederstwertprinzips mit einer außerplanmäßigen Abschreibung auf den beizulegenden Wert (voraussichtlicher Einzelverkaufspreis abzüglich bis zum Verkauf noch anfallender Kosten, „Prinzip der verlustfreien Bewertung") i.S. des § 253 Abs. 3 und 4 HGB abzuschreiben sind. Diese außerplanmäßige Abschreibung erfolgt jedoch im Rahmen der regulären Bewertung und nicht als Ausfluss einer Aufgabe des Grundsatzes der Unternehmensfortführung.

---

[564] Vgl. Abs. 23 des IFRS-Rahmenkonzeptes.
[565] Merkt, in: Baumbach/Hopt (HGB) § 252 Tz. 7.
[566] Auch stellt sich letztlich die Frage, ob es sich tatsächlich um die Aufgabe des Grundsatzes der Unternehmensfortführung handelt oder um die Annahme einer spezifischen Form der Unternehmensfortführung.

5.8.3   Das Niederstwertprinzip

Das im *Handelsrecht* im § 253 Abs. 3 S. 3 und Abs. 4 HGB kodifizierte Niederstwertprinzip[567] ist Ausfluss des im Rahmen der allgemeinen GoB besprochenen Imparitätsgedankens. Nach dem **strengen Niederstwertprinzip** muss der Bilanzierende von mehreren zulässigen Bilanzstichtagswerten (Anschaffungs- oder Herstellungswert bzw. fortgeführter Anschaffungs- oder Herstellungswert einerseits und der aus dem Börsen- oder Marktpreis abgeleitete bzw. beizulegende Wert andererseits) den niedrigeren ansetzen.[568] Dadurch wird eine Abschreibung auf einen niedrigeren Tageswert[569] bzw. **Zeitwert**[570] (*handelsrechtlich*: beizulegender Wert, beizulegender Zeitwert; *steuerrechtlich*: Teilwert, gemeiner Wert) gefordert.

Das strenge Niederstwertprinzip gilt für die Gegenstände des Umlaufvermögens und – bei voraussichtlich dauernder Wertminderung – auch für die des Anlagevermögens[571]. Das **gemilderte Niederstwertprinzip** besteht gem. § 253 Abs. 3 S. 4 HGB in dem Wahlrecht, auch bei vorübergehender Wertminderung des Finanzanlagevermögens auf den niedrigeren beizulegenden Wert abzuwerten.

Das *Steuerrecht* erlaubt gem. § 6 Abs. 1 Nr. 1 und 2 EStG beim Anlage- und Umlaufvermögen eine Abwertung auf den niedrigeren Teilwert bei voraussichtlich dauernder Wertminderung.

Das Imparitätsprinzip konkretisiert sich in Bezug auf die Schuldenpositionen in der Bilanz im **Höchstwertprinzip**, analog zum Niederstwertprinzip bei Vermögensgegenständen (vgl. im Steuerrecht ausdrücklich § 6 Abs. 1 Nr. 3 i. V. m. Nr. 2 EStG).

5.8.4   Der Grundsatz der Einzelbewertung

Nach § 252 Abs. Nr. 3 HGB hat der Bilanzierende die Vermögensgegenstände und Schulden zum Abschlussstichtag einzeln zu bewerten; auch § 6 Abs. 1 EStG fordert für den Steuerpflichtigen „die Bewertung der einzelnen Wirtschaftsgüter". Dieser **Grundsatz der Einzelbewertung** verhindert eine bewertungsmäßige Zusammenfassung und damit eine mögliche Kompensation von Werterhöhungen einzelner Vermögensgegenstände mit Wertminderungen anderer.[572] Damit wird erst eine volle Wirkung des Niederstwertprinzips ermöglicht. Der Einzelbewertungsgrundsatz verhindert darüber hinaus bilanzpolitische Gestaltungen durch gezielte bzw. willkürliche Gruppenbildungen.

---

[567] Die IFRS kennen kein allgemeines Niederstwertprinzip (ansatzweise in Abs. 94 des Rahmenkonzeptes), jedoch finden sich in allen relevanten Standards entsprechende Regelungen zur Ansetzung eines niedrigeren Wertes bei Wertverlusten.

[568] Damit geht das Niederstwertprinzip über die Anforderungen des Imparitätsprinzips (Antizipation entstehender Verluste) hinaus. Das Niederstwertprinzip ist deshalb eher dem Gedanken der statischen Bilanz verhaftet, während sich das Imparitätsprinzip an die Gedanken der dynamischen Bilanz anlehnt.

[569] Der Begriff „Tageswert" bezeichnet exakt den für einen Bilanzstichtag zutreffenden Wert, jedoch hat sich in der Praxis der allgemeinere Begriff „Zeitwert" durchgesetzt.

[570] Vgl. ausführlich Velte/Haaker (Entwicklung).

[571] Es ist also nicht korrekt, wenn immer wieder das strenge Niederstwertprinzip dem Umlaufvermögen und das gemilderte dem Anlagevermögen zugeordnet wird.

[572] Vgl. ergänzend Küting/Eichenlauf (Einzelbewertungsgrundsatz) m.w.N.

Beispiel:

(1) Einzelbewertung

	Anschaffungswert €	Tageswert €	Wertansatz €
Gut A	100	150	100
Gut B	200	180	180
		280	

(2) *unzulässige* **Gesamtbewertung**

Güter A und B	300	330	300

Selbstverständlich können die nach dem Grundsatz der Einzelbewertung bewerteten Gegenstände in einem Bilanzposten (in diesem Beispiel dann mit 280 €) zusammengefasst und ausgewertet werden.

Der Grundsatz der Einzelbewertung wird unterstützt durch das **Saldierungsverbot** (§ 246 Abs. 2 HGB), da eine Saldierung gegen die Einzelbewertung verstoßen würde.
Bestimmte **zweckgerichtet verbundene Gegenstände**, wie z.B. Kinobestuhlung, können als ein „einheitliches Ganzes" (als **Sachgesamtheit**) betrachtet und entsprechend als ein Vermögensgegenstand – als **Bewertungseinheit** – bewertet werden. Auch die Bildung von Bewertungseinheiten (z.B. bei einer Beteiligung) unterliegt dann dem Einzelbewertungsgrundsatz dieser Beteiligung. Die Bewertungseinheit der Beteiligung an einer AG schließt die spätere Einzelbewertung von Aktien nicht aus, sobald diese nicht mehr dazu bestimmt sind, eine dauernde Verbindung zu der AG herzustellen.[573]

Andererseits wurde die langjährige Praxis der Finanzverwaltung und -rechtsprechung, Grund und Boden einschließlich Gebäuden (bebaute Grundstücke) als bewertungsmäßige Einheit zu behandeln, mit dem Beschluss des BFH vom 16. Juli 1968 (Gr. S. 7/67, BStBl 1969 II S. 108) aufgegeben. Seitdem ist es nicht mehr möglich, die Wertminderungen des Gebäudes mit einer Wertsteigerung des Grund und Bodens über die Anschaffungskosten hinaus zu verrechnen.

Weiterhin wird die Bildung von – finanziellen – Bewertungseinheiten bei Hedgegeschäften durch § 254 HGB vorgeschrieben.[574]

Als weitere Ausnahmen von dem Grundsatz der Einzelbewertung sind aufgrund des § 240 Abs. 3 und 4 HGB unter bestimmten Voraussetzungen die Gruppenbewertung und die Festbewertung sowie die Bewertungsvereinfachungsverfahren i.S. des § 256 HGB zu nennen. Diese Ausnahmen werden aus Zweckmäßigkeits- und Wirtschaftlichkeitsgründen zugelassen, zumeist um die einzelne Bewertung unwesentlicher Güter zu vermeiden.

Die International Financial Reporting Standards (IFRS) kennen dagegen keinen generellen Einzelbewertungsgrundsatz.[575] Eine Einzelbewertung ist nur dann erforderlich, wenn dieses

---

[573] BFH Urteil vom 10.08.2005 – VIII R 26/03, BFH/NV 2005, S. 2283.

[574] Vgl. ergänzend Scharpf (Bilanzierung).

[575] Generell unzulässig ist in den IFRS allerdings eine Saldierung (offsetting), jedoch sind zahlreiche Ausnahmen zugelassen.

in einem Standard für einen bestimmten Sachverhalt ausdrücklich vorgeschrieben ist. Dagegen kennen die IFRS eine Vielzahl von Gruppenbewertungen auch im Regelfall,[576] was die bilanzpolitischen Gestaltungsmöglichkeiten gegenüber dem deutschen HGB ausweitet.

5.8.5 Der Grundsatz der Bestimmtheit des Wertansatzes

Dieser **Grundsatz der Bestimmtheit des Wertansatzes** bringt zum Ausdruck, dass durch die Bewertungsvorschriften des Handelsgesetzbuches grundsätzlich vorgeschrieben ist, mit welchen Werten die einzelnen Vermögensgegenstände und Schulden anzusetzen sind. Eine niedrigere Bewertung ist nur im Rahmen ausdrücklich eingeräumter **Wertansatzwahlrechte** möglich. Jedoch ist bei den Wertansatzwahlrechten der Bewertungsspielraum insoweit eingeengt, als von den jeweils erlaubten Wertansätzen wiederum ein bestimmter zu wählen ist.

5.8.6 Der Grundsatz der Methodenfreiheit

Jeder Wertansatz, gleich welcher Kategorie, d. h. ob Anschaffungswert, Herstellungswert, beizulegender Wert usw., muss auf Grund einer bestimmten Bewertungsmethode (z.B. Lifo, Fifo) oder Abschreibungsmethode (z.B. linear, degressiv) ermittelt werden (**Methodenbestimmtheit des Wertansatzes**). Wegen der Methodenbestimmtheit sind Zwischenwerte, die sich aus zwei Methoden ergeben, nicht zulässig. Nach dem **Grundsatz der Methodenfreiheit** liegt die Wahl der Methode jedoch im Ermessen des Bilanzierenden, sofern die gewählte Methode den GoB entspricht. Der anzusetzende Wert ergibt sich daher in vielen Fällen nicht direkt aus dem Gesetz, sondern nur aus dem Gesetz in Verbindung mit der in den gesetzlichen Grenzen gewählten Bewertungs- und Abschreibungsmethode. Bewertungsspielräume im Jahresabschluss beruhen vor allem auf dem Grundsatz der Methodenfreiheit.

Über die gewählten Bewertungsmethoden ist bei Kapitalgesellschaften gem. § 284 Abs. 2 Nr. 1 HGB zu berichten; dabei besteht gem. § 284 Abs. 2 Nr. 3 HGB bei Abweichungen von Bilanzierungs- und Bewertungsmethoden eine Angabe und Begründungspflicht.

5.8.7 Der Grundsatz der Bewertungsstetigkeit

Die einmal gewählten Bewertungsmethoden müssen nach dem **Grundsatz der Bewertungsstetigkeit** von Jahresabschluss zu Jahresabschluss grundsätzlich beibehalten werden (§ 252 Abs. 1 Nr. 6 HGB), wodurch vor allem dem Grundsatz der Vergleichbarkeit entsprochen wird.[577] Von diesem Grundsatz darf nur in begründeten Ausnahmefällen abgewichen werden (§ 252 Abs. 2 HGB).

Eine **Bewertungsmethode** ist nach *Kupsch „die planmäßige Zuordnung eines in Geldeinheiten ausgedrückten Wertes zu einem Bewertungsobjekt, die in einer systematischen Folge von Verfahrensschritten für die Wertbemessung zum Ausdruck kommt"*[578].

---

[576] Küting/Cassel (Vermengung).

[577] Für die IFRS s. IAS 8.13.

[578] Kupsch (Einheitlichkeit) S. 1102.

Kupsch zufolge lässt sich die Vorgehensweise bei der Anwendung einer Bewertungsmethode in drei Schritte zerlegen[579]:

1. Bestimmung der relevanten **Wertkategorie** für das Bewertungsobjekt. Für ein Bewertungsobjekt können als Wertkategorien z.B. die Anschaffungskosten oder ein niedrigerer Wert zur Wahl stehen.

2. Festlegung des **Verfahrens** zur Ermittlung des Wertes der gewählten Wertkategorie. Bei Wahl der Wertkategorie „Anschaffungskosten" muss dann z.B. das Verfahren zu ihrer Ermittlung festgelegt werden (Durchschnittsbewertung, Verbrauchsfolgeunterstellung usw.).

3. Numerische Bestimmung des **Wertes** auf Grundlage der vorhandenen Daten. Je präziser das Verfahren in (2) die auf die Daten anzuwendenden Operationen festlegt, umso geringer sind die Ermessensspielräume in (3). Idealerweise sollten verschiedene, sachkundige Personen bei der Anwendung des Verfahrens auf dasselbe Bewertungsobjekt und bei gleicher Datengrundlage zum selben Ergebnis kommen.

Unstrittig ist nach dem Grundsatz der Bewertungsstetigkeit, dass **identische Vermögensgegenstände und Schulden** in aufeinander folgenden Jahresabschlüssen nach derselben Methode zu bewerten sind. Es stellt sich jedoch die Frage, ob dieser Grundsatz auch für erstmals in einem Jahresabschluss zu bilanzierende Gegenstände gilt. Unter Berufung auf den Grundsatz der Einzelbewertung wird z. T. gefolgert, dass bei Vermögensgegenständen und Schulden, die in einem Jahresabschluss erstmals bilanziert werden, keine Bindung an eine für gleichartige Gegenstände in Vorjahresabschlüssen gewählte Bewertungsmethode besteht.

Nach der h. M. ist jedoch ein Gegensatz zwischen dem Grundsatz der Einzelbewertung und dem Grundsatz der Stetigkeit nicht zu konstruieren. Wird ein Vermögensgegenstand im Jahresabschluss 02 unter Anwendung einer Methode für gleichartige Vermögensgegenstände aus dem Jahresabschluss 01 bewertet, so wird dieser Vermögensgegenstand dennoch einzeln bewertet. Sinn und Zweck des Einzelbewertungsgrundsatzes ist es *„einen Bewertungsausgleich zwischen einzelnen Vermögensgegenständen zu verhindern. ... Diese Funktion wird durch das Stetigkeitsprinzip nicht berührt"*[580]. Keine Bindung an eine bereits in Vorjahresabschlüssen gewählte Bewertungsmethoden liegt demnach dann vor, wenn für ein erstmalig zu bilanzierendes Gut kein Vergleichsobjekt (gleichartiges Objekt) existiert.

Im Laufe des Gesetzgebungsverfahrens wurde der Grundsatz der Bewertungsstetigkeit von einer Muss-Vorschrift zu einer **Soll-Vorschrift** geändert. Sowohl die Gesetzesbegründung, die Stellung der Vorschrift im Gesamtzusammenhang des § 252 HGB, als auch eine teleologische Auslegung zeigen, dass mit der Formulierung „soll" keine Abschwächung im Sinne einer unverbindlichen Empfehlung beabsichtigt war[581]. Ein Abweichen vom Grundsatz der Bewertungsstetigkeit ist deshalb nur in begründeten Ausnahmefällen i.S. des § 252 Abs. 2 HGB zulässig.

---

[579] Vgl. Kupsch (Einheitlichkeit) S. 1102.

[580] Kupsch (Einheitlichkeit) S. 1157.

[581] Vgl. Biener/Berneke (Bilanzrichtlinien-Gesetz) S. 91.

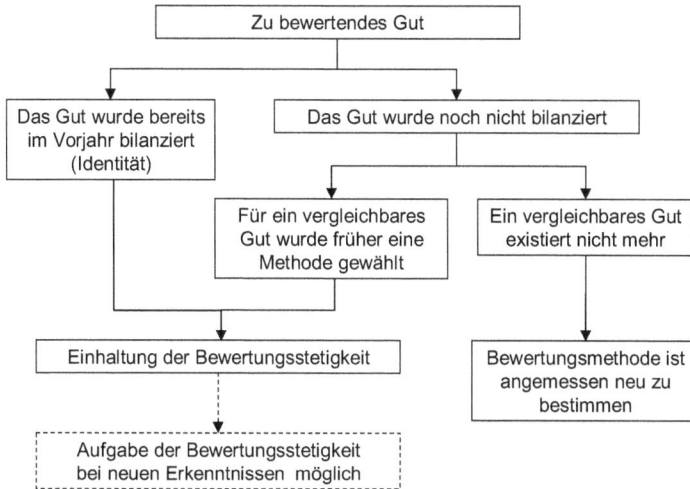

Abbildung 56:   Bewertungsstetigkeit

Ein begründeter Ausnahmefall, der eine **Durchbrechung** des Stetigkeitsgrundsatzes rechtfertigt, liegt u. a. dann vor, wenn dieser Grundsatz mit einem anderen Grundsatz ordnungsmäßiger Buchführung kollidiert. So kann der Grundsatz der Bewertungsstetigkeit bei **veränderten Verhältnissen** mit dem Grundsatz der Richtigkeit und Willkürfreiheit im
Widerspruch stehen. Der Bilanzierende muss dann die Bewertungsmethoden so anpassen,
dass auch weiterhin ein sicherer Einblick in die Vermögens-, Finanz- und Ertragslage gewährleistet wird. Bei Kapitalgesellschaften kann die Generalnorm des § 264 Abs. 2 HGB
deshalb sogar Auslöser für eine Änderung von Bewertungsmethoden sein.

In der Literatur finden sich zahlreiche weitere Beispielfälle, in denen eine Durchbrechung
des Stetigkeitsgrundsatzes möglich sein soll[582]. Die dort genannten Beispiele stellen überwiegend auf wirtschaftliche oder rechtliche Veränderungen im Unternehmen oder seiner
Umwelt ab, jedoch sollen auch Methodenänderungen zur Ausnutzung steuerrechtlicher
Wahlrechte möglich sein. Hat sich der Bilanzierende für eine bestimmte Bewertungsmethode
entschieden, so kann es auch nicht im Sinn des Stetigkeitsgrundsatzes sein, dem Bilanzierenden eine sehr langfristige Bindung an seine Wahl aufzuerlegen; in größeren Zeitabständen
muss deshalb auch eine Anpassung der Bewertungsmethoden an geänderte bilanzpolitische
Strategien möglich sein.

Wird in begründeten Ausnahmefällen eine Bewertungsmethode gewechselt, so ist darüber
gem. § 284 Abs. 2 Nr. 3 HGB zu berichten und der Methodenwechsel zu begründen. Der
Einfluss des Methodenwechsels auf die Darstellung der Vermögens-, Finanz- und Ertragslage ist gesondert zu erläutern. Der Grundsatz der Bewertungsstetigkeit wird somit ergänzt
durch den **Grundsatz der Publizität von Stetigkeitsunterbrechungen**.

---

[582] Vgl. für viele Winkeljohann/Büssow in: Ellrott u.a. (Beck-Bil-Komm) § 252 Tz. 61f.

Im *Steuerrecht* ist über die Maßgeblichkeit des handelsrechtlichen GoB der Vergleichbarkeit ebenfalls ein willkürlicher Methodenwechsel ausgeschlossen. Weil dieses Prinzip steuerlich unerwünschte Gewinnverlagerungen verhindert, ist nach ständiger Steuerrechtsprechung eine Abweichung von der Bewertungsstetigkeit nur in – sofern nicht Verbote dagegenstehen – sachlich begründeten oder in ausdrücklich im Gesetz zugelassenen Fällen möglich. Übt ein Bilanzierender beispielsweise ein Wahlrecht in bestimmter Weise aus, ist er nach den Grundsätzen der Bewertungsstetigkeit für die Zukunft an das ausgeübte Wahlrecht gebunden.[583]

5.8.8   Vergleich der IFRS-Grundsätze mit den deutschen Grundsätzen

Die IFRS kennen weder ein in sich geschlossenes theoretisches Konzept noch eine Sammlung von Anforderungen mit widerspruchsfreier Umsetzung in den einzelnen Standards. Gleichwohl wird dem Rahmenkonzept der IFRS eine GoB-ähnliche Funktion zugeschrieben; denn dieses Rahmenkonzept erhebt zumindest den – nur unbefriedigend umgesetzten – Anspruch, eine Leitlinie sowohl für den Standardsetter selbst als auch für die Bilanzierenden zu sein. Zu beachten ist aber, dass zentrale Vorgaben in den Standards wie die Fair-Value-Bewertung keine Deckung im Rahmenkonzept haben.

Dennoch zeigt folgender Vergleich der **qualitativen Anforderungen** im Rahmenkonzept mit den deutschen GoB, dass eine konzeptionelle Nähe der beiden Regelwerke gegeben ist.

Auch wenn in weiten Bereichen die qualitativen Anforderungen an den Jahresabschluss nach dem IFRS-Rahmenkonzept nahe bei den deutschen GoB liegen mögen, so darf nicht verkannt werden, dass es grundlegende Konzeptionsunterschiede zwischen der nationalen und der internationalen Rechnungslegung gibt. So stehen in Deutschland weiterhin Kapitalerhaltung, Zahlungsbemessung (Ausschüttung und Besteuerung) und Gläubigerschutz im Mittelpunkt mit einer seit dem Bilanzrechtsmodernisierungsgesetz minimal gestärkten Informationsfunktion. Dagegen ist und bleibt diese Informationsfunktion das Kernelement der internationalen Rechnungslegung, welche die anderen Funktionen auf die Plätze verweist. Zu Recht verweist Hennrichs deshalb darauf, dass die IFRS regelmäßig nicht zur Auslegung des handelsrechtlichen Jahresabschlusses dienen können.[584] Aus denselben Gründen ist es auch diskussionswürdig, ob und in welchem Umfang die IFRS als Ausgangsbasis (**Maßgeblichkeit der IFRS**) für die Besteuerung dienen können.[585]

---

[583]   BFH Urteil vom 14.04.1988 – IV R 96/86, BStBl II 1988, S. 672.

[584]   Hennrichs (GoB).

[585]   Vgl. Tanski (IFRS).

Lfd. Nummer im IFRS-Rahmen-konzept	IFRS-Qualitäts-anforderung	Pendant im deutschen Bilanzrecht	Deutsche Quelle
25	Verständlichkeit	Sachverständiger Dritter muss in angemessener Zeit einen Überblick (...) über die Lage des Unternehmens erhalten; Klarheit	§ 238 Abs. 1 HGB, § 243 Abs. 2 HGB
26	Relevanz	Vermittlung eines den tatsächlichen Verhältnissen entsprechenden Bildes der Vermögens-, Finanz- und Ertrags-lage	§ 264 Abs. 2 HGB
29	Wesentlichkeit	Entfall des gesonderten Ausweises bestimmter Posten bei untergeordneter Bedeutung	§§ 265 Abs. 7 Nr. 1, 286 Abs. 3 Nr. 1 HGB
31	Verlässlichkeit	Kein direktes Pendant im deutschen Bilanzrecht, aber indirektes Pendant über Richtigkeit sowie Prüfung der Richtigkeit	§ 239 Abs. 2 HGB, § 317 Abs. 2 HGB
33	glaubwürdige Darstellung	Grundsatz der Bilanzwahrheit	GoB
35	wirtschaftliche Betrach-tungsweise	wirtschaftliche Betrachtungsweise	AEAO zu § 4
36	Neutralität	Grundsatz der Bilanzwahrheit	GoB
37	Vorsicht	Vorsichtsgebot	§ 252 Abs. 1 Nr. 4 HGB
38	Vollständigkeit	Vollständigkeitsgebot	§ 246 Abs. 1 HGB
39	Vergleichbarkeit	Bilanzidentität; Angabe von abweichenden Bilanzie-rungs- und Bewertungsmethoden	§ 252 Abs. 1 Nr. 1 HGB, § 284 Abs. 2 Nr. 3 HGB
43	Zeitnähe	Zeitnähe	§§ 243 Abs. 3, 264 Abs. 1 HGB
44	Abwägung von Nutzen und Kosten	teilweise: Erleichterungen für kleine Unternehmen; Inventurvereinfachung	z.B. §§ 264 Abs. 1, 288 HGB; § 241 HGB
45	Abwägung qualitativer Anforderungen	teilweise: Gliederung bei mehreren Geschäftszweigen	§ 265 Abs. 4 HGB

Abbildung 57:   Vergleich von qualitativen Anforderungen im IFRS-Rahmenkonzept mit den deutschen GoB

6 Das Verhältnis von Handels- und Steuerbilanz

6.1 Das Maßgeblichkeitsprinzip

6.1.1 Die Entwicklung des Maßgeblichkeitsprinzips

Nachdem Beobachtungen über die Buchführung bis ins *frühe Altertum* (Mitte 4. Jt. v. Chr. bis Mittelalter im 6./7. Jh. n. Chr.) zurückführen, kam es im 16. Jh. zu ersten steuerlichen Einwirkungen auf die Bilanzierung. Damals wurden von den Gebrüdern *Fugger*[586] Bilanzen zur Unternehmenssteuerung aufgestellt. Auf Grund eines noch nicht explizit geregelten Maßgeblichkeitsprinzips wurde die Steuerlast damals mittels einer Einnahmen-Überschussrechnung (EÜR) ermittelt.[587] Trotz zweier unabhängiger Rechenwerke, kam es bereits damals zu ersten Erscheinungen von Niedrigbewertungen des Vermögens in den Handelsbilanzen zur Steuerung der Steuerlast. Dieses Phänomen beobachtend, entstanden Theorien, dass sich ursprünglich die handelsrechtliche aus der steuerlichen Bilanzierung entwickelte, sozusagen eine „umgekehrte Maßgeblichkeit" die Entwicklung der Handelsbilanz vorantrieb.[588]

Im Jahre **1874** war dann die Geburtsstunde des kodifizierten Grundsatzes der Maßgeblichkeit.[589] Zu dieser Zeit wurde dieser erstmals explizit im deutschen Einkommensteuergesetz eingeführt. Damals geschah dies noch auf Länderebene (bzw. damals Staatenebene oder auch Bundesglieder genannt). Dementsprechend wurde dieses nicht gleichzeitig in die einzelnen Einkommensteuergesetze kodifiziert. So waren es im Jahre **1874** die *Hansestadt Bremen* und das *Königreich Sachsen* und im Jahre **1881** die *Hansestadt Hamburg*, welche eine Bindung der steuerlichen an die handelsrechtliche Gewinnermittlung im deutschen Einkommensteuergesetz verankerten.[590] Der ermittelte Gewinn nach HGB wurde als gesetzliche Grundlage der deutschen Besteuerung anerkannt und sollte die Ermittlung der steuerlichen Bemes-

---

[586] *Informativ: schwäbisches Adelsgeschlecht des Hochadels, das seit 1367 in Augsburg ansässig ist, dessen Linie noch heute Bestand hat; bekannt durch die „Fuggerischen Handelsgesellschaften".*

[587] Vgl. Arbeitskreis Steuern und Revision (Maßgeblichkeit), S. 3.

[588] Vgl. Coenenberg (Jahresabschluss), DB, S. 2077; so auch Arbeitskreis Steuern und Revision (Maßgeblichkeit), S. 16; übereinstimmend Pfirmann/Schäfer (Bilanzrecht), S. 123.

[589] Vgl. Arbeitskreis Quantitative Steuerlehre (2009), S. 7; Pohl (Entwicklung), S. 13 m. w. N.; Kempermann in K/S/M, § 5 EStG, Rz. B 110

[590] Vgl. Arbeitskreis Steuern und Revision (Maßgeblichkeit), S. 3; Schütz (Maßgeblichkeitsgrundsatz), S. 24; m. w. N.; Drescher (Zukunft), S. 18 m. w. N.; Döring/Heger (Wegfall), DStR, S. 2064; Kempermann in K/S/M, § 5 EStG, Rz. B 110.

sungsgrundlage erleichtern.[591] Die handelsrechtliche Gewinnermittlung wurde als *sichere Grundlage* angesehen, da jeglicher unrichtiger Gewinnausweis auch den einzelnen Gesellschaftern Schaden zufügen würde.[592] Die Einführung basierte damit auch unter den Gesichtspunkten der **Praktikabilität** und Zeitersparnis für die Kaufleute. Es wurde die Ansicht vertreten, dass sich an dem Gewinn des Kaufmanns auch einfach der Staat beteiligen könne **(Teilhabertheorie)**. Dementsprechend wurde der handelsrechtliche Gewinn, zusätzlich zum **Objektivitätsgedanken**, auch aus **Vereinfachungsgründen** für die Ermittlung der steuerlichen Bemessungsgrundlage, herangezogen. Für größere Gewerbetreibende, welche der Bilanzierungspflicht unterlagen, wurde die – bis dahin vorgeschriebene – zusätzliche Erstellung einer Einnahmen- und Überschussrechnung (EÜR) zur Ermittlung der steuerlichen Bemessungsgrundlage als „undurchführbar" angesehen.[593]

Die verschiedenen Kodifizierungen der einzelnen Staaten wurden im Jahre **1920** vereinheitlicht.[594] Die Einkommensbesteuerung – und damit auch das Maßgeblichkeitsprinzip – wurden auf Reichsebene festgelegt. Das Maßgeblichkeitsprinzip fand sich damit im *§ 33 EStG i. d. F. von 1920* wieder. Die damalige Gesetzesfassung folgte streng dem handelsrechtlichen Gewinn, welcher jedoch durch viel Wahlrechte beeinflussbar war und nur für Aktiengesellschaften galt.[595] Steuerliche Sondervorschriften wurden damals noch nicht erlassen.[596] Im Jahre *1934* wurde dann der *§ 5 EStG* mit Verweis auf die GoB geschaffen.[597]

6.1.2   Die Maßgeblichkeit des Handelsbilanzansatzes

In der Theorie werden zwei grundsätzliche Formen des Maßgeblichkeitsprinzips unterschieden:

Die **materielle Maßgeblichkeit** besagt, dass gemäß *§ 5 Abs. 1 S. 1 EStG* lediglich die GoB bei der Erstellung von Steuerbilanzen heranzuziehen sind.[598] Die GoB spannen nur den

---

[591]   Vgl. Lorson (Bedeutungsverschiebung), S. 4–6; Pfirmann/Schäfer (Bilanzrecht), S. 122; Arbeitskreis Steuern und Revision (Maßgeblichkeit), S. 3; Schütz (Maßgeblichkeitsgrundsatz), S. 24 m.w.N; Stobbe in H/H/R, § 5, Rz. 71.

[592]   Vgl. Arbeitskreis Steuern und Revision (Maßgeblichkeit), S. 3–4; Schanz (Unmaßgeblichkeit), S. 7; Endriss (Stärkung), BBK, S. 19–20; Buciek in Blümich (EStGKommentar), § 5 EStG, Rz. 152: *die Finanzbeh. schätzten das Maßgeblichkeitsprinzip als sichere Grundlage zur Besteuerung ein*; Pohl (1983), S. 20 m.w.N; Kempermann in K/S/M, § 5 EStG, Rz. B 110.

[593]   Vgl. Pfirmann/Schäfer (Bilanzrecht), S. 122; Arbeitskreis Quantitative Steuerlehre (2009), S. 7; Pohl (Entwicklung), S. 20 m. w. N.; Drescher (Zukunft), S. 18–19 m. w. N.; Förster/Schmidtmann (Gewinnermittlung), BB, S. 1343: *zur Teilhabertheorie*; Herzig/Briesemeister (Bilanzrechtsmodernisierung), DB, S. 931: *durch Aufhebung der umgekehrten Maßgeblichkeit rückt die Teilhabertheorie in den Hintergrund, m. E. generell durch die Vielzahl der Durchbrechungen der Maßgeblichkeit (GoB)*; Stobbe in H/H/R, § 5, Rz. 71, 81.

[594]   Vgl. Kempermann in K/S/M, § 5 EStG, Rz. B 110; Stobbe in H/H/R, § 5, Rz. 72; Endriss (Stärkung), BBK, S. 19.

[595]   Vgl. Arbeitskreis Steuern und Revision (Maßgeblichkeit), S. 3–4; Drescher (Zukunft), S. 23 m. w. N.; Stobbe in H/H/R, § 5 EStG, Rz. 72.

[596]   Vgl. Arbeitskreis Steuern und Revision (Maßgeblichkeit), S. 4.

[597]   Vgl. Stobbe in H/H/R, § 5 EStG, Rz. 72.

[598]   Vgl. Stobbe in H/H/R, § 5 EStG, Rz. 61: *„Maßgeblichkeit des Handels-(bilanz-)rechts für das Steuerrecht"*; Weber-Grellet in Schmidt (EStG-Komm.), § 5 EStG, Rz. 26, 28, 29: *die materielle Maßgeblichkeit gelte bei GoB-inkonformen HB-Ansätzen*; Weber-Grellet, 2009, DB, S. 2402 *mit Kritik am BMF-Entwurf v. 12.10.2009, dass der Wortlaut „Maßgeblichkeit des konkreten Handelsbilanzansatz" nicht korrekt sei, was praktisch jedoch hinnehmbar ist*; nicht eindeutig: Schildbach (Jahresabschluss), S. 134: *dieser spricht bei handelsrechtlich zwin-*

Rahmen für die Steuerbilanzierung auf, in welchem die StB grundsätzlich eigenständig gestaltet werden könne.[599]

Dagegen ist nach der **formellen Maßgeblichkeit** der **konkrete** Handelsbilanzansatz in die Steuerbilanz zu übernehmen (alte Gesetzesfassung: *§ 5 Abs. 1 S. 1 a. F.;* neue Gesetzesfassung: *§ 5 Abs. 1 S. 1 1. Hs. EStG*).[600] Die formelle Maßgeblichkeit ist insbesondere bei (Form-) Kaufleuten (*§§ 1 und 6 HGB i. V. m. § 5 EStG*) gängige Praxis, welche, auf Grund handelsrechtlicher Buchführungspflicht, eine originäre HB erstellen und daraus die StB ableiten (*§ 60 Abs. 2 EStDV*).[601] Dieser Grundsatz gilt jedoch bei GoB-inkonformer, also falscher Bilanzierung in der HB nicht.[602]

Die unabhängige Anwendung der GoB in der StB (bspw. bei Wahlrechtsausübung) wurde bereits früh durch die deutsche Steuer-Rechtsprechung[603] grundlegend eingeschränkt (weiter-

---

genden Vorschriften (Ansatz oder Bewertung) ohne steuerliche Korrespondenz davon, dass die Vorschriften (!), nicht jedoch der konkrete Wert für die Steuerbilanz maßgebend sei; noch weiter: Herzig (BilMoG), DB, S. 4: da nicht der konkrete Handelsbilanzansatz Gegenstand der mat. Maßgebl. ist, könnten sogar GoB-konforme WR (am Beispiel des Festwerts des BMF) in der Steuerbilanz autonom ausgeübt werden; NWB-Anwendungshinweis (Maßgeblichkeitsgrundsatz), BBK, S. 5: Die Handelsbilanz ist für die Steuerbilanz nicht maßgebend, sondern das gesetzliche oder nach den GoB Gebotene; Lüdenbach/Hoffmann (Änderungen), StuB, S. 303: i. R. d. materiellen Maßgeblichkeit sind nur die GoB zu beachten, sonst nichts; Buciek in Blümich (EStGKommentar), § 5, Rz. 180: die materielle Maßgeblichkeit bewirkt zunächst nicht die parallele Anwendung handelsrechtlicher und steuerlicher Wahlrechte; Döring/Heger (Wegfall), DStR, S. 2064: mit der Zitierung einiger Stimmen, welche lediglich die materielle Maßgeblichkeit vertreten unter Fußnote 19; Rätke/Theile (Bilanzpolitik), BBK, S. 306; Scheffler (2010), StuB, S. 295: Der Autor benennt allgemein., dass die Steuerbilanzansätze i. R. d. materiellen Maßgeblichkeit mit den handelsrechtlichen Rechnungslegungsvorschriften nur abstrakt vereinbar sein müssen und autonom anwendbar sind.

[599] Scheffler (Maßgeblichkeit), StuB, S. 836: *die abstrakte (materielle) Maßgeblk. beschreibt, dass nur die GoB und nicht der Ansatz der HB maßgebend sind, ohne formelle Maßgeblk. könnten GoB in beiden Bilanzen im Rahmen der Wahlrechte oder Spielräume unterschiedlich angewendet werden, die formelle Maßgeblichkeit verhindere dies jedoch.*

[600] Vgl. Anzinger/Schleiter (Wahlrechte), DStR, S. 396: *die materielle Maßgeblichkeit ist eine partiell formelle Maßgeblichkeit zumindest i. R. d. korrespondierenden Wahlrechte, welche so von Rechtsprechung, Schriftum und Verwaltungspraxis angenommen wird, m. w. N. unter Fußnoten 18–20;* Förster/Schmidtmann (Gewinnermittlung), BB, S. 1343: *sowohl Ansatz als auch Bewertung sind auf Grund des § 5 Abs. 1 S. 1 a.F. und 1. Hs. n.F. in die StB zu übernehmen, vorbehaltlich strl. Gegenvorschriften und der Auslegungen der Rechtsprechung;* Lorson/Toebe (Einheitsbilanz), BBK, S. 453: *„HB-Bilanz bleibt Grundlage der steuerlichen Gewinnermittlung"* mit Bezug auf die Gesetzesbegründung zum BilMoG; Grützner (Gewinnermittlungsvorschriften), S. 481: *HB-Ansatz ist maßgebend;* Rätke/Theile (Bilanzpolitik), BBK, S. 306: *diese Autoren sprechen von einer herrschenden Meinung eines maßgeblichen konkreten Wertansatzes ohne diese zu zitieren;* Döring/Heger (Wegfall), DStR, S. 2064 m. w. N. pro konkrete Maßgebl. unter Fußnoten 14, 15, 16, 18; DStV (2009), Pressemitteilung 22/09: *der § 5 Abs. 1 besagt, dass die nach Handelsrecht erstellte Bilanz die Grundlage für die steuerliche Gewinnermittlung ist;* Scheffler (2010), StuB S. 295: *der Autor beschreibt allg., dass dabei eine engere Verknüpfung bei der mat. Maßgeblichkeit herrscht, bei welcher der konkrete HB-Ansatz zu übernehmen ist;* Stobbe in H/H/R, § 5 EStG, Rz. 62.

[601] Vgl. Künkele/Zwirner (Abschaffung), StuB, S. 336; Stobbe in H/H/R, § 5, Rz. 98; Falterbaum/Bolk/Reiß (Buchführung), S. 459: *Bindung Besteuerung an die HB.*

[602] Vgl. BFH-Urteil v. 13.06.2006 – I R 58/05, BStBl. 2006 II, S. 928: *Zur Pflicht einer Rückstellungsbildung in der Steuerbilanz auch wenn diese in der Handelbilanz fälschlicherweise nicht gebildet wurde – der konkrete HB-Ansatz ist nur im vorliegenden Fall einer von den GoB abweichenden HB un(!)maßgeblich;* ähnlich Weber-Grellet in Schmidt (EStG-Komm.), § 5 EStG, Rz. 26; etwas vorsichtiger/einschränkender: Buciek in Blümich (EStGKommentar), § 5, Rz. 180: *der konkrete HB-Ansatz gilt zumindest bei GoB-inkonformen Wertansätzen nicht;* Döring/Heger (Wegfall), DStR, S. 2064 m. w. N. unter Fußnote 14: *der konkrete Wertansatz gilt soweit dieser GoB-konform ist, sonst nicht;* Falterbaum/Bolk/Reiß (Buchführung), S. 459.

[603] Grundlegendes Urteil: BFH-Urteil v. 03.02.1969, Gr. S. 2/68, BStBl. II 1969, S. 291.

führend: „6.1.4 Durchbrechung des Maßgeblichkeitsprinzips"). Bspw. ging der *BFH*[604] im Urteil über die Streitjahre 1970–1974 bereits von einer formellen Maßgeblichkeit mit einer festen Bindung von HB und StB aus (Einheitsbilanz). Das Urteil erging hinsichtlich Abschreibungs-Methoden, welche auch im EStG explizit geregelt sind. Der StB-Ansatz hat dem HB-Ansatz so weit zu folgen, wie die steuerlichen Vorschriften dies zulassen.[605] Dies gilt auch hinsichtlich handelsrechtlicher **Ermessensspielräume**.[606] Hinsichtlich handelsrechtlicher „Allein-Wahlrechte" (Ausfluss aus den GoB ohne steuerrechtliche Kodifizierung) zur Bewertung von VG/WG ist dem aktuellen *BMF-Schreiben*[607] zu entnehmen, dass für Steuerpflichtige, welche keine gesonderte StB aufstellen, die HB Grundlage der Besteuerung ist, jedoch unter Beachtung zwingender steuerlicher Abweichungen.[608] Besteht für den sog. Vollkaufmann i. S. d. *§ 5 EStG* ein handelsrechtliches Wahlrecht ohne steuerliche Korrespondenz, so ist auch in diesen Fällen der handelsrechtliche Wertansatz maßgebend.[609] Bspw. steht der Fest- und Gruppenbewertung nach *§ 240 Abs. 3 und 4 i. V. m. § 256 S. 2 HGB* kein steuerliches Wahlrecht gegenüber, was zu einem maßgeblichen Handelsbilanzansatz führt.[610]

Die Einfügung des *Satzes 2 im § 5 Abs.1 EStG a. F.*[611] im Jahre 1990 hatte – der Theorie der formellen Maßgeblichkeit zu Folge – nur **deklaratorische (rechtsklarstellende) Wirkung**,[612] da schon vor dessen Kodifizierung die Maßgeblichkeit des einzelnen Handelsbilanzansatzes durch die Rechtsprechung (RFH und BFH) definiert wurde (Ansatz und Bewertung).

Eine andere Ansicht teilen Vertreter der materiellen Maßgeblichkeit: Erst durch Einführung des *§ 5 Abs. 1 S. 2 EStG a. F.* im Jahre 1990 erfuhr der „formell maßgebliche Handelsbilanz-Ansatz" konstitutive (rechtsbegründende) Wirkung.[613] Damit wurde ein paralleler Ansatz hinsichtlich steuerlicher und handelsrechtlicher Wahlrechte in der HB und StB gesetzlich fixiert (dazu vertiefend: „6.1.5 Die durch BilMoG abgeschaffte umgekehrte Maßgeblichkeit").[614]

---

[604] BFH-Urteil v. 24.01.1990 – I R 17/89, BStBl. II 1990, S. 681, siehe insb. Rz. 2.9.

[605] Vgl. Stobbe in H/H/R, § 6, Rz. 79.

[606] Vgl. Buciek in Blümich (EStGKommentar), § 5, Rz. 192.

[607] BMF-Schreiben v. 12.3.2010, IV C 6 – S 2133/09/10001, Rz. 1.

[608] BMF-Schreiben v. 12.3.2010, IV C 6 – S 2133/09/10001, Rz. 2.

[609] Vgl. Kempermann in K/S/M, § 5 EStG, Rz. B 133; Glanegger in Schmidt, § 6 EStG, Rz. 17; Tanski/Kurras/Weitkamp, S. 137; Buciek in Blümich (EStGKommentar), § 5, Rz. 191; Meurer (Zusammenfassung), BB, S. 821; Stobbe in H/H/R, § 5 EStG, Rz. 62: *am Bsp .der Festbewertung als hr. „Allein-Wahlrechte", bei welchem von einer formellen Maßgeblichkeit auszugehen ist.*

[610] Vgl. Buciek in Blümich (EStGKommentar), § 5, Rz. 191; übereinstimmend BMF-Entwurf v. 12.10.2009, IV C 6 – S 2133/09/10001, Rz. 7: *bei Anwendung der Bewertungsvereinfachungsverfahren ohne steuerliche Korrespondenzvorschrift, ist der HB-Ansatz zu übernehmen*; Stobbe in H/H/R, § 5, Rz. 126.

[611] Sinngemäß: Steuerliche Wahlrechte sind in Übereinstimmung mit der handelsrechtlichen Bilanzierung auszuüben (parallele Ausübung); mit § 5 Abs. 1 n.F. gestrichen.

[612] Vgl. Döring/Heger (2010), DStR, S. 2064–2065 m. w. N. unter Fußnote 17–22; höchstwahrscheinlich andere Entstehungsgeschichte: BT-Drucks. 11/2157, RegE v. 19.04.1988, S. 139: *zur Rechtssicherheit wurde der Satz 2 eingeführt um die steuersubventionellen Wahlrechte mit der HB in Einklang zu bringen. Insb. die § 6b- Rücklage mit Reaktion auf BFH v. 24.04.1985, nach welchem in der HB wieder zugeschrieben werden konnte ohne steuerliche Auswirkungen nach sich zu ziehen. Die Einheitsbilanz sollte gesetzlich gestärkt werden.*

[613] Vgl. Döring/Heger (Wegfall), DStR, S. 2064 m. w. N. unter Fußnote 22.

[614] Glanegger in Schmidt, § 6 EStG, Rz. 17, Kempermann in K/S/M, § 5 EStG, Rz. B 110.

Schon in der *Gesetzesbegründung*[615] des EStG von 1925 wurde von einer Bindung der StB an die HB ausgegangen. Selbst im *Referenten-*[616] und *Regierungsentwurf*[617] zum BilMoG ist von einer **maßgeblichen Handelsbilanz** die Rede. Der *BFH*[618] scheint auch im jüngeren Urteil der Ansicht der formellen Maßgeblichkeit treu zu bleiben und diese zu bestätigen. Nach diesem verweise der *§ 5 Abs. 1 S. 1 a. F.* (und damit auch *§ 5 Abs. 1. Hs. EStG*) zwar nur auf die GoB – was der materiellen Maßgeblichkeit entspräche – ein GoB-konformer HB-Ansatz jedoch maßgeblich für die Besteuerung sei. Die formelle Maßgeblichkeit wird also auch vom BFH hinsichtlich GoB-konformer Ansätze weiterhin angenommen.

Auch nach aktueller Gesetzeslage und Aufgabe des *§ 5 Abs. 1 S. 2 EStG a. F.* kann der Anwender also weiterhin von dem Bestehen einer formellen Maßgeblichkeit ausgehen, da diese schon vor Einführung dieses *Satzes 2* a. F. aus der deutschen Rechtsprechung abgeleitet wurde.[619] GoB-konforme Ansätze und Bewertungen in der HB sind in die StB zu übernehmen, soweit keine steuerlichen Gegenvorschriften bestehen.[620]

Der Wortlaut des *§ 5 Abs. 1 S. 2 EStG n. F.* lässt durchaus auch auf die formelle Maßgeblichkeit schließen. Darin werden die besonders zu führenden **Verzeichnisse** für die WG genannt, welche i. R. eines steuerlichen Wahlrechts **nicht** mit dem *„handelsrechtlich maßgeblichen Wert"* ausgewiesen werden".

6.1.3   Grundsätzliche Wirkung des Maßgeblichkeitsprinzips

Nach *§ 5 Abs. 1 S. 1 1.Hs EStG n. F.* ist jenes Betriebsvermögen (BV) anzusetzen, das nach den handelsrechtlichen GoB auszuweisen ist. Die GoB sind demnach grundsätzlich sowohl für den **Ansatz dem Grunde** nach als auch für die **Bewertung** des BV maßgebend.[621]

---

[615] Vgl. RT-Drucks. III/795, S. 46 zitiert durch Stobbe in H/H/R, § 5 EStG, Rz. 72.

[616] RefE v. 08.11.2007, S. 224.

[617] Ebenso BT-Drucks. 16/10067 v. 30.07.2008, RegE, S. 124: *beide pro konkrete Maßgeblichkeit mit Wortlaut „Maßgeblichkeit der Handelsbilanz für die Steuerbilanz".*

[618] Vgl. auch BFH-Urteil v. 13.06.2006 – I R 58/05, BStBl. 2006 II, S. 928: *im Streit wurde in der HB eine Pensionsverpflichtung nicht GoB-konform gebildet. In diesem Fall gelte nicht der konkrete HB-Ansatz für die StB, anderenfalls schon.*

[619] Vgl. Förster/Schmidtmann (Gewinnermittlung), BB, S. 1344: *GoB-konforme Wahlrechte in der StB werden weiterhin durch die Wahlrechtausübung in der HB ausgeübt.*

[620] Vgl. insb. BFH-Urteil v. 24.01.1990 – I R 17/89, BStBl. II 1990, S. 681; BFH-Urteil v. 09.08.1989 – X R 110/87, BStBl. II 1990, S. 195, Gründe 4a): *darin wurde die Rechtsprechung bis ins Jahr 1929 zurück zitiert, welche von der Maßgeblichkeit der im Einzelfall gewählten Bilanzansätze ausgeht;* BFH-Urteil v. 25.04.1985 – IV R 83/83, BFHE 144, 25, BStBl 1986 II S. 350, Gründe, 4.: *Bilanzierungs- und Bewertungs-Wahlrechte sind i. d. R. durch Ansatz in der HB auszuüben;* Anzinger/Schleiter (Wahlrechte), S. 396, mit weiteren BFH-Urteilen unter Fußnote 18; Buciek in Blümich (EStGKommentar), § 5 EStG, Rz. 180, 182 m. w. N. u. a. der Zitierung des BFH-Urteil v. 17.09.1969 – I 189/65, BStBl. 1970 II S. 107; Schildbach (Jahresabschluss), S. 137–138; Tanski/Weitkamp/Kurras (Jahresabschluss), S. 136–137; Förster/Schmidtmann (Gewinnermittlung), BB, S. 1343 m. einer Vielzahl w.N. der steuerlichen Rechtsprechung; Stobbe in H/H/R, § 5 EStG, Rz.62, 72 *mit der Zitierung zahlreicher Urteil des RFH mit der konkreten Bindung der StB an den HB-Ansatz.*

[621] Vgl. Glanegger in Schmidt, § 6, Rz. 17 EStG; Buciek in Blümich (EStGKommentar), § 5, Rz. 180, 186; Kempermann in K/S/M, § 5 EStG, Rz. B 121; Förster/Schmidtmann (Gewinnermittlung), BB, S. 1343; Meurer (Zusammenfassung), BB, S. 821; Künkele/Zwirner (Abschaffung), StuB, S. 336; Weber-Grellet in Schmidt, § 5 EStG, Rz. 30, 31, 35; siehe auch BT-Drucksache 11/5970, Gesetzesentwurf v. 05.12.1989, S. 36: *dabei wurde explizit betont, dass unter § 5 Abs. 1 S. 1 EStG a.F. sowohl Ansatz als auch Bewertung zu subsumieren ist, im ursprünglichen RegE des § 5 Abs. 1 S. 2 EStG 1990 (BT-Drucks. 11/2157, RegE v. 19.04.1988, S. 5) war ge-*

Die **GoB** sind grundsätzlich dann maßgebend, wenn <u>keine</u>

- steuerlichen Korrespondenzvorschriften[622] oder
- entgegenstehenden bzw. einengenden steuerlichen Regelungen vorliegen (= Durchbrechung der Maßgeblichkeit: „6.1.4 Durchbrechung des Maßgeblichkeitsprinzips").[623]

Steuerliche (weitere) Wahlrechte hatten bis zum Jahre 2009 unstrittig **subsidiären** Charakter gegenüber **zwingenden/einschränkenden** GoB (weiterführende Diskussionen und a.A. u.a.: „6.2 Die Interpretation des Maßgeblichkeitsprinzips nach Einführung des BilMoG" ff.).[624]

Handelsrechtliche **Aktivierungs- und Passivierungsgebote** – ohne steuerliche Gegenvorschrift – führen nach o. g. Grundsatzdefinition zu zwanghaften Aktivierungen bzw. Passivierungen in der Steuerbilanz. Analog ist mit **Aktivierungs- und Passivierungsverboten** zu verfahren, welche ebenfalls Verbote für die Steuerbilanz herbeiführen.[625]

Trotz der oben beschriebenen materiellen Maßgeblichkeit, nach welcher dem Wortlaut des *§ 5 Abs. 1 S. 1 1.Hs EStG n. F.* entsprechend nur die GoB, nicht jedoch zwingend der konkrete HB-Ansatz für die StB maßgebend, kommt es i. R. d. **Gebote und Verbote** ohne steuerliche Gegenvorschrift *praktisch gesehen* ohnehin zu dem Fall, dass der „konkrete Handelsbilanzansatz" auch in der Steuerbilanz anzusetzen ist. Kauft bspw. ein Weinhändler eine Weinabfüllmaschine, so ist diese nach *§ 246 Abs. 1 S. 1 HGB* zwingend in der Handelsbilanz aufzunehmen (Vollständigkeitsgebot).[626] Dabei ist zu beachten, dass – theoretisch gesehen – i. R. d. materiellen Maßgeblichkeit nicht der konkrete Handelsbilanzansatz für die Steuerbilanz maßgebend wäre, sondern ebenfalls nur die GoB. Da es sich aber um ein Aktivierungsgebot der GoB handelt, ist dieses gemäß *§ 5 Abs. 1 S. 1 1.Hs EStG* (ebenfalls gemäß a. F.), auch in der Steuerbilanz anzuwenden. Eine Unterscheidung zwischen materieller und formeller Maßgeblichkeit führt im Rahmen der Gebote und Verbote der GoB zu keinen Unterschieden in HB und StB.[627] Beispielsweise gebieten die GoB nach

---

plant anstatt den umgesetzten Wortlaut *„Wahlrechte bei der Gewinnermittlung"* den Wortlaut *„Ansatz- und BewertungsWahlrechte"* zu verwenden. Dieser wurde mit den Bedenken des Finanzausschusses, man könne den Satz 1 derart falsch auslegen, dass dieser durch die explizite Betonung auf Ansatz- und BewertungsWahlrechte im S. 2 nur für Ansätze aber nicht für Bewertungen gilt, abgeändert.

[622] Vgl. Endriss (Stärkung), BBK, S. 23: *Dies ist der Musterfall des Maßgeblichkeitsprinzips und sei zu stärken*; Buciek in Blümich (EStGKommentar), § 5 EStG, Rz. 150; Weber-Grellet in Schmidt, § 5 EStG, Rz. 22: *auch **steuerlich redundante Vorschriften** der §§ 6–7 EStG stellen Durchbrechungen des Maßgeblichkeitsprinzip dar; Anmerkung der Autoren: diese fallen dennoch unter die formelle Maßgeblichkeit und sind in HB und StB übereinstimmend anzuwenden.*

[623] Vgl. Buciek in Blümich (EStGKommentar), § 5 EStG, Rz. 150, 184, 185; Weber-Grellet in Schmidt, § 5 EStG, Rz. 21; Falterbaum/Bolk/Reiß (Buchführung), S. 461; Meurer (Zusammenfassung), BB, S. 820–821; Förster/Schmidtmann (Gewinnermittlung), BB, S. 1343; Fischer/Kalina-Kerschbaum (Maßgeblichkeit), DStR, S. 400; Schildbach (Jahresabschluss), S. 133; Künkele/Zwirner (Abschaffung), StuB, S. 336; Stobbe in H/H/R, § 5, Rz.120, § 6, Rz. 3 *maßgebende GoB für Bewertung ohne strl. zwingende Vorschriften.*

[624] Vgl. Falterbaum/Bolk/Reiß (Buchführung), S. 459: Zur Darlegung der Fassung bis 2008.

[625] Vgl. Scheffler (Maßgeblichkeit), StuB, S. 837; Herzig/Briesemeister (Bilanzrechtsmodernisierung), DB, S. 977; Hoffmann (Gewinnermittlung), StuB, S. 447; NWB-Anwendungshinweis, BBK (Maßgeblichkeit), S. 5; Schildbach (Jahresabschluss), S. 133–134; Weber-Grellet in Schmidt, § 5 EStG, Rz. 30; Förster/Schmidtmann (Gewinnermittlung), BB, S. 1343; Döring/Heger (Wegfall), DStR, S. 2065: *Gebote und Verbote überlagern steuerliche Wahlrechte*; Pfirmann/Schäfer (Bilanzrecht), S. 124; Künkele/Zwirner (Abschaffung), StuB, S. 336.

[626] *I. R. d. AV, da diese dem Geschäftsbetrieb dauerhaft dienen soll* – § 247 Abs. 2 HGB; Stobbe in H/H/R, § 5, Rz. 115: *zum maßgeblichen Vollständigkeitsgebot.*

[627] In Anlehnung an Bsp. von Arbeitskreis Quantitative Steuerlehre (2009), S. 8.

§ 253 Abs. 1 S. 3 HGB den Ansatz von **Pensionsrückstellungen**. § 6a EStG kodifiziert lediglich restriktivere Voraussetzungen zu dessen zwanghafter Bilanzierung. Es liegt kein steuerliches Wahlrecht vor, sondern ein Passivierungsgebot der GoB mit steuerlicher einschränkender Abwandlung.[628]

6.1.4 Durchbrechung des Maßgeblichkeitsprinzips

6.1.4.1 Historisch: Durchbrechungen aus fiskalpolitischen Gründen

In den überwiegend heute noch gültigen Bewertungsregeln der *§§ 6 und 7 EStG* (zum Teil transformierte GoB in das EStG)[629] liegen die Wurzeln der Durchbrechung der Maßgeblichkeit. Diese reichen bis ins Jahr 1925 zurück, als die GoB, auf Grund knapper Staatskassen, mittels steuerlicher Gesetze anfingen durchbrochen zu werden.[630] Die angestrebte und von den Praktikern geliebte Einheitsbilanz war plötzlich nicht mehr im primären Fokus.[631] Der Gesetzgeber erkannte das Problem, dass sich der Kaufmann nach den GoB grundsätzlich eher arm als reich rechnen sollte. Des Weiteren sollte sich die Besteuerung an eine Größe anknüpfen, welche die **tatsächliche Leistungsfähigkeit** widerspiegelt (Leistungsfähigkeitsprinzip vertiefend: „6.2.6 Teleologische/verfassungskonforme Auslegung").[632]

6.1.4.2 Grundsätze der Durchbrechung

6.1.4.2.1 **Grundsatz der Bewertungs- und Ansatzvorbehalte des § 5 Abs. 1–6 EStG**

Der einkommensteuerliche **Bewertungsvorbehalt** ist im *§ 5 Abs. 6 EStG* kodifiziert.[633]

Grundsätzlich (!) gehen steuerliche Bewertungsregeln den handelsrechtlichen vor. Bei bilanzierenden Unternehmen gemäß *§ 5 EStG* dennoch nur, soweit diese den handelsrechtlichen Regelungen widersprechen (grundlegend: „6.1.3 Grundsätzliche Wirkung des Maßgeb-

---

[628] Vgl. BMF-Entwurf v. 12.10.2009, IV C 6 – S 2133/09/10001, Rz. 9–11. A.A. pro Wahlrechte: Kaminski (Probleme), DStR, S. 773–774; Scheffler (2010), StuB, S. 300; Scheffler, StuB (2010), S. 342; Dettmeier (Wahlrechte)NWB, S. 3489, Bsp. 5.

[629] Vgl. Buciek in Blümich (EStGKommentar), § 5 EStG, Rz. 151: *korrespondierende Vorschriften gelten als transformierte GoB.*

[630] Vgl. Arbeitskreis Steuern und Revision (Maßgeblichkeit), S. 4, 5 und BFH-Urteil v. 03.02.1969, Gr. S. 2/68, BStBl. II 1969, S. 291, 3a: *steuerliche Regelungen waren zu „beachten", was keine zwingende Anwendung bedeutete, und deshalb zu Rechtsstreitigkeiten führte; in § 19 EStG i. d. F. 1925 wurde u. a. als Durchbrechung der GoB ein Wahlrecht zur Anwendung des gemeinen Wertes oder dem AK-Prinzip kodifiziert, welches im HGB so noch nicht bekannt war*; Schütz (Maßgeblichkeitsgrundsatz), S. 27 ff. m.w.N; Drescher (Zukunft), S. 19–20 m. w. N.: *auch steuerliche Sonderregelungen für die Bewertung (§ 6 EStG), Abschreibungen (§ 7 EStG), abziehbaren Ausgaben, Entnahmen und Einlagen.*

[631] Vgl. Schütz (Maßgeblichkeitsgrundsatz), S. 27 ff. m.w.N; Drescher (Zukunft), S. 19–20 m. w. N.

[632] Begründung zum Entwurf eines Einkommensteuergesetzes, Reichstag III.Wahlperiode 1924/25, Drucks. 795, S. 6, abgedruckt in Arbeitskreis Steuern und Revision (Maßgeblichkeit), S. 4; Tipke (Steuerrechtsordnung), S. 502–503: *um das Maßgeblichkeitsprinzip zu rechtfertigen sind Durchbrechungen nötig, um dem verfassungsrechtlichen Leistungsfähigkeitsprinzip gerecht zu werden;* Falterbaum/Bolk/Reiß (Buchführung), S. 459.

[633] Vgl. Stobbe in H/H/R, § 5 EStG, Rz. 61, 94, § 6, Rz. 48; Künkele/Zwirner (Abschaffung), StuB, S. 336: *Zur Durchbrechung steuerlicher Bewertungsvorschriften*; Falterbaum/Bolk/Reiß (Buchführung), S. 459: *Bewertungsvorbehalt dient der Verhinderung von Unterbewertungen des HGB zum Schutz des Gleichheitssatzes.*

lichkeit").[634] Durch die Unvollkommenheit steuerlicher Bewertungsvorschriften (§ 6–7 EStG) haben die handelsrechtlichen GoB weiterhin **ergänzende Wirkung**.

Vereinzelte **Ansatzvorbehalte** sind im *§ 5 EStG in den Abs. 2 bis 5* zu finden, welche vereinzelt Aktivierungs- und Passivierungsverbote für die StB regeln[635], wie bspw. das Ansatzverbot selbsterstellter immaterieller WG.[636]

6.1.4.2.2 Durchbrechung durch steuerlich entgegenstehende oder engere Vorschriften

Steuerlich **zwingende Sonderregelungen** (§§ 5 bis 7 EStG – Gebote und Verbote aus Steuergesetzen) führen grundsätzlich zur *Durchbrechung* der maßgeblichen GoB und sind in der Steuerbilanz vorrangig den GoB anzuwenden (Ansatz/Bewertung).[637] Ist eine steuerliche Vorschrift enger, lässt also im Gegensatz zum Handelsrecht weniger Spielraum oder nur einen Ansatz zu, oder steht den GoB gar entgegen, so geht die steuerliche Vorschrift vor.[638]

Beispielsweise ist in der StB die Bildung von Drohverlust-Rückstellungen untersagt *(§ 5 Abs. 4a EStG)*, welche nach *§ 249 Abs. 1 HGB* in der HB zu bilden sind. Die steuerlich entgegenstehende/zwingende Vorschrift geht der handelsrechtlichen vor.[639] Eine steuerlich entgegenstehende Regelung (Verbot) lässt sich auch am Beispiel des handelsrechtlichen Wahlrechts zur Aktivierung von immateriellen VG darstellen: Dem handelsrechtlichen Wahlrecht *(§ 248 Abs. 2 HGB)* steht ein steuerliches Verbot entgegen *(§ 5 Abs. 2 EStG)*. Das Verbot geht dem handelsrechtlichen Wahlrecht vor. Eine **Einheitsbilanz** ließe sich nur verwirklichen, wenn eine dem steuerlichen Gebot entsprechende Wahlrechtsauübung in der Handelsbilanz vorgenommen wird.

Des Weiteren wurden im Einkommensteuerrecht einige Regelungen über die Nicht-Abziehbarkeit bestimmter betrieblicher Aufwenden (nichtabziehbare Betriebsausgaben) getroffen (Beispiele: § 4 Abs. 5 EStG: bspw. die Nichtabziehbarkeit von Bewirtungsaufwendungen i. H. v. 30% der Gesamtaufwendungen; § 4h EStG: Eine Begrenzung der Abziehbar-

---

[634] Vgl. Stobbe in H/H/R, § 6, Rz. 3,48.

[635] Vgl. Künkele/Zwirner (Abschaffung), StuB, S. 336; Weber-Grellet in Schmidt (EStG-Komm.), § 5 EStG, Rz. 30Stobbe in H/H/R, § 5 EStG, Rz. 61, 92.

[636] Vgl. Meurer (Zusammenfassung), BB, S. 821.

[637] Vgl. Buciek in Blümich (EStGKommentar), § 5 EStG, Rz. 150, 164, 186; Scheffler (Maßgeblichkeit), StuB, S. 837, 838; Endriss (Stärkung), BBK, S. 22: *Durch verbindliche Sonderregelung im EStG soll die Bemessungsgrundlage verbreitert werden am Bsp. Das Passivierungsverbots für Drohverlust-RSt – für die Bewertung nennt er die zwanghaft unterschiedliche Abzinsung von langfristigen RSt*; Grützner (Gewinnermittlungsvorschriften), 481; NWB-Anwendungshinweis, BBK (Maßgeblichkeit), 6; Schildbach (Jahresabschluss), S. 133; BMF-Entwurf v. 12.10.2009, IV C 6 – S 2133/09/10001, Abs. 1; Meurer (Zusammenfassung), BB, S. 820–821; Glanegger in Schmidt (EStG), § 6 EStG, Rz. 17; Döring/Heger (Wegfall), DStR, S. 2064; Arbeitskreis Steuern und Revision (Maßgeblichkeit), S. 7–8; Ehmcke in Blümich (EStGKommentar), § 6 EStG, Rz 29; Kempermann in K/S/M, § 5 EStG, Rz. B 113: *Ansatzvorschriften des EStG haben Vorrang*; BT-Drucks. 16/10067, RegE BilMoG, S. 124: *steuerliche Ansatz- und Bewertungsvorbehalte (nicht Wahlrechte!) haben Vorrang vor den GoB*; Künkele/Zwirner (Abschaffung), StuB, S. 336; Scheffler (2010), StuB, S. 296; Stobbe in H/H/R, § 5, Rz. 48: *zu den vorrangig entgegenstehenden Bewertungsvorschriften des EStG.*

[638] Vgl. Kempermann in K/S/M, § 5, Rz. B 133; Schildbach (Jahresabschluss), S. 133; Buciek in Blümich (EStGKommentar), § 5 EStG, Rz.150, 184, 185; Weber-Grellet in Schmidt (EStG-Komm.), § 5 EStG, Rz. 21; BMF v. 12.03, Abs. 1; Förster/Schmidtmann (Gewinnermittlung), BB, S. 1343; Fischer/Kalina-Kerschbaum (Maßgeblichkeit), DStR, S. 400.

[639] Vgl. Rätke/Theile (Bilanzpolitik), BBK, S. 308.

keit betrieblicher Schuldzinsen, wenn jahresübergreifende, kumulierte Überentnahmen vorliegen).[640]

Der Vorrang eines **steuerlich engeren** (eingrenzendes) **Wahlrechts** gegenüber den GoB lässt sich mit folgenden Wahlrechten konkretisieren: Steuerlich ist bspw. nur das LiFo-Verfahren zulässig, handelsrechtlich jedoch u. a. auch das FiFo-Verfahren (zum Sinn des LiFo-Verfahrens: „6.2.6 Teleologische/verfassungskonforme Auslegung"). Weiterhin wurde ab dem Jahre 2011 die degressive AfA in der Steuerbilanz wieder untersagt, in der HB gehört diese, bei tatsächlichem Werteverzehr, zur gängigen Anwendungspraxis. Der Bewertungsvorbehalt des *§ 5 Abs. 6 EStG* findet in diesen Fällen vorrangige Anwendung.[641]

6.1.4.3 Zusammenspiel der steuerlichen Wahlrechte mit Geboten der GoB

6.1.4.3.1 Gebote der GoB versus Wahlrechte des Streuerrechts

Gemäß § 5 Abs. 1 S. 1 EStG a. F. wurden vor Einführung des BilMoG und der Überarbeitung des § 5 Abs. 1 EStG **steuerliche Wahlrechte** unstrittig von **handelsrechtlichen Geboten überlagert**.[642]

Vor Neufassung des § 5 Abs. 1 EStG n. F. ging bspw. das Niederstwertprinzip (NDWP) der GoB dem Wahlrecht der steuerlichen Teilwertabschreibung vor.[643] Zwar hätte die steuerliche Regelung auf Grund des Bewertungsvorbehalts nach *§ 5 Abs. 6 EStG* grundsätzlich Vorrang (siehe oben), das steuerliche Wahlrecht steht dem handelsrechtlichen Gebot der außerplanmäßigen Abschreibung jedoch nicht entgegen was dem handelsrechtlichen NDWP Dominanz gegenüber dem Wahlrecht zur Teilwertabschreibung verleiht.[644] Analog gilt dies für die AfaA nach *§ 7 Abs. 1 S. 6 EStG*.[645]

---

[640] Vgl. Endriss (Stärkung), BBK, S. 23.

[641] Förster/Schmidtmann (Gewinnermittlung), BB, S. 1344.

[642] Vgl. Schildbach (Jahresabschluss), S. 133; Weber-Grellet in Schmidt, § 5 EStG, Rz. 30, 31, 35; Endriss (Stärkung), BBK, S. 22; Ehmcke in Blümich (EStGKommentar), § 6 EStG, Rz. 34; Kempermann in K/S/M, § 5 EStG, Rz. B 118, besser: B 133; Döring/Heger (Wegfall), DStR, S. 2065: *eine handelsrechtlich strengere Vorschrift überlagert eine steuerlich weitere, was beim handelsrechtlichen (strengen) NDWP und steuerlichen gemilderten NDWP der Fall ist, u. U. war dies auch aus dem alten Wortlaut des § 5 Abs. 1 S. 2 EStG a.F. herzuleiten, nach welchem steuerliche Wahlrechte in Übereinstimmung mit der Handelsbilanz auszuüben waren, das Wahlrechte der Teilwertabschreibung war in Übereinstimmung mit dem HB-Ansatz auszuüben, also abzuwerten. Dies gilt auch für Verbote*; Lütje/Möhlmann (Einheitlichkeit), BBK, S. 350.

[643] Vgl. Endriss (Stärkung), BBK, S. 22: nach alter Gesetzeslage unstrittig und nach neuer Gesetzeslage eigentlich unverändert, wenn es das BMF-Schreiben (v. 12.03.2010) nicht gäbe; Anzinger/Schleiter (Wahlrechte), DStR, S. 398; Hoffmann (Gewinnermittlung), StuB, S. 447; Lütje/Möhlmann (Einheitlichkeit), BBK, S. 350; Künkele/Zwirner (Abschaffung), StuB, S. 338: *die Autoren positionieren sich klar zur vollständigen Entkoppelung der steuerlichen Wahlrechte, umschreiben jedoch den Überlagerungseffekt des NDWP vor Änderung des § 5 Abs. 1 EStG;* Dietel (Wahlrecht), DB, S. 483–484.

[644] Vgl. Anzinger/Schleiter (Wahlrechte), DStR, S. 395 m. w. N. unter Fußnoten 9–10 (insbes. Autoren in EStG-Kommentaren [Bruckmann/Zwirner/Busch, Kempermann in KSM, Weber-Grellet in Schmidt]) und S. 398; so im Grundsatz auch Herzig/Briesemeister (Bilanzrechtsmodernisierung), DB, S. 978; Kempermann in K/S/M, § 5 EStG, Rz. B 133; BFH-Urteil v. 17.09.1969 – I 189/65, BStBl. 1970 II S. 107: *Das handelsrechtliche NDWP verlangt eine außerplanmäßige Abschreibung bei dauernder Wertminderung, zwar hat der § 6 EStG Vorrang, lässt aber ebenfalls die TW-Abschreibung zu und steht dieser nicht entgegen;* BFH-Urteil v. 27.11.1974, I R – 123/73, BStBl 1975 II S. 294, Gründe, II/2.: *zur Überlagerung durch das NDWP über das*

Die Finanzverwaltung selbst habe *(bisher!)* mit *R 6.8 Abs. 1 S. 3 EStR 2009* diese Vorgehensweise angeordnet bekommen.[646] In der aktuellen *Gesetzesbegründung*[647] zur Änderung des *§ 5 EStG ab 2009* wurde dieser Grundsatz durch den Gesetzgeber erneut bestätigt. Das *BMF (trotz bisheriger Verwaltungsanweisung)* und eine erhebliche Breite der Literaturmeinung wenden sich jedoch seit Änderung des *§ 5 Abs. 1 EStG* (berechtigterweise?) vom o. g. Grundsatz ab (weiterführend ab: „6.2.4 Auslegungen durch Politik, Verwaltung und Fachliteratur" ff.). Seit Änderung des § 5 Abs. 1 EStG n. F. reißen die Diskussionen bis heute nicht vollends ab. In den Folgekapiteln soll überprüft werden, ob das NDWP durch die Änderung des *§ 5 Abs. 1 EStG* ab dem Jahr 2009 tatsächlich anders interpretiert werden sollte.

Vom o. g. Grundsatz abzugrenzen ist jedoch der Umstand eines vom handelsrechtlich beizulegenden Zeitwert betragsmäßig abweichenden steuerlichen Teilwerts. Durch die **konzeptionellen Unterschiede**[648] zwischen handelsrechtlichem beizulegenden Zeitwert und dem steuerlichen Teilwert kann es durchaus vorkommen, dass der Teilwert niedriger (oder größer) als der beizulegende Zeitwert ausfällt. Für einen niedrigeren Teilwert blüht das steuerliche Wahlrecht wiederum auf.[649]

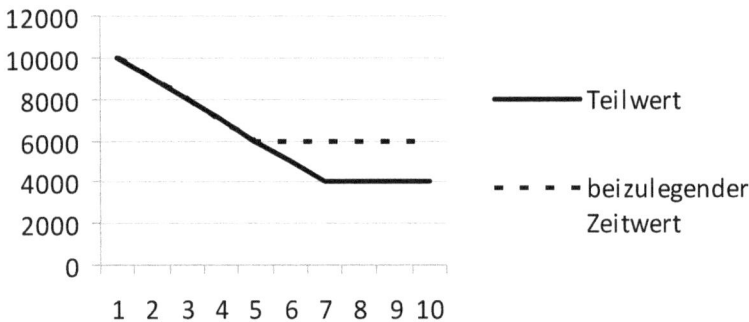

Abbildung 58:   Differenzen Teilwert und beizulegender Zeitwert auf Grund konzeptioneller Unterschiede

In vorstehender Abbildung ist eine fiktive Differenz zwischen Teilwert und beizulegendem Zeitwert zu sehen (Ordinate = Zeitwert; Abszisse = Zeitpunkt). Unter theoretischer Herangehensweise besteht in Höhe der Differenz auch für Bilanzierende nach *§ 5 EStG (auch vor der Neufassung 2009)* das steuerliche Wahlrecht zur Teilwertabschreibung. Eine Wertminderung

---

steuerliche Wahlrecht der Teilwertabschreibung; Stobbe in H/H/R, § 5, Rz. 110; Stobbe in H/H/R, § 6, Rz. 79: *Strittig war, ob die Teilwertabschreibung auf Grund der formellen Maßgeblichkeit parallel ausgeübt werden musste, denn strl. Wahlrechte waren in Übereinstimmung mit der HB auszuüben. Dennoch ist davon auszugehen, dass hier die materielle Maßgeblichkeit griff.*

[645] Vgl. Stobbe in H/H/R, § 5, Rz. 125.

[646] Vgl. Fischer/Kalina-Kerschbaum (Maßgeblichkeit), DStR, S. 400; so auch Förster/Schmidtmann (Gewinnermittlung), BB, S.1345–1346: *ermittelt der Steuerpflichtige seinen Gewinn nicht nach § 5EStG, also ohne maßgebliche HB, existiert nur dann ein Wahlrecht zur Teilwertabschreibung.*

[647] BT-Drucksache 16/10067, RegE, S. 124: *sinngemäß: das NDWP überlagert das steuerliche Wahlrechte zur Teilwertabschreibung, ein Wahlrecht besteht insoweit (darüber hinaus also schon?) nicht.*

[648] *Für Unterschiede des Teilwerts und des beizulegenden Zeitwerts übersichtlich*: Küting (Handelsbilanzrecht), BBK, S. 353–370.

[649] Vgl. Förster/Schmidtmann (Gewinnermittlung), BB, S. 1345–1346; Stobbe in H/H/R, § 5, Rz. 123.

unterhalb des beizulegenden Zeitwertes kann also unterbleiben. Hierbei handelt es sich natürlich um eine theoretische Darlegung, da der Teilwert ohnehin ein schwer zu ermittelndes Rechtskonstrukt darstellt. Daher wurden verschiedene Teilwertvermutungen erlassen, welche in vielen Fällen mit dem beizulegenden Zeitwert konform laufen sollten.[650] Ein Unterschied ergäbe sich bspw. im Falle der Kalkulierung eines **Unternehmergewinns** in den Teilwert beim **Vorratsvermögen** (Teilwert wird dadurch kleiner, R 6.8 Abs. 2 EStR), welcher beim beizulegendem Zeitwert nicht berücksichtigt werden darf.[651]

Ein faktisches Wahlrecht zur Teilwertabschreibung eröffnet sich durch die nach Steuerrecht strengere Nachweispflicht einer dauernden Wertminderung gegenüber der Finanzverwaltung[652]. Für die Steuerbilanz muss jährlich zwingend der niedrigere Wertansatz nachgewiesen werden. In der HB besteht nur eine Zuschreibungspflicht bei Wegfall der Wertminderungsgründe. Unterlässt der Steuerpflichtige (beabsichtigt) das Beibringen der Nachweise zur Wertminderung, so müsste er – streng genommen – den höheren Wertansatz trotz dauernder Wertminderung in der StB ausweisen.[653] Allgemein wird eine willkürliche Wertzuschreibung von der Finanzverwaltung[654] jedoch kritisch beäugt.

6.1.4.3.2 Wirkung des steuerlichen Bewertungsvorbehalts am Beispiel der Bewertung von Herstellungskosten des Umlaufvermögens

Im § 6 Abs. 1 Nr. 2 EStG ist beschrieben, dass das UV mit den Herstellungskosten (HK) zu bewerten ist; wie die HK steuerrechtlich jedoch explizit zu bewerten sind, lässt das EStG zunächst offen.[655] Der BFH[656] entschied, dass Gemeinkosten nach § 255 Abs. 2 S. 3 HGB a. F. (Material- und Fertigungsgemeinkosten) ebenso zu den HK gehören, jedoch nur handelsrechtlich als Wahlrecht kodifiziert sind. Der Bewertungsvorbehalt des § 5 Abs. 6 EStG i. V. m. der steuerlichen Bewertungsvorschrift des § 6 Abs. 1 Nr. 2 EStG – welche ein Gebot zur Bewertung mit den (vollen) HK vorgibt – ginge dem handelsrechtlichen Wahlrecht vor, was die Aktivierung der Gemeinkosten vorschreibt, selbst wenn in der HB keine Aktivierung vorgenommen wurde. Dieser Ansicht folgte *bisher* auch die Finanzverwaltung, welche nach R 6.3 EStR 2009 eine Aktivierungspflicht für die **Material- und Fertigungsgemeinkosten** vorgab (untere betragsmäßige Aktivierungsgrenze *vor BilMoG* höher als im HGB). Mit Einführung des BilMoG und der Pflicht zur Aktivierung dieser Gemeinkosten auch in der HB (§ 255 Abs. 2 S. 2 HGB), besteht hinsichtlich o. g. Gemeinkosten nunmehr Deckungsgleichheit

---

[650] Vgl. Ritzkat (Abschreibung), NWB-Infocenter: Abschreibung, S. 3, Rz. 6: *zu den (widerlegbaren) Teilwertvermutungen*; Lütje/Möhlmann (Einheitlichkeit), BBK, S. 348: *außerplanmäßige Abschreibung entspricht steuerlicher(m) AfaA/Teilwert*; Hoffmann/Lüdenbach in NWB-Kommentar, zu § 253 HGB; Rz. 107: *beizulegender Zeitwert und Teilwert sind praktisch identisch*; Hoffmann (Gewinnermittlung), StuB, S. 447: *zwischen beizulegendem Zeitwert und Teilwert sollte niemand einen triftigen Unterschied ermitteln können*.

[651] Vgl. Lorson/Toebe (Einheitsbilanz), BBK, S. 459: *damit wäre der Teilwert niedriger, da ein fiktiver Käufer des gesamten Unternehmens zur Veräußerung stehende WG unter Beachtung eines zumindest marginalen Gewinns kalkulieren und ansetzen würde*; Scheffler (2010), StuB, S. 299: *i. R. d. Vorratsvermögens*.

[652] Vgl. BMF-Schreiben v. 25.02.2000 – IV C 2 – S 2171 b – 14/00, BStBl. I 2000, S. 372; Scheffler (2010), StuB, S. 299–230; Dietel (Wahlrecht), DB, S. 484.

[653] Vgl. Dietel (Wahlrechte), DB, S. 484.

[654] Vgl. BMF-Schreiben v. 12.3.2010, IV C 6 – S 2133/09/10001, Rz. 15.

[655] Vgl. BFH-Urteil v. 17.10.2001 – I R 32/00, BStBl. II 2002, S. 349; Kempermann in K/S/M, § 5 EStG, Rz. B 123 (3), B 124; Stobbe in H/H/R, § 6, Rz. 48.

[656] Vgl. BFH-Urteil v. 21.10.1993, IV R 87/92, BStBl II 1994, S. 176.

in HB und StB. Klärungsbedarf besteht für die Behandlung der Kosten für die allgemeine Verwaltung, soziale Einrichtungen und Fremdkapitalkosten (FK-Kosten).

Fraglich ist, ob diese Kosten als Herstellungskosten gelten und es somit durch analoge Anwendung der Theorie des *BFH (Urteil siehe oben)* in der StB eine Aktivierungspflicht vorliegt.[657] Das BMF vertritt im *Schreiben*[658] zum Maßgeblichkeitsprinzip die Meinung, dass Kosten der allgemeinen Verwaltung und sozialen Einrichtungen als HK gelten! Für diese Kosten besteht nun eine Ansatzpflicht in der Steuerbilanz, unabhängig von der handelsrechtlichen Bilanzierung. FK-Kosten nach *§ 255 Abs. 3 S. 1 HGB* stellen dagegen, nach Auffassung des *BMF*, grundsätzlich *keine* HK dar. Werden diese jedoch zur Herstellung von VG genutzt und wird handelsrechtlich von dem „Deklarations-Wahlrecht" nach *§ 255 Abs. 3 S. 2 HGB* zur Einstufung der Fremdkapitalzinsen als HK Gebrauch gemacht, so gelten diese steuerlich ebenfalls als HK (durchschlagende Maßgeblichkeit des *§ 5 Abs. 1 S. 1 1. Hs. EStG)*.[659] Mit dieser Herangehensweise ändert das BMF nunmehr die bisherige Verwaltungspraxis, nach welcher die Kosten der allgemeinen Verwaltung, sozialen Einrichtungen und die der FK-Zinsen einem steuerlichen Einbeziehungs-Wahlrecht unterlagen. Eine handelsrechtliche Aktivierung war bisher *nur Voraussetzung* für die steuerliche Aktivierung *(R 6.3 Abs. 4 EStR 2009)*.[660] Nunmehr definiert das BMF diese Kosten als steuerliche HK, wenn diese handelsrechtlich als HK definiert wurden, was steuerlich ebenfalls zu einer Einbeziehungs-Pflicht führt, denn in der Steuerbilanz ist das UV eben mit den Herstellungskosten zu aktivieren.

Für kleinere Unternehmen mit Bilanzierungspflicht ist gerade der Sinneswandel hinsichtlich der Kosten der allgemeinen Verwaltung und sozialen Einrichtungen *(§ 255 Abs. 2 S. 3 HGB)* nicht sonderlich zu begrüßen, da der administrative Aufwand durch den Zwang einer sachgerechten Aufschlüsselung und Zurechnung dieser gemeinen Kosten auf die Produkte steigt. Zum **Erhalt der Einheitsbilanz** sind nun handelsrechtlich noch höhere Ansätze der HK nötig, da die untere steuerliche Wertgrenze angestiegen ist (nunmehr Pflicht zur Aktivierung der Kosten der allg. Verwaltung und sozialer Einrichtungen). Durch die höheren Wertansätze in der HB werden jedoch wiederum außerplanmäßige Abschreibungen in der HB begünstigt, da tendenziell Überbewertungen wahrscheinlicher sind als bei primär niedrigeren Bilanzan-

---

[657] Vgl. BFH-Urteil v. 21.10.1993, IV R 87/92, BStBl II 1994, S. 176: dieser *ließ die Frage hinsichtlich einer Aktivierungspflicht derartiger Kosten offen.*

[658] Vgl. BMF-Schreiben v. 12.3.2010, IV C 6 – S 2133/09/10001, Rz. 8; **a.A.** jedoch U. E. nicht zutreffend: Künkele/Zwirner (Abschaffung), StuB, S. 339: *Diese sehen für die Kosten nach § 255 Abs. 2 S. 3 HGB ein Wahlrecht. Das BMF folgt U.E. zutreffend dem BFH und definiert diese Kosten als HK, was zutreffenderweise in der Steuerbilanz durch den Bewertungsvorbehalt eine Einbeziehungpflicht nach sich zieht;* **kritisch:** Kaminski (Probleme), DStR, S. 772: *das BMF-Entwurf v. 12.10.2009, IV C 6 – S 2133/09/10001, Rz. 8 bezieht sich fälschlicherweise auf das BFH-Urteil v. 21.10.1993, in welchem gerade nicht über die Einbeziehungpflicht dieser Gemeinkosten entschieden wurde, U. E. lässt sich diese Herangehensweise dennoch mit o. g. Urteil begründen, da nach diesem ein hr. Wahlrecht grundsätzlich zum höchstmöglichen Wert in der StB führen solle.*

[659] Vgl. BMF-Schreiben v. 12.3.2010, IV C 6 – S 2133/09/10001, Rz. 6; Meurer (Zusammenfassung), BB, S. 821; u. E. unsachgemäße Kritik durch: Kaminski (2010), DStR, S. 773: *der Autor verkennt, dass selbst das HGB prinzipiell die FK-Zinsen außerhalb der HK einordnet (§ 255 Abs. 3 HGB n.F.), diese eben nur auf Basis der Ermessensentscheidung (echtes Wahlrecht) des Kaufmanns als HK und dann auch strl. als HK gelten. Dies ist m. E. sinnvoll, da nur der Unternehmer selber entscheiden kann, ob bspw. ein Projekt mit dem jeweiligen FK finanziert wurde und die Zinsen dann HK darstellen. Abwegig ist die sich eröffnende (Steuer-)Bilanzpolitik.*

[660] Vgl. auch BMF-Schreiben v. 22.06.2010 – BStBl. I S. 239-IV C 6 S 2133/09/10001: *Übergangsmäßig kann die alte Regelung des R 6.3 Abs. 4 EStR noch für vor Bekanntgabe endende Wirtschaftsjahre weiter angewendet werden.*

sätzen. Die Höhe und die Dokumentation von außerplanmäßigen Wertminderungen lässt zusätzlichen Aufwand entstehen.[661] Wird dem *BMF-Schreiben*[662] hinsichtlich des Wahlrechts zur **Teilwertabschreibung** trotz dauernder Wertminderung gefolgt, so könnte es steuerlich beim höheren Ansatz verbleiben (dazu mehr unter „6.2.4").

6.1.4.4   Durchbrechung der Maßgeblichkeit durch Gesetzesauslegung der Judikative vor BilMoG

6.1.4.4.1   Verhinderung der Bildung stiller Reserven

Die handelsrechtlichen GoB wurden im großen Maße von der Judikative fortentwickelt und festgesetzt, welche jedoch zumeist auf steuerlichen Streitfragen beruhen und somit steuerliche Gesichtspunkte einen wesentlichen Anteil an der Entwicklung der GoB haben.[663] Die Reichweite der Maßgeblichkeit handelsrechtlicher Wahlrechte (Wahlrechte der GoB) ohne steuerliche Korrespondenzvorschrift wurde in der Folge durch die Judikative stark eingeschränkt.[664] Der *RFH*[665] und darauf aufbauend der *BFH*[666] erließen GoB-durchbrechende **Urteile** hinsichtlich steuerlicher Aktivierungspflichten für WG unabhängig der handelsrechtlichen Bilanzierung (Ausdehnung des Begriffes „Wirtschaftsgut").[667]

Zusätzlich bestand grundsätzlich die Frage, *„wie weit"* Wahlrechte der GoB auch für die Steuerbilanzierung gelten dürfen. Im *Urteil v. 03.02.1969* vertrat der *BFH* die Ansicht, dass die GoB bzgl. des **Ansatzes dem Grunde nach** nur für explizite Gebote oder Verbote in der Steuerbilanzierung einschlägig sein dürfen. Diese *Rechtsprechung*[668] behält auch nach Einführung des BilMoG ihre Wirkung.[669] Der *BFH*[670] bezog sich in seiner Entscheidung auch auf die *Gesetzesbegründung des EStG 1934*. Darin wurde die Ansicht vertreten, dass

---

[661] So auch Kaminski (Probleme), DStR, S. 772.

[662] BMF v. 12.10.2010, insb. Rz. 15 zum Wahlrecht der Teilwertabschreibung.

[663] Vgl. Schildbach, 2000, S. 133: *dementsprechend wird die deutsche Handelsbilanz als „tax-driven" kritisiert*; Arbeitskreis Steuern und Revision (Maßgeblichkeit), S. 16; Kempermann in K/S/M, § 5 EStG, Rz. B 56; Stobbe in H/H/R, § 5, Rz. 101: *die Auslegung der GoB obliegt eigentlich dem BGH, durch die Bindung der HB und StB landen die Fälle zumeist beim BFH.*

[664] Vgl. Förster/Schmidtmann (Gewinnermittlung), BB, S. 1342; Fischer/Kalina-Kerschbaum (Maßgeblichkeit), DStR, S. 400; Döring/Heger (Wegfall), DStR, S. 2064; BMF-Entwurf v. 12.10.2009, IV C 6– S 2133/ 09/10001, Rz. 3 und 4.

[665] Zitiert durch Drescher (Zukunft), S. 21: RFH v. 27.03.1928 RStBl. 1928, S. 260, 261 – *Aktivierungspflicht für Ausgaben eines 30 jährigen Wettbewerbsverbots in der StB; informativ:* http://www.bundesfinanzhof.de/www/index.html: *der RFH (1918–1945) war in der Zeit von 1933 bis 1945 bzgl. der Entscheidungen und Besetzungen der Ämter alles andere als objektiv, steuerliche Entscheidungen waren nationalsozialistisch geprägt.*

[666] Vgl. BFH-Urteil v. 03.02.1969, Gr. S. 2/68, BStBl. II 1969, S. 291: *handelsrechtliches Aktivierungs-Wahlrecht = steuerliches Aktivierungsgebot*; handelsrechtliches Passivierungs-Wahlrechte = steuerliches Passivierungsverbot; BFH-Urteil v. 21.10.1993, IV R 87/92, BStBl II 1994, S. 176: *ein handelsrechtliches Wahlrechte ohne steuerliche Korrespondenz führe steuerlich zum höchst möglichen Ansatz nach Handels- oder Steuerrecht.*

[667] Vgl. Drescher (Zukunft), S. 21 m.w.N; Schütz (Maßgeblichkeitsgrundsatz), S. 29 ff. m. w. N.

[668] Grundlegend: BFH-Urteil v. 02.03.1969; BFH-Urteil v. 21.10.1993, IV R 87/92, BStBl II 1994, S. 176.

[669] Vgl. BMF-Schreiben v. 12.3.2010, IV C 6– S 2133/09/10001, Rz. 3, 6; Weber-Grellet (Maßgeblichkeit), S. 2403; Grützner (Gewinnermittlungsvorschriften), S. 482.

[670] Vgl. BFH-Urteil v. 03.02.1969, Entscheidungsgründe, Punkt 3a und b) mit Verweis auf die Gesetzesbegründung des EStG von 1934.

die Handelsbilanz für die Besteuerung maßgebend sei, die handelsrechtlichen Wahlrechte jedoch versagt werden müssen. Die Gefahr wurde in der Möglichkeit zur Erzeugung **stiller Reserven** gesehen. Auch verfassungsrechtliche Kollisionen wurden hinsichtlich handelsrechtlicher Wahlrechte für die steuerliche Gewinnermittlung ausgemacht, da diese eine willkürliche Ermittlung der Steuerbemessungsgrundlage eröffneten (weiterführend: „6.2.6 Teleologische/verfassungskonforme Auslegung"). Demnach könne sich das Maßgeblichkeitsprinzip lediglich auf *Ansatz- oder Passivierungsgebote* bzw. -verbote beziehen.[671] Selbst die **wörtliche Auslegung** des *§ 5 Abs. 1 S. 1 1. Hs. EStG „... auszuweisen ist."* lässt bereits auf den Verweis des Maßgeblichkeitsprinzips auf Gebote und Verbote, nicht jedoch auf Wahlrechte schließen.[672]

Davon abzugrenzen sind jedoch die handelsrechtlichen **Bilanzierungshilfen**, welche nicht zu den VG zählen und schon daher steuerlich nicht zu aktivieren sind (bspw. *§ 274 HGB*: Aktivierungs-Wahlrechte für: latente Steuern oder i. d. F. vor BilMoG: *§ 269 HGB a. F.*: Ingangsetzungsaufwendungen).[673]

6.1.4.4.2   Durchbrechung bei handelsrechtlichen Ansatz-Wahlrechten

Folgender Leitsatz ist ergangen:

*Handelsrechtliche **Aktivierungs-Wahlrechte** führen zu steuerlichen **Aktivierungsgeboten** und handelsrechtliche **Passivierungs-Wahlrechte** zu steuerlichen **Passivierungsverboten**.*[674]

Dieser nicht außer Kritik stehende[675] Leitsatz gilt nur für handelsrechtliche Wahlrechte ohne steuerliche Korrespondenzregelung.[676] Liegen hingegen korrespondierende **Ansatz-Wahlrechte** im Handels- und Steuerrecht vor, so werden dies nicht unter diesen Leitsatz subsumiert und sind grundsätzlich anwendbar.[677] Sinngemäß soll der Kaufmann nicht durch handelsrechtliche Aktivierungs-Wahlrechte bzw. Passivierungs-Wahlrechte die Möglichkeit

---

[671] So auch: Schildbach (Jahresabschluss), S. 134–135.

[672] Vgl. Förster/Schmidtmann (Gewinnermittlung), BB, S. 1343 m. w. N. (insb. EStG-Kommentare: Moxter, Schreiber, Schiffers); Buciek in Blümich (EStGKommentar), § 5, Rz. 185, 185a; Weber-Grellet in Schmidt, Kempermann in K/S/M, § 5 EStG, Rz. B 118, B 119.

[673] Vgl. Kirsch (Einheitsbilanz), NWB-Infocenter; Stobbe in H/H/R, § 5, Rz. 105; Pfirmann/Schäfer (Bilanzrecht), S. 124: *gilt nur für VG und RAP, nicht für Bilanzierungshilfen;* so auch Horschitz/Groß/Weidner (Bilanzrecht), S. 153, 154.

[674] Vgl. BFH-Urteil v. 21.10.1993, IV R 87/92, BStBl II 1994, S. 176; BFH-Urteil v. 03.02.1969, Gr. S. 2/68, BStBl. II 1969, S. 291; Weber-Grellet (Maßgeblichkeit), DB, S. 2403; NWB-Anwendungshinweis, BBK (Maßgeblichkeit), S. 5–6; Scheffler (Maßgeblichkeit), StuB, S. 841; Grützner (Gewinnermittlungsvorschriften), S. 482;Tanski/Kurras/Weitkamp (1998), S. 136–137; Buciek in Blümich (EStGKommentar), § 5 EStG, Rz. 185; auf die Rechtsprechung verweisend: BMF-Entwurf v. 12.10.2009, IV C 6 – S 2133/09/10001, Abs. 3, 4; Meurer (Zusammenfassung), BB, S. 821; Weber-Grellet (2002), StuB, S. 701; Küting/Seel (Steuern), S. 504; Arbeitskreis Steuern und Revision (Maßgeblichkeit), S. 16; Rätke/Theile (Bilanzpolitik), BBK, S. 306.

[675] Vgl. Buciek in Blümich (EStGKommentar), § 5 EStG, Rz. 185a m. w. N.: *um den **Gleichheitsgrundsatz nach Art. 3 GG** wahren zu können, hätten Aktivierungs-Wahlrechte auch zu Verboten und Passivierungs-Wahlrechte zu Geboten führen können.*

[676] Vgl. Buciek in Blümich (EStGKommentar), § 5 EStG, Rz. 188; Kempermann in K/S/M, § 5 EStG, Rz. B 114; RefE BilMoG v. 08.11.2007, S. 100; BT-Drucks. 16/10067, RegE v. 30.07.2008, S. 51: *beide am Bsp. des mit BilMoG abgeschafften hr. Passivierungs-Wahlrechts nach § 249 Abs. 1 S. 3 HGB.*

[677] Vgl. Weber-Grellet in Schmidt (EStG-Komm.), § 5 EStG, Rz. 31; Förster/Schmidtmann (Gewinnermittlung), BB, S. 1343.

erhalten, seine Steuerlast gezielt lenken zu können. Vielmehr solle der **volle Gewinn** bzw. die **obere mögliche Grenze** des handelsrechtlich „Ausweisbaren" dargestellt werden. Andererseits verstoße man gegen den nach Artikel 3 GG geforderten allgemeinen **Gleichheitsgrundsatz** bzgl. einer gleichmäßigen Besteuerung nach der **finanziellen Leistungsfähigkeit**. Eine Besteuerung auf Grund handelsrechtlicher (bzw. aus den GoB fließender) Wahlrechte wäre damit nicht vereinbar.[678]

In diesem Zusammenhang kann das eingeführte Wahlrecht zur Aktivierung selbsterstellter immaterieller VG wiederum als Beispiel dienen. Erst durch das mit BilMoG eingeführte Aktivierungs-Wahlrecht für dessen HK nach *§ 248 Abs. 2 i. V. m. § 255 Abs. 2 und 2a HGB* erhält das Aktivierungsverbot für selbstgeschaffene immaterielle Vermögensgegenstände nach *§ 5 Abs. 2 EStG* für Kaufleute tatsächlich durchbrechenden Charakter im Sinne des oben genannten Leitsatzes, da ein nun bestehendes **Aktivierungs-Wahlrecht** zu einem Gebot in der Steuerbilanz führen würde. Zuvor war das Verbot nach Steuerrecht für Kaufleute nach HGB im gewissen Maße redundant, da schon nach *§ 248 Abs. 2 HGB a. F.* und damit im Rahmen der maßgebenden GoB ein Bewertungsverbot vorlag.[679] Als weiteres Beispiel kann das handelsrechtliche Wahlrecht zur Aktivierung von Disagios nach *§ 250 Abs. 3 HGB* dienen. Diesem steht keine steuerliche Ansatzvorschrift gegenüber, was zu einer Aktivierungspflicht in der Steuerbilanz führt.[680] Für die *Passivseite* kann das Wahlrecht zur Passivierung von Aufwandsrückstellungen nach *§ 249 Abs. 1 S. 3 HGB a. F. (Wahlrecht für RSt für Instandhaltung innerhalb eines Jahres)* genannt werden. Dieses führte auf Grund des Fehlens einer steuerlichen Vorschrift zu einem steuerlichen Passivierungsverbot.[681] Allerdings wurde dieses mit dem BilMoG abgeschafft. Die Bildungspflicht für Instandhaltungen in den ersten drei Monaten des Folgejahres (§ 249 Abs. 1 S. 2 Nr. 1 HGB) schlägt bereits auf Grund einer fehlenden steuerlichen Gegenvorschrift in die Steuerbilanz durch. Mit der „Entrümpelung" handelsrechtlicher Wahlrechte durch das BilMoG sollte der „Anwendungsbereich" des Leitsatzes der Rechtsprechung gesunken sein.[682]

6.1.4.4.3 Handelsrechtliche Bewertungs-Wahlrechte

Hinsichtlich der **Bewertungs-Wahlrechte** ohne steuerliche Korrespondenz (keine sinngemäß gleiche Regelung in *§§ 4–7 EStG*) soll an dieser Stelle nochmals die *BFH-Rechtsprechung*[683] herangezogen werden. Im zitierten Urteil wurde die gleiche Logik wie für Ansatz-Wahlrechte vertreten. Der Kaufmann soll nicht in die Lage versetzt werden seinen Gewinn steuern zu können. Darin wird zwar der Grundsatz für die steuerliche Handhabung

---

[678] Vgl. BFH-Urteil v. 03.02.1969, Gr. S. 2/68, BStBl. II 1969, S. 291; BFH-Urteil v. 21.10.1993, IV R 87/92, BStBl II 1994, S. 176; so auch BFH-Urteil v. 02.03.1970, GrS 1/69, BStBl. II 1970, S. 382; übereinstimmend: Scheffler (Maßgeblichkeit), StuB, S. 839; Tanski/Kurras/Weitkamp (1998), S. 137; Arbeitskreis Steuern und Revision (Maßgeblichkeit), S. 5; Schütz (Maßgeblichkeitsgrundsatz), S. 30–31. m.w.N; Küting/Seel (Steuern), S. 504; Kempermann in K/S/M, § 5 EStG, Rz. B 114; Buciek in Blümich (EStGKommentar), § 5 EStG, Rz. 165; Lorson/Toebe (Einheitsbilanz), BBK, S. 456.

[679] Vgl. Herzig/Briesemeister (Bilanzrechtsmodernisierung), DB, S. 976; BMF-Entwurf v. 12.10.2009, IV C 6 – S 2133/09/10001, Abs. 3.

[680] Vgl. Endriss (Stärkung), BBK, S. 24.

[681] Vgl. Schildbach (Jahresabschluss), S. 136.

[682] *Zur übersichtlichen Darstellung der Änderungen des BilMoG:* vgl. Lüdenbach/Hoffmann (Änderungen), S. 287–316.

[683] Vgl. BFH-Urteil v. 21.10.1993, IV R 87/92, BStBl II 1994, S. 176, siehe Gründe, Punkt 5.

von Bewertungs-Wahlrechten genannt, die Anwendung jedoch eher für „Ansatzpflichten"
i. R. d. Herstellungskosten aufgeführt. Es solle der volle Gewinn besteuert werden. Der
Steuerpflichtige ist demnach grundsätzlich verpflichtet, einem handelsrechtlichen Wahlrecht
derart zu folgen, dass der höchstmögliche Gewinn entsteht.[684]

Da der *BFH* dieses Vorgehen nur allgemein nannte, bleibt offen, wie dieser Grundsatz praktisch bei weiteren Bewertungswahlrechten anzuwenden ist.[685] Wird handelsrechtlich eine
Bewertungsvorschrift ohne steuerliche Korrespondenz gefunden, so ist im Vorfeld nicht immer
überschaubar, welche Gewinnauswirkung daraus resultiert. Das *BMF*[686] folgte im aktuellen
Schreiben für derartige Bewertungs-Wahlrechte der praktischen Auffassung des maßgeblichen
Handelsbilanzansatzes bei der Wahl zur Festbewertung. Damit stärkt dieses die Theorie der
formellen Maßgeblichkeit. Demnach sind hinsichtlich der *Bewertung* von WG *ohne steuerliche
Gegenvorschrift*, also ohne Reglung in den *§§ 4–7 EStG*, ebenfalls die GoB in Form der
Übertragung des konkreten HB-Ansatzes in die Steuerbilanz anzuwenden.[687]

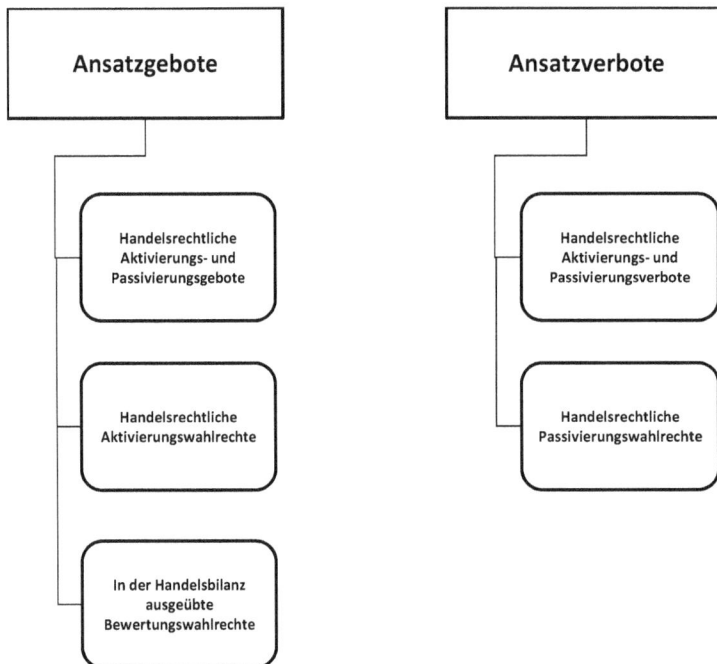

Abbildung 59:   Ansatzgebote und Verbote im Steuerrecht

---

[684] So auch Scheffler (Maßgeblichkeit), StuB, S. 841; Weber-Grellet (Maßgeblichkeit), DB, S. 2403; Stobbe in
H/H/R, § 5, Rz. 105.

[685] So auch Stobbe in H/H/R, §6, Rz. 48: die Allgemeingültigkeit des Urteils für andere Bewertungs-Wahlrechte
der GoB ist fraglich.

[686] BMF-Schreiben v. 12.3.2010, IV C 6 – S 2133/09/10001, Rz. 7.

[687] Vgl. Weber-Grellet in Schmidt (EStG-Komm.), § 5 EStG, Rz. 35; Buciek in Blümich (EStGKommentar),
§ 5 EStG, Rz. 186; Stobbe in H/H/R, § 5, Rz. 62.

Handelsrechtliche **Bewertungs-Wahlrechte** ohne steuerliche Korrespondenz kommen ohnehin immer seltener zur Geltung. Die umfangreichen Kodifizierungen im EStG hinsichtlich der Bewertung lassen dazu wenig Raum.[688] Selbst unter der Annahme der materiellen Maßgeblichkeit ist davon auszugehen, dass Bewertungs-Wahlrechte i. R. d. **analogen Rechtsanwendung** in die StB zu übernehmen sind.[689] Ein Abweichen vom HB-Ansatz wäre ohnehin als äußerst fraglich einzuschätzen, wird allein der Aufwand betrachtet, welcher für einen buchführungspflichtigen Kaufmann entsteht, wenn dieser in seiner Überleitungsrechnung nach *§ 60 Abs. 2 EStDV* von sämtlichen Bewertungen der HB abweichen würde. Wird dabei wiederum die Bewertung zum Festwert betrachtet, so wäre die Alternative für die Steuerbilanz eine gänzliche Einzelbewertung aller WG. Mit einem anderen Motiv als der gezielten Minderung der Steuerlast könnte ein derartiger Aufwand eher nicht zu begründen sein.

6.1.5 Die durch BilMoG abgeschaffte umgekehrte Maßgeblichkeit

6.1.5.1 Grundsatz der umgekehrten Maßgeblichkeit

Die **umgekehrte Maßgeblichkeit** wurde in der Gesetzesfassung von 1990 bis zum Jahre 2008 durch den *§ 5 Abs. 1 S. 2 EStG a. F.* kodifiziert, wonach steuerliche Wahlrechte in Übereinstimmung mit der Handelsbilanz auszuüben waren. Die umgekehrte Maßgeblichkeit[690] wurde ursprünglich zur Ausnutzung vereinzelt *steuerpolitisch motivierter* (GoB-ferner und nur im Steuerrecht kodifizierter) Vorschriften eingeführt, deren Ausnutzung parallel in der Handelsbilanz nachvollzogen werden sollte (Beispiele unter „6.2.2 Differenzierung steuerlicher Wahlrechte").[691] Steuergesetze wurden vermehrt für **Lenkungszwecke** und **Wirtschaftsförderung**[692] eingesetzt.

Die enge Verknüpfung der Handels- und Steuerbilanz sollte mit Einführung des umgekehrten Maßgeblichkeitsprinzips und dem Transfer steuersubventioneller Vorschriften in die Handelsbilanz gestärkt werden. Damit wurde dem Wunsch der kleinen und mittelständischen

---

[688] Vgl. Kempermann in K/S/M, § 5 EStG, Rz. B 121.

[689] Vgl. Weber-Grellet (Maßgeblichkeit), DB, S. 2403; ungenau: Künkele/Zwirner (Abschaffung), StuB, S. 336: *Bewertungs-Wahlrechte ohne steuerliche Korrespondenz sind auch in der Steuerbilanz zu berücksichtigen.*

[690] Vgl. Buciek in Blümich (EStGKommentar), § 5 EStG, Rz. 182a: *umgekehrte Maßgeblichkeit umgangssprachlich seit der gesetzlichen Kodifizierung im § 5 Abs. 1 S. 2 EStG a.F., da die Ausübung der Wahlrechte häufig auf steuerlichen Überlegungen beruhten.*

[691] Vgl. BT-Drucks. 11/2157, RegE v. 19.04.1988, S. 136; Arbeitskreis Bilanzrecht der Hochschullehrer (Maßgeblichkeit), DB, S. 2570; Schildbach (Jahresabschluss), S. 139; Künkele/Zwirner (Abschaffung), StuB, S. 337: hauptsächlich *zum Zweck der Steuervergünstigungsvorschriften*; Schildbach (Jahresabschluss), S. 137–138, 141; Tanski/Kurras/Weitkamp (1998), S. 137; Weber-Grellet in Schmidt (EStG-Komm.), § 5 EStG, Rz. 40; Pfirmann/Schäfer (Bilanzrecht), S. 125; Lorson/Toebe (Einheitsbilanz), BBK, S. 453; NWB-Anwendungshinweis, BBK (Maßgeblichkeit), S. 6–7; BMF-Schreiben v. 30.04.1990 – IV B 2 – S 2139 – 15/90, BStBl. I 1990, S. 222: *zur parallelen Anwendung der steuerfreien Rücklagen*; **a.A.** Weber-Grellet (Maßgeblichkeit), DB, S. 2402: *Satz 2 beinhaltete nur (!) die formelle Maßgeblichkeit.*

[692] Vgl. Birk (Steuerrecht), Rz. 38–40: *durch vielumfassender Steuerpolitik, spielt nicht nur die Einnahmeerzielung eine Rolle.*

Unternehmen nach Erhalt der Einheitsbilanz Rechnung getragen.[693] Mit Einführung des *§ 5 Abs. 1 S. 2 EStG a. F.* wurde gleichzeitig eine gesetzliche Grundlage für die Maßgeblichkeit des konkreten HB-Ansatzes für GoB-konforme Wahlrechte geschaffen, da gemäß dieser Vorschrift die Ausübung steuersubventioneller (umgekehrte Maßgeblichkeit) und GoB-konformer (formelle Maßgeblichkeit) Wahlrechte in der Steuerbilanz in Einklang mit der Wahlrechtsausübung in der HB stehen mussten.

Als noch in früheren Gesetzesfassungen des HGB ein Wahlrecht für außerplanmäßige Abschreibung bei dauernder Wertminderung kodifiziert war, trafen in beiden Rechenwerken korrespondierende Wahlrechte aufeinander (Wahlrecht zur Teilwertabschreibung und außerplanmäßigen Abschreibung). Auch für diese Wahlrechte war damals die umgekehrte/formelle Maßgeblichkeit für eine einheitliche Erfassung in Handels- als auch Steuerbilanz verantwortlich.[694]

6.1.5.2   Auswirkung der umgekehrten Maßgeblichkeit auf den handelsrechtlichen Jahresabschluss

Durch die umgekehrte Maßgeblichkeit wurde eine gewisse **Verzerrung des Ausweises der Vermögens-, Finanz- und Ertragslage** der Handelsbilanz aus fiskalpolitischen Gründen in Kauf genommen.[695] Als Beispiele können an dieser Stelle Rücklagen für die Übertragung stiller Reserven auf Ersatzbeschaffungen nach R 6.6 EStR 2009 und Veräußerungen bestimmter Anlagegüter nach § 6b EStG genannt werden, welche nach altem Recht gebildet werden durften, soweit in der Handelsbilanz ebenso verfahren wurde.[696]

Die im Handelsrecht mit BilMoG aufgehobenen Öffnungsklauseln der §§ 247 Abs. 3 und 273 HGB a. F. etc. machten diese **steuermotivierten Ertragsverschiebungen** auch der Handelsbilanz zugänglich[697], was allerdings nicht zu einer Maßgeblichkeit der Steuerbilanz für die Handelsbilanz führte. Die primäre Bildung eines SoPo mit Rücklageanteil in der Handelsbilanz machte die Bildung in der Steuerbilanz erst möglich. Derartige steuerliche Wahlrechte galten danach als *mittelbare* handelsrechtliche Wahlrechte.[698] Selbst steuerliche Sonderabschreibungen, wie bspw. nach *§ 7g EStG*, beschrieben kein dediziertes steuerliches Wahlrecht. Durch die handelsrechtlichen Öffnungsklauseln *(hier: § 254 HGB a. F.)* galten diese auch als handelsrechtliche Abschreibungs-Wahlrechte. Die **Übertragungen von stillen Reserven** auf Re-Investitionen waren ebenfalls als Abschreibung anzusehen (durch

---

[693] Vgl. Drescher (Zukunft), S. 24 m. w. N.; Lorson (Bedeutungsverschiebung), 7: *Sicherung der Einheitsbilanz durch die umgekehrte Maßgeblichkeit, welche jedoch durch viele steuerliche Durchbrechungen ohnehin schwer zu realisieren ist.*

[694] Vgl. Lütje/Möhlmann (Einheitlichkeit), BBK, 350.

[695] Vgl. Arbeitskreis Steuern und Revision (Maßgeblichkeit), S. 7, 9 m. w. N.

[696] Vgl. NWB-Anwendungshinweis, BBK (Maßgeblichkeit), S. 6–7; Dettmeier (Wahlrechte), NWB, S. 3485; Buciek in Blümich (EStGKommentar), § 5 EStG, Rz. 191; BMF-Schreiben v. 30.04.1990 – IV B 2 – S 2139 – 15/90, BStBl. I 1990, S. 222.

[697] Vgl. Buciek in Blümich (EStGKommentar), § 5 EStG, Rz. 190.

[698] Vgl. Arbeitskreis Bilanzrecht der Hochschullehrer (Maßgeblichkeit), DB, 2570; NWB-Anwendungshinweis, BBK (Maßgeblichkeit), S. 7; Dettmeier (Wahlrechte), NWB, S. 3485; so auch RefE BilMog v. 08.11.2007, S. 223; Döring/Heger (Wegfall), DStR, S. 2065: *ein handelsrechtliches Wahlrecht konnte auch über die Öffnungsklauseln entstehen*; Stobbe in H/H/R, § 5, Rz. 63.

§ 254 HGB a. F. auch in der HB).[699] Es entstand ein maßgeblicher handelsrechtlicher Wertansatz[700], wenn auch von einer Anlehnung der Handelsbilanz an die Steuerbilanz die Rede sein kann – eben die Umkehrung der Maßgeblichkeit von der Steuer- zur Handelsbilanz.[701]

Durch Streichung dieser handelsrechtlichen Öffnungsklauseln wollte der *Gesetzgeber*[702] zukünftig diese **steuerlich motivierten Verzerrungen** der Handelsbilanz vorenthalten.[703] Problematisch waren insbesondere für größere Unternehmen, welche auf Außenfinanzierungen angewiesen sind, die Folgen steuerlicher Unterbewertungen von WG, da diese auch in der HB zu einer unrealen Verschlechterung der VFE-Lage führten. Darin lag auch einer der *größten Kritikpunkte der umgekehrten Maßgeblichkeit.*[704] Durch die „verzerrenden Einflüsse" auf die Handelsbilanz wurden wissentlich die GoB durchbrochen. Dem (eigentlich positiv zu bewertenden) Steuerstundungseffekt stand dabei das Einfrieren des ausschüttungsfähigen Gewinns und u. U. Komplikationen bei Kreditverhandlungen durch eine schlechtere VFE-Lage gegenüber.[705] Diese „Zwangsthesaurierung" des eigenen Kapitals galt jedoch nur für Kapitalgesellschaften (Asymmetrie in der Kapitalallokation zwischen Personen- und Kapitalgesellschaften).

Investoren wurden durch die umgekehrte Maßgeblichkeit und dadurch entstehenden Ausschüttungssperren ungleich behandelt. Ist eine Investition außerhalb des Unternehmens rentabler, so kam auf den Gesellschafter einer Personengesellschaft, trotz steuerlich motivierter Rücklagen, keine Ausschüttungssperre zu. Er konnte seinem Unternehmen stets vorhandene Liquidität entziehen. Anders verhielt es sich bei den Kapitalgesellschaften: Die gebildeten SoPo verkürzten den ausschüttbaren Gewinn.[706] Der *Gesetzgeber*[707] sah dieses Problem und war im Zugzwang, der deutschen Rechnungslegung ein „Lifting" zu verpassen, so dass Jahresabschlüsse nach deutschem Recht wieder konkurrenzfähig im Kampf knapper Ressourcen am (internationalen) Kapitalmarkt werden.[708]

Durch den Wegfall des *§ 5 Abs. 1 S. 2 EStG a. F.* wurde der Zwang zur Parallelität von Handels- und Steuerbilanz nun (zumindest) für GoB-ferne steuerliche Wahlrechte **aufgegeben** (Diskussion über weitere Abkopplung StB von HB ab: „6.2 Die Interpretation des

---

[699] Vgl. Coenenberg (Jahresabschluss), S.179.

[700] Vgl. Weber-Grellet in Schmidt, § 5 EStG, Rz. 43, für weitere Bspe: Rz. 42; Wöhe (Bilanzierung), S. 867: *zuvor Wahlrechte-Ausübung in HB.*

[701] Vgl. Tanski/Kurras/Weitkamp (1998), S. 137–138.

[702] Vgl. BT-Drucks. 16/10067, RegE BilMoG, S. 49.

[703] Vgl. Coenenberg (Jahresabschluss), S. 114: *zur Deformation*; Hoffmann (Steuerbilanz), StuB, S. 787; Herzig (BilMoG), DB, S. 4; Dettmeier (Wahlrechte), NWB, S. 3484; Zündorf (BewertungsWahlrechte), S. 108; Anzinger/Schleiter (Wahlrechte), DStR, S. 396; Döring/Schleiter (2009), DStR, S. 2067; Theile (Totenglocken), DStR, S. 2384; Künkele/Zwirner (Abschaffung), StuB, S. 337; Stobbe in H/H/R, 5 EStG, Rz. 62; BT-Drucks. 344/08, Gesetzentwurf v. 23.05.2008, S. 128 *zur Stärkung der Informationsfunktion.*

[704] Vgl. Schildbach (Jahresabschluss), S. 151–153: *zur kritischen Darstellung der umgekehrten und formellen Maßgeblichkeit unter Außenfinanzierungsaspekten*; Tanski/Kurras/Weitkamp (1998), S. 138: *zur problematischen Asymmetrie eines handelsrechtlichen Jahresabschlusses vor BilMoG.*

[705] Vgl. Arbeitskreis Steuern und Revision (Maßgeblichkeit), S. 9 m. w. N.; Künkele/Zwirner (Abschaffung), StuB, S. 337; Arbeitskreis Quantitative Steuerlehre (2009), S. 11–12: *geringere Steuerlast wird mit höherer Ausschüttungssperre erkauft*; Herzig (BilMoG), DB, S. 7.

[706] Vgl. Arbeitskreis Quantitative Steuerlehre (2009), S. 11–12.

[707] Vgl. BT-Drucks. 16/10067, RegE BilMoG, S. 49.

[708] Vgl. Arbeitskreis Quantitative Steuerlehre (2009), S. 5, 8.

Maßgeblichkeitsprinzips nach Einführung des BilMoG").[709] Abgesehen vom Gedanken an die Einheitsbilanz erscheint fraglich, warum schon vor Einführung des BilMoG steuerpolitisch motivierte Sachverhalte Auswirkung auf die VFE-Lage haben mussten. Die StB hätte schon damals, in Anbetracht anderer zahlreicher Durchbrechungen der Maßgeblichkeit, zum Zwecke dieser Wahlrechte von der HB abweichen können.[710]

6.1.5.3   Umgekehrte Maßgeblichkeit durch steuerrechtlich konforme Ermessensausübung in der Handelsbilanz

Zwar wurde der *Satz 2 des § 5 Abs. 1 EStG a. F.* gestrichen, so dass eine Deformation der Handelsbilanz von steuerlichen Einflüssen vermieden wird, doch kann der Gesetzgeber nicht die Anwendung von handelsrechtlichen Ermessensentscheidungen verhindern. Im HGB oder in den GoB fehlt es oft an einer bestimmten Regelung, welche jedoch im Steuerrecht kodifiziert ist.

In Anbetracht des Wunsches an einer aufwendungsärmeren **Einheitsbilanz**, wird sich der Bilanzaufsteller, soweit es der Rahmen der GoB bzw. die Gesetzeslage des HGB zulässt, an den Regelungen des EStG halten um Abweichungen in der HB zu vermeiden. Bspw. ist der Abschreibungszeitraum eines Gebäudes im EStG genauestens festgelegt (§ 7 EStG). Den GoB entsprechend ist eine dem Wertverzehr entsprechende Nutzungsdauer festzulegen, was an dieser Stelle als nahezu unmöglich angenommen werden kann. Demnach spräche nichts dagegen, die Nutzungsdauer des EStG zu unterstellen, soweit dabei nicht offensichtlich der Realität widersprochen wird.[711] Es bildet sich eine umgekehrte Maßgeblichkeit heraus, welche der Gesetzgeber hinnehmen muss, soweit das Handelsrecht Ermessensspielräume zulässt.

6.2   Die Interpretation des Maßgeblichkeitsprinzips nach Einführung des BilMoG

6.2.1   Der Wahlrechtsvorbehalt des § 5 Abs. 1 S. 1EStG ab 2009

Seit dem Jahre 2009 lautet der Gesetzeswortlaut des § 5 Abs. 1 S. 1 EStG wie folgt:[712]

- „Bei Gewerbetreibenden, die auf Grund gesetzlicher Vorschriften verpflichtet sind, Bücher zu führen und regelmäßig Abschlüsse zu machen, oder die ohne eine solche Verpflichtung Bücher führen und regelmäßig Abschlüsse machen, ist für den Schluss des Wirtschaftsjahres das Betriebsvermögen anzusetzen (§ 4 Absatz 1 Satz 1), das nach den handelsrechtlichen Grundsätzen ordnungsmäßiger Buchführung auszuweisen ist, *[es sei denn, im Rahmen der Ausübung eines **steuerlichen Wahlrechts** wird oder wurde ein anderer Ansatz gewählt]* "

---

[709] Vgl. Buciek in Blümich (EStGKommentar), § 5 EStG, Rz. 183; Endriss (Stärkung), BBK, S. 24.

[710] Vgl. Lorson/Toebe (Einheitsbilanz), BBK, S. 454.

[711] Vgl. Endriss (Stärkung), BBK, S. 24–25.

[712] Vgl. BT-Drucks. 270/09, Gesetzesbeschluss v. 27.03.2009, S. 29.

Der zweite Halbsatz (in eckiger Klammer eingeschlossen) des o. g. Paragraphen wird durch die Verwaltung, Fachliteratur und durch den Gesetzgeber verschiedenartig ausgelegt. Die unterschiedlichen Auslegungsvarianten werden in den Folgekapiteln einer Würdigung unterzogen.

6.2.2   Differenzierung steuerlicher Wahlrechte

Im Vorfeld der Diskussion über die Reichweite des neuen Wahlrechtsvorbehalts und der Kernfrage, welche steuerlichen Wahlrechte den maßgebenden GoB Vorrang zu gewähren sind, sollen diese zunächst klassifiziert werden:

Abbildung 60:   Mögliche Reichweite autonomer steuerlicher Wahlrechte i. S. d. § 5 Abs. 1 EStG

Folgende Wahlrechte stellen bspw. steuerlich kodifizierte (transformierte) und GoB-konforme Wahlrechte dar:

- explizit geregelte steuerliche **Abschreibungsmethoden**, welche im Rahmen der GoB ebenfalls anwendbar sind (lineare/degressive/leistungsbezogene AfA[713]) [714]
- Wahlrecht zur Anwendung des Lifo-Verfahrens zur Bewertung des Vorratsvermögens[715]

---

[713] § 7 Abs. 1 und 2 EStG; § 7 Abs. 2 EStG *zur Anwendung der degressiven AfA (für die VZ 2009 bis 2010).*

[714] Vgl. BMF-Entwurf v. 12.10.2009, IV C 6 – S 2133/09/10001, Abs. 18; Theile (Totenglocken), DStR, S. 2385; Grützner (Gewinnermittlungsvorschriften), StuB, S. 483; Herzig/Briesemeister (Bilanzrechtsmodernisierung), DB, S. 976; Ott (Auswirkung), StuB, S. 470.

[715] Vgl. Herzig (BilMoG), DB, S. 3; Herzig/Briesemeister (Bilanzrechtsmodernisierung), DB, S. 977; Hoffmann (Gewinnermittlung), StuB, S. 448; Ott (Auswirkung), StuB, S. 470; Grützner (Gewinnermittlungsvorschriften),

Folgende GoB-ferne Wahlrechte dienen u. a. *steuersubventionellen Zielen (Sozialzwecknormen)*[716]:

- **steuerfreie Rücklagen** nach § 6b EStG (Übertragung stiller Reserven durch Veräußerungsvorgänge) oder R 6.6 EStR 2009 (Übertragung stiller Reserven auf Grund Zerstörung durch höhere Gewalt),
- Sonderabschreibungen, bspw. gemäß § 7g EStG,[717]
- unterschiedliche Behandlung von **Zuschüssen** (erfolgswirksam oder -neutral),[718]
- **erhöhte Abschreibungen** gemäß den §§ 7a–7k EStG.

Folgendes Wahlrecht kann als GoB-widriges Wahlrecht *ohne steuerliche Lenkungswirkung* angesehen werden[719]:

- **wahlweise Unterlassung der Teilwertabschreibungen** trotz handelsrechtlichem Niederstwertprinzip.[720]

6.2.3   Kurzübersicht der juristischen Methodenlehre zur Auslegung von Gesetzen

Bei der Auslegung des *§ 5 Abs.1 EStG* finden die Regeln der juristischen Methodenlehre Anwendung. Das BVerfG[721] wendete im früheren Urteil zwar alle folgend beschriebenen Auslegungsmethoden an, legt dennoch grundlegend (!) eine klare Hierarchie fest: **Gesetzesmaterialien** ergänzen die anderen Auslegungsmethoden, indem sie auf den objektiven Gesetzesinhalt schließen lassen. Der **Wille des Gesetzgebers** hat nur insoweit Bedeutung, als er einen hinreichend bestimmten Ausdruck im Gesetz gefunden hat. Grundlegend hat sich nach dieser Rechtsprechung die Auslegung von Gesetzen am **objektiven Gesetzeswortlaut**

StuB, S. 483; BMF v. 12. 10 2009, Rz. 10; Anzinger/Schleiter (Wahlrechte), DStR, S. 398; Theile (Totenglocken), DStR, S. 2385: *§ 256 HGB ermöglicht die Anwendung der Lifo- oder Fifo-Methode / § 6 Abs. 1 Nr. 2a EStG eröffnet nur ein Wahlrechte für die Lifo-Methode.*

[716] Vgl. auch Endriss (Stärkung), BBK, S. 25; *Zur Legitimation lenkungswirkender Vorschriften insb.* Birk (Steuerrecht), Rz. 202–217; Gersch in Klein, AO-Komm., § 3 AO, Rz. 10: *insbes. durch § 3 AO und der Möglichkeit die Einnahmeerzielung als Nebenzweck;* Scholtz in Koch/Scholtz, AO-Komm., § 3 AO, Rz. 4/1, 8/1: *Lenkungsvorschriften nicht primär für Einnahmen- sondern auch Gestaltungsziele;* Tipke (Steuerrechtsordnung), S. 337, 77–80: *Steuerbe- und entlastungsregelungen, überwiegend zur Förderung außersteuerlicher Ziele mit (kritischer) Abkehr vom Leistungsfähigkeitsprinzip;* Tipke (Steuerrechtsordnung), S. 340, 343: *mit Kritik an Subventionen durch Minderung der Steuerbemessungsgrundlage, da diese für Unternehmen ohne Gewinn keine Auswirkungen haben, wirtschaftlich starken Unternehmen durch die progressive ESt im Gegensatz überproportional mehr Nutzen stiften, diese Normen beschreiben prinzipiell keine Steuerrechtsnormen, da durch diese ebenso Ausgaben für Steuersubventionen wie bei offenen Subventionen getätigt werden (nur eben indirekter) und sind daher eher dem Wirtschaftsrecht zuzuordnen.*

[717] Vgl. Förster/Schmidtmann (Gewinnermittlung), BB, S. 1343–1344 m. w. N.; Grützner (Gewinnermittlungsvorschriften), StuB, S. 482; Dettmeier (Wahlrechte), NWB, S. 3485; Ott (Auswirkung), StuB, S. 470; Hoffmann (Gewinnermittlung), StuB, S. 447; Rätke/Theile (Bilanzpolitik), BBK, S. 307; Künkele/Zwirner (Abschaffung), StuB, S. 337.

[718] Vgl. Herzig/Briesemeister (Bilanzrechtsmodernisierung), DB, S. 977.

[719] Vgl. Hoffmann (Steuerbilanz), StuB, S. 787: *Die Teilwertabschreibung diene im BMF-Schreiben v. 12.03.2010, Rz. 15 als Beispiel, was demnach alle expliziten GoB-inkonformen Wahlrechte ohne steuerpolitische Lenkungswirkung repräsentieren kann.*

[720] Vgl. BMF-Schreiben v. 12.3.2010, IV C 6 – S 2133/09/10001, Rz. 15.

[721] Vgl. BVerfG v. 17.05.1960, Rz. 18–20; Beger (Methodenlehre), S. 42: *der Autor schließt aus diesem Urteil, dass keine feste Reihenfolge zwischen den Auslegungsmethoden besteht und sich diese gegenseitig ergänzen.*

auszurichten. Dies wird insbesondere dadurch deutlich, dass auf die nunmehr schon knapp 60 Jahre alte Rechtsprechung noch in jüngeren Urteilen des BFH zurückgegriffen wird.[722]

Dennoch kann selbst ein klarer Gesetzeswortlaut den **Zweck des Gesetzes** verfehlen.[723] Bei **mehrdeutigem Wortlaut** ist der Wille des Gesetzgebers in die Auslegung einzubeziehen.[724] Insbesondere dann, wenn Wille des Gesetzgebers und Wortlaut im extremen Widerspruch stehen, haben sich Gerichte (und Gesetzesanwender) ebenfalls am Willen des Gesetzgebers und an dem **Sinn der Norm** zu orientieren. Trotz der Rechtsprechung des BVerfG und dem primären Fokus auf den objektiven Gesetzeswortlaut, kann in der Rechtsauslegung der Wille des Gesetzgebers demnach nicht vollends außen vor gelassen werden.[725] Im Rahmen der sog. **teleologischen Reduktion** sind die Judikative und Exekutive nicht nur berechtigt, sondern auch verpflichtet einen zu weit gefassten Gesetzeswortlaut **verfassungsrechtlich, dem Sinn und Zwecke der Norm und dem Willen des Gesetzgebers entsprechend** einzuschränken (siehe: „6.2.5 Reduktion des Wortlauts bei verdeckten Gesetzeslücken (subjektive Theorie)"). Widersprechende Auslegungsmethoden haben zu einem dem „Gerechtigkeitssinn entsprechenden Ergebnis" zu führen (u. a. **Verfassungskonformität**).[726]

6.2.4   Auslegungen durch Politik, Verwaltung und Fachliteratur

6.2.4.1   Auslegung der Finanzverwaltung

Zur Klarstellung der Verwaltungsauffassung erließ das *BMF* am *12.10.2009* ein *Entwurf-Schreiben* zur Anwendung des *§ 5 Abs. 1 EStG* mit der Bitte zur Kommentierung durch Interessenvertreter und Verbände bis zum *20.11.2009*. Am *12.03.2010* wurde der *Entwurf*, trotz teilweise scharfer Kritik, mit Schreiben vom 12.03.2010 inhaltlich größtenteils bestätigt.[727] Diesem kann zunächst entnommen werden, dass sowohl gesetzlich kodifizierte Wahlrechte als auch Wahlrechte der Steuerrichtlinien unter den Wortlaut „steuerliches Wahlrecht" zu subsumieren sind.[728] Das *BMF*[729] legt den Gesetzeswortlaut des *§ 5 Abs. 1 EStG* derart weit aus, dass

---

[722] Vgl. auch Beger (Methodenlehre), S. 33: *der BFH setzte auf das Urteil des BVerfG auf*; Larenz (Methodenlehre), S. 196–197 und Lang in Tipke (Steuerrecht), § 5, Rz. 45: *Die Auslegung „beginnt" im Wortsinn*; weiterhin pro Wortlaut: BVerfG v. 17.05.1960, Rz. 19, 20; BFH-Urteil v. 14.05.1991 – VIII R 31/88, BStBl. 1992 II S. 167; BFH-Urteil v. 11.04.1989 – VIII R 302/84, BStBl. 1989 II S. 697m. w. N. der BFH-Rechtsprechung; BFH-Urteil v. 01.02.1973 – I R 87/71, BStBl. 1973 II, S. 410; BVerfG v. 17.05.1960, Rz. 17–19 mit der Zitierung von Radbruch, Rechtsphilosophie, 4. Auflage 1950, S. 210 f.

[723] Vgl. Lang in Tipke (Steuerrecht), § 5, Rz. 45,: *am Bsp. der eindeutigen Möglichkeit der Zuordnung von Liebhaberei zu den Einkünften nach § 2 EStG bei wortgetreuer Auslegung, Rz. 69: das Demokratieverständnis zwingt dazu auch den Willen des Gesetzgebers zu erforschen.*

[724] Vgl. auch Weingarten (Finanzverwaltung), S. 185.

[725] Vgl. BVerfG v. 17.05.1960, Rz. 19: Beger (Methodenlehre), S. 42: Zitat Tipke/Lang: *der Gesetzeszweck hat Vorrang, alle Auslegungsmethoden seien nur Mittel zu dessen Feststellung*; Anzinger/Schleiter (Wahlrechte), DStR, S. 396: *auf Grund des mehrdeutigen Gesetzeswortlauts ist es notwendig sowohl Entstehungsgeschichte, Systematik und Zweck der Norm zu untersuchen.*

[726] Vgl. Beger (Methodenlehre), S. 42.

[727] Vgl. Theile (Totenglocken), DStR, S. 2384, 2385.

[728] Vgl. BMF-Schreiben v. 12.3.2010, IV C 6 – S 2133/09/10001, Rz. 12.

[729] BMF-Schreiben v. 12.3.2010, IV C 6 S 2133/ 09/10001, Rz. 13: *sinngemäß: 2. Hs. wird nicht durch 1. Hs. eingeschränkt.*

nunmehr in der steuerlichen Gewinnermittlung alle steuerlich kodifizierten Wahlrechte –
unabhängig der Wahlrechtsausübung in der HB – angewendet werden können. In den folgenden Kapiteln soll überprüft werden, ob dies legitim ist oder eher ungerechtfertigte Willkür darstellt.

Der *BFH*[730] selbst rief bereits im älteren Urteil die Exekutive in die Pflicht, bei Auslegungen von Gesetzen auch den Willen des Gesetzgebers zu beachten.[731] Zwar schlägt das BMF eine „radikale" Richtung ein und entfesselt die steuerlichen Wahlrechte vollends von den handelsrechtlichen GoB, doch beschreibt dies lediglich die Auffassung des BMF, an welche prinzipiell nur die Finanzverwaltung gebunden ist.[732] Dennoch bilden diese eine Vertrauensbasis für den Steuerpflichtigen und schützen diesen vor einer schuldhaften Pflichtverletzung bei der Gesetzesanwendung. Der Steuerpflichtige kann also auf eine Rechtsanwendung vertrauen und diese auch „nutzen", welche seitens der Finanzverwaltung nicht verworfen werden kann.[733] Da es durch diese weite Auslegung zu keiner individuellen Benachteiligung des einzelnen Steuerpflichtigen kommen wird, sollte die weite Auslegung des *BMF* zur gängigen Anwendungspraxis werden, soweit der Gesetzgeber den Gesetzeswortlaut nicht ändert.

6.2.4.2   Wille des Gesetzgebers: Beibehaltung des Maßgeblichkeitsprinzips nach Einführung des BilMoG

Die o. g. weite Auslegung des BMF spiegelt nicht die **Intentionen des Gesetzgebers** wider. Noch im Regierungs- und Gesetzesentwurf zum BilMoG wurde festgehalten, dass der Jahresabschluss nach dem HGB weiterhin die Grundlage der **Ausschüttungsbemessung** darstellen soll und das Maßgeblichkeitsprinzip als bewährter Eckpfeiler erhalten bleibt.[734] Durch die Änderung des *§ 5 Abs. 1 S. 1 EStG* sollten die *Grundregeln des Maßgeblichkeitsgrundsatzes* nicht verändert werden. In der neuen Fassung findet das Maßgeblichkeitsprinzip nun durch

---

[730]   Vgl. Barth (Rechtsfortbildung), S. 141 mit Zitierung des BFH-Urteil v. 30.11.1960, S. 412.

[731]   Vgl. auch BFH-Urteil v. 29.01.1987 – IV R 96/85, BStBl. II 1987, S. 410: *dieser wendete nicht nur den objektiven Wortlaut, sondern auch die systematische Einordnung, den Sinn der Vorschrift und die Entstehungsgeschichte an*; Larenz (Methodenlehre), S. 191–195: *zum Zusammenwirken der Methoden m. w. N.*; Lang in Tipke (Steuerrecht), § 5, Rz. 63: *das BVerfG orientierte sich ursprünglich am objektiven Gesetzeswortlaut*; Beger (Methodenlehre), S. 42: Zitat Tipke/Lang: *der Gesetzeszweck hat Vorrang, alle Auslegungsmethoden seien nur Mittel zu dessen Feststellung*; Anzinger/Schleiter (Wahlrechte), DStR, S. 396: *auf Grund des mehrdeutigen Gesetzeswortlauts des § 5 Abs. 1 EStG n. F. ist es notwendig, Entstehungsgeschichte, Systematik und Zweck der Norm zu untersuchen*.

[732]   Vgl. Birk (Steuerrecht), Rz. 64; Weingarten (Finanzverwaltung), S. 186–192: *diese binden nur die Verwaltung und sind eigentlich nur hinsichtlich des Praktikabilitätsgedankens heranzuziehen*.

[733]   Vgl. Dietel (Wahlrecht), DB, S. 483–484: *Durch das BMF-Schreiben v. 12.03.2010 und die weite Auslegung verliert die Diskussion über die Weite der Auslegung des neuen § 5 Abs. 1 EStG für die Anwenderpraxis an Relevanz;* Tipke (Steuerrechtsordnung), S. 169.

[734]   Vgl. BT-Drucks. 16/10067, RegE v. 30.07.2008, S. 32, 34, 41; RefE BilMoG v. 08.11.2007, S. 57, 62, 78, 223: *die Aufhebung des Satzes 2 ist lediglich der umgekehrten Maßgeblk. geschuldet, um die Aussagekraft der VFE-Lage zu verbessern, das Maßgeblichkeitsprinzip solle selbstverständlich erhalten bleiben,* S. 65, 80: *die Aufhebung des Satzes 2 hängt mit der Abschaffung der hr. Öffnungsklauseln zusammen;* Lorson (Bedeutungsverschiebung), S. 6; Buciek in Blümich (EStGKommentar), § 5 EStG, Rz. 153; Förster/Schmidtmann (Gewinnermittlung), BB, S. 1342; Anzinger/Schleiter (steuerliche Wahlrechte), DStR, S. 396; Fischer/Kalina-Kerschbaum (Maßgeblichkeit), DStR, 399; Döring/Heger (Wegfall), DStR, S. 2064, 2066; Hoffmann (Gewinnermittlung), StuB, S. 45.

§ 5 Abs. 1 S. 1 .Hs EStG seine Kodifizierung.[735] Die GoB sollen, gemäß Willen des Gesetzgebers, weiterhin für die steuerliche Gewinnermittlung maßgebend sein.[736] Dieser Grundsatz ließe sich im weiteren Sinne auch aus *§ 140 AO* ableiten, nach welchem Pflichten nach anderen Gesetzen auch für die Besteuerung anzuwenden sind (hier: Anwendung der GoB).

Bekräftigend kommt hinzu: Nachdem der **Bundesrat**[737] im Gesetzgebungsverfahren Interpretationsprobleme des Gesetzesentwurfs zum *§ 5 Abs. 1 EStG* anmahnte, untermauerte die **Bundesregierung**[738] explizit das etablierte und bisher bekannte Maßgeblichkeitsprinzip erhalten zu wollen. Auch in politischen Diskussionen während des Gesetzgebungsverfahrens stand die praktische Einheitsbilanz weiterhin im Fokus.[739] Der damalige Gesetzesentwurf zum *§ 5 EStG* wurde, trotz angedeuteter Interpretationsprobleme durch den Bundesrat, ohne Änderungen[740] in das deutsche Einkommensteuergesetz übernommen.[741]

Durch die Einführung des neuen *§ 5 Abs.1 EStG* und die Abschaffung des bisher etablierten umgekehrten Maßgeblichkeitsprinzips (Streichung des *§ 5 Abs. 1 S. 2 EStG a. F.*; vertiefend: „6.1.5 Die durch BilMoG abgeschaffte umgekehrte Maßgeblichkeit") wurde den Aufhebungen der handelsrechtlichen Öffnungsklauseln (*§§ 254*[742] *und 273 a. F. HGB* etc.)[743] in der Handelsbilanz begegnet, da einige steuerliche Vorschriften eine parallele Erfassung in der Handelsbilanz erforderten.[744] Bspw. macht der *§ 6b EStG* die Übertragung stiller Reserven

---

[735] Vgl. Weber-Grellet (Maßgeblichkeit), DB, S. 2402; Lorson/Toebe (Einheitsbilanz), BBK, S. 453; Herzig, N. (2010), DB, S. 4; Arbeitskreis Bilanzrecht der Hochschullehrer (Maßgeblichkeit), DB, S. 2571; Grützner (Gewinnermittlungsvorschriften), S. 481.

[736] Bestätigend: BMF-Schreiben v. 12.3.2010, IV C 6 – S 2133/09/10001, Rz. 1; BT-Drucks. 16/10067, RegE v. 30.07.2008, S. 32; BT-Drucks. 16/10067, RegE v. 30.07.2008, S. 32.

[737] Vgl. BT-Drucks. 16/10067, RegE v. 30.07.2008, S. 120 zu Artikel 3 Nr. 1 Buchstabe a: *zur Stellungnahme und Zweifel des Bundesrats, inwieweit die Maßgeblichkeit beeinflusst wird und das NDWP als maßgeblich gilt.* S. 124: *zur Gegenäußerung durch die Bundesregierung und Klarstellung der Gültigkeit des NDWP.*

[738] Vgl. BT-Drucks. 16/10067, RegE v. 30.07.2008, S. 124, zu Nummer 17: *zur Gegenäußerung durch die Bundesregierung und Klarstellung der Gültigkeit des NDWP* so auch Anzinger/Schleiter (Wahlrechte), DStR, S. 397; Kaminski (Probleme), DStlR, S. 771.

[739] Vgl. BT-Drucks. 16/179, PP v. 25.09.2008, S. 19191–19199: *Die Einheitsbilanz sei aus Praktikabilitätsgründen zu stärken.*

[740] Vgl. BT-Drucks. 270/09, Gesetzesbeschluss v. 27.03.2009, S. 29 mit BT-Drucks. 16/10067, RegE v. 30.07.2008, Artikel 3: Entwurf zur Gesetzesänderung, S. 20 oder mit Einkommensteuergesetz i. d. F. 2009; so auch Anzinger/Schleiter (Wahlrechte), DStR, S. 397.

[741] Vgl. Hoffmann (Teilwertabschreibung), StuB S. 516 *die überzeugte Auffassung des Gesetzgebers über die Konformität seiner Intentionen und den entwickelten Gesetzeswortlaut.*

[742] Vgl. BT-Drucks. 16/10067, RegE v. 30.07.2008, S. 59: *diese Vorschrift diente den nur steuerlich und subventionsorientierten Abschreibungen*

[743] Vgl. RefE BilMoG v. 08.11.2007, S. 119–120; BT-Drucks. 16/10067, RegE v. 30.07.2008, S. 35; BT-Drucks. 270/09, Gesetzesbeschluss v. 30.07.2008, S. 4; BT-Drucks. 344/08, Gesetzentwurf v. 25.08.2008, S. 128; Ott (Auswirkung), StuB, S. 470; Arbeitskreis Bilanzrecht der Hochschullehrer (Maßgeblichkeit), DB, S. 2570; Schildbach (der handelsrechtliche Jahresabschluss); S. 139–140; Zündorf (BewertungsWahlrechte), S. 108; Arbeitskreiskreis Steuern und Revision (2004), S. 9: *zur parallelen Bilanzierung*; Küting (Handelsbilanzrecht), BBK, S. 354; Förster/Schmidtmann (Gewinnermittlung), BB, S. 1342: *Streichung der Öffnungsklauseln*; Anzinger/Schleiter (Wahlrechte), DStR, S. 396; Theile (Totenglocken), DStR, S. 2384; Fischer/Kalina-Kerschbaum (2010), DStR, 399; Prinz (BilMoG-Regierungsentwurf), BBK, S. 898.

[744] Vgl. Arbeitskreis Bilanzrecht der Hochschullehrer (Maßgeblichkeit), DB, S. 2571; Dettmeier (Wahlrechte), NWB, S. 3484; Meurer (Zusammenfassung), BB, S. 821; Förster/Schmidtmann (Gewinnermittlung), BB, S. 1342; Anzinger/Schleiter (Wahlrechte), DStR, S. 396; Theile (Totenglocken), DStR, S. 2384.

auf Re-Investitionen davon abhängig, dass dies in der Buchführung, also in der handelsrechtlichen HB, verfolgt werden kann *(§ 6b Abs. 4 S. 1 Nr. 5)*.[745]

Dies bestätigt auch die *Gesetzesbegründung*[746] zum *§ 5 EStG*: Der *2. Hs* im *§ 5 Abs. 1
S. 1 EStG* wurde aufgenommen, da die *umgekehrte Maßgeblichkeit* abgeschafft wurde. Dabei
sollen „steuerliche Wahlrechte" die von den handelsrechtlichen Bilanzierungsvorschriften
abweichen (!)" (demnach GoB-inkonforme – nur diese weichen von den handelsrechtlichen
Bilanzierungsregeln ab), für die Steuerbilanz geschützt werden und weiterhin anwendbar sein.
Der *Zwang zur Parallelität von Handels- und Steuerbilanz* wird durch die Einführung des
§ 5 Abs. 1 S. 1 2. Hs EStG und der Streichung des *§ 5 Abs. 1 S. 2 EStG a. F.* für derartige
Wahlrechte aufgehoben.[747] Von nun an können diese ausschließlich im Steuerrecht zu finden-
den Wahlrechte in der Steuerbilanz unabhängig von der handelsrechtlichen Bilanzierung
ausgeübt werden. Einer parallelen Erfassung in der Handelsbilanz bedarf es nicht mehr.

Der Gesetzgeber wollte nach Aufhebung der handelsrechtlichen Öffnungsklauseln und der
Einführung des *§ 5 Abs. 1 S. 1 2. Hs EStG* lediglich die weitere Anwendung der **subventionellen Steuervergünstigungsvorschriften** für die steuerliche Gewinnermittlung gewährleisten.[748] Denn wäre der § 5 Abs. 1 EStG unverändert geblieben, so würden, nach Aufhebung
dieser Öffnungsklauseln, einzelne steuerliche Lenkungsvorschriften ins Leere laufen, weil
eine parallele Erfassung in der Handelsbilanz z. T. die Bedingung zur Wahlrechtsausübung
war.[749]

Dieser Wille des Gesetzgebers kann nur dann bei Auslegungen von Gesetzen außen vor
gelassen werden, wenn dieser nicht feststellbar wäre.[750] Nach Ansicht einiger *Autoren*[751]

---

[745] Vgl. Theile/Stahnke (2010), BBK, S. 333–334; Buciek in Blümich (EStGKommentar), zu § 5 EStG, Rz. 190,
191; siehe auch *R 6.6 Abs. 1 S. 1 Nr. 3 EStR 2009 für Ersatzbeschaffung für Zerstörung auf Grund höherer Gewalt.*

[746] Vgl. BT-Drucks. 16/10067, RegE v. 30.07.2008, S. 99, zu Artikel 3.

[747] Vgl. Lorson/Toebe (Einheitsbilanz), BBK, S. 454; Grützner (Gewinnermittlungsvorschriften), StuB, S. 481; Ott
(Auswirkung), StuB, S. 470.

[748] So auch Hoffmann (Bilanzen), StuB, S. 210 BT-Drucks. 16/10067, RegE v. 30.07.2008, S. 99; Arbeitskreis
Bilanzrecht der Hochschullehrer (Maßgeblichkeit), DB, S. 2571 m. w. N. unter Fußnote 5; Herzig/Briesemeister
(Bilanzrechtsmodernisierung), DB, S. 929: *Die Begründung zum RegE stellt nur auf die subventionellen Wahlrechte ab, was die Entkoppelung von den GoB womöglich weiter als geplant zulässt, damit missachten einige
Autoren den Willen des Gesetzgebers;* Herzig (BilMoG), DB, S. 3: *ohne die Ansicht zu vertreten (= Befürworter
des objektiven Gesetzeswortlauts), beschreibt Herzig die Intentionen des Gesetzgebers zum Erhalt der steuerpolitischen Wahlrechte den „2. Hs." eingeführt zu haben;* Theile (Totenglocken), DStR, S. 2384: *zum klaren Willen, die Steuervergünstigungen zu schützen ohne die subjektive Theorie zu unterstützen;* Förster/Schmidtmann
(Gewinnermittlung), BB, S. 1343; Dettmeier (Wahlrechte), NWB, S. 3484: *zum grundsätzlichen Schutz der
Subventions-Wahlrechte;* Anzinger/Schleiter (Wahlrechte), DStR, S. 396, 397: *der 2. Hs. nur zum Schutze der
steuersubventionellen Wahlrechte, die HB wurde von der StB gelöst und nicht umgekehrt.*

[748] Vgl. Anzinger/Schleiter (Wahlrechte), DStR, S. 396.

[749] Vgl. Anzinger/Schleiter (Wahlrechte), DStR, S. 396.

[750] Vgl. Lang in Tipke (Steuerrecht), § 5, Rz. 42.

[751] Vgl. Arbeitskreis Bilanzrecht der Hochschullehrer (Maßgeblichkeit), DB, S. 2571 m. w. N.unter Fußnoten 5
und 7; DStV (2009), Pressemitteilung 22/09: *BMF missachtet klar den Willen des Gesetzgeber;* Scheffler
(Maßgeblichkeit), StuB, S. 840, 844: *zum Motiv der Bundesregierung und der gegenteiligen Auslegung des
BMF;* Scheffler (2010), StuB, S. 299: *die Auslegung des BMF steht im klaren Widerspruch zur Gesetzesbegründung.*

setzt sich das *BMF*[752] über den Willen des Gesetzgebers hinweg. Fraglich ist, inwieweit der *Gesetzgeber* auf die zu weite Auslegung des *BMF (siehe oben)* reagieren wird. Wenn der Gesetzgeber lückenhafte Gesetze schafft, so ist es dessen Aufgabe diese wieder zu schließen.[753] Der *§ 6 Abs. 1 Nr. 5 EStG*, so wie er heute bekannt ist, wurde ebenfalls im Nachhinein rückwirkend angepasst (siehe für Quellen und Ausführungen „6.2.5").

In Anbetracht dessen, dass durch die weite Auslegung seitens des BMF kein Steuerpflichtiger benachteiligt sein wird, kann wahrscheinlich nur (wenn überhaupt) mit einer Gesetzesänderung, nicht jedoch mit Urteilen der Rechtsprechung zu rechnen sein.[754] Eine rückwirkende Änderung wäre u. U. sogar zu rechtfertigen, da der Steuerpflichtige in Anbetracht der umfänglichen Diskussionen von einer unklaren Regelung ausgehen kann (kein Verstoß gegen das Rechtsstaatsprinzip).[755] Kommt es dazu nicht, so würde eine gängige Anwenderpraxis eingeläutet, welche nicht dem ursprünglichen Willen des Gesetzgebers und nicht dem Sinn des Gesetzes entspricht. Die Finanzverwaltung begrüßt damit eine eigenständige Steuerbilanzierung.

6.2.4.3 Auslegung des objektiven Wortlauts durch die Fachpresse (objektive Theorie) [756]

Eine **Mehrheit der Autoren**[757] interpretiert den (objektiven) **Wortlaut**[758] derartig weit, dass nun sämtliche steuerliche Wahlrechte einen anderen Ansatz als in der Handelsbilanz erzeu-

---

[752] BMF-Entwurf v. 12.10.2009, IV C 6 – S 2133/09/10001; bestätigend: BMF-Entwurf v. 12.10.2009, IV C 6 – S 2133/09/10001.

[753] Vgl. Tipke (Steuerrechtsordnung), S. 494.

[754] Vgl. Endriss (Stärkung), BBK, S. 23: *Steuerpflichtige sind mit der weiten Auslegung des BMF zufrieden, Rechtsprechungen seien dadurch unwahrscheinlich*; Stobbe in H/H/R, § 5 EStG, Rz. 62: *erst durch eine gesetzliche Korrektur wären GoB-konforme Wahlrechte wieder gebunden*; Kaminski (Probleme), DStR, S. 771–772 unter Fußnote 14: die Abgeordneten seien nach Art. 76 GG ermächtigt eine erneute Änderung des Gesetzes vorzunehmen (Gesetzgebungsverfahren); Kußmaul/Gräbe (Maßgeblichkeitsgrundsatz), Kurzreferat über „StB (2010), S. 107–115"; diese fordern eine Gesetzesänderung; Theile (Totenglocken), DStR, S. 2385: *der Gesetzgeber hätte weiterhin die Möglichkeit den Wortlaut zu konkretisieren*; anders: Kaminski (Probleme), DStR, S. 772: *auf Grund der teilweise scharfen Kritik dieser weiten Auslegung ist mit einer gerichtlichen Überprüfung zu rechnen*.

[755] Vgl. Birk (Steuerrecht), Rz. 177, 179 m. w. N.: *insbesondere in noch nicht abgelaufenen Veranlagungszeiträumen ist eine rückwirkende Änderung i. d. R. möglich*, Rz. 181–184: *Ausnahmen stellen Lenkungsvorschriften dar, nach welchen der Stpfl. u. U. langfristig sein Handeln plant, welche aber nicht zur Diskussion stehen.*

[756] Vgl. Larenz (Methodenlehre), S. 192: *Theorie der immanenten Gesetzesdeutung.*

[757] Vgl. Herzig/Briesemeister (Bilanzrechtsmodernisierung), DB, S. 929 und Herzig (BilMoG), DB, S. 3: *der Gesetzeswortlaut lässt keine Beschränkung auf die GoB-fernen Wahlrechte zu, der Wortlaut erfasst GoB-konforme als auch -ferne Wahlrechte*; Ott (2009), StuB, S. 470: auch GoB-konforme Wahlrechte; Kaminski (Probleme), DStR, S. 771: *klarer Wortlaut entfesselt alle Wahlrechte*; DStV (2009), PM 22/09: *der Wortlaut lässt eine weite Auslegung zu, ist jedoch durch klare Positionierung der Bundesregierung nicht anzuwenden*; Künkele/Zwirner (Abschaffung), StuB, S. 337: *in 5 Abs. 1 S. 2 2. Hs. EStG sei ausdrücklich kodifiziert, dass alle steuerlichen Wahlrechte unabhängig wahrgenommen werden können. Eine Eingrenzung auf nur steuersubventionelle Wahlrechte sei nicht ersichtlich*; Dietel (Wahlrecht), DB, S. 484: unterstützende Auffassung: Grützner (Gewinnermittlungsvorschriften), StuB, S. 482, 483; Weber-Grellet (Maßgeblichkeit), DB, S. 2403; Pfirmann/Schäfer (Bilanzrecht), S. 127; *diese gänzlich unter dieser Fußnote zitierten Autoren befürworten zumindest die Ausweitung auf GoB-konforme Wahlrechte, teilweise jedoch auch eine noch weitere Reichweite*; BMF v. 12. 10 2009; bestätigend: BMF-Entwurf v. 12.10.2009, IV C 6 – S 2133/09/10001: *ohnehin pro vollumfänglicher „StB-Politik".*

gen können. Eine **Minderheit der Autoren**[759] besagt, dass **GoB-konforme** steuerliche Wahlrechte nicht unter den Wahlrechtsvorbehalt des *2. Hs.* zu subsumieren sind: Denn nach *§ 5 Abs. 1 S. 1 1. Hs. EStG* ist primär das BV nach den handelsrechtlichen GoB anzusetzen. Der *2. Hs.* dieser Vorschrift schränkt („es sei denn ...") den *1. Hs.* (dieser beschreibt die maßgebenden handelsrechtlichen GoB) nur hinsichtlich steuerlicher Wahlrechte für **„andere Ansätze"**, also eben nur hinsichtlich **nicht GoB-konformer** Ansätze, ein (Ausnahmeregelung[760]). Mit anderen Worten: Führt ein Wahlrecht zu einem GoB-fernen StB-Ansatz (also einen anderen Ansatz als nach den GoB), so darf dieses in der StB, unabhängig der handelsrechtlichen Bilanzierung, ausgeübt werden. Dieser *wörtlichen* Auslegung zu Folge ist die autonome Wahlrechtsausübung tatsächlich auf die GoB-widrigen zu beschränken. Diese engere Auslegung dieser Ausnahmeregelung (*2. Hs.*) und die Konzentration auf die steuerlenkenden Wahlrechte würde mit den o. g. Aussagen der Beteiligten in der Entwurfsphase und dem Willen der gesetzgebenden und entwickelnden Organe und Beteiligten konform verlaufen.[761]

Nach dieser isolierten Auslegung des Wortlauts kann jedoch ebenfalls die Kuriosität entstehen, dass sowohl die GoB-widrigen steuersubventionellen Wahlrechte als auch die GoB-widrigen Wahlrechte ohne Lenkungswirkung des EStG in der Steuerbilanz autonom wählbar wären (Unterlassung Teilwertabschreibung bei dauernder Wertminderung), da diese einen anderen Ansatz als nach den GoB hervorbringen würde.[762] Selbst eine spätere Vornahme

---

[758] Objektive Theorie: vgl.: BVerfG, v. 21.05.1952 – 2 BvH 2/52, Rz. 53; so auch Herzig (BilMoG), S. 4; BVerfG v. 17.05.1960, Rz. 16: *in dem Urteil wurde klar am objektiven Gesetzeswortlaut entschieden, entgegen dem Willen des Gesetzgebers;* BVerfG, v. 19.12.1961 – 2 BvL 6/59 , insbes. Rz. 24, mit Bezug auf Urteil v. 17.05.1960; U. a. BFH-Urteil v. 20.04.2004; BFH-Urteil v. 14.05.1991 – VIII R 31/88, BStBl. 1992 II S. 167; BFH-Urteil v. 01.02.1973 – I R 87/71, BStBl. 1973 II, S. 410; BFH-Urteil v. 06.12.1961 – VI 319/60 U, BStBl. 1962 III, S. 126: *mit explizitem Verweis auf BVerfG des Jahres 1952;* vgl. auch Beger (Methodenlehre), S. 30, 31, 33; Lang in Tipke/Lang, §5, Rz. 63; Weingarten (Finanzverwaltung), S. 179: *Auslegung prinzipiell am Wortlaut;* Kaminski (Probleme), DStR, S. 771: *zur Bestimmung von Gesetzesinhalten rückt der eindeutige Wortlaut in den Vordergrund.*

[759] Vgl. Förster/Schmidtmann (Gewinnermittlung), BB, S. 1343–1344, *dies entspricht auch der Gesetzesbegründung;* Prinz (2008), BBK, S. 898: *der 2. Hs. erfasst Wahlrechte , welche von den GoB abweichende Ansätze erzeugen;* ebenso Theile (Totenglocken), DStR, S. 2385 m. w. N.: *der Wortlaut sei deutlich, GoB-ferne Wahlrechte seien entkoppelt, gemäß dem objektiven Gesetzeswortlaut jedoch auch das Wahlrecht der Teilwertabschreibung;* Hoffmann (Teilwertabschreibung), StuB, S. 516: *der Wahlrechtsvorbehalt wird bei wortgetreuer (!) Auslegung durch die GoB-fernen Wahlrechte gefüllt;* Ebenso andeutend: Hoffmann (Steuerbilanz), StuB, S. 788: *„es sei denn ein anderer Ansatz (als der GoB-mäßige) wird gewählt",* jedoch mit kritischem Verweis auf die mögliche Steuerbilanzpolitik durch die autonome Teilwertabschreibung und dem Wahlrechte zur Pensions-RSt; Döring/Heger (Wegfall), DStR, S. 2067: *Diese Auslegung des Wortlauts ziehen auch Döring/Heger in den Bereich des Möglichen ein; pro alle GoB-widrigen aber erst durch weitere Auslegungsmethoden auf steuersubventionelle Wahlrechte einschränkend:* Scheffler (Maßgeblichkeit), StuB, S. 840, 844; Arbeitskreis Bilanzrecht der Hochschullehrer (Maßgeblichkeit), DB, S. 2572 m. w. N. *unter Fußnote 5 und 7 für Autoren, welche nur steuersubventionelle Wahlrechte als autonom ansehen;* Anzinger/Schleiter (Wahlrechte), DStR, S. 395-397, insb. auf S. 397 *zu dessen Auslegungsergebnis;* Fischer/Kalina-Kerschbaum (Maßgeblichkeit), DStR, 400, m. w. N. unter Fußnote 4, S. 401: *Forderung nach Überarbeitung des BMF-Schreibens;* Dettmeier (2009), NWB, S. 3485 m. w. N. *zum Zwecke der steuersubventionellen Wahlrechte;* Dietel (Wahlrecht), DB, S. 484.

[760] *Ausnahmeregelungen sind i. S. d. Willen des Gesetzgebers eng auszulegen:* Larenz (Methodenlehre), S. 229–230: *zur Ausnahmeregelung und deren Auslegung;* Anzinger/Schleiter (Wahlrechte), DStR, S. 397.

[761] So auch Förster/Schmidtmann (Gewinnermittlung), BB, S. 1343.

[762] Vgl. Hoffmann (Teilwertabschreibung), StuB, S. 516; Ähnlich auch Förster/Schmidtmann (Gewinnermittlung), S. 1345/1346: *diese Autoren legen sich nicht eindeutig fest, ziehen jedoch ein autonomes Wahlrecht zur Teilwertabschreibung in Erwägung;* pro Entfesselung Teilwertabschreibung: BMF v. 12. 10 2009, Rz. 10; bestätigend: BMF-Schreiben v. 12.3.2010, IV C 6 – S 2133/09/10001, Abs. 15; Hoffmann, (Steuerbilanz), StuB,

einer Teilwertabschreibung in Folgeperioden bei bereits vorliegender dauernder Wertminderung in vergangenen Perioden wird in der Praxis teilweise als unbedenklich erklärt.[763] U. u. sah sich jedoch der Gesetzgeber auf Grund des klaren **Vorrangs der GoB** nicht gezwungen den Gesetzeswortlaut anders auszuformulieren, da dieser von diesem überzeugt war/ist.[764] Aufgrund des NDWP der GoB verbleibt es ohnehin bei der Pflicht zur Teilwertabschreibung bei dauernder Wertminderung (Vorrang GoB: „Zusammenspiel der steuerlichen Wahlrechte mit Geboten der GoB").[765] Gegen eine unterlassene Teilwertabschreibung bei dauernder Wertminderung spricht ebenfalls ein Verstoß gegen das auf den GoB basierende und bisher durchschlagende **Imparitäts- und Vorsichtsprinzip**, welches i. R. d. maßgebenden GoB auch für die steuerliche Gewinnermittlung gilt *(§ 252 HGB i. V. m. § 5 Abs. 1 EStG)*, andererseits jedoch ohnehin in der steuerlichen Gewinnermittlung des Öfteren durchbrochen wird (Stichwort: Drohverlustrückstellung nach *§ 5 Abs. 4a EStG)*.[766]

6.2.4.4   Aufblühen der materiellen Maßgeblichkeit nach Abschaffung S. 2 a. F.?

Nach *§ 5 Abs. 1 S. 2 a. F.* waren alle „steuerlichen Wahlrechte" gänzlich in Übereinstimmung mit der HB auszuüben,[767] denn mit Einführung des *§ 5 Abs. 1 S. 2 EStG a. F.* wurde die **formelle Maßgeblichkeit**, welche bis dahin (nur) von der Rechtsprechung definiert wurde, gesetzlich verankert (dazu: „6.1.5 Die durch BilMoG abgeschaffte umgekehrte

---

S. 787 und StuB S. 448; Herzig, N. (2010), DB, S. 3–4 m. w. N. unter Fußnote 33: *Herzig ignoriert nicht derartige Intentionen des Gesetzgebers sich nur auf subventionelle Wahlrechte beziehen zu wollen, weist aber auf den konkreten Gestzeswortlaut und die Möglichkeit der Wahrnehmung einer Gestzesänderung des § 6 Abs. 1 Nr. 1 S. 2 und Nr. 2 (Teilwertabschreibung) im Vorfeld hin, wenn diese Wahlrechte nicht erwünscht wären;* Grützner (Gewinnermittlungsvorschriften), StuB, S. 483: *der Autor tendiert stark zur Ansicht für alle steuerlichen Wahlrechte, ebenfalls deshalb, weil dem Gesetzgeber die Auslegungsprobleme bekannt waren und er hätte den Gesetzeswortlaut ändern können;* Arbeitskreis Bilanzrecht der Hochschullehrer (Maßgeblichkeit), DB, 2571, mit einer Vielzahl w.N. unter Fußnote 4: *diese positionieren sich auf S. 2572 klar gegen die Ansicht aller autonomen Wahlrechte, nennen jedoch viele Autoren, welche die Meinung für alle autonomen Wahlrechte vertreten (u. a. Dörfler/Adrian, m. E. nicht zutreffend Förster/Schmidtmann (diese diskutieren auf S. 1345–1346 lediglich ein unabhängiges Wahlrechte der Teilwertabschreibung), Tipke/Lang, Theile etc.;* Herzig/Briesemeister (Bilanzrechtsmodernisierung), DB, S. 978: *diese Autoren bringen es auf den Punkt: "das Wahlrecht zur Teilwertabschreibung ist zu einem echten steuerlichen Wahlrecht erstarkt";* Buciek in Blümich (EStGKommentar), § 5 EStG, Rz. 202 m. w. N.: *der Autor weist zwar auf die Intentionen des Gesetzgebers hin, bezieht sich aber klar auf den Gesetzeswortlaut, welcher keine Einschränkung auf bestimmte Wahlrechte zulässt;* Anzinger/Schleiter (Wahlrechte), DStR, S. 395: *klar zur Reduzierung auf Steuerlenkungsvorschriften bekennend aber m. w. N. unter Fußnote 11 für sämtliche steuerliche Wahlrechte,* u. a. Bruckmeier/Zwirner/Busch, Dörfler/Adrian; Pfirmann/Schäfer (Bilanzrecht), S. 127; Kaminski (Probleme), DStR, S. 771: *eindeutiger Wortlaut mit richtiger Interpretation durch das FA.*

[763] Vgl. Dietel (Wahlrechte), DB, S. 485 mwN.

[764] A.A.: Döring(Heger (2009), DStR, S. 2067: *dennoch sei, nach Ansicht der Autoren, eine eingeschränkte Auslegung des Gesetzeswortlauts nur mit viel „Phantasie" möglich, was eher auf alle Wahlrechte schließen lässt;* ähnlich Hoffmann (Teilwertabschreibung), StuB, S. 516 m. w. N. unter Fußnote 5: *das steuerliche Wahlrecht zur Teilwertabschreibung (oder Unterlassung) geht dem NDWP der GoB vor;* Pfirmann/Schäfer (Bilanzrecht), S. 127: *hätte der Gesetzgeber die materielle Maßgeblichkeit vorrangig behandeln wollen, so hätte es einer anderen Gesetzesformulierung bedurft.*

[765] Vgl. auch Hoffmann (Teilwertabschreibung), StuB, S. 516.

[766] Scheffler (Maßgeblichkeit), StuB, S. 840; Fischer/Kalina-Kerschbaum (Maßgeblichkeit), DStR, 400; Stobbe in H/H/R, § 5, Rz. 77, 78: *ohnehin Abkehr vom Vorsichtsprinzip durch zahlreiche Durchbrechungen.*

[767] Vgl. Buciek in Blümich (EStGKommentar), § 5 EStG, Rz. 182; Herzig/Briesemeister (Bilanzrechtsmodernisierung), DB, S. 929; Dettmeier (Wahlrechte), NWB, S. 3485.

Maßgeblichkeit"). Nach Aufhebung des *§ 5 Abs. 1 S. 2 EStG a. F.* könnte nun davon ausgegangen werden, dass die kodifizierte formelle Maßgeblichkeit **gesetzlich aufgehoben** wurde.

Dem bloßen Gesetzeswortlaut folgend stellt sich die Frage, ob Wahlrechte des HGB (der GoB) in der StB unabhängig des HB angewendet werden können. Denn wird sich auf den objektiven Gesetzeswortlaut des *§ 5 Abs. 1 S. 1 1. Hs. EStG (auch § 5 Abs.1 S. 1 EStG a. F.)* gestützt, so sind nicht die konkreten HB-Ansätze für die StB maßgebend sondern lediglich die GoB. GoB-konforme Wahlrechte des HGB wären möglicherweise schon auf Grund des 1. Hs. (1. Satz a. F.) (!) in der StB nicht zwingend übereinstimmend mit der Wahlrechtsausübung in der Handelsbilanz auszuüben.[768]

Zwar ergingen selbst nach der Einführung des *§ 5 Abs. 1 S. 2 EStG a. F.* etliche *BFH-Urteile*[769], *welche* eine formelle Maßgeblichkeit bekräftigten, die z. T. auf die bereits vor der Einführung des *Satzes 2* im Jahre 1990 erlassene Rechtsprechung aufsetzten, doch ließen sich diese Entscheidungen prinzipiell noch nie mit dem objektiven Gesetzeswortlaut begründen. *Herzig*[770] verdeutlicht diese Auslegung: Er kritisiert das *BMF*[771], welches von einem maßgeblichen HB-Ansatz der zum Festwert bewerteten VG/WG ausgeht (GoB-konforme Wahlrechte ohne steuerliche Korrespondenz). Vielmehr sieht er darin ein Wahlrecht, welches auch für die StB gelte. Dieser Auslegung folgend wären die handelsrechtlichen GoB nach dieser wörtlichen Auslegung in der steuerlichen Gewinnermittlung von nun an gänzlich autonom anwendbar.

Die gesetzliche Grundlage der formellen Maßgeblichkeit wurde mit der Aufhebung des *§ 5 Abs.1 S. 1 EStG a. F.* entzogen. Jedoch muss die bereits zitierte steuerliche Rechtsprechung weiterhin beachtet werden, welche bereits lange vor Einführung des *S. 2 a. F.* erging. Somit kann auch nach Abschaffung *§ 5 Abs.1 S. 1 EStG a. F.* von einer formellen Maßgeblichkeit ausgegangen werden.[772] Im *BFH-Urteil v. 03.02.1969* wurden autonome Wahlrechte der GoB für die steuerliche Gewinnermittlung aus verfassungsrechtlichen Gründen und dem Willen des Gesetzgebers als generell unmaßgeblich erklärt (Durchbrechung der Maßgeblichkeit durch Gesetzesauslegung der Judikative vor BilMoG"). Dieser sogenannten **materiellen Maßgeblichkeit** stünde gemäß Urteil der **Grundsatz der gleichmäßigen Besteuerung** im Wege (*Art. 3 GG*), nach welchem autonome Wahlrechte für die Steuerbilanz nicht ohne weiteres zu rechtfertigen sind (siehe insb.: „6.2.6 Teleologische/verfassungskonforme Auslegung").[773]

---

[768] Vgl. Anzinger/Schleiter (Wahlrechte), DStR, S. 398: am Bsp. des strl. Wahlrechte der LiFo-Methode als Ausfluss der materiellen Maßgeblichkeit und nicht S. 2 a. F.; Döring/Heger (Wegfall), DStR, S. 2065 m. w. N. unter Fußnote19 u. a. (Schildbach, Tanzer, Raupach/Arndt); Scheffler (Maßgeblichkeit), StuB, S. 841.

[769] Zitiert durch Anzinger/Schleiter (Wahlrechte), DStR, S. 398 unter Fußnote 46: BFH-Urteil v. 05.09.2002 –IR 107/00, BStBl. II 2002, S. 134, 136; BFH-Urteil v. 07.02.2002 – IV R 62/00, BStBl. II 2005, S. 88, 90, DStR (2002), S. 1082; BFH-Urteil v. 19.11.2003 – I R 77/01, DStR 2004; formelle Maßgeblichkeit i. R. d. Satzes 1: BFH-Urteil v. 24.01.1990 – I R 17/89, BStBl. II 1990, S. 681; Buciek in Blümich (EStGKommentar), § 5 EStG, Rz. 180, 182 m. w. N. u. a. der Zitierung des BFH-Urteil v. 17.09.1969 – I 189/65, BStBl. 1970 II S. 107; Schildbach (Jahresabschluss), S. 137–138.

[770] Herzig (BilMoG), DB, S. 4.

[771] BMF-Schreiben v. 12.3.2010, IV C 6 – S 2133/09/10001, Rz. 7.

[772] A.A. Stobbe in H/H/R, § 5 EStG, Rz. 62: *durch Aufhebung des S. 2 a.F. wurde auch die Rechtsprechung gegenstandslos.*

[773] Vgl. auch Scheffler (Maßgeblichkeit), StuB, S. 839.

Die einschränkende Auslegung des *§ 5 EStG* erfolgte gerade deshalb, weil der Wortlaut zu weit ging und eine Anwendung der GoB in der StB – unabhängig der handelsrechtlichen Bilanzierung – eröffnen würde. Demnach sind sowohl korrespondierende als auch handelsrechtliche Allein-Wahlrechte in beiden Bilanzen parallel auszuüben.[774] Aus **Praktikabilitätsgründen** wird insbesondere der mittelständische Kaufmann ohnehin bestrebt sein, soweit es geht, eine Einheitsbilanz zu erstellen, um unnötigen Mehraufwand und damit verbundene höhere Kosten durch die Erstellung zweier Rechenwerke aus dem Wege zu gehen.

6.2.4.5   Verzeichnisführung bei Wahlrechtsausübung nach § 5 Abs. 1 S. 2 EStG

§ 5 Abs. 1 S. 2 und 3 EStG erfordern bei steuerlicher Wahlrechtsausübung nach dem *2. Hs.* die Angabe des

- Tages der Anschaffung oder Herstellung,
- der Anschaffungs- oder Herstellungskosten,
- der Vorschrift des steuerlichen Wahlrechts und
- die vorgenommenen Abschreibungen des jeweiligen Wirtschaftsgutes.

Werden SoPo mit Rücklageanteil zur Übertragung stiller Reserven nach *§ 6b EStG* oder *R 6.6 EStR* gebildet, so fallen diese nicht unter den Begriff „Wirtschaftsgut".[775] Diese werden auch nicht in dem Verzeichnis aufgeführt. Erst nach Übertragung der stillen Reserven auf ein Wirtschaftsgut ist dieses Wirtschaftsgut selber in einem gesonderten Verzeichnis aufzunehmen.[776]

6.2.5   Reduktion des Wortlauts bei verdeckten Gesetzeslücken (subjektive Theorie[777])

6.2.5.1   Definition einer verdeckten Gesetzeslücke

Verdeckte Gesetzeslücken beschreiben den Umstand einer *zu weiten* Formulierung des Gesetzeswortlauts. Dabei werden vom Gesetzeswortlaut Fallgruppen erfasst, welche gemäß **Sinn und Zweck der Norm** bzw. nach dem **Willen des Gesetzgebers** gar nicht erfasst werden sollten.[778] Der Wille des Gesetzgebers setzt sich aus den Intentionen der an der

---

[774] Vgl. Falterbaum/Bolk/Reiß (Buchführung), S. 460.

[775] Vgl. Hoffmann (Gewinnermittlung), StuB, S. 488.

[776] BMF-Schreiben v. 12.3.2010, IV C 6 – S 2133/09/10001, Rz. 21–23: *bspw. sind SoPo mit Rücklageanteil gar nicht auszuweisen, erst bei Übertragung der stillen Reserven auf ein WG (gilt dann als Abschreibung), müssen diese WG aufgeführt werden.*

[777] Vgl. Larenz (Methodenlehre), S. 192: *Willenstheorie des historisch psychologischen Willens des Gesetzgebers*; Lang in Tipke (Steuerrecht), § 5, Rz. 42: *Regelungsabsicht und Normvorstellung des historischen Gesetzgebers: Welche Wertentscheidung und welchen Zweck verfolgte er?*

[778] Vgl. Larenz (Methodenlehre), S. 19, 197, 199, 200, 203, 210, 219, 227–228 m. w. N. insb. Engisch „Einführung in das juristische Denken", S. 100 ff.; Birk (Steuerrecht), Rz. 173: *verdeckte Lücken durch anderen Willen des Gesetzgebers*; so auch: Arbeitskreis Bilanzrecht der Hochschullehrer (Maßgeblichkeit), DB, S. 2571 m. w. N. unter Fußnote 6: *die Auslegung steuerlicher Normen endet nicht im Wortlaut*; Beger (Methodenlehre), S. 33, 46: *der „Begriffshof" = äußerer Rahmen der wörtlichen Auslegung*, S. 42: *Die grammatikalische Grenze stellt zunächst nur den äußeren Rahmen der Auslegung dar;* Weingarten (Finanzverwaltung), S. 185: *der Wille des Ge-*

Ausarbeitung des Gesetzestextes Beteiligten und deren Stellungnahmen zusammen. Nur daran ist es möglich den Willen des Gesetzgebers abzuleiten. Dabei kommen sämtliche Materialien wie Gesetzesentwürfe, amtliche Regierungsbegründungen, Stellungnahmen des Bundesrates und Bundestages, Protokolle, Plenarsitzungen etc. in Betracht. Der Wille des Gesetzgebers spiegelt letztendlich die Entstehungsgeschichte und den ursprünglichen Zweck der Vorschrift wieder.[779] Besondere Bedeutung kommen Regierungsbegründungen zu, wenn deren Gesetzesvorschlag letztendlich umgesetzt wurde.[780]

Das *BVerfG*[781] lehnte eine Auslegung entgegen dem Gesetzeswortlaut nicht in allen Fällen ab. So wurde auch von diesem in Erwägung gezogen eine Auslegung entgegen dem Gesetzeswortlaut vorzunehmen, wenn dieser gegen Sinn und Zweck des Gesetzes/der Norm verstößt.[782] Es ist der Wille des Gesetzgebers heranzuziehen, welcher sich unter Einbeziehung von gesetzlichen Sinneszusammenhängen und sonstigen erkennbaren Willen ergeben würde, wenn dem Gesetzgeber der Fall zu Gesicht getragen würde.

Zu hinterfragen ist also, wie der Gesetzgeber entscheiden würde, wenn ihm die Auslegungsproblematik im Vorfeld bekannt gewesen wäre.[783] Dann sind Gerichte berechtigt und verpflichtet den Willen des Gesetzgebers durchzusetzen.[784] Die Auslegung von Gesetzen heißt ohnehin Auslegung des Willens des Gesetzgebers, welcher sich nur vorrangig im Gesetzeswortlaut wieder findet, nur eben nicht gänzlich in allen Fällen.[785] Die Verpflichtung an

---

setzgebers tritt bei unklarem Wortlaut hervor; Anzinger/Schleiter (Wahlrechte), DStR, S. 396: *die objektive Theorie lässt in der Tat zu einer völligen Entfesselung aller steuerlicher Wahlrechte verleiten;* Fischer/Kalina-Kerschbaum (2010), DStR, S. 400: *die Berücksichtigung des Willens des Gesetzgebers sei **unabdingbar**.*

[779] Vgl. Larenz (Methodenlehre), S. 203, 220; Beger (Methodenlehre), S. 29, 35, 36; Lang in Tipke (Steuerrecht), § 5, Rz. 69; Weingarten (Finanzverwaltung), S. 185.

[780] Vgl. Lang in Tipke (Steuerrecht), § 5, Rz. 70.

[781] BVerfG, v. 19.12.1961 – 2 BvL 6/59 , Rz. 25: *hier wird die Auslegung entgegen dem Wortlaut allerdings abgelehnt, da diese **nicht** gegen Sinn und Zweck des KStG verstößt.*

[782] *Weiteres Bsp. des BGH:* BGHZ 59, 236, zitiert durch Larenz (Methodenlehre), S. 266: *mit der Nicht-Anwendbarkeit des § 181 BGB auf Rechtsgeschäfte zwischen Vertreter und Vertretenen wenn absolut kein Nachteil für den Vertretenen entstehen würde; zu beachten ist jedoch bei der Reduktion des § 181 BGB, dass dabei die Reichweite des „Verbotenen" eingeschränkt wurde. Im Kontext des § 5 Abs. 1 EStG müsste die Reichweite des „Erlaubten" (alle strl. Wahlrechte) eingeschränkt werden.*

[783] Vgl. Barth (Rechtsfortbildung), S. 132, 134, 143 m. w. N. des BFH: *Lückenausfüllung „im Geist und Willen des Gesetzgebers; der Gesetzgeber wurde in seiner Stellungnahme äußerst deutlich!';* Weingarten (Finanzverwaltung), S. 179–180: *RFH und BFH lehnten Auslegungen entgegen den Wortsinn nicht ab;* BFH-Urteil v. 21.02.1964 – IV 26/62 S, BStBl. III 1964, S. 188, II/1. m. w. N.: *darin widersprach der Gesetzeswortlaut des § 6 Abs. 1 Nr. 5 EStG dem Zweck des § 17 EStG und allgemein der Entstehungsgeschichte (Wille Gesetzgeber) und Sinn des eingeführten § 6 Abs. 1 Nr. 5 EStG (also der Norm) in der damaligen Fassung. Durch Änderung des § 6 Abs. 1 Nr. 5 EStG im Jahre 1953 (mit Wirkung zum 01.01.1955) sollten die entstandenen „stillen Reserven" von WG, bevor diese ins BV eingelegt wurden, von der Besteuerung ausgenommen werden (wie derzeit: Einlage zum höheren Teilwert anstatt zu den AK). Gemäß (zu weitem) Gesetzeswortlaut wären davon auch Beteiligungen betroffen, was jedoch nicht i. S. d. § 17 EStG lag. Diese verdeckte Lücke des § 6 Abs. 1 Nr. 5 EStG wurde durch den BFH mittels teleologischer Reduktion geschlossen (entgegen dem Wortsinn);* BFH-Urteil v. 06.12.1961 – VI 319/60 U, BStBl. 1962 III, S. 126; BFH-Urteil v. 07.05.1957 – I 285/56 U, BStBl. 1957 III, S. 264 mit Verweis auf weitere Urteile (BFH v. 15.07.1954, BStBl. III 1954, S. 251; BFH v. 25.03.1954, BStBl. III 1954, S. 241).

[784] So auch Beger (Methodenlehre), S. 47; Barth (Rechtsfortbildung), S. 139–141 m. w. N. des BFH; BFH-Urteil v. 07.05.1957 – I 285/56 U, BStBl. 1957 III, S. 264.

[785] Vgl. BFH-Urteil v. 07.05.1957 – I 285/56 U, BStBl. 1957 III, S. 264.

dessen Orientierung ist auch auf die Anwendungspflicht des vom demokratischen Gesetzgeber Gewollten zu begründen.[786]

Der Umstand, dass durch eine Norm eine weitere Reichweite als gewollt verkörpert wird, führt in bestimmten Fällen zum Ausschluss derer, die nicht davon erfasst werden sollten. Die **verdeckte Lücke wird** ausgefüllt.[787] Damit wird auch dem Umstand Rechnung getragen, dass eine weitere Auslegung i. R. d. möglichen Wortlauts **ungerechtfertigt** und **willkürlich** wäre.[788] Selbst der noch heute geltende Leitsatz aus dem *BFH-Urteil v. 03.02.1969* hinsichtlich der Wahlrechte der GoB (siehe: „Durchbrechung der Maßgeblichkeit durch Gesetzesauslegung der Judikative") beruht auf einer engeren Auslegung des *§ 5 EStG i. d. F. von 1934*. Dessen Gesetzeswortlaut unterschied damals (wie auch heute) nicht zwischen Wahlrechten, Geboten und Verboten der GoB, wurde aber, auf Grund der Gesetzesbegründung und dem Willen Wahlrechte der GoB nicht für die steuerliche Gewinnermittlung zuzulassen, eingeschränkt.[789] In Anbetracht der Tatsache, dass Gesetze oft Lücken aufweisen, ist es gar nicht möglich, nur auf den Gesetzeswortlaut abzustellen.[790]

Im Kontext ist letztendlich jedoch festzuhalten, dass durch die weite Auslegung des BMF („Auslegung der Finanzverwaltung") eher keine Benachteiligungen des Einzelnen entstehen werden und mit Klagen und Auslegungen der Judikative eher nicht zu rechnen ist.[791]

6.2.5.2 Würdigung einer verdeckten Gesetzeslücke im § 5 Abs. 1 EStG

Auf Grund der klaren Gegenäußerung der Bundesregierung lässt sich der **Wille des Gesetzgebers** eindeutig ermitteln („Wille des Gesetzgebers: Beibehaltung des Maßgeblichkeitsprinzips nach Einführung des BilMoG"). Stellungnahmen des Bundesrates und Gegenäußerungen der Bundesregierung zum Gesetzesentwurf des BilMoG lassen darauf schließen, dass der Gesetzgeber keineswegs eine derartige Entfernung von den GoB intendierte und die Auslegung weitaus enger vorzunehmen ist als das der Rahmen des Gesetzeswortlauts des *§ 5 Abs. 1 S. 1 2. Hs. EStG* zulässt. Der Gesetzesbegründung zur Änderung des *§ 5 EStG* ist

---

[786] Vgl. Lang in Tipke (Steuerrecht), § 5, Rz. 42, 54: *der Anwender muss dem Gesetzgeber „helfen" seinen ursprünglichen Plan zu verwirklichen.*

[787] Vgl. Lang in Tipke (Steuerrecht), § 5, Rz. 53: *der Rechtsanwender hat eine den Gesetzeszweck befolgende Rechtsfolge zu finden;* BFH-Urteil v. 21.02.1964 – IV 26/62 S, BStBl. III 1964, S. 188, II, 1.:m. w. N. der Rechtsprechung und Literatur und mit Zitierung von Larenz, S. 283 ff und 296, ohne Angabe der Auflage und des Erscheinungsdatums.

[788] Vgl. BFH-Urteil v. 26.06.2007 – IV R 9/05, BStBl. II 2007, S. 893; Larenz (Methodenlehre), S. 266; Beger (Methodenlehre), S. 45, 51, 60 m.w.N, 61; Barth (Rechtsfortbildung), S. 124: mit der Zitierung des RFHE 4, 43 [251]: *der Gesetzeszweck sei bei der Auslegung insoweit zu berücksichtigen, wie es der Wortlaut zulässt;* Gersch in Klein, AO-Komm., § 3AO, Rz. 12; Scholtz in Koch/Scholtz, AO-Komm., § 3 AO, Rz. 10: **Willkürverbot**: *Verletzung, wenn sich kein vernünftiger aus der Natur der Sache oder sonst wie sachlich einleuchtender Grund zur Differenzierung oder Gleichbehandlung finden lässt (Willkür bei ungleicher Behandlung von gleichen Normadressaten, auch bei weitem/ungenauen Gesetzeswortlaut, welcher erst in der praktischen Anwendung/Auslegung zur ungleichmäßigen Behandlung führt).*

[789] Vgl. BFH-Urteil v. 03.02.1969, Gr. S. 2/68, BStBl. II 1969, S. 291, 3a: *im Übrigen wurde in der Begründung ausgeführt, dass der § 5 EStG nach Sinn und Zweck, im Zusammenhang mit anderen steuerlichen Vorschriften und aus verfassungsrechtlichen Gründen eng auszulegen sei.*

[790] Vgl. BVerfG v. 14.02.1973, 1 BvR 112/65.

[791] A.A. Kaminski (Probleme), DStR, S. 772: *auf Grund der teilweisen scharfen Kritik dieser weiten Auslegung ist mit einer gerichtlichen Überprüfung zu rechnen.*

eindeutig zu entnehmen, dass die Änderung einzig der Abschaffung der umgekehrten Maßgeblichkeit geschuldet ist, da in der HB die ausschließlich steuerlich geregelten Wahlrechte nicht mehr nachvollziehbar sind (nach Abschaffung der Öffnungsklauseln).[792] Der Maßgeblichkeitsgrundsatz sollte vielmehr mit seinen Vorzügen erhalten bleiben.[793] Schon anhand dieser **Entstehungsgeschichte** ist zu erkennen, dass sich der Gesetzgeber mit der Einführung des *§ 5 Abs. 1 S. 1 2. Hs EStG* auf diese **GoB-widrigen Wahlrechte** konzentrierte.[794] Daher gehen nur die steuersubventionellen Wahlrechte (Sozialzwecknormen: siehe „6.2.2 Differenzierung steuerlicher Wahlrechte") den nach *§ 5 Abs. 1 S. 1 1. Hs. EStG* maßgebenden GoB vor. Der Wahlrechtsvorbehalt des *2. Hs* sei dadurch, bis zu einer Änderung des Gesetztes, restriktiv auszulegen.[795]

6.2.6   Teleologische/verfassungskonforme Auslegung

6.2.6.1   Definition der teleologischen Auslegung

Bei der **objektiv-teleologischen Auslegung** ist nicht nur auf das „Gewollte des Gesetzgebers", sondern auf das „Gewollte der Norm" abzustellen („dynamisch-objektiver"[796] **Sinn und Zweck der Norm**). Dies ist ein feiner Unterschied, wenn der ursprüngliche Gesetzesgeber Sachverhalte berücksichtigte, welche im späteren Auslegungszeitpunkt, bei sachgerech-

---

[792] Vgl. BT-Drucks. 16/10067, RegE v. 30.07.2008, S. 99; Arbeitskreis Bilanzrecht der Hochschullehrer (Maßgeblichkeit), DB, S. 2571 m. w. N. unter Fußnote 5; Herzig/Briesemeister (Bilanzrechtsmodernisierung), DB, S. 929: *Die Begründung zum RegE stellt nur auf die subventionellen Wahlrechte ab, was die Entkoppelung von den GoB womöglich weiter als geplant zulässt, damit missachten einige Autoren den Willen des Gesetzgebers*; Herzig (BilMoG), DB, S. 3: *ohne die Ansicht zu vertreten (= Befürworter des objektiven Gesetzeswortlauts), beschreibt Herzig die Intentionen des Gesetzgebers zum Erhalt der steuerpolitischen Wahlrechte den „2. Hs." eingeführt zu haben*; Theile (Totenglocken), DStR, S. 2384: *zum klaren Willen die Steuervergünstigungen zu schützen ohne die subjektive Theorie zu unterstützen*; Förster/Schmidtmann (Gewinnermittlung), BB, S. 1343; Dettmeier (Wahlrechte), NWB, S. 3484: *zum grundsätzlichen Schutz der Subventions-Wahlrechte*; Anzinger/Schleiter (Wahlrechte), DStR, S. 396, 397: *der 2. Hs. nur zum Schutze der steuersubventionellen Wahlrechte, die HB wurde von der StB gelöst und nicht umgekehrt.*

[793] Vgl. Anzinger/Schleiter (Wahlrechte), DStR, S. 396.

[794] Vgl. Förster/Schmidtmann (Gewinnermittlung), BB, S. 1343; so auch Anzinger/Schmidtmann (2010), DStR, S. 396, 397.

[795] Vgl. Arbeitskreis Bilanzrecht der Hochschullehrer (Maßgeblichkeit), DB, S. 2571: *diese räumen ebenfalls ein, dass Befürworter der umfangreichen Steuerbilanzpolitik den Wortlaut auf ihrer Seite haben, verweisen jedoch eindringlichst auf den Zwang zur Anwendung weiterer Methoden (hier den Willen des Gesetzgebers)*; Hoffmann (Teilwertabschreibung), StuB, S. 516: *das NDWP bleibt auf Grund des Willens des Gesetzgebers erhalten*; Hoffmann (Steuerbilanz), StuB, S. 787: *Ziel des § 5 Abs. 1 EStG war der Erhalt der handelsrechtlich verunstaltenden steuerlichen Wahlrechte*; Grützner (Gewinnermittlungsvorschriften), StuB, S. 483: *nach Auslegung des Willens des Gesetzgebers, verbleibt es beim hr. NDWP*; Anzinger/Schleiter (Wahlrechte), DStR, S. 397: *der Wille des Gesetzgebers wird durch Stellungnahme und Gegenäußerung im RegE ungewohnt deutlich*; Fischer/Kalina-Kerschbaum (2010), DStR, S. 399: *eine völlige Entkoppelung der Steuer- von der Handelsbilanz war nicht gewollt*; **a.A.**: Herzig (BilMoG), S. 4: *dieser wendet sich zwar nicht gänzlich von diesen Auslegungen ab, wonach sich die Gesetzesbegründung auf die Erhaltung der steuersubventionellen Wahlrechte reduziert, richtet sich aber klar nach dem tatsächlich umgesetzten Gesetz. Gesetzesbegründungen seien von untergeordneter Bedeutung. Der objektive Wille des Gesetzgebers richte sich nach dem Gesetzeswortlaut*; Herzig/Briesemeister (Bilanzrechtsmodernisierung), DB, S. 978; Theile (Totenglocken), DStR, S. 2384, 2385: *der klare Wortlaut des 2. Hs. habe Vorrang.*

[796] *„dynamisch-objektiv"*, da nach Beger (Methodenlehre), S. 38 *nicht der Wille des historischen Gesetzgebers sondern der objektive Sinn und Zweck der Norm unter Gesichtspunkten im Auslegungszeitpunkt eine Rolle spielt, da bei sehr alten Normen sonst u. U. ungerechtfertigte Auslegungen entstünden.*

ter Anwendung, anders ausgelegt werden müssten, um damit auf Grund des ursprünglichen Gesetzeszwecks zu adäquaten Urteilen zu kommen.[797] Der objektive Gesetzeswortlaut tritt auch danach in den Hintergrund.[798]

6.2.6.2   Teleologie der steuerlichen Gewinnermittlung (Normzweck)

Neben dem Zweck des neuen *§ 5 Abs. 1 EStG* („Wille des Gesetzgebers: Beibehaltung des Maßgeblichkeitsprinzips nach Einführung des BilMoG") ist in diesem Kontext der Zweck der Bindung der steuerlichen Gewinnermittlung an die GoB zu überprüfen (Normzweck des *§ 5 EStG*). Im Rahmen dieser Auslegung ist der objektive **Gesetzeszweck über die steuerliche Gewinnermittlung** heranzuziehen. Dieser zielt zunächst auf eine

- **gleichheitsgerechte,**
- **periodisierte** und möglichst
- **willkürfreie** Ermittlung des steuerlichen Gewinns ab.[799]

In der steuerlichen Gewinnermittlung soll die „(objektive) **finanzielle Leistungsfähigkeit**"[800] des Steuerpflichtigen widergespiegelt werden. Aus Praktikabilitätsgründen[801] sollte

---

[797] Vgl. Larenz (Methodenlehre), S.209, 211; Beger (Methodenlehre), S. 38, 39; BFH-Urteil v. 29.01.1987 – IV R 96/85, BStBl. II 1987, S. 410: *darin wurde der Sinn des Gesetzes und der Wille des Gesetzgebers unterschieden. Der Sinn stellt allgemein auf den logischen Sinn des Paragraphen oder Absatzes ab, welcher bspw. durch gesellschaftliche Entwicklungen weiter ausgelegt werden müsste, nicht jedoch „blind" nach dem ursprünglichen Willen des Gesetzgebers, wenn dadurch in späterer Zeit ungerechtfertigte Auslegungen entstünden. Der Wille des Gesetzgebers wird aus den konkreten Gesetzesmaterialien ausgewertet. Diese Unterscheidung scheint praktisch nicht immer ganz eindeutig möglich zu sein, insbesondere in Anbetracht dessen, dass der neue § 5 Abs. 1 EStG aktuell eingeführt wurde*; Weingarten (Finanzverwaltung), S. 182: *die teleologische Auslegung fragt nicht nach der Entstehungsgeschichte sondern nach dessen Zweck.*

[797] Vgl. Beger (Methodenlehre), S. 45, 51, 60, 61 m. w. N.

[798] Vgl. Beger (Methodenlehre), S. 30.

[799] Vgl. Arbeitskreis Bilanzrecht der Hochschullehrer (Maßgeblichkeit), DB, S. 2572 m. w. N. unter Fußnoten 11–15; Anzinger/Schleiter (Wahlrechte), DStR, S. 398: *beide auch zum Inhalt der Teleologie der steuerlichen Gewinnermittlung*; Tipke (Steuerrechtsordnung), S. 503: *die Periodisierung ist zunächst kein Ausfluss des Leistungsfähigkeitsprinzips, sondern nur ein „technisches Prinzip"*; Endriss (Stärkung), BBK, S. 22: Kann in der Steuerbilanz eine Teilwertabschreibung bei dauernder Wertminderung unterlassen werden, so wird gegen diese Grundsätze eklatant verstoßen;.

[800] Vgl. Birk (Steuerrecht), Rz. 188; Gersch in Klein, AO-Komm., § 3 AO, Rz. 13; Scholtz in Koch/Scholtz, AO-Komm., § 3 AO, Rz. 10; Pahlke in Pahlke/Koenig, (AO-Komm.), § 3 AO, Rz. 60, 75, 76; Tipke (Steuerrechtsordnung), S. 322–323, 480, 481: *„Gleichheit im Steuerrecht heißt unterschiedliche Belastung je nach individueller wirtschaftlicher (besser: steuerlicher) Leistungsfähigkeit" als Ausfluss des Art. 3 GG*; Pfirmann/Schäfer (Bilanzrecht), S. 122: *daran ist die periodengerechte steuerliche Bemessungsgrundlage auszurichten* Birk (Steuerrecht) Rz. 188–194; Gersch in Klein, AO-Komm., § 3 AO, Rz. 12, 14; Scholtz in Koch/Scholtz, AO-Komm., § 3 AO, Rz. 10; Tipke (Steuerrechtsordnung), S. 324–325: *die finanzielle Leistungsfähigkeit orientiert sich am sog. Nettoprinzip, welches sich aus Bruttoeinnahme abzgl. erwerbs (objektiv)- und existenzsichernden (subjektiv) Ausgaben ergibt. Dieses Prinzip ist nur durch gewichtige Gründe zu durchbrechen* oder: Birk (Steuerrecht), Rz. 194: *bspw. auch aus ordnungspolitischen Gründen (bspw. die Abziehbarkeit von Kirchensteuer, welche weder erwerbsbezogenen noch existenzsichernden Charakter hat).Weiterhin ist zwischen horizontaler und vertikaler Steuergerechtigkeit zu unterscheiden* **Horizontale Steuergerechtigkeit** = Gebot der gleichen Besteuerung gleicher Einkommen *(Steuergerechtigkeit dann, wenn gleiche Tatbestände gleich besteuert werden = gleiche Belastung bei gleicher Leistungsfähigkeit)*, **vertikale** = *„gerecht-höhere" Besteuerung höherer Einkommen, sonst liegt ein Verstoß gegen die Steuergerechtigkeit vor (Lastenverteilungsprinzip/Leistungsfähigkeitsprinzip).*

[801] *Einem bilanzierenden Kaufmann war keine zusätzliche EÜR zumutbar*; vgl. allgemein zur Praktikabilität auch Tipke (Steuerrechtsordnung), S. 348–349: *praktikabel auch bspw. durch: prinzipienorientierte Gesetze, klare*

diese durch die als objektiv geltenden GoB ermittelt werden (Intentionen des Gesetzgebers vor über einhundert Jahren: „6.1.1 Die Entwicklung des Maßgeblichkeitsprinzips"). Steuerliche/handelsrechtliche **Wahlrechte** zur Steuerung der Steuerlast liegen damit grundsätzlich im Widerspruch.[802] Durchbrechungen der individuellen (objektiven) **Leistungsfähigkeit** müssen mit anderen Zielen gerechtfertigt werden,[803] bspw. mit:

- steuerpolitischen **Lastenverteilungen**,
- **Lenkungs-**[804] oder weiteren
- **Praktikabilitätszielen** (bspw. administrative Erleichterungen, objektivere Erfassung der Leistungsfähigkeit).[805]

Nicht damit vereinbar ist eine sich ergebende Besteuerung auf Grund von rein steuerlichen Wahlrechten ohne Rechtfertigungsgrund (Gegenstand der Diskussionen).[806]

6.2.6.3   Würdigung einer weiten des Auslegung des § 5 Abs. 1 EStG im Lichte der Teleologie der steuerlichen Gewinnermittlung

Der ursprüngliche *§ 5 Abs. 1EStG* spiegelt zunächst den **Praktikabilitätsgedanken** wieder, da einfachheitshalber die steuerliche an die handelsrechtliche Gewinnermittlung gekoppelt wurde und kein zusätzliches Rechenwerk für steuerliche Zwecke erforderlich war (so schon der ursprüngliche Gedanke des Maßgeblichkeitsprinzips, mit welchem der Kaufmann leichter seinen steuerlichen Gewinn ermitteln konnte: „6.1.1 Die Entwicklung des Maßgeblichkeitsprinzips").[807]

---

und einfache Gesetzessprache; Pauschalierungen/Typisierungen (diese stellen streng genommen auch einen Verstoß dagegen dar, Ungleiches ungleich zu behandeln); Gersch in Klein, AO-Komm., § 3 AO, Rz.14.

[802] So schon BFH-Urteil v. 03.02.1969, Gr. S. 2/68, BStBl. II 1969, S. 291; vgl. auch Stobbe in H/H/R, § 5, Rz. 81: *eine Bindung an die handelsrechtlichen Gebote und Verbote entspricht der Besteuerung nach dem Leistungsfähigkeitsprinzip*; Scheffler (Maßgeblichkeit), StuB, S. 839.

[803] Vgl. Birk (Steuerrecht), Rz. 204: *oberstes Gebot der steuerlichen Lastengleichheit*; Birk (Steuerrecht), Rz. 209; Pahlke in Pahlke/Koenig (2004), Rz. 76; Tipke (Steuerrechtsordnung), S. 342–347: *Lenkungsnormen durchbrechen ebenfalls das Prinzip der Leistungsfähigkeit (Inkaufnahme ungerechter Lastenverteilung), dennoch Rechtfertigung durch Zwecktauglichkeit und Möglichkeit des zu erreichenden Ziels, problematisch ist die Vorenthaltung des Ungewollten (teuren) für Privilegierte und die größere Steuerminderung bspw. von Sonderabschreibungen in höheren Progressionszonen*; Tipke (Steuerrechtsordnung), S. 85, 337: *zur Überprüfung von Gleichheitsverletzungen ist mit Sozialzwecknormen anders als mit Fiskalzwecknormen zu verfahren, das BVerfG (durch Autor zitierte Urteile) legitimiert das Steuerrecht als Lenkungsinstrument*; Birk (Steuerrecht), Rz. 213, 214; Tipke (Steuerrechtsordnung), S. 339: *der Staat nimmt Durchbrechungen des Leistungsfähigkeitsprinzips durch Lenkungswirkungen in Kauf, Abwägung Leistungsfähigkeitsprinzip und Lenkungswirkung;* Lang in Tipke (Steuerrecht), § 4, Rz. 124–129.

[804] Vgl. Birk (Steuerrecht), Rz. 206, 209, 214: *gesetzliche Legitimation in § 3 AO (Erzielung von Einnahmen kann auch Nebenzweck sein) und förderungswürdigem Rang der Lenkungswirkung, also ohne Rechtfertigung keine ungleichmäßige Besteuerung*; Tipke (Steuerrechtsordnung), S. 340: *auf Lenkungsnormen (oder allg. der Verteilung von Subventionen) kann das Leistungsfähigkeitsprinzip nicht anwendbar sein.*

[805] Vgl. Lang in Tipke (Steuerrecht), § 5, Rz. 43; Anzinger/Schleiter (Wahlrechte), DStR, S. 397–398.

[806] Vgl. Arbeitskreis Bilanzrecht der Hochschullehrer (Maßgeblichkeit), DB, S. 2571–2572; Hoffmann (Gewinnermittlung), StuB, S. 447; Scheffler (Maßgeblichkeit), StuB, S. 839; Anzinger/Schleiter (Wahlrechte), DStR, S. 397–398: *insbesondere ein Wahlrecht zur Teilwertabschreibung rechtfertigt keinen Lenkungszweck.*

[807] Vgl. Tipke (Steuerrechtsordnung), S. 502, 503: *jedoch mit dem das Leistungsfähigkeitsprinzip stärkender Durchbrechungen – das Maßgeblichkeitsprinzip stellt auch keine Ungleichbehandlung zu den „Überschussrechnern" dar, da der Totalgewinn identisch ist („nur unterschiedlicher Zeitpunkt der steuerlichen Erfassung von Gewinnen).*

Eine objektive Darstellung der **finanziellen Leistungsfähigkeit** kann durch die Gewährung von (GoB-konformen) Wahlrechten erreicht werden, wenn der Kaufmann bspw. die degressive Abschreibung, bei großem Werteverzehr in der Anfangsphase der Nutzung des VG/WG, wählt. Dabei übt der Kaufmann eine ökonomisch sinnvolle Ermessensentscheidung aus.[808] Das GoB-konforme steuerliche Wahlrecht zur Lifo-Methode kann ebenfalls das objektive Leistungsfähigkeitsprinzip widerspiegeln. Denn dieses soll die **realen Vermögenszuwächse** erfassen. Denn der steuerliche Gewinn knüpft an **nominale Größen** an (Marktwerte), wobei mit dieser Methode diesen inflationären Einflüssen partiell entgegengewirkt werden kann (Bewertung zu früheren Einstandspreisen).[809]

Im Rahmen dieser (objektiv[810])-teleologischen Auslegung[811] entstehen erhebliche Zweifel, ob nunmehr sämtliche steuerliche Wahlrechte unter den Wahlrechtsvorbehalt des § 5 Abs. 1 S. 1 2. Hs EStG subsumiert werden können. Bei Abweichung vom finanziellen Leistungsfähigkeitsprinzip durch steuerliche Wahlrechte bedarf es stets der o. g. **Rechtfertigungsgründe**, welche bspw. beim Wahlrecht für Teilwertabschreibungen schwerlich zu finden sind.[812] Der 2. Hs. genannter Vorschrift stellt lediglich die eröffnende Vorschrift für Abweichungen vom maßgebenden HB-Ansatz durch **steuerpolitische Ziele** dar. Bspw. ist das Wahlrecht des § 6b EStG zur Übertragung stiller Reserven auf andere bestimmte WG mit ökonomischen und strukturellen Gründen zu rechtfertigen (weitere: „6.2.2 Differenzierung steuerlicher Wahlrechte").[813] Steuerliche Rechtsfolgen müssen vom Gesetzgeber derart hinreichend bestimmt werden, dass sie dem objektiven Leistungsfähigkeitsprinzip entsprechen. Für ungerechtfertigte Wahlrechte ohne **steuerpolitischen Hintergrund**, welche sich mit einer weiten Auslegung des Wortsinns ergäben, ist dabei kein Platz.[814]

Es wäre demnach nicht zu rechtfertigen, dass eines von zwei Unternehmen mit gleichem laufendem Gewinn deshalb als steuerlich leistungsfähiger zu beurteilen ist, weil bspw. Unternehmen A das Wirtschaftsjahr mit einem Gewinn i. H. v. 500.000 € abschließt, da es eine Teilwertabschreibung bei dauernder Wertminderung unterließ, Unternehmen B dieses jedoch mit einem Gewinn i. H. v. 300.000 € nach Vornahme einer Teilwertabschreibung beendet.[815] Eine Besteuerung nach der objektiven Leistungsfähigkeit fände nicht statt. Eine

---

[808] Vgl. Tipke (Steuerrechtsordnung), S. 518–519 m. w. N.: *Wahlrechte der GoB (bzw. transformierte GoB) sind mit dem Leistungsfähigkeitsprinzip vereinbar, da diese ökonomisch notwenige Ermessensentscheidungen darstellen, welche auch i. R. d. Praktikabilitätsgedankens der einfacheren Periodenabgrenzung dienen, dennoch dürfen diese nicht zu einer beliebigen „Ertragssteuerpolitik" führen können;* Gersch in Klein, AO-Komm., § 3 AO, Rz.14: *die absolut objektive Erfassung der finanziellen Leistungsfähigkeit ist äußerst schwer und bedarf Typisierungen, Pauschalierungen und Schätzungen, wenn dadurch eine gerechtere Lastenverteilung erreicht wird (bspw. dadurch, dass die Finanzverwaltung aus kapazitiven Gründen nicht alle Einzelfälle prüfen kann;* ähnlich: Tipke (Steuerrechtsordnung), S. 354–357.

[809] Vgl. Tipke (Steuerrechtsordnung), S. 512–514 *zum Nominalwertprinzip*; Lang in Tipke (Steuerrecht), § 4, Rz. 103.

[810] *Begriff „objektiv"-teleologisch nach* Larenz (Methodenlehre), ab S. 209, *andere Autoren sprechen auch nur von „teleologisch".*

[811] Vgl. Larenz (Methodenlehre), S.209 ff.

[812] Vgl. Arbeitskreis Bilanzrecht der Hochschullehrer (Maßgeblichkeit), DB, S. 2572 m.w.N unter Fußnoten 11–15; Weber-Grellet (2009), S. 2403; Anzinger/Schleiter (Wahlrechte), DStR, S. 397–398.

[813] Vgl. Anzinger/Schleiter (Wahlrechte), DStR, S. 397–398.

[814] Vgl. Tipke (Steuerrechtsordnung), S. 516, 517: *Steuervergünstigungsvorschriften seien davon ausgenommen.*

[815] Vgl. auch Endriss (Stärkung), BBK, S. 22: Sogar ein Zwischenwert wäre bilanzierbar, was unsachgerecht wäre.

wahlweise Unterlassung der Teilwertabschreibung bei dauernder Wertminderung wäre nicht mit steuerpolitischen Zielen zu rechtfertigen.[816] Vielmehr müssen Steuerpflichtige mit gleich realisiertem Sachverhalt auch gleich belastet werden.[817] Ein steuerpolitischer Sinn zur Steuerung bestimmter Unternehmen ist dabei nicht erkennbar (anders bspw. die Sonderabschreibung gemäß § 7g EStG zur Liquiditätssicherung kleinerer Betriebe). Die Tatsache, dass allen Steuerpflichtigen das Wahlrecht gewährt wird, reicht zur Erfüllung der Gleichmäßigkeit der Besteuerung nicht aus.[818]

Entsprechend ist im Wortlaut **„darf"** des *§ 6 Abs. 1 S. 2* bzw. *§ 6 Abs. 1 Nr. 2 EStG* (Teilwertabschreibung), unter Beachtung dieser teleologischen Auslegung, ein faktisches „muss" zu interpretieren, mit welchem der Steuerpflichtige nicht nach Belieben seine Steuerschuld steuern kann.[819] *Herzig*[820] hingegen bezieht sich auf eine h. M.[821], welche im Wortlaut „darf" auch ein explizites Wahlrecht zur Teilwertabschreibung sieht und damit keine unzulässige Willkür verbindet. *Er* positioniert sich an dem vom Gesetzgeber kodifizierten Wahlrecht, da dieses das Argument der gleichmäßigen Besteuerung „schlucken" würde.[822]

Dieser Auffassung ist jedoch nicht zu folgen: Es sind die Grundsätze des *Art. 20 Abs. 3 GG* zu beachten. Danach ist die richterliche Rechtsprechung an Gesetz und Recht gebunden. Nach *Art. 20 Abs. 3 GG* wird demnach die traditionelle Bindung an das Gesetz aus verfassungsrechtlichen Gründen etwas aufgeweicht.[823] Dies folgt daraus, dass sich Gesetz und Recht nicht immer decken müssen.[824] Es wird ein Auslegungsergebnis des Gesetzes gewählt, welches mit dem höherrangigen Recht (GG ggü. EStG) konform verläuft.[825] Eine Vorschrift ist solange nicht verfassungswidrig, wie eine verfassungskonforme Auslegung möglich ist und das Gesetz dabei sinnvoll bleibt.

---

[816] Vgl. Birk (Steuerrecht), Rz. 192 *zur horizontalen Steuergerechtigkeit* m. w. N. des BVerfG, nach welcher Stpfl. mit gleichem Einkommen die gleiche Steuerlast zu tragen haben.

[817] Vgl. auch Birk (Steuerrecht), Rz. 186–187: *zur Fundamentalnorm staatlicher Verteilungsgerechtigkeit Ungleiches ungleich und Gleiches gleich zu behandeln an welcher der Gesetzgeber gebunden ist (Art. 3 GG)*; Barth (Rechtsfortbildung), S. 75, 76, 96, 98, 139; Pahlke in Pahlke/Koenig, (AO-Komm.), § 3 AO, Rz. 61: *eine andere Behandlung verstößt gegen das* **Willkürverbot**; Tipke (Steuerrechtsordnung), S. 326–327: *werden bspw. vergleichbare Einkünfte ungleich behandelt, so handelt es sich um eine Belastung nach verschiedenem Maß.*

[818] Vgl. Tipke (Steuerrechtsordnung), S. 516, 517: *Wahlrechte zur unterschiedlichen Steuerbelastung müssen gerechtfertigt werden ansonsten entsprechen unterschiedliche Steuerbelastungen auf Grund von Wahlrechten bei gleichem Sachverhalt nicht dem Leistungsfähigkeitsprinzip.*

[819] Vgl. Weber-Grellet (Maßgeblichkeit), DB, S. 2403; Arbeitskreis Bilanzrecht der Hochschullehrer (Maßgeblichkeit), DB, S. 2572 m. w. N. unter Fußnote 16.

[820] Herzig (BilMoG), S. 4, m. w. N.

[821] Vgl. Herzig (BilMoG),DB, S. 4, m.w.N unter Fußnote 34 (dies sind insbesondere Autoren von EStG-Kommentaren); Hoffmann (Gewinnermittlung), StuB, S. 488.

[822] Herzig (BilMoG), S. 4: *der Autor nimmt direkt Bezug auf die vom Arbeitskreis der Hochschullehrer angedeuteten Probleme bzgl. der Gleichmäßigkeit der Besteuerung aufgrund von Wahlrechten (u. E. unzutreffend, da das Leistungsfähigkeitsprinzip als strl. Fundamentalprinzip gilt)*; a.A. jedoch etwas uneindeutig Larenz (Methodenlehre), S. 210: *intendiert der Gesetzgeber einen „bewusst erkennbaren" Zweck, so tritt dieser (nur) dann in den Vordergrund.*

[823] Vgl. BFH-Urteil v. 21.02.1964 – IV 26/62 S, BStBl. III 1964, S. 188, II, 1.:m. w. N. der Rechtsprechung und Literatur und mit Zitierung von Larenz, S. 283 ff und 296, ohne Angabe der Auflage und des Erscheinungsdatums m. w. N. des BFH-Urteil v. 17.03.1961 IV 115/60 S StBl. II 1961, S. 346.

[824] BVerfG v. 14.02.1973, IV, Rz. 1.

[825] Vgl. Larenz (Methodenlehre), S. 216: *in Wahrheit handelt es sich bei der verfassungskonformen Auslegung um eine teleologische Reduktion.*

Es wird also der „verfassungskonformsten" Auslegung Vorrang gewährt.[826] Ergeben sich nach dem Wortsinn und dem Gesetzeszweck unterschiedliche Auslegungsmöglichkeiten, so ist die verfassungskonformere Auslegung entscheidend (Gebot der verfassungskonformen Auslegung).[827] Dies ist mit dem Vorrang des *GG* gegenüber den übrigen deutschen Gesetzen zu begründen.[828] Im hier bereits mehrfach zitierten *BFH-Urteil v. 03.02.1969* wurden Bilanzierungs-Wahlrechte im Steuerrecht grundlegend als Verstoß gegen den *Art. 3 GG* erklärt.[829]

6.2.7 Fazit juristische Auslegung des § 5 Abs. 1 EStG ab 2009

Nach Analyse der Literatur und Anwendung der juristischen Methodenlehre kann zu dem Schluss gekommen werden, dass sich der neue Wahlrechtsvorbehalt des *§ 5 Abs. 1 S. 1 2. Hs. EStG* nur auf die **steuersubventionellen Vorschriften** beziehen kann. Werden lediglich der objektive Wortlaut und dessen Systematik betrachtet, könnte auf die Entfesselung aller steuerlichen Wahlrechte geschlossen werden. Die Auslegung des Wortlauts lässt jedoch ebenso eine Einschränkung auf die GoB-widrigen Wahlrechte zu! („6.2.4 Auslegungen durch Politik, Verwaltung und Fachliteratur"). Zum Einen sehen einige Autoren die völlige Entkoppelung der steuerlichen Wahlrechte, zum Anderen grenzen andere Autoren den Wortlaut, u. E. zutreffender, auf die GoB-fernen Wahlrechte ein („Auslegung des objektiven Wortlauts durch die Fachpresse (objektive Theorie)

Wird der weiten Auslegung des Wortlauts gefolgt, so wurde unter „6.2.5 Reduktion des Wortlauts bei verdeckten Gesetzeslücken (subjektive Theorie)" bereits beschrieben, dass bei widersprechendem **Gesetzes- und Normzweck** bzw. **Willen des Gesetzgebers** der objektive Gesetzeswortlaut *nicht* isoliert von weiteren Auslegungsmethoden herangezogen wird. Die teleologische Reduktion beschreibt dazu ein Verfahren dem Willen des Gesetzgebers Geltung zu verschaffen.[830]

Ebenso erfordert ein Verstoß gegen **verfassungsrechtliche Grundsätze** eine Auslegung entgegen dem Wortsinn. Bei Analyse des **Willens des Gesetzgebers** verschwinden jegliche Zweifel: Einschlägige Gesetzesbegründungen lassen eindeutig auf eine Eingrenzung auf

---

[826] Vgl. Beger (Methodenlehre), S. 37; Larenz (Methodenlehre), S. 215–216 m. w. N. (Spanner, ArchöffR, Friedrich Müller, Prümm, Zippelius); Lang in Tipke (Steuerrecht), § 5, Rz. 74: *dieser merkt an, dass nach (zitierter) Rechtsprechung des BVerfG sich die verfassungskonforme Auslegung nicht entgegen den Willen des Gesetzgebers und Wortlaut richten darf.*

[827] Vgl. BFH-Urteil v. 14.05.1974 – VIII R 95/72, BStBl. 1974 II, S. 572; BFH-Urteil v. 01.02.1973 – I R 87/71, BStBl. 1973 II, S. 410: *in diesem Urteil wurde die erweiterte Kürzung der GewSt nach § 9 Nr. 1 S. 2 GewStG nur auf die (nahezu) ausschließlich vermögensverwaltenden GmbH beschränkt. Sobald ein Unternehmen bspw. auch Grundvermögen herstellt und veräußert, kann dieses die Kürzung nicht wahrnehmen. Andererseits wäre der* **Gleichheitsgrundsatz** *nach Art. 3 GG gegenüber den ausschließlich vermögensverwaltenden Unternehmen nicht gewahrt (negativer Gleichheitsgrundsatz). Kapitalgesellschaften hätten dem Wortsinn zu Folge nur im geringen Maße auch vermögensverwaltende Tätigkeiten ausführen müssen, um in den Genuss der erweiterten Kürzung zu kommen.*

[828] Vgl. Larenz (Methodenlehre), S. 215.

[829] Übereinstimmend Stobbe in H/H/R, § 5, Rz. 105, *jedoch mit u. E. unzutreffendem Vergleich, dass Wahlrechte daher nicht gegen das Leistungsfähigkeitsprinzip verstoßen, da das Steuerrecht selbst Wahlrechte gewährt (an unzutreffenden Beispielen der Steuervergünstigungsvorschriften und Wahlrechte für Zuschüsse, welche, wie oben ausgeführt, durch Lenkungszwecke gerechtfertigt werden können).*

[830] Vgl. Barth (Rechtsfortbildung), S. 173; BFH-Urteil v. 07.05.1957 – I 285/56 U, BStBl. 1957 III, S. 264: *„Auslegung von Gesetzen heißt den Willen des Gesetzgebers ermitteln und vollziehen".*

steuersubventionelle und GoB-ferne Wahlrechte schließen. Diskussionen im Vorfeld der Einführung des BilMoG machten auch deutlich, die **Einheitsbilanz** (aus praktischen Gründen) stärken zu wollen („Wille des Gesetzgebers: Beibehaltung des Maßgeblichkeitsprinzips nach Einführung des BilMoG").

Im Rahmen der **teleologischen Auslegung** der steuerlichen Gewinnermittlung konnte festgestellt werden, dass GoB-widrige Wahlrechte ohne Lenkungszweck nicht tragbar wären („6.2.6 Teleologische/verfassungskonforme Auslegung"), wenn dabei eine willkürfreie Gewinnermittlung gefordert wird. Steuerliche Wahlrechte und die Abkehr vom **Leistungsfähigkeitsprinzip** bedürfen stets konkreter (bspw. sozialpolitischer) Zielsetzungen und Rechtfertigungen.

In Anbetracht einer **verfassungsrechtlichen Vereinbarkeit** als Ausfluss des *Art. 3 GG* und des Grundsatzes der gleichmäßigen Besteuerung, sind diese lediglich bei den GoB-fernen Wahlrechten mit steuersubventionellem Hintergrund zu finden (Sozialzwecknormen), nicht jedoch bspw. bei der wahlweisen Unterlassung einer Teilwertabschreibung bei dauernder Wertminderung. Ein daraus differierender Gewinn entspräche eher nicht der objektiven finanziellen Leistungsfähigkeit des Steuerpflichtigen. GoB-konforme Wahlrechte im Steuerrecht (bspw. bis zum Jahre 2010 die degressive AfA) können mit dem Gleichmäßigkeitsgrundsatz gerechtfertigt sein (dazu: „6.2.6 Teleologische/verfassungskonforme Auslegung").

Ein Wahlrecht zur Teilwertabschreibung (und damit auch andere mögliche GoB-ferne Wahlrechte ohne Lenkungswirkung) widerspräche, wie in den Vorkapiteln dargelegt, sowohl dem Willen des Gesetzgebers als auch dem Gesetzes- und Normzweck und wäre aus verfassungsrechtlicher Sicht bedenklich.

Folgende Übersicht illustriert die Auslegungsergebnisse:

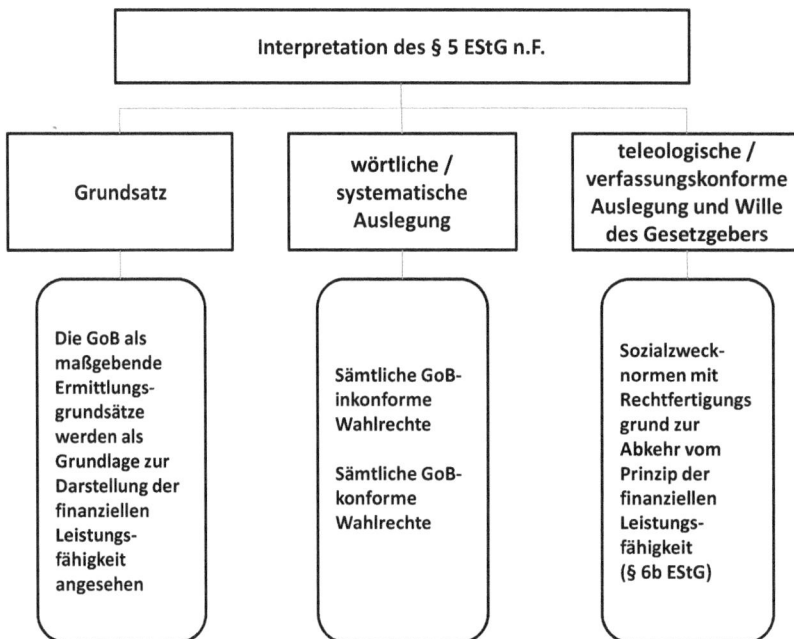

Abbildung 61:   Zusammenfassung durchschlagende Auslegungsergebnisse

6.2.8   Folgen der weiten Auslegung durch Finanzverwaltung und Fachpresse

6.2.8.1   Komplette Entkoppelung der Steuerbilanz durch vereinzelte Autoren- und Verwaltungsauffassung

Mit den Auslegungen zur vollständigen Entkopplung der steuerlichen **Wahlrechte** von den GoB *könnte* sich die Steuerbilanz weiter von der Handelsbilanz abspalten.[831] Im Rahmen dieser Auslegungen und der Verwaltungsanweisungen[832] hätte der Steuerpflichtige, wenn auch mit juristischem Bedenken, die Möglichkeit, bspw. eine Teilwertabschreibung zu unterlassen und in der Steuerbilanz einen höheren Wertansatz auszuweisen.[833] Er könne mit hoher Wahrscheinlichkeit **Teilwertabschreibungen** in der Steuerbilanz in (steuerlich günstigeren) Folgeperioden nachholen um beispielsweise die Bildung von Verlustvorträgen zu vermeiden.

Eine willkürliche Zu- und Abschreibung der Wertansätze könnte von der Finanzverwaltung – insbesondere bei Beibehaltung eines niedrigeren Wertansatzes in der HB bei gleichzeitiger Zuschreibung in StB – als willkürlich angesehen werden. Die Nachholung einer steuerlichen Teilwertabschreibung in Folgeperioden beschreibt eine derartige Willkür wohl eher nicht, da der Gesetzeswortlaut des § 6 Abs. 1 Satz 1 Nr. 2 EStG keinen Zeitpunkt zur Ausübung des Wahlrechtes vorgibt.[834] Durch die folgenden unterschiedlichen planmäßigen Abschreibungsbeträge ergäben sich nicht nur unterschiedliche Ansätze, sondern auch stetig unterschiedliche Gewinne in beiden Rechenwerken.[835] Dies kann durch die Wahl unterschiedlicher Abschreibungsmethoden verschärft werden. Der ständig betonte Wille zum Erhalt der Einheitsbilanz wurde bei diesen Auslegungen praktisch außen vor gelassen.[836]

Allerdings ist zu beachten, dass dem Steuerpflichtigen kein Zwang für unterschiedliche Wahlrechtsausübungen unterbreitet wird. Er könne weiterhin steuerliche Wahlrechte in Übereinstimmung mit der HB ausüben und eine einheitliche Bilanz anstreben.[837] Ebenso kann man sich handelsrechtlich auch weiterhin an die steuerlichen Vorgaben halten, soweit diese im handelsrechtlichen Ermessensspielraum liegen (Wahlrechtsausübung zum bestmöglichen Erhalt der Einheitsbilanz). Bspw. „schlagen" AfA-Tabellen Nutzungsdauern für WG „vor" (keine gesetzliche Pflicht). Handelsrechtlich könnte diesen gefolgt werden, wenn sie (glaubhaft) den tatsächlichen Werteverzehr widerspiegeln.[838] Somit hätte der Steuerpflichtige im begrenzten Rahmen weiterhin die Möglichkeit eine **Einheitsbilanz** zu erstellen.

---

[831] Vgl. Meurer (Zusammenfassung), BB, S. 821.

[832] BMF-Schreiben v. 12.3.2010, IV C 6 – S 2133/09/10001.

[833] Vgl. Dietel (Wahlrecht), DB, S. 483.

[834] Vgl. Dietel (Wahlrecht), DB, S. 484–486.

[835] Vgl. Dettmeier (Wahlrechte), NWB, S. 3488–3489.

[836] Siehe auch: Meurer (Zusammenfassung), BB, S. 821; *Gegenbeispiele i. R. d. Bewertung durch:* Scheffler (Bilanzrechtsmodernisierungsgesetz), StuB, S. 49: *Im Rahmen der handelsrechtlichen Bewertungsvorschriften wurden durch den Abbau vieler Wahlrechtsvorschriften hingegen zahlreiche Annäherungen an die steuerliche Gewinnermittlung verwirklicht.*

[837] Vgl. Dettmeier (Wahlrechte), NWB, S. 3490; ebenso andeutend: Theile (Totenglocken), DStR, 2385.

[838] Vgl. Scheffler (2010), StuB, S. 298; Stobbe in H/H/R, § 5, Rz.124; Endriss (Stärkung), BBK, S. 24–25.

6.2.8.2   Startete das BMF eine Offensive zur eigenständigen steuerlichen Gewinnermittlung?

Die Auslegung des *BMF*[839] könnte als bewusste Offensive angesehen werden, die Steuerbilanz von handelsrechtlichen Fesseln zu lösen. Jedoch intendierte die Politik/der Gesetzgeber keine Abkopplung der Steuer- von der Handelsbilanz, sondern die Stärkung der Einheitsbilanz.[840] *Hoffmann*[841] wundert sich zu Recht, was dem BMF bei dieser Auslegung „geritten" haben müsse. Er vermutet dahinter einen Psycho-Trick: Wird von der allgemeinen Literaturmeinung ein Verzicht zur Teilwertabschreibung als zulässig anerkannt, so könne diese auch abgeschafft werden. Weiterhin vermutet er, das BMF sei etwas verstimmt, da es nicht sonderlich in die Gesetzesentwurfsphase eingebunden wurde und nun bewusst eine eigenständige Steuerbilanzierung in Angriff nehme.

Damit ließe sich u. E. auch erklären, warum das BMF zunächst ein Entwurf-Schreiben erließ mit Bitte zur Kommentierung durch die Fachpresse.[842] Das BMF könnte sich in seiner Auslegung nicht in letzter Konsequenz sicher gewesen sein, denn anderenfalls hatte es nicht eines *BMF-Entwurfes*[843] mit der Bitte zur Kommentierung durch die Literatur bedurft. Letztendlich scheint das BMF – durch die große Anzahl übereinstimmender Autoren – sein Ziel erreicht zu haben.

6.2.8.3   Feste Bindung der HB und StB – „Tauziehen" im gegenläufigen Zielsystem

Handels- und steuerrechtliche Gewinnermittlung stehen prinzipiell in einem Spannungsverhältnis. Das Handelsrecht muss dafür Sorge tragen, dem **Informationsbedürfnis der Anteilseigner** gerecht zu werden. Dieses besteht nicht nur darin, die Vergangenheit abzubilden, sondern auch Zukunftsaussichten zu offenbaren. Weiterhin soll die handelsrechtliche Bilanzierung den Unternehmensbestand durch Verlustvorsorge, Ausschüttungsbemessung und Vermeidung von Betrügereien schützen.[844]

Das **Steuerrecht** hingegen ist lediglich an einer gerechten und verfassungskonformen Besteuerungsgrundlage interessiert („6.2.6 Teleologische/verfassungskonforme Auslegung").[845] Der Steuerpflichtige strebt mit der steuerlichen Gewinnermittlung unter Umständen nichts weiter als eine **relative Steuerminimierung** an. Eine Entkoppelung der Steuerbilanz von der Handelsbilanz i. R. d. steuerlichen Wahlrechte hätte zur Folge, dass die Handelsbilanz von steuerlich verzerrenden Einflüssen befreit würde. Muss der Steuerpflichtige nicht den HB-Ansatz in

---

[839] Bestätigend: BMF-Schreiben v. 12.3.2010, IV C 6 – S 2133/09/10001.

[840] Vgl. auch Anzinger/Schleiter (Wahlrechte), DStR, S. 396.

[841] Vgl. Hoffmann (Bilanzen), StuB, S. 209.

[842] Vgl. Theile (Totenglocken), DStR, S. 2384, 2385 *zur Bitte vom BMF zur Kommentierung.*

[843] BMF-Schreiben v. 12.3.2010, IV C 6 – S 2133/09/10001.

[844] Vgl. Weber-Grellet (2002), StuB, S. 703.

[845] Vgl. Schanz (Unmaßgeblichkeit), S. 10–11; Weber-Grellet (2002), StuB, S. 703.

die Steuerbilanz übertragen, so müsse er die Werte in der HB nicht zum Zwecke einer Steuer-minimierung (übertrieben) pessimistisch bewerten.[846]

Der Vorteil eines Maßgeblichkeitsprinzips liegt nun in den gegenseitigen Einflüssen dieser beiden Zielsysteme. Jedes „Schönrechnen" in der HB muss unmittelbar mit einer temporären steuerlichen Mehrbelastung „erkauft" werden. Dieser Zielkonflikt wirkt sich vorteilig aus, da der Drang des Steuerpflichtigen zur relativen Steuerminimierung einem künstlichen „Schön-rechnen" in der Handelsbilanz entgegen wirken würde. Mit der Verknüpfung beider Re-chenwerke könnte einem stark einseitigen Abdriften eines Rechenwerks entgegen gewirkt werden, da ein gewisses „Tauziehen" beider Zielsysteme stattfindet.[847]

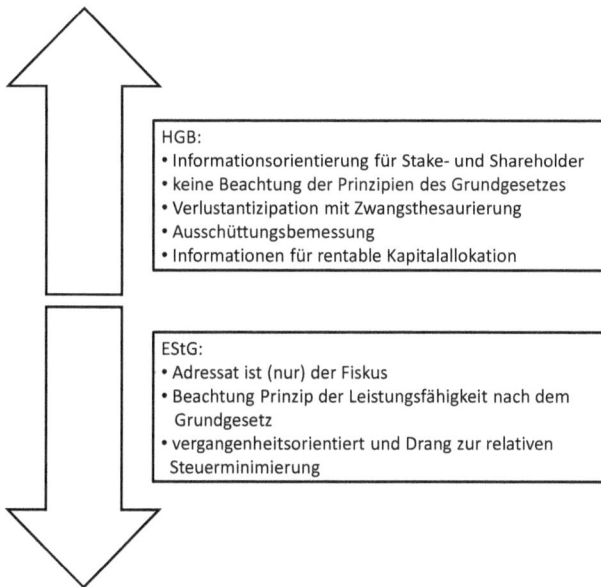

Abbildung 62:   Gegenläufiges Zielsystem der handels- und steuerrechtlichen Gewinnermittlung

---

[846] Vgl. Rätke/Theile (Bilanzpolitik), S. 308; Wöhe (Bilanzierung), S. 867: *steuerlicher Einfluss bspw. bei Methodenwahl zur Abschreibung durch Maßgeblichkeit*; Falterbaum/Bolk/Reiß (Buchführung), S. 462–463.

[847] Vgl. Schanz (Unmaßgeblichkeit), S. 10–11; Wöhe (Bilanzierung), S. 867: *steuerlicher Einfluss bspw. bei Methodenwahl zur Abschreibung durch Maßgeblichkeit.*

Literatur

Achouri, Cyrus: Human Resources **Management**, Wiesbaden 2011.

Albach, Horst: **Grundgedanken** einer synthetischen Bilanztheorie. In: ZfB 35. Jg. 1965, S. 21–31.

Alwert, Kay / Heisig, Peter / Mertins, Kai: **Wissensbilanzen** – Intellektuelles Kapital erfolgreich nutzen und entwickeln, in: Alwert, Kay / Heisig, Peter / Mertins, Kai (Hrsg.): Wissensbilanzen – Intellektuelles Kapital erfolgreich nutzen und entwickeln, Heidelberg 2005.

Alwert, Kay: **Wissensbilanzen** – Im Spannungsfeld zwischen Forschung und Praxis, in: Alwert, Kay/ Heisig, Peter/ Mertins, Kai (Hrsg.): Wissensbilanzen – Intellektuelles Kapital erfolgreich nutzen und entwickeln, Heidelberg 2005.

Andriessen, Daniel: **Making** Sense of Intellectual Capital – Desingning a Method for the Valuation of Intangibles, Oxford UK 2004.

Anzinger, Heribert Manfred, & Schleiter, Isabelle, I.: Die Ausübung steuerlicher **Wahlrechte** nach dem BilMoG – eine Rückbesinnung auf den Maßgeblichkeitsgrundsatz, in: DStR 8/2010 , S. 395–399.

Arbeitskreis „Immaterielle Werte im Rechnungswesen" der Schmalenbach – Gesellschaft für Betriebswirtswirtschaft e.V. (AK SG): **Kategorisierung** und bilanzielle Erfassung immaterieller Werte, in: DB 2001, S. 989–995.

Arbeitskreis „Immaterielle Werte im Rechnungswesen" der Schmalenbach – Gesellschaft für Betriebswirtswirtschaft e.V. (AK SG): **Erfassung** immaterieller Werte in der Unternehmensberichterstattung vor dem Hintergrund handelsrechtlicher Rechnungslegungsnormen, in: Horvath, Peter/Möller, Klaus (Hrsg.): Intangibles in der Unternehmenssteuerung – Strategien und Instrumente zur Wertsteigerung des immateriellen Kapitals, München 2004.

Arbeitskreis „Steuern und Revision" im Bund der Wirtschaftsakademiker (BWA) e.V. (2004). **Maßgeblichkeit** im Wandel der Rechnungslegung. Abgerufen am 18. 03. 2010 von www.wirtschaftsakademiker.de – auch veröffentlicht in: DStR 2004, 1267–1268: http://www.wirtschaftsakademiker.de/download/Massgeblichkeit%202004.pdf

Arbeitskreis „Steuern und Revision" im BWA Bund der Wirtschaftsakademiker e.V.: **Fair-Value-Bewertung** von Finanzinstrumenten – weder stetig noch transparent! in: DStR 51-52/2008, S. 2509–2510.

Arbeitskreis Bilanzrecht der Hochschullehrer Rechtswisschenschaft, K: Zur **Maßgeblichkeit** der Handelsbilanz für die steuerliche Gewinnermittlung gem. § 5 Abs. 1 EStG i.d.F. durch das BilMoG, in: DB 48/09, S. 2570–2573.

Arrow, Kenneth, J.: **Social Choice** and Individual Values. 2. Aufl., New York usw. 1963.

Aschoff, Christoff: Betriebliches **Humanvermögen**. Grundlagen einer Humanvermö-gensrechnung. Wiesbaden 1978.

Ballwieser, Wolfgang: Die **Konzeptionslosigkeit** des International Accounting Standards Board (IASB), in: Crezelius, Georg/Hirte, Heribert/Vieweg, Klaus (Hrsg.): Festschrift für Volker Röhricht zum 65. Geburtstag, Köln 2005.

Ballwieser, Wolfgang: **IFRS-Rechnungslegung**, München 2006.

Barth, Kuno: Die **Entwicklung** des deutschen Bilanzrechts und der auf ihm beruhenden Bilanzauffassungen, handelsrechtlich und steuerrechtlich zugleich mit einem wichtigen Buchführungs- und Bilanzbestimmungen enthaltenden Anhang. Bd. I.: Handelsrechtlich. Stuttgart 1953.

Barth, Rainer: Richterliche **Rechtsfortbildung** im Steuerrecht, Münster, Berlin 1995.

Bartsch, Andreas: **Finanzmarktkrise**: Die Stunde der Rechtssetzer?, in: ZRP 2009, S. 97–101.

Basu, Sudipta/Waymire, Gregory B.: **Recordkeeping** and Human Evolution, in: Accounting Horizons, 3/2006, S. 210–229.

Bauer, Andreas: **Evaluation** von Wissensbewertungsmethoden für lernende Softwareorgani-sationen, http://paper.joerg-rech.com/Studenten/Studienarbeit_Bauer.pdf; letzter Zugriff am 24.01.2012.

Bauer, Walter: Die **Bewegungsbilanz** und ihre Anwendbarkeit, insbesondere als Konzernbi-lanz. In: ZfhF, 20. Jg., 1926, S. 485–544.

Baumbach/Hopt: **Handelsgesetzbuch**. 35. Aufl., München 2012.

BDU (Hrsg.): Controlling – ein Instrument zur ergebnisorientierten **Unternehmenssteue-rung** und langfristigen Existenzsicherung ; Leitfaden für die Controllingpraxis und Unter-nehmensberatung, 4. Ausg., 2000.

Becker, Dieter: **Intangible** Assets in der Unternehmenssteuerung – Wie Sie weiche Vermö-genswerte quantifizieren und aktiv managen, Wiesbaden 2005.

Beger, Wolf Dietrich: **Methodenlehre** und Klausurtechnik im Steuerrecht, 4. Ausg., Ham-burg 2000.

Beyer, Sven/Menninger, Jutta: **Bewertung** immaterieller Werte – Das Konzept der Wirt-schaftprüfer (IDW S 5), in: Möller, Klaus/Piwinger, Manfred/Zerfaß, Ansgar (Hrsg.): Imma-terielle Vermögenswerte – Bewertung, Berichterstattung und Kommunikation, Stuttgart 2009.

Beyhs, Oliver/Barth, Daniela: Integrated **Reporting** – Aktuelle Entwicklungen auf dem Weg zu einer integrierten Unternehmensberichterstattung, in: DB 51,52/2011, S. 2857–2863.

Bidlingmaier, Johannes: **Zielkonflikte** und Zielkompromisse im unternehmerischen Ent-scheidungsprozeß. Wiesbaden 1968.

Biener, Herbert/Berneke, Wilhelm: **Bilanzrichtlinien**-Gesetz, Düsseldorf 1986.

Birk, Dieter: **Steuerrecht,** 12. Ausg., Münster 2009.

Blümich, Walter & Ebling, Klaus (Hrsg.): **EStG-Kommentar**, 104. Auflage, München 2009.

Bodrow, Wladimir/Bergmann, Philipp: **Wissensbewertung** in Unternehmen – Bilanzieren von intellektuellem Kapital, Berlin 2003.

Börner, Dietrich: **Grundprobleme** des Rechnungswesens. In: WiSt, 2. Jg., 1973, S. 153–158 und 205–210.

Brockhoff, Klaus: Zur externen gesellschaftsbezogenen **Berichterstattung** deutscher Unternehmen. Eine Auswertung von Geschäftsberichten aus dem Jahre 1973. Köln 1975.

Broda, Björn M.: Alternative **Ansätze** zur Messung des intellektuellen Kapitals – Traditionelles Rechnungswesen hierfür wenig geeignet, in: Der Schweizer Treuhändler 2003, S. 729–740.

Brooking, Annie: **Corporate** Memory – Strategies for Knowledge Management, London 1999.

Brooking, Annie: **Intellectual** Capital – Core Asset for the Third Millennium Enterprise, London 1996.

Brüning, Gert: Der betriebliche Transformationsprozeß im Modell der dynamischen Bilanztheorie. In: ZfbF, 30. Jg., 1978, S. 290–313.

Budäus, Dietrich: **Sozialbilanzen** – Ansätze gesellschaftsbezogener Rechnungslegung als Ausdruck einer erweiterten Umweltorientierung? In: ZfB, 47. Jg., 1977, S. 183–202.

Bundesministerium für Wirtschaft und Technologie (BMWi): **Wissensbilanz** – Made in Germany Leitfaden 2.0 zur Erstellung einer Wissensbilanz, Dokumentation Nr. 574, München 2008.

Busse von Colbe, Walther: **Aufbau** und Informationsgehalt von Kapitalflussrechnungen, in: ZfB 1966, S. 82–114.

Busse von Colbe, Walther: **Aufbau** und Informationsgehalt von Kapitalflußrechnungen, in: ZfB 1966, 1. Ergänzungsheft, S. 82–114.

Busse von Colbe, Walther: Die neuen **Rechnungslegungvorschriften** aus betriebswirtschaftlicher Sicht. In: ZfbF 39. Jg. 1987, S. 191–205.

Busse von Colbe, Walther: **Kapitalflußrechnungen** als Berichts- und Planungsinstrument, in: Jacob, H. (Hrsg.): Kapitaldisposition, Kapitalflußrechnung und Liquiditätspolitik, Wiesbaden 1968.

Coenenberg, Adolf-G.: **Jahresabschluss** und Jahresabschlussanalyse, 19. Aufl., Stuttgart 2003.

Conrads, Michael: Human Resource **Accounting**. Eine betriebswirtschaftliche Humanvermögensrechnung. Wiesbaden 1976.

Daum, Jürgen H.: **Intangible** Assets – oder die Kunst, Mehrwert zu schaffen, Bonn 2002.

Deking, Ingo: **Management** des Intellectual Capital – Bildung einer strategiefokussierten Wissensorganisation, Diss., Wiesbaden 2003.

Dettmeier, Michael: Steuerliche **Wahlrechte** nach dem Bilanzrechtsmodernisierungsgesetz, in: NWB 45/09, S. 3484–3490.

Deutscher Bundesrat. (04. 07. 2008). Plenarprotokoll 846.

Deutscher Bundesregierung. (30. 07. 2008). Entwurf eines Gesetzes zur Modernisierung des Bilanzrechts (Bilanzrechtsmodernisierungsgesetz – BilMoG). Drucksache 16/10067.

Deutscher Bundestag (05.12.1989). Zweite Beschlussempfehlung und zweiter Bericht des Finanzausschusses zum Entwurf eines Steuerreformgesetzes 1990. Drucksache 11/5970.

Deutscher Bundestag (19.04.1988). Entwurf eines Steuerreformgesetzes 1990. Drucksache 11/2157.

Deutscher Bundestag (26. 03. 2009). Plenarprotokoll 16/214.

Deutscher Bundestag. (25. 09. 2008). Plenarprotokoll 16/179. Zu Protokoll gegebene Reden zur Beratung des Entwurfs eines Gesetzes zur Modernisierung des Bilanzrechts (Bilanzrechtsmodernisierungsgesetz – BilMoG) (Tagesordnungspunkt 13) .

Deutscher Bundestag. (27. 03. 2009). Gesetz zur Modernisierung des Bilanzrechts (Bilanzrechtsmodernisierungsgesetz – BilMoG). Drucksache 270/09.

Dierkes, Meinolf: Die **Sozialbilanz**. Ein gesellschaftsbezogenes Informations- und Rechnungssystem. Frankfurt – New York 1974.

Dietel, Dr. Marco: Steuerliches **Wahlrecht** zur Teilwertabschreibung und Stetigkeitsgebot, in: DB 9/2012, S. .

Döllerer, Georg: **Grundsätze** ordnungsmäßiger Bilanzierung, deren Entstehung und Ermittlung, in: BB 1959, S. 1217–1221.

Döring, Vera, & Heger, Heinz-Josef: Der Wegfall der umgekehrten **Maßgeblichkeit** nach BilMoG mit besonderen Blick auf die Bilanzierung von Pensionsverpflichtungen in Handels- und Steuerbilanz, in: DStR 40/09, S. 2064–2069.

Drescher, Sebastian: Zur **Zukunft** des deutschen Maßgeblichkeitsgrundsatzes, Berlin 2002.

Drukarczyk, Jochen: Zur **Brauchbarkeit** der Konzeption des "Ökonomischen Gewinns". In: WPg, 26. Jg., 1973, S. 183–188.

Eberl, Peter/Franke, Björn/Hofbauer, Björn: **Instrumente** zur Wissensmessung – Eine kritische Bestandsaufnahme, in: WiSt. 4/2006, S. 187–193.

Eckardt, Horst: Die **Substanzerhaltung** industrieller Betriebe. Köln, Opladen 1963.

Edvinsson, Leif/Brünig, Gisela: **Aktivposten** Wissenskapital – Unsichtbare Werte bilanzierbar machen, Wiesbaden: 2000.

Edvinsson, Leif/Malone, Michael S.: **Intellectual** Capital – Realizing Your Company's True Value By Finding its Hidden Brainpower, New York USA 1997.

Egner, Henning: **Bilanzen**. Ein Lehrbuch zur Bilanztheorie, München 1974.

Eichhorn, Peter: Gesellschaftsbezogene **Unternehmensrechnung**. Göttingen 1974.

Eisgruber, Thomas: **Arten** der Einkünfteermittlung – Bestandsaufnahme und Kritik – „Vereinfachte" Gewinnermittlung (§ 4 Abs. 3 EStG), in: Hey, Johanna (Hrsg.): Einkünfteermittlung, Köln 2011.

Ellrott, Helmut u.a. (Hrsg.): Beck'scher Bilanz-Kommentar (**Beck Bil-Kom**), München, 8. Aufl. 2012.

Endres, Walter: **Menschen** und Gegenstände im Betrieb und in seiner Umwelt. In: ZfbF, 28. Jg., 1976, S. 781–804.

Endriss, Prof. Dr. Horst Walter: Plädoyer für die Stärkung der **Maßgeblichkeit**, 1/11, S. 19–26.

Falterbaum, Hermann, Bolk, Wolfgang, & Reiß, Wolfram: **Buchführung** und Bilanzierung – Grüne Reihe, Achim 2003.

Federmann, Rudolf: **Bilanzierung** nach Handelsrecht, Steuerrecht und IAS/IFRS, 12. Aufl., Berlin 2010.

Feuerbaum, Ernst: Die polare **Bilanz**. Berlin 1966.

Fischer, Carola, & Kalina-Kerschbaum, Claudia: **Maßgeblichkeit** der Handelsbilanz für die steuerliche Gewinnermittlung – kritische Anmerkung zum Entwurf eines BMF-Schreibens, in DStR 8/2010, S. 399–401.

Förster, Guido, & Schmidtmann, Dirk: Steuerliche **Gewinnermittlung** nach BilMoG, in: BB 25/09, S. 1342–1346.

Freidank, Carl-Christian: **Kostenrechnung**, 8. Aufl., München 2008.

Geldmacher, Erwin: **Wirtschaftsunruhe** und Bilanz. 1. Teil: Grundlagen und Technik der bilanzmäßigen Erfolgsrechnung. Berlin 1923.

Gerum, Elmar/Mölls, Sascha H./Shen, Chunqian: Kapitalmarktorientierte **Rechnungslegung** in Deutschland zwischen Anspruch und Realität – Theorie und Empirie, in: zfbf 9/2011, S. 534–577.

Gill, Lawrence M.: **IFRS**: Coming to America, in: JoA, Juni 2007, http://www.journalofaccountancy.com/Issues/2007/Jun/IfrsComingToAmerica.

Grottke, Markus/Späth, Thomas/Haendel, Felix: IFRS for SMEs – **Vorteil** oder Nachteil für den Mittelstand im internationalen Wettbewerb?, in: DStR 50/2011, S. 2422–2427.

Grundsätze ordnungsmäßiger Buchführung die steuerliche Gewinnermittlung –

Grützner, Dieter: Die Änderung der steuerlichen **Gewinnermittlungsvorschriften** durch das BilMoG, in: StuB 13/09, S. 481–485.

Gümbel, Rudolf: Die **Bilanztheorie** Wilhelm Riegers. Eine kritische Analyse ihrer Aussagen und ihrer Entwicklungsmöglichkeiten. In: ZfB, 36. Jg., 1966, S. 333–367.

Haller, Axel/ Dietrich, Ralf: **Intellectual** Capital Bericht als Teil des Lageberichts, in: DB 2001, S. 1045–1052

Haller, Axel: **Erfassung** immaterieller Werte in der Unternehmensberichterstattung, in: Möller, Klaus/Piwinger, Manfred/Zerfaß, Ansgar (Hrsg.): Immaterielle Vermögenswerte – Bewertung, Berichterstattung und Kommunikation, Stuttgart 2009.

Hasenack, Wilhelm: Die **Anlagenabschreibung** im Wertumlauf der Betriebe und die Sicherung der Wirtschaft. In: ZfB, 15. Jg., 1938, S. 113–144.

Hax, Karl: **Bilanztheorien**, allgemein. In: HWR, Sp. 238–248.

Hax, Karl: Die **Substanzerhaltung** der Betriebe. Köln, Opladen 1957.

Heinen, Edmund und Arnold Picot: Können in betriebswirtschaftlichen **Kostenauffassungen** soziale Kosten berücksichtigt werden? In: BFuP, 26. Jg., 1974, S. 345–366.

Heinen, Edmund: **Handelsbilanzen**. 12. Aufl., Wiesbaden 1986.

Hennrichs, Joachim: **GoB** im Spannungsfeld von BilMoG und IFRS, in: WPg 18/2011, S. 861–871.

Herzig, N: **BilMoG**, Tax Accounting und Corporate Governance-Aspekte, in: DB 1/10, S. 1–8.

Herzig, Norbert, & Briesemeister, Simone: Steuerliche Konsequenzen der **Bilanzrechtsmodernisierung** für Ansatz und Bewertung, in DB 19/09, S. 976–982.

Hirschberger, Wolfgang/Leuz, Norbert: Der **Grundsatz** der Wesentlichkeit bei der Jahresabschlusserstellung, in: DB 45/2012, S. 2529–2535.

Hoffmann, Timo: Unternehmerische **Nachhaltigkeitsberichterstattung**, Lohmar-Köln 2011.

Hoffmann, Wolf-Dieter, & Lüdenbach, Norbert: NWB **Kommentar,** Oktober 2009.

Hoffmann, Wolf-Dieter: Die "atmende **Steuerbilanz**" durch Un-Vermögensvergleich, in: StuB 21/09, S. 787–788.

Hoffmann, Wolf-Dieter: **Gewinnermittlung** durch Un-Vermögensvergleich, in: StuB 12/09, S. 447–448.

Hoffmann, Wolf-Dieter: Wahlrecht für die **Teilwertabschreibung**? in: StuB 14/2009, S. 515–516.

Hoffmann, Wolf-Dieter: Wie viele **Bilanzen** verträgt die Wirtschaft?, in: StuB 6/10, S. 209–210.

Hollister, Joan/Shoaf, Victoria/Tully, Gregory: The **Effect** Of Accounting Regime Characteristics On The Prediction Of Future Cash Flows: An International Comparison, in: International Business & Economics Research Journal – May 2008, S. 15–30.

Honko, Jaakko: Über einige **Probleme** bei der Ermittlung des Jahresgewinns der Unternehmung. In: ZfB, 35. Jg., 1965, S. 611–642.

Horschitz, Harald., Groß, Walter & Weidner, Werner: **Bilanzrecht** und Buchführung, 9. Aufl., Ludwigsburg 2002.

Hoscanoglu, Gülsün: **Measuring** and Managing Intellectual Capital: An Examination of Critical Success Factors, Magisterarbeit an der Universität Wien; Im Internet unter: http://othes.univie.ac.at/10891/1/2010-07-20_0648509.pdf; letzter zugriff am 24.01.2012.

Hundt, Sönke: Zur Theoriegeschichte der Betriebswirtschaftslehre. Köln 1977.

Ismer, Roland: **Prinzipien** der Einkünfteermittlung – Periodizitätsprinzip, in: Hey, Johanna (Hrsg.): Einkünfteermittlung, Köln 2011.

Kaminski, Bert: Neue **Probleme** mit § 5 Abs. 1 EStG i.d.F. des BilMoG auf Grund des BMF-Schreibens v. 12.03.2010, in: DStR 15/10, S. 771–774.

Kasperzak, Rainer/Krag, Joachim/Wiedenhofer, Marco: **Konzepte** zur Erfassung und Abbildung von Intellectual Capital, in: DStR 2001, S.1494–1500.

Kaufmann, Lutz/Schneider Yvonne: **Intangible** Unternehmenswerte als internationales Forschungsgebiet der Unternehmensführung – Literaturübersicht, Schwerpunkte und Forschungslücken, in: Kurt, Matzler/Hinterhuber, Hans H./Renzel, Birgit/Rothenberger, Sandra (Hrsg.).: Immaterielle Vermögenswerte – Handbuch der intangible Assets, Berlin 2006.

Kirsch, Hans-Jürgen: **Einheitsbilanz,** NWB-Infocenter (Hrsg.), 2010.

Klein, Franz, Brockmeyer, Hans B., Orlopp, Gerd & Rüsken, Reinhart (Hrsg.): **AO-Kommentar**, München 2006.

Koch, Karl & Scholtz, Rolf-Detlev (Hrsg.): **AO-Kommentar**, 5.Aufl.,. Köln, Berlin, Bonn, München 1996.

Körner, Werner: **Wesen** und System der Grundsätze ordnungsmäßiger Buchführung, in: BFuP, 23. Jg., 1971, S. 21–36 und 80–93.

Kosiol, Erich: **Bilanzreform** und Einheitsbilanz. Grundlegende Studien zu den Möglichkeiten einer Rationalisierung der periodischen Erfolgsrechnung. 2. Aufl., Berlin – Stuttgart 1949.

Kosiol, Erich: **Bilanztheorie**, pagatorische. In: HWR, Sp. 279–302.

Kosiol, Erich: **Buchhaltung** und Bilanz. 2. Aufl., Berlin 1967.

Kosiol, Erich: Die **Unternehmung** als wirtschaftliches Aktionszentrum. Einführung in die Betriebswirtschaftslehre. Reinbek bei Hamburg 1966.

Kosiol, Erich: **Modellanalyse** als Grundlage unternehmerischer Entscheidungen, in: ZfhF, 13. Jg., 1961, S. 318–334.

Kosiol, Erich: Pagatorische **Bilanz**, Die Bewegungsbilanz als Grundlage einer integrativ verbundenen Erfolgs-, Bestands- und Finanzrechnung, Berlin 1976.

Kothari, S.P./Lester, Rebecca: The **Role** of Accounting in the Financial Crisis: Lessons for the Future, in: Accounting Horizons, 2/2012, S. 335–351.

Kruse, Heinrich Wilhelm: **Grundsätze** ordnungsmäßiger Buchführung. Rechtsnatur und Bestimmung. Köln 1970.

Kühnau, Martin: **Bilanz**, allgemein. In: HWR, Sp. 173–186.

Künkele, Kai Peter & Zwirner, Christian: **Abschaffung** der umgekehrten Maßgeblichkeit – Eigenständige Bilanzpolitik durch das Bilanzrechtsmodernisierungsgesetz BilMoG, in: StuB 9/10, S. 335–343.

Kupsch, Peter: **Einheitlichkeit** und Stetigkeit der Bewertung gemäß § 252 Abs. 1 Nr. 6 HGB. In: DB 22/1987, S. 1101–1106 und 1157–1161.

Kußmaul, Heinz & Gräbe, Sebastian: Kurzreferat zu: Der **Maßgeblichkeitsgrundsatz** vor dem Hintergrund des BilMoG, in: StB 4/10, S. 107–115.

Küting, K., & Seel, Christoph: Latente **Steuern**, in: Das neue deutsche Bilanzrecht, 2. Aufl., S. 499–535, Saarbrücken 2009.

Küting, Karlheinz/Cassel, Jochen: Zur **Vermengung** von Einzel- und Gesamtbewertung im IFRS-Regelwerk, in: DB 13/2012, S. 697–704.

Küting, Karlheinz/Eichenlaub, Raphael: **Einzelbewertungsgrundsatz** im HGB- und im IFRS-System, in: BB 19/2011, S. 1195–1200.

Küting, Karlheinz/Weber, Claus-Peter: Handbuch der Rechnungslegung (**HdR**), Kommentar zur Bilanzierung und Prüfung. Stuttgart 1986.

Küting, Karlheinz: **Handelsbilanzrecht**, in: BBK 14/95, S. 353–370.

Küting, Karlheinz: **Konzernrechnungslegung** nach IFRS und HGB, in: DB 50/2012, S. 2821–2830.

Küting, Karlheinz: Zur **Komplexität** der Rechnungslegungssysteme nach HGB und IFRS, in: DB 6/2012, S. 297–304.

Larenz, Karl: **Methodenlehre** der Rechtswissenschaft, 5. Aufl., München 1983.

Lauffer, Hans-Martin: **Theorien** der Substanzerhaltung und ihre effektiven Anwendungs-grenzen. In: Die Unternehmung, 23. Jg., 1969, S. 36–60.

Le Coutre, Walter: **Grundzüge** der Bilanzkunde. Eine totale Bilanzlehre. Teil 1. 4. Aufl., Wolfenbüttel 1949.

Le Coutre, Walter: Totale **Bilanz**. In: Lexikon des kaufmännischen Rechnungswesens. Handwörterbuch der Buchhaltung, Bilanz, Erfolgsrechnung, Kalkulation, Betriebsstatistik, betrieblichen Vorschaurechnung und des kaufmännischen Prüfungswesens. Hrsg. von Karl Bott. 2. Aufl., Vierter Band. Stuttgart 1957, Sp. 2555–2604.

Leffson, Ulrich: Die **Grundsätze** ordnungsmäßiger Buchführung. 7. Aufl., Düsseldorf 1987 (1. Aufl. Düsseldorf 1964).

Leipert, Christian: Gesellschaftliche **Berichterstattung**. Eine Einführung in Theorie und Praxis sozialer Indikatoren. Berlin – Heidelberg – New York 1978.

Liao, Qing/Sellhorn, Thorsten/Skaife, Hollis A.: The Cross-Countra **Comparability** of IFRS Earnings and Book Values: Evidence from France and Germany, in: Journal of International Accounting Research 1/2012, S. 155–184.

Liebl, Josef: **Kapitalerhaltung** und Bilanzrechnung. In: BFuP, 5. Jg., 1953, S. 493–513, 568–593, 630–651, 675–691.

Lion, Max: Die dynamische **Bilanz** und die Grundlagen der Bilanzlehre. In: ZfB, 5. Jg., 1928, S. 481–506.

Lorson, Peter., & Toebe, Marc: Konsequenzen für die **Einheitsbilanz** – Abschaffung der umgekehrten Maßgeblichkeit, in: BBK, S. 453–462 vom 9/09.

Lorson, Peter: **Bedeutungsverschiebung** der Bilanzierungszwecke, in Karlheinz Küting, Norbert Pfitzer, & Claus-Peter Weber, Das neue deutsche Bilanzrecht, S. 4–37, Rostock 2009.

Löwe, Marion: **Rechnungslegung** von Nonprofit-Organisationen, Berlin 2003.

Lück, Wolfgang: **Materiality** in der internationalen Rechnungslegung. Das pflichtgemäße Ermessen des Abschlußprüfers und der Grundsatz der Wesentlichkeit, Wiesbaden 1975.

Lüdenbach, Norbert & Hoffmann, Wolf-Dieter: Die wichtigsten **Änderungen** der HGB-Rechnungslegung durch das BilMoG, in: StuB 8/09, S. 287–316.

Lüdenbach, Norbert/Hoffmann, Wolf-Dieter: Haufe **IFRS-Kommentar**, Freiburg, 9. Aufl. 2011.

Luhmann, Niklas: **Zweckbegriff** und Systemrationalität. Über die Funktion von Zwecken in sozialen Systemen, Tübingen 1968.

Lütje, Gudrun & Möhlmann, Thomas: Zur **Einheitlichkeit** von Abschreibungen in Handels- und Steuerbilanz, in: BBK 7/98, S. 341–355.

Luttermann, Claus: **Bilanzregeln** und Finanzkrise: Die Besteuerung nach Leistungsfähigkeit und Bilanzwahrheit als Beweismaß, in: StuW 4/2010, S. 346–355.

Mahlberg, Walter: **Bilanztechnik** und Bewertung bei schwankender Währung. 2. Aufl. Leipzig 1922.

Marmann, Jochen: **Ansätze** zur Erklärung des Unternehmenswerts durch immaterielle Werte, Diss., Hamburg 2009.

Marx, Franz Jürgen: Der **Wesentlichkeitsgrundsatz** in der steuerlichen Gewinnermittlung, in: FR 6/2011, S. 267–272.

Mattessich, Richard: Instrumentelle **Bilanztheorie**, in: ZfbF 1978, S. 792–800.

Maul, Karl Heinz : **Wissensbilanzen** als Teil des handelsrechtlichen Jahresabschlusses – Wissensbilanzen dargestellt am Beispiel des Jahresabschlusses von Hochschulen, in: DStR 2000, S. 2009–2016.

Maul, Karl Heinz/ Menninger, Jutta: Das „**Intellectual** Property Statement" – eine notwendige Ergänzung des Jahresabschlusses ? in: DB 2000, S. 529–533.

Mekat, Martin Christopher: Der Grundsatz der **Wesentlichkeit** in Rechnungslegung und Abschlussprüfung, Baden-Baden 2009.

Menrad, Siegfried: **Rechnungswesen**. Göttingen 1978.

Mertens, Peter et al.: Substanzerhaltung bei Scheingewinnbesteuerung – Verfahren und Simulationsuntersuchungen – München 1977.

Meurer, Ingetraut: **Zusammenfassung** BMF: Maßgeblichkeit der handelsrechtlichen

Mintrop, Angelika: Gesellschaftsbezogene **Rechenschaftslegung**. Dokumentation "sozialer Verantwortung" der Unternehmen. Zürich 1976.

Moxter, Adolf: **Bilanzlehre**, 2. Aufl., Wiesbaden 1976.

Moxter, Adolf: **Bilanztheorien**. In: HdWW, Bd. 1, S. 670–686.

Moxter, Adolf: Die **Grundsätze** ordnungsmäßiger Bilanzierung und der Stand der Bilanztheorie. In: ZfbF, 18. Jg., 1966, S. 28–59.

Müller, Armin:: Umweltorientiertes betriebliches **Rechnungswesen**, München 2010.

Müller, Claudia: **Wissen**, intangible Assets oder intellektuelles Kapital – eine Begriffswelt in der Diskussion, in: Matzler, Kurt/Hinterhuber, Hans H./Renzel, Birgit/Rothenberger, Sandra (Hrsg.): Immaterielle Vermögenswerte – Handbuch der intangible Assets, Berlin 2006.

Müller-Wenk, Ruedi: Die ökologische **Buchhaltung**. Ein Informations- und Steuerungsinstrument für umweltkonforme Unternehmenspolitik. Frankfurt – New York 1978.

Münstermann, Hans: **Bilanztheorien**, dynamische. In: HWR, Sp. 248–260.

Nicklisch, H.: Die Betriebswirtschaft, 7. Aufl. der wirtschaftlichen Betriebslehre. Stuttgart 1932.

Niehus, Rudolph J.: Die **Berücksichtigung** von Geldwertschwankungen in ausländischen Jahresabschlüssen. In: WPg, 28. Jg., 1975, S. 153–160 und 183–190.

North, Klaus/ Probst, Gilbert/Romhardt, Kai: **Wissen** messen – Ansätze, Erfahrungen und kritische Fragen, in: zfo 3/ 1998, S. 158–166.

North, Klaus: **Wissensorientierte** Unternehmensführung – Wertschöpfung durch Wissen, 5. Aufl., Wiesbaden 2011.

o.V.: Anwendungshinweis: **Maßgeblichkeitsgrundsatz,** BBK, S. 5–7 vom 7. 9 2007.

Ott, Hans: Steuerliche **Auswirkung** des Bilanzrechtsmodernisierungsgesetzes (BilMoG), in: StuB 12/09, S. 469–470.

Pahlke, Armin, Cöster, Tilo & Koenig, Ulrich (Hrsg.): **Abgabenordnung** Kommentar. München 2004.

Passow, Richard: Die **Bilanzen** der privaten und öffentlichen Unternehmungen. 2 Bde., 2. Aufl., Leipzig – Berlin 1918/19.

Persch, Peter-Roman: Die **Bewertung** von Humankapital – eine kritische Analyse, München und Mering 2003.

Petersen, Kai/Zwirner, Christian/Brösel, Gerrit: Systematischer Praxiskommentar **Bilanzrecht**, Köln 2010.

Pfirmann, Armin & Schäfer, Rene: Steuerliche Implikationen, in Karlheinz Küting, Norbert Pfitzer & Claus-Dieter Weber, Das neue deutsche **Bilanzrecht**, S. 119–157, Koblenz und Saarbrücken 2009.

Picot, Arnold: Betriebswirtschaftliche **Umweltbeziehungen** und Umweltinformationen. Grundlagen einer erweiterten Erfolgsanalyse für Unternehmungen. Berlin 1977.

Pincus, Morton/Rajgopal, Shivaram/Venkatachalam, Mohan: The **Accrual** Anomaly: International Evidence, in: The Accounting Review, 2007/1, S. 169–203.

Pohl, Klaus F.: Die **Entwicklung** des ertragsteuerlichen Maßgeblichkeitsprinzip, Köln 1983.

Prinz, Markus: Der **BilMoG-Regierungsentwurf** und seine steuerlichen Auswirkungen (Teil A), in: BBK, 17/2008, S. 897–906.

Rätke, Bernd & Theile, Carsten: **Bilanzpolitik** im steuerlichen Wahlrechtsbereich nach dem BMF-Schreiben vom 12.03.2010, in BBK 7/10, S. 306–316.

Referentenentwurf. (08. 11. 2008). Referentenentwurf eines Gesetzes zur Modernisierung des Bilanzrechts (Bilanzrechtsmodernisierungsgesetz – BilMoG).

Rehm, Hermann: Die **Bilanzen** der Aktiengesellschaften und Gesellschaften m.b.H., Kommanditgesellschaften auf Aktien, eingetragenen Genossenschaften, Versicherungsvereine auf Gegenseitigkeit, Hypotheken- und Notenbanken und Handelsgesellschaften überhaupt nach deutschem und österreichischem Handels-, Steuer-, Verwaltungs- und Strafrecht. 2. Aufl., München – Berlin – Leipzig 1914.

Renzl, Birgit/Matzler, Kurt/Huemer, Eva/Rothenberger, Sandra: **Wissensbilanzierung** an Universitäten, in: Matzler, Kurt/Hinterhuber, Hans H./ Renzel, Birgit/Rothenberger, Sandra (Hrsg.): Immaterielle Vermögenswerte – Handbuch der intangible Assets, Berlin 2006.

Rieger, Wilhelm: **Einführung** in die Privatwirtschaftslehre. Nürnberg 1928.

Rieger, Wilhelm: Schmalenbachs dynamische **Bilanz**. Eine kritische Untersuchung. (2. Aufl.) Stuttgart – Köln 1954.

Rieger, Wilhelm: Über **Geldwertschwankungen**. Stuttgart 1938.

Ritzkat, Uwe: **Abschreibung**, in NWB-Infocenter, Januar 2010.

Schäfer, Anita: **Bewertung** Intellektuellen Kapitals, Diss., Osnabrück 2001.

Schanz, D., & Schanz, S. (Mai 2009). Zur **Unmaßgeblichkeit** der Maßgeblichkeit – Divergieren oder konvergieren Handels- und Steuerbilanz? (zugleich ein Beitrag zur Festschrift für Franz W. Wagner zum 65. Geburtstag). Abgerufen am 20. 03. 2010 von www.arqus.info: http://www.arqus.info/paper/arqus_78.pdf – Arbeitskreis Quantitative Steuerlehre

Schär, Johann Friedrich: **Buchhaltung** und Bilanz auf wirtschaftlicher, rechtlicher und mathematischer Grundlage für Juristen, Ingenieure, Kaufleute und Studierende der Betriebswirtschaftslehre mit einem Anhang: Buchhaltung und Bilanz bei Geldwertschwankungen. 6. Aufl. von W. Prion. Berlin 1932.

Scharpf, Paul: **Bilanzierung** von Bewertungseinheiten in der Fünften Jahreszeit, in: DB 7/2012, S. 357–363.

Scheffler, W: **Bilanzrechtsmodernisierungsgesetz** und steuerliche Gewinnermittlung, in: StuB 2/09, S. 45–52.

Scheffler, Wolfram: **Maßgeblichkeit** der Handelsbilanz für die Steuerbilanz, in: StuB 22/09, S. 836–845.

Scheffler, Wolfram: **Neuinterpretation** des Maßgeblichkeitsprinzips, in: StuB 8/10, S. 295–301.

Schildbach, Thomas/Grottke, Markus: **IFRS for SMEs** – unvereinbar mit den Anforderungen der EU und eine Gefahr für den Mittelstand, in: DB 17/2011, S. 945–953.

Schildbach, Thomas: Der handelsrechtliche **Jahresabschluss**, Passau, 2000.

Schildbach, Thomas: **Fair Value**, Subprime-Krise und Destabilisierung der Wirtschaft, in: DStR 9/2012, S. 474–480.

Schildbach, Thomas: **Fair value accounting** und Information des Marktes, in: zfbf, August 2012, S. 522–535.

Schmalenbach, Eugen: Dynamische **Bilanz**. 2. Aufl., Leipzig 1920; 3. Aufl. Leipzig 1925 (2. und 3. Aufl. unter dem Titel: Grundlagen dynamischer Bilanzlehre); 7. Aufl. Leipzig 1939; 8. Aufl. Bremen 1947; 13. Aufl. Bearbeitet von Richard Bauer. Köln und Opladen 1962.

Schmalenbach, Eugen: **Grundsätze** ordnungsmäßiger Bilanzierung. In: ZfhF, 27. Jg., 1933, S. 225–233.

Schmalenbach, Eugen: **Theorie** der Erfolgsbilanz. In: ZfhF, 10. Jg., 1915/16, S. 379–388.

Schmandt-Besserat, Denise: **Signs** of Life, in: Archaeology Odyssey, January/February 2002, S. 6–7 und 63.

Schmandt-Besserat, Denise: The earliest **precursor** of writing, http://en.finaly.org/index.php/The_earliest_precursor_of_writing.

Schmeisser, Wilhelm/Lukowsky, Martina: **Human** Capital Management- A Critical Consideration of the Evaluation and Reporting of Human Capital, München und Mering 2006.

Schmidli, Marc/Vassalli, Philipp: Immaterielle **Vermögenswerte** – Bedeutung und kritische Faktoren der Bewertung, in: Der Schweizer Treuhänder 2006, S. 144–148.

Schmidt, Alexander Oliver: **Intellectual** Capital – Charakterisierung, Messung und Berichterstattung unter besonderer Berücksichtigung Intellectual Capital-bezogener Risiken, Diss., Hamburg: 2008.

Schmidt, Fritz: Die organische **Tageswertbilanz**. (3. Aufl. 1929) Unver„nd. Nachdruck. Wiesbaden 1951.

Schmidt, Fritz: Organische **Bilanz**. In: Lexikon des kaufmännischen Rechnungswesens. Hrsg. von Karl Bott. 2. Aufl., 3. Bd., 1956, Sp. 2043–2059.

Schmidt, Ludwig (Hrsg.): **EStG-Kommentar** Einkommensteuergesetz, München 2007.

Schmidt, Ralf-Bodo: **Wirtschaftslehre** der Unternehmung. Bd. 1: Grundlagen und Zielsetzung. 2. Aufl. Stuttgart 1977.

Schneider, Dieter J.G.: **Ziele** und Mittel der Betriebswirtschaftslehre. Wiesbaden 1978.

Schneider, Dieter: Aktienrechtlicher **Gewinn** und ausschüttungsfähiger Betrag. In: WPg, 24. Jg., 1971, S. 607–617.

Schneider, Dieter: Ausschüttungsfähiger **Gewinn** und das Minimum an Selbstfinanzierung. In: ZfbF, 20. Jg., 1968, S. 1–29.

Schneider, Dieter: **Bilanzgewinn** und Ökonomische Theorie. In: ZfhF, 15. Jg., 1963, S. 457–474.

Schneider, Dieter: **Investition** und Finanzierung, Opladen 1975.

Schneider, Dieter: **Renaissance** der Bilanztheorie? In: ZfbF, 25. Jg., 1973, S. 29–58.

Schredelseker, Klaus: **Jahresabschluss** und Marktinformation. In: DBW 2/2008, S. 159–184.

Schreiber, Lars: Die **Erfassung**, Messung und Bewertung von Wissen als immaterieller Vermögenswert, Bremen und Hamburg 2007.

Schulte, Heinz: Die **Sozialbilanz** der STEAG Aktiengesellschaft. In: BFuP, 26. Jg., 1974, S. 277–294.

Schütz, Robert: Der **Maßgeblichkeitsgrundsatz** gemäß § 5 Abs. 1 EStG – ein Fossil? Münster, Hamburg, London 2002.

Schweitzer, Marcell: **Bilanztheorien**, organische. In: HWR, Sp. 270–279.

Schweitzer, Marcell: **Struktur** und Funktion der Bilanz. Grundfragen der betriebswirtschaftlichen Bilanz in methodologischer und entscheidungstheoretischer Sicht. Berlin 1972.

Sieben, Günter: Kritische Würdigung der externen Rechnungslegung unter besonderer Berücksichtigung von Scheingewinnen. In: ZfbF, 26. Jg., 1974, S. 153–168.

Siegel, Anne: Der **Wert** von Intellectual Capital – Eine vergleichende Untersuchung der Methoden zum Intellectual Capital Reporting, Saarbrücken 2007.

Simon, Herman Veit: Die **Bilanzen** der Aktiengesellschaften und der Kommanditgesellschaften auf Aktien. 4. Aufl. Berlin 1910.

Solmecke, Henrik: **Auswirkungen** des Bilanzrechtsmodernisierungsgesetzes (BilMog) auf die handelsrechtlichen Grundsätze ordnungsmäßiger Buchführung. Düsseldorf 2009.

Sommerfeld, Heinrich: Der **Unternehmer** als Verwalter von Volksvermögen. Hamburg 1934.

Sommerfeld, Heinrich: **Eudynamische Bilanz**. In: Lexikon des kaufmännischen Rechnungswesens. Hrsg. von Karl Bott. 2. Aufl., 2. Bd., 1955, Sp. 980–985.

Speckbacher, Gerhard/Güldenberg, Stefan/Ruthner, Raoul: Externes **Reporting** über immaterielle Vermögenswerte, in: Horvath, Peter/Möller, Klaus (Hrsg.): Intangibles in der Unternehmenssteuerung – Strategien und Instrumente zur Wertsteigerung des immateriellen Kapitals, München 2004.

Stewart, Thomas A.: **Intellectual** Capital – The New Wealth of Organizations, New York USA 1997.

Stoi Roman: **Controlling** von Intangibles Identifikation und Steuerung der immateriellen Werttreiber, in: Controlling Heft 3/4 , März/April 2003, S. 175–183.

Stützel, Wolfgang: **Bemerkungen** zur Bilanztheorie. In: ZfB, 37. Jg., 1967, S. 314–340.

Sveiby, Karl Erik: **Methods** for Measuring Intangible Assets, http://www.sveiby.com/articles/IntangibleMethods.htm, letzter zugriff am 24.01.2012.

Sveiby, Karl Erik: The New **Organizational** Wealth: Managing & Measuring Knowledge – Based Assets, San Francisco (Calif.) 1997.

Sveiby, Karl Erik: **Wissenskapital** – das unentdeckte Vermögen: Immaterielle Unternehmenswerte aufspüren, messen und steigern, Landsberg/Lech 1998.

Syskowski, Ferdinand: **Intellectual** Capital – Möglichkeiten und Grenzen der Rechnungslegung, Saarbrücken 2007.

Tanski, Joachim S., Kurras, Klaus P., & Weitkamp, Jürgen: Der gesamte **Jahresabschluss**. München, 1998.

Tanski, Joachim S.: **Bestimmung** der Wesentlichkeit in Rechnungslegung und Prüfung, in: Deutsches Institut für Interne Revision e.V. (DIIR, Hrsg.): Interne Revision aktuell, Berlin 2008.

Tanski, Joachim S.: **Bilanzpolitik** und Bilanzanalyse nach IFRS: Instrumentarium, Spielräume, Gestaltung, München 2006.

Tanski, Joachim S.: **Bilanzrechtsmodernisierung** und IFRS: Distanz und Nähe, in: IRZ 1/2010, S. 15–19.

Tanski, Joachim S.: **IFRS** und Maßgeblichkeit, in: Hebig/Kaiser/Koschmieder/Oblau (Hrsg.): Aktuelle Entwicklungsaspekte der Unternehmensbesteuerung (Festschrift für Wilhelm H. Wacker), Berlin 2006.

Tanski, Joachim S.: **Jahresabschluss** in der Praxis, 2. Aufl. Freiburg 2012.

Tanski, Joachim S.: Internationale **Rechnungslegung**, Köln 2001.

Theile, Carsten: **Totenglocken** für das Maßgeblichkeitsprinzip – „Steuerbilanzgesetz" ante portas? – Zum Entwurf eines BMF-Schreibens zum Maßgeblichkeitsprinzip, in: DStR 46/2009, S. 2384–2386.

Thomas, James: **Convergence**: Businesses and Business Schools Prepare for IFRS, in: Issues in Accounting Education, 3/2009, S. 369–376.

Tipke, Klaus & Lang, Joachim: **Steuerrecht,** 18. Aufl., Köln 2005.

Tipke, Klaus & Lang, Joachim: **Steuerrecht,** 20. Aufl., Köln 2008.

Tipke, Klaus: Die **Steuerrechtsordnung**, 2. Aufl., Köln 2000.

Velte, Patrick/Haaker, Andreas: **Entwicklung** der Zeitwertbilanzierung im Handels- und Steuerrecht, in: StuW 1/2012, S. 56–70.

Velte, Patrick: **Intangible** Assets und Goodwill im Spannungsfeld zwischen Entscheidungs-relevanz und Verlässlichkeit, Diss., Wiesbaden 2008.

Velte, Patrick: Zur **Entscheidungsnützlichkeit** des corporate governance statements gem. § 289a HGB, in: KoR 3/2011, S. 121–123.

Wagenhofer, Alfred: **Fair Value-Bewertung** im IFRS-Abschluss und Bilanzanalyse, in: IRZ 1/2006, S. 31–37.

Walb, Ernst: Die **Erfolgsrechnung** privater und öffentlicher Betriebe. Eine Grundlegung. Berlin – Wien 1926.

Walb, Ernst: Finanzwirtschaftliche **Bilanz**. 3. Aufl. Wiesbaden 1966.

Weber, Claus Peter: **Intangibles** und Steuerung, in: Küting, Karlheinz/Weber, Claus Peter (Hrsg.): Vom Financial Accounting zum Business Reporting – Kapitalmarktorientierte Rechnungslegung und integrierte Unternehmenssteuerung, Stuttgart 2002.

Weber-Grellet, Heinrich: Das BMF und die **Maßgeblichkeit**, in: DB 45/09, S. 2402–2404.

Wegmann, Wolfgang: Der Ökonomische **Gewinn**. Wiesbaden 1970.

Weingarten, Joe: **Finanzverwaltung** und Gesetzesvollzug, Opladen 1993.

Werner, Jörg Richard/Zimmermann, Jochen: Internationaler **Vergleich** von Rechnungsle-gungssystemen, in: DBW 1/2009, S. 85–106.

Wiedenhofer, Marco: **Bewertung** von Kernkompetenzen – Strategische Ressourcen als Realoption, Diss., Wiesbaden 2003.

Wild, Jürgen: **Theorienbildung**, betriebswirtschaftliche. In: HWB, Bd. 3, Sp. 3889–3910.

Wittmann, Waldemar: **Unternehmung** und unvollkommene Information. Unternehmerische Voraussicht – Ungewissheit und Planung, Köln und Opladen 1959.

Wöhe, Günter: **Bilanzierung** und Bilanzpolitik, 8. Aufl., Saarbrücken 1992.

Wolf, Klaus: **Corporate Compliance** – ein neues Schlagwort? Ansatzpunkte zur Umsetzung der Compliance in der Finanzberichterstattung, in: DStR 2008, S. 1995–2000.

Wysocki, Klaus von, u.a. (Hrsg.): Handbuch des Jahresabschlusses (**HdJ**), Köln 2012.

Zündorf, Horst: **Bewertungswahlrechte**, in Karlheinz Küting, Norbert Pfitzer, & Claus-Peter Weber, Das neue deutsche Bilanzrecht, S. 101–114, Hamburg 2009.

Index

www.ingramcontent.com/pod-product-compliance
Lightning Source LLC
Chambersburg PA
CBHW061411210326
41598CB00035B/6172